21世纪经济管理新形态教材·经济学系列

流通经济学

赵　娴　丁俊发　黄雨婷 ◎ 编　著

清华大学出版社
北京

内 容 简 介

以互联网为基础的数字经济的迅猛发展,使现代社会进入互联互通的全球化大流通、大市场的发展时代。随着我国进入双循环新发展格局,作为国内大循环重要支撑的现代流通体系的构建也显得愈加迫切和重要。流通实践的进展需要流通理论的跟进和创新,本书正是以此为立论背景,全面深入地研究和分析了以货币为媒介的商品交换以及在商品交换基础上形成的商品流通经济规律,旨在揭示流通运行的内在机制、流通组织的市场关系、流通体系在整个国民经济运行中发挥特定功能和作用的内在机理、调整流通运行的政策制度体系和流通产业的未来发展趋势。

本书既可以作为高等院校相关专业本科生和研究生的教材,也可以作为流通行业从业人员的培训教材、政府经济管理部门干部知识读本、流通企业管理人员的必备工具书和理论研究者的研究参考。

本书封面贴有清华大学出版社防伪标签,无标签者不得销售。
版权所有,侵权必究。举报: 010-62782989, beiqinquan@tup.tsinghua.edu.cn。

图书在版编目(CIP)数据

流通经济学/赵娴,丁俊发,黄雨婷编著. —北京: 清华大学出版社,2023.1
21世纪经济管理新形态教材. 经济学系列
ISBN 978-7-302-62356-4

Ⅰ. ①流… Ⅱ. ①赵… ②丁… ③黄… Ⅲ. ①流通经济学-高等学校-教材 Ⅳ. ①F014.3

中国国家版本馆CIP数据核字(2023)第012944号

责任编辑: 张 伟
封面设计: 汉风唐韵
责任校对: 王荣静
责任印制: 刘海龙

出版发行: 清华大学出版社
网　址: http://www.tup.com.cn, http://www.wqbook.com
地　址: 北京清华大学学研大厦A座　邮　编: 100084
社 总 机: 010-83470000　邮　购: 010-62786544
投稿与读者服务: 010-62776969, c-service@tup.tsinghua.edu.cn
质量反馈: 010-62772015, zhiliang@tup.tsinghua.edu.cn
课件下载: http://www.tup.com.cn, 010-83470332
印 装 者: 三河市人民印务有限公司
经　销: 全国新华书店
开　本: 185mm×260mm　印　张: 18.25　字　数: 443千字
版　次: 2023年3月第1版　印　次: 2023年3月第1次印刷
定　价: 59.00元

产品编号: 096525-01

前言
PREFACE

　　本书的研究围绕商品流通经济过程及其所反映的经济关系展开,侧重于流通经济运行的基本理论、基本原理和基本业务活动的阐述,涉及流通的基本内涵、流通功能和运行机制,商品流通规律、流通模式、流通保障与宏观调控,流通企业的发展与创新,流通产业发展、结构调整与数字化转型等内容。面对流通经济运行中不断出现的新技术、新业态、新模式和新趋势,本书在每章新辟"前沿观察"专栏,力图追踪前沿动态,并对一些学术问题给出探索性的分析和观点。

　　全书共分10章。第1章流通导论,包括流通的产生与发展、流通概念的内涵与外延、流通产业和流通体系及其相关术语的界定;阐述了流通的功能、地位与作用,分析了流通与生产、流通与分配、流通与消费以及流通与社会经济运行的关系;构建起流通经济研究的理论框架。本章前沿观察探讨了流通概念的争论和内涵深化与发展。第2章流通观的历史演进,分析了不同经济形态下流通内涵的发展,重点对马克思的流通观进行了全面分析;阐述了中国社会不同发展时期的流通体制,尤其是对经济全球化时代的中国流通体制进行了研究。本章前沿观察聚焦中国流通业发展,对"十三五"时期流通业发展进行了回顾,对"十四五"时期流通业的发展进行了展望。第3章流通过程,包括:商流的特性与功能、商流的运行机理;物流的功能与要素、物流的运行过程;信息流的运行过程以及信息流的发展趋势;资金流的作用与运行过程等。对于流通是不是生产力、流通是否创造价值的争论,本章前沿观察给出了相应的分析。第4章流通运行,包括:交易主体的行为、交易方式与交易环境;批发市场与零售市场、有形市场与网络市场、国内市场与国际市场;流通渠道系统、流通渠道选择以及流通渠道评估。本章前沿观察提出了现代流通体系构建应创新供应链体系的协同匹配能力。第5章商品流通一般规律,包括流通先导规律、价值规律、竞争规律、供求规律和平均利润率规律。进入网络经济时代,竞争与竞合、共享与融合成为普遍遵循,那么,互联互通时代流通的竞争与融合会呈现哪些新特征,成为本章前沿观察探讨的话题。第6章流通体系与流通创新,包括:流通体系与流通网络、"一带一路"与国际化流通体系;现代流通方式以及数字化流通方式;流通电子商务、大宗商品交易中心以及直播、农村电商、社区团购和社群等新兴流通模式。本章前沿观察的选题是现代流通体系的内涵与特征。第7章流通企业,包括:流通企业不同于生产企业的特征;流通企业的分类以及流通企业的业务活动;流通企业的经营模式与战略管理;流通企业的创新活动以及流通创新与流通竞争力。本章前沿观察主要探讨了流通企业多元化发展的问题。第8章流通保障,从流通装备与设施系统、流通信息系统、流通标准系统三个方面阐述了流通运行的保障体系,重点强调"无人化"设施、数字化流通新技术以及流通标准化的作用及发展方向。本章前沿观察探讨流通体系在构建国际消费中心城市过程中的保障作用。第9章商品流通宏观调控,流通宏观调控体系包括流通宏观调控目标和原则、流通宏观调控手段、流通宏观调控主体与调控载体和流通宏观调控的运行系统以及流通宏观调控支持系统;流通宏观监管体系包括规范流通主体、优化市场环境和稳定流通秩序。本章前沿观察聚焦流通应急体系建设的重要性。第10章流通产业,阐述了流通产业的内涵与外延、流通产业的特征与作用;流通产业组织结构、布局结构以及流通产业结构合理化;分析了我国现行的流通产业政策;阐述了流通产业的发展,包括流通数字化、流通智慧化、流通绿色化和流通国际化。本章前沿观察探讨数字化赋能与产业融合带来的流通业变革和创新。

与市场上现有的同类教材相比,本书的逻辑体系和内容架构有着明显的不同:一是研究视角更加深入和精准、研究方法更体现经济学范式;二是研究体系和内容架构有着深厚的前期基础与良好的历史传承;三是每章所列的前沿观察更加凸显作者对于流通经济运行的深刻认识和全新观点。本书基于流通过程的视角,遵循经济学的研究范式,诠释流通运行的内在机理及其规律性,对流通过程进行了全面的分析和阐述,力求呈现流通经济运行过程的丰富内涵及其内在规律。本书具有以下三个特点:其一,内容严谨,体系完整。本书基于流通过程的角度构建了较为严密和完整的逻辑体系与研究框架,对流通运行过程进行了全面系统的分析和阐述。其二,史料丰富,内涵厚重。本书基于流通观的历史演进,全面分析了我国流通体制的发展历史和严谨脉络。其三,把握前沿,关注现实。

本书是作者多年从事流通管理、流通研究和流通教学的成果。本书的成稿出版得到了团队成员的大力支持。本书由赵娴教授负责第1、2、6、8章的编写,黄雨婷副教授负责第3、4、5、9章的编写,杜红平副教授负责第7章的编写,杨静博士与邹旭鑫博士负责第10章的编写,最后由赵娴教授进行全书的统稿与完善。在此要特别感谢中国物流与采购联合会原会长丁俊发研究员对本书整体架构和前沿进展的把关与指导;感谢黄雨婷副教授、杨静博士、邹旭鑫博士在相关理论问题上的学术贡献;感谢冯宁、邢光乐、包瑞、林佳梦、周航和陈曦的参与,以及对相关内容和数据进行的补充与完善。本书的顺利出版,还要感谢清华大学出版社张伟编辑给予的大力支持。

本书既可以作为高等院校相关专业本科生和研究生的教材,也可以作为流通行业从业人员的培训教材、政府经济管理部门干部的知识读本、流通企业管理人员的必备工具书和理论研究者的研究参考。

作为学术研究的成果,我们力求反映前沿发展,提升理论高度,但也一定存在不足之处,真诚地期待同行们提出宝贵建议!

赵 娴
2022年6月于北京通州

目录 CONTENTS

第1章　流通导论 ··· 1
  1.1　流通的概念与功能 ··· 1
  1.2　流通的地位与作用 ··· 9
  1.3　流通经济研究的理论体系——流通经济学 ··· 17
  前沿观察 ·· 21
  即测即练 ·· 24

第2章　流通观的历史演进 ·· 25
  2.1　马克思主义流通观 ·· 25
  2.2　新时期流通观的新发展 ·· 36
  2.3　中国流通体制的发展与演进 ·· 38
  前沿观察 ·· 50
  即测即练 ·· 52

第3章　流通过程 ··· 53
  3.1　商流 ·· 53
  3.2　物流 ·· 62
  3.3　信息流 ·· 71
  前沿观察 ·· 76
  即测即练 ·· 77

第4章　流通运行 ··· 78
  4.1　流通主体 ·· 78
  4.2　流通客体 ·· 85
  4.3　流通载体 ·· 92
  4.4　流通渠道 ·· 99
  前沿观察 ·· 104
  即测即练 ·· 106

第5章　商品流通一般规律 ·· 107
  5.1　流通先导规律 ·· 107
  5.2　价值规律 ·· 112
  5.3　竞争规律 ·· 116

5.4 供求规律 ······ 120
5.5 平均利润率规律 ······ 123
前沿观察 ······ 129
即测即练 ······ 130

第6章 流通体系与流通创新 ······ 131
6.1 流通体系 ······ 131
6.2 流通方式 ······ 139
6.3 流通业态 ······ 145
6.4 流通模式创新 ······ 154
前沿观察 ······ 162
即测即练 ······ 163

第7章 流通企业 ······ 164
7.1 流通企业的定义与特征 ······ 164
7.2 流通企业的功能和类型 ······ 172
7.3 流通企业的经营与管理 ······ 180
7.4 流通企业的改革和创新 ······ 188
前沿观察 ······ 194
即测即练 ······ 195

第8章 流通保障 ······ 196
8.1 流通装备与设施系统 ······ 196
8.2 流通信息系统 ······ 206
8.3 流通标准系统 ······ 216
前沿观察 ······ 224
即测即练 ······ 225

第9章 商品流通宏观调控 ······ 226
9.1 商品流通宏观调控体系 ······ 226
9.2 商品流通宏观调控的主要方式 ······ 236
9.3 流通宏观监管体系 ······ 242
前沿观察 ······ 245
即测即练 ······ 246

第10章 流通产业 ······ 247
10.1 流通产业的内涵与作用 ······ 247
10.2 流通产业结构 ······ 254
10.3 流通产业政策 ······ 265
10.4 流通产业发展 ······ 274
前沿观察 ······ 281
即测即练 ······ 284

参考文献 ······ 285

第1章 流通导论

本章要点：流通是衔接生产与消费的中介，是社会再生产的组成部分，也是实现社会再生产的重要条件。社会再生产的发展要求流通的发展与之相适应，只有流通的数量与结构均与之相适应，社会再生产才能顺利衔接并实现良性循环。流通产生于原始社会末期，随着人类社会分工生产和经济的发展而发展，从简单商品流通到发达商品流通，流通经历了几个社会形态，促进了人类社会的进步和发展。进入21世纪，经济全球化尤其是以互联网为基础的数字经济的发展，已使现代社会进入全球化大流通、大市场的发展时代，流通的发展将会进入一个新时代，而反映和促进流通发展的流通经济理论创新也将进入一个新的时期。本书开篇主要研究：流通的内涵，流通的形成与发展，流通过程揭示的经济规律，流通经济学的研究对象、研究内容和研究方法。

本章学习目标：
1. 了解流通的产生与发展；
2. 掌握流通、流通产业、流通体系的基本概念；
3. 理解并掌握流通的功能；
4. 理解流通的地位与作用。

1.1 流通的概念与功能

从一般意义上说，商品流通是指以货币为媒介的商品交换。它是随着社会生产的发展、商品货币关系的出现而产生的。商品交换从原始社会末期开始出现，经过奴隶社会、封建社会后得到进一步的发展，进入资本主义社会后，发展到它的高级阶段，特别是现代市场经济使商品流通进入一个新阶段。这时，进入流通过程的商品包罗万象，流通过程成为实现价值的必经过程。

1.1.1 流通的产生与发展

流通的形成与社会分工紧密联系在一起。分工产生了交换，没有交换就没有生产和流通，没有社会经济的运行。因此，研究流通应该从研究分工开始。

1. 社会分工的地位及其作用

分工是指组织或个人各自从事不同的工作或活动。分工首先是指一种有目的的人的行为，存在于社会经济生活的各个领域；其次也指一种自然现象。亚当·斯密在《国富论》中对分工进行了阐述："劳动生产力上最大的增进，运用劳动时所表现的更大的熟练、技巧和判断力，似乎都是分工的结果；分工是提高劳动生产率、增进国民财富的主要原因和方法。"

分工在人类社会的发展过程中发挥着巨大的无可替代的作用。分工伴随着人类社会的产生发展而不断深化，每一次历史性的进步都是分工深化的结果。分工使劳动得以专门化，提高了工人的熟练程度，使单位产量得以提高；另外，分工还使劳动得以简化，使专门从事某项操作的工人可以把全部精力倾注到一种简单的事务上，容易改进工具和发明机器；此外，分工还能节省由一种工作转移到另一种工作时所花费的时间。人类发展的历史上经历了三次社会大分工，推动了工场手工业到机器大工业乃至资本主义生产方式的产生和发展，成就了人类社会向文明时代的进步。

第一次社会大分工发生在原始社会野蛮时期的中级阶段，主要表现为"游牧部落从其余的野蛮人群中分离出来"。第一次社会大分工使劳动生产率有了显著的提高。原始畜牧业扩大了生产的范围和场所，使人的劳动力生产出超出维持劳动力所必需的剩余产品，这一阶段还出现了织机、矿石冶炼和金属加工，同时，农人和牧人都需要获得在本部落地区内部生产的产品，这就引起了彼此之间互通有无的交换，促进了商品交换和价值形态的发展。此时价值形态也逐渐发展到一般的价值形态和货币形态。由于交换的主要物品是牲畜，牲畜获得了货币的职能，起到了一般等价物的作用。

第二次社会大分工发生在原始社会野蛮时期的高级阶段，主要表现是手工业从农业中分离出来。随着生产力进一步的发展、生产劳动的多样化，一个人不可能承担全部活动，各种活动必须分别由专人来承担。这样，便使原来与农业生产结合在一起的若干手工业生产从农业中分离出来，产生了人类历史上的第二次社会大分工。第二次社会大分工进一步促进了生产规模的扩大和劳动生产率的提高，也使商品货币关系进一步发展起来。随着生产分为农业和手工业这两大主要部门，此时出现了直接以交换为目的的商品生产。商品交换的范围也扩大了，出现了远距离和海外的贸易。交换的发展促进了价值形态的发展。金、银等贵金属开始执行货币的职能，并且逐渐成为占优势和普通的货币商品。

第三次社会大分工发生在原始社会瓦解、奴隶社会形成的时期，主要标志是出现了专门从事商品交换的商业和商人阶层。第二次社会大分工后，交换得到长足的发展，促进了生产的发展，反过来又进一步推动了交换的发展。随着交换日益频繁，交换的规模不断扩大，品种不断增加，交换的地区不断扩大，直接的产品交换越来越不便利，需要有一些人专门从事商品交换业务，成为生产者和消费者之间不可缺少的中间人，于是出现了专门从事商品交换的行业——商业和专门从事商品交换的人——商人，产生了社会第三次大分工。第三次社会大分工，使商品生产和商品交换进一步发展起来。商人的出现，便利了生产者和购买者的买卖活动，缩短了生产者买卖商品的时间，并使他们的产品的销路一直扩展到遥远的市场。同时，出现了铸币。贵金属作为货币商品充当了其他商品的一般等价物，成为财富的化身。在使用货币购买商品之后，出现了货币借贷，随之出现了利息，以至于土地也成为可以抵押的商品。商业的产生与商品流通密切相关，预示着商品流通在社会再生产中的地位和作用得以体现，分工带来生产发展、消费扩大，其间的衔接无论是在数量上还是在结构上都需要有一个中间过程的缓解，以弥合时间与空间的错位，实现生产与消费的匹配，而商品流通正可以担当此任。

综上所述，社会分工是商品交换、商品流通形成和发展的前提条件，只要社会分工存在就会有商品交换，就会有商品流通。正如列宁所说，"社会分工是商品经济的基础。"[①]

2. 分工、交换与流通

分工起因于交换能力，分工程度受交换能力的制约，即受市场范围的限制。分工提高了每个劳动者在某一个领域的劳动技能与熟练程度，促进了劳动工具的不断改进和完善，加快了生产经验的积累，因而大大提高了劳动生产率，扩大了生产规模，优化了生产组织形式，提高了专业化劳动效率，节约了生产成本和资源，增加了社会财富的积累速度。

分工与专业化的结果是单一化大规模的生产，而分工与专业化体制下的消费则是多样化小批量的消费。这样，在生产和消费之间就产生了难以调和的矛盾，而交换正是解决这一矛盾的最好手段。

交换是两个以上的个人或组织相互提供各自活动及其成果的行为，包括劳动的交换和劳动成果即商品的交换。商品交换是指不同企业或个人通过某种条件相互转让自己所有的商品。通过交换，商品所有权发生转移，商品从生产领域进入消费领域，实现了价值和使用价值，也实现了大规模生产与小批量零星消费之间的矛盾调和。与此同时，交换的广度和深度不断发展，也会反过来促进生产和消费的进一步细分。可见，分工是商品交换的前提，商品交换的形式与规模会随着社会分工的出现和不断深化而不断发展与扩大。同时，商品交换形式的发展和规模的扩大，也是社会分工不断深化的条件。

商品流通是随着社会生产的发展、商品货币关系的出现而产生的。在原始社会末期，最初在原始共同体之间出现的偶然的商品交换，已扩展到共同体内部成员之间。随着私有制的产生以及专门为满足别人需要而进行的商品生产的出现，这种偶然的物物交换逐渐发展成为经常发生的现象。货币的出现，使商品的交换分为两个阶段：卖——商品转化为货币，买——货币转化为商品，卖和买的统一就形成了商品流通。商品流通的出现，克服了物物交换的困难，促进了商品生产和商品交换的发展，也使得专门从事商品交换的商人应运而生，加速了商品的流通，提高了社会经济效益，是商品生产和商品交换发展进程中的一大进步。

3. 商品流通过程

商品流通过程，是指商品从生产领域向消费领域运动的经济过程。整个社会的商品，从离开生产过程，通过一系列以货币为媒介的错综复杂的交换关系，到达消费领域的过程中，具有丰富的内容，并成为在社会再生产中具有相对独立的特殊功能的客观经济过程。一方面，流通过程是一个动态的过程，流通过程的两个阶段——买和卖是紧密衔接、不断循环的，它们互为条件又互相作用，互相联系又互相制约，不断交替，不断循环，构成了不间断运行的商品流通过程，保证了再生产过程的正常进行；另一方面，流通过程是价值运动和使用价值运动的统一，经过流通过程，商品实现了价值和使用价值，而这种价值和使用价值的实现，是不间断进行的，也是在动态中实现的，同时，价值的补偿和使用价值的更替都是统一于流通过程之中的，两者互相联系，不可分离。

商品流通过程对于交换的当事人来说可以分为两个阶段，即买和卖。商品流通的所有

---

① 列宁.列宁全集：第3卷[M].北京：人民出版社，1979：17.

经济活动都是围绕着买和卖进行的。买和卖的两端一极是货币(G),另一极是商品(W)。商品和货币在空间位置上互换和时间上继起的顺序不同,形成商品流通的两个不同阶段:$W—G$ 和 $G—W$。这两个阶段既紧密相连、相互交织,又在不同情况下处于不同的地位,从而发挥着不同的作用。构成商品流通两个阶段的买和卖,实际上是作为商品的二重性在流通过程中的表现形式。作为价值形式,它表现为货币(G);作为使用价值形式,它又表现为商品(W),并且 $W—G$ 或 $G—W$ 这两种形态在不断地转化。

商品流通两个阶段的相互位置的交替和作用的变化,反映着流通过程与生产和消费过程的相互制约关系,是流通过程的主要内容。从直接生产过程来看,$G—W$ 是购买过程,而 $W—G$ 则是销售过程;而从整个社会再生产总体来看,买和卖构成的流通过程则成为两个生产过程的中介。

4. 流通形式

从总体上来讲,商品流通有两种基本表现形式:一种是 $W—G—W$,另一种是 $G—W—G'$。前者称为简单商品流通形式,是由简单再生产决定的;后者称为发达商品流通形式,是由发达的商品生产决定的。商品生产的性质决定了两种流通形式有着本质的区别。

简单商品流通形式($W—G—W$)具有这样几个特点:先卖后买,卖的目的是买;商品是流通过程的出发点和归宿;货币是过程的中介,以卖开始,以买结束;流通的最终目的是取得使用价值。

发达商品流通形式($G—W—G'$)的特点有:先买后卖,买的目的是卖;货币是流通过程的出发点和归宿;商品是过程的中介,以买开始,以卖结束;流通的最终目的是取得更多的交换价值,实现货币的增值。

1.1.2 流通的概念

分工是流通产生的前提,流通是分工发展的结果。人类社会经过三次社会大分工,生产能力不断提高,剩余产品的出现使得交换的内容和形式不断完善,逐渐从以物易物的直接交换发展到以货币为媒介的商品交换,社会进入交换经济时代。随着交换的深度和广度拓展,货币形式成熟,商品生产得以充分发展,与之相对应的交换和分配,即商品流通逐渐发展,无论是数量上还是结构质量上都适应了商品生产日益发展的要求。另外,由于生产和消费之间产生的时空分离,需要经过一个中间过程的衔接,流通所处的地位和发挥的作用正可以作为克服这种分离的手段,成为完成社会生产全过程的中枢环节。由此可见,流通是处于生产与消费的中间环节,是衔接生产与消费的中介,流通所包含的各项活动构成了一个独立的经济过程,从而生产过程、流通过程和消费过程就构成了社会再生产的整个过程。

1. 流通的内涵

流通是从总体上看的交换,指商品从生产领域向消费领域转移的经济过程。定义中的商品包括商品和与商品交易相关的服务,即流通服务,同时还应包括相关的产权,即所有权的转移;定义中的经济过程,是指商品生产出来之后,从生产者向消费者手中转移所经历的整个过程以及伴随这个过程所发生的一系列经济活动,即实现商品的价值和使用价值,包括商品所有权的转移、商品实体的位移、转移所经过的渠道长短和环节多少(如批发和零售环节)、转移过程中伴随的信息流动以及为了加快商品转移所需提供的金融支付、法律咨询等相关辅助服务,与此同时,转移过程中还要处理各种经济利益关系并实现更多的经济效益。从现实经济运行来看,流通过程所涉及的经济活动的领域比较广,包含的内容也比较丰富,因而会出现与一些概念如贸易、市场、交易、物流、营销渠道等形成内涵上的交叉,这就需要掌握流通概念的核心实质,进而去清晰地界定它们之间的共同点和不同之处。

马克思在《资本论》中从社会生产过程的角度定义流通内涵:"每个商品的形态变化系列所形成的循环,同其他商品的循环不可分割地交错在一起,这全部的过程就表现为商品流通。"马克思和恩格斯从三个不同的角度进一步阐述了流通的内涵。

第一,流通是社会再生产过程生产、分配、交换(流通)、消费中的一个独立的经济活动。18世纪末19世纪初,政治经济学家都把社会再生产过程分为生产、分配、消费三个组成部分,即"三分法",其代表人物为法国庸俗政治经济学派代表让·巴蒂斯特·萨伊(1767—1832)。马克思、恩格斯根据对商品经济发展的大量分析,把交换(流通)从生产领域中分离出来,变成一个独立的经济领域,从而确立了社会再生产过程生产、分配、交换(流通)、消费的"四分法"。马克思、恩格斯批判了法国小资产阶级社会主义者杜林的"分配决定论"。恩格斯指出:"杜林先生把生产和流通这两个虽然相互制约但本质上不同的过程混为一谈⋯⋯他这样做只不过是证明,他不知道或不懂得正是流通在最近五十年来所经历的巨大发展。"①

第二,流通是"以货币为媒介的商品交换"。这里讲的是流通的形式与过程,正如马克思、恩格斯所说:"对商品流通来说,两样东西始终是必要的:投入流通的商品和投入流通的货币。"②在商品的生产者与商品的消费者之间,用货币的形式,等价交换。

第三,"流通是商品占有者的全部相互关系的总和。"③这是以参与商品交换所有主体的行为所产生的关联来讲的,这就产生了商流的关联、物流的关联、信息流的关联以及资金流的关联。一种商品所有权从甲转为乙,都离不开这四种关联。

马克思的流通观告诉我们:流通是以货币为媒介的商品交换,是随着社会生产的发展、商品货币关系的出现而产生的。流通的形成与社会分工是紧密联系在一起的。社会分工是商品交换、商品流通形成和发展的前提条件,只要社会分工存在就会有商品交换,就会有商品流通。流通是商品经济所特有的范畴。在商品经济条件下,流通是社会生产过程的重要阶段,它把生产和由生产决定的分配同消费联系起来,成为生产和消费之间必不可少的中间环节。流通的出现,是商品交换进一步发展的结果。通过流通过程,不断地完成着商品的形态变化,实现着商品由生产领域向消费领域交换的运动过程,从而为社会主义扩大再生产的正常进行提供必要条件。可见,流通就构成了社会再生产的中间环节,一端联系着生产,另一端联系消费,成为再生产过程的中介,是联结生产和消费的媒介要素。

2. 流通产业

产业是指由提供相近产品或服务,在相同或相关价值链上活动的企业所共同构成的企

---

① 马克思,恩格斯.马克思恩格斯全集:第20卷[M].北京:人民出版社,1973:167.
② 马克思,恩格斯.马克思恩格斯全集:第45卷[M].北京:人民出版社,1985:459.
③ 马克思,恩格斯.马克思恩格斯全集:第44卷[M].2版.北京:人民出版社,1982:192.

业集合。产业是社会分工的产物,也是社会生产力发展的必然结果。一方面,具有某类共同特性是将企业划分为不同产业的基准;另一方面,产业内所含的企业群具有较大的伸缩性,既可以是较大的概念,如第一、二、三产业,也可以是较小的概念,如汽车产业、石油产业等。产业形成是多层次的。随着生产力水平的不断提高,产业的内涵会不断充实,外延也将不断拓展。产业结构是指产业间的生产技术经济联系与联系方式。产业结构是社会再生产过程中形成的,反映了产业间相互依赖、相互制约的程度和方式以及产业间的数量比例关系。

流通产业是指从事和组织流通经济活动的流通企业所构成的企业集合。产业是具有类似生产技术结构的企业的集合,流通产业的主体是流通企业,它们的共性是都属于经营性企业,各自有着自身的经营优势和经营绩效,提供的是在技术上可相互替代的流通服务,但同时它们之间又存在着相互的竞争、合作以及垄断的市场关系,进而构成了流通产业组织结构的内涵。从流通过程的总体看,商品生产出来后,会经过批发、零售等环节进入消费领域,在批发和零售的流通经济活动中还包含分销、包装、仓储、运输、流通加工等环节,这就决定了流通产业内含的企业群体具有较大的伸缩性,通常所说的批发业、零售业、分销业、仓储业、运输业等都属于流通产业的进一步细分。此外,在实际流通运行和具体的商务管理中,还经常使用商贸流通业、物流业等概念,这些也可以理解为是侧重一种功能的流通产业的划分,即具有物流功能或商贸功能的企业集合。

产业经济发展的历史可以分为前后连续并不断高度化的三个阶段:以广义农业为主体的产业经济体系发展阶段、近代以工业生产为主体的产业经济体系发展阶段和当代以服务业为主体的产业经济体系发展阶段。随着产业结构的不断演进和高度化发展,第三产业逐渐占据主导地位,社会经济发展也将进入以服务业为主导产业的发展阶段。在三次产业的划分中,流通产业属于第三产业即服务业的范畴。随着服务业产值占GDP(国内生产总值)比重的逐渐上升,服务经济的社会形态逐渐显现,建立在服务产品生产和配置基础上的经济运行凸显出新的产业特征,即更大程度的引领和先导作用。与此同时,流通产业也越加显现出其基础性产业和先导性产业的特征,在社会经济发展中的地位和作用也越加重要。作为基础性产业,其本身构成了国民经济发展的基础,同时也能通过关联作用较大程度制约其他产业发展;作为先导性产业,其在市场需求的引导下可以通过产业链延伸带动其他产业的发展,进而促进国民经济的结构调整和良性发展。随着网络经济和数字经济时代的到来,电子商务的不断发展,新的商业模式不断涌现,数字化成为产业转型升级的强大动力,流通产业的重要地位和作用还将进一步凸显。

3. 流通体系

在现实的社会经济运行过程中,流通与生产、分配和消费这些再生产其他环节之间存在着相互影响、相互作用的辩证统一关系,这种辩证统一关系不仅体现在流通主体之间,也体现在流通主体与客体之间以及围绕流通全过程的所有相关环节之间,也正是这种相互依存、相互作用和相互影响的辩证统一关系,构成了衔接社会再生产过程、连接生产和消费、实现商品价值和使用价值的流通体系。具体而言,流通体系是指由流通主体、流通客体和流通载体以及涉及流通过程相关各环节共同构成,为实现衔接生产和促进消费的共同目标,在市场信息和数据支撑下发挥衔接功能与先导作用的,具有复合型、功能型、信息化和网络化特征的复杂有机体系。流通体系包含流通主体体系即流通企业的集合、流通客体体系即流通商品和流通服务体系、流通载体体系即流通渠道和市场体系以及围绕流通运行过程所涉及的相关制度体系和辅助服务体系。从系统论的角度看,流通体系也可以理解为一个复杂系统,有着系统所特有的开放性、目的性、层次性、环境适应性和动态平衡性等特征,遵循系统相关性原则而组成的系统元素,既通过相互依存、合作和协同来维持和发展系统的整体性,又通过之间的制约、竞争来维持自身部分的独立性,当独立性服从于合作关系时,系统呈现稳定和有序的状态,进而使得流通体系也呈现出协同性与统一性。从宏观经济运行的角度来看,流通体系也构成了当前双循环战略的重要支撑体系,流通体系运行顺畅高效,意味着流通主体、流通渠道、市场体系的有序高效,意味着生产与消费的数量、比例与结构不断优化,进而形成国民经济运行的良性循环和高质量发展。

  马克思的流通观的核心观点主要体现在对生产与流通关系的把握上,即流通与生产的关系,表现为生产决定流通,流通反过来又会影响和制约生产。生产决定流通表现为生产的社会分工是交换产生和发展的必要条件,生产方式的性质决定着流通的性质,生产发展的规模与结构决定交换的深度和广度,也决定了流通的深度和广度;流通对生产的制约作用,主要表现在流通对社会生产中分工协作关系的维持上。此外,流通对实现分配和消费都具有能动作用,表现为流通成为"由生产决定的分配同消费之间的媒介要素"。[①] 依靠流通的媒介作用,对分配的方式、数量及结构产生影响,促使不同行业、不同企业、不同产品间的分配数量和比例结构发生变化,使社会多样化的消费需求得到满足。因此,流通是社会再生产的组成部分,社会再生产要以流通为实现条件。社会生产的发展要求流通的发展与之相适应,没有流通的发展相适应,社会再生产的发展是不可能的。流通产生于原始社会末期,历经几个社会形态,随着人类社会生产和经济的发展而发展,从简单商品流通发展到发达的商品流通,促进了人类社会文明的进步。

1.1.3 流通的功能

  商品流通功能是由流通运行内在要素的相互作用所决定的,是其相互作用的内在规定性和流通规律性的具体体现。流通功能是在动态的流通运行过程中发挥作用的,它既是流通规律的客观要求和反映,同时也受各种外部环境因素的制约。商品流通功能的作用不仅表现在人们通常说的"流通作为社会再生产过程的一个重要环节而对生产过程起反作用"方面,也表现在"流通在一定生产力发展阶段会对生产过程起决定性作用"方面,更重要的是表现在对社会再生产的速度、比例、结构以及社会经济效益等方面的调节作用方面。尤其是当今互联网经济迅猛发展,数字化日益渗透到流通的各个环节,流通与消费对于生产的引领作用逐渐强化,流通在满足消费需求的同时更发挥着决定和调节生产的作用。

1. 实现

  商品是用于交换的劳动产品,具有价值和使用价值二重性。价值是凝结在商品中的无差别的人类劳动,是商品的社会属性;使用价值是指商品能满足人们某种需要的属性,是商

[①] 马克思,恩格斯.马克思恩格斯全集:第46卷(上)[M].北京:人民出版社,1979:36.

品的自然属性。商品必须是劳动产品,且只有用于交换才成为商品,因此交换是商品的基本特征,只有通过交换才能完成商品"惊险的跳跃",实现商品价值和使用价值。由此可见,商品一定离不开流通,商品流通是实现商品价值和使用价值的唯一途径,这是流通的基本功能。从商品产生的过程来看,生产企业生产的产品,只有进入流通过程进行交换,即通过买与卖行为的不断循环和连续继起,一方面实现商品价值,获得相应的货币收入,完成生产过程中必要的劳动耗费的及时补偿;另一方面实现商品使用价值,满足生产的需要,保证社会再生产的连续正常进行。因此,商品价值和使用价值的实现过程,也是商品完成交换实现商品所有权转移的过程,构成了商品流通过程的基本经济内容。

2. 中介

商品流通总是处于生产的两极之间:一极是商品的生产者,另一极是商品的消费者。在这里,一方的买意味着另一方的卖,买和卖、购和销必须相互衔接与配合,在时间上继起,在空间上连续,不能发生任何脱节和间断,否则就会造成再生产过程的中断,这就要求有一个中介来连接,而流通正可以担当此任。这样,作为专门从事商品交换的媒介物,商品流通一方联系着生产过程,另一方联系着消费过程,使大规模生产的商品进入流通过程短暂停留,完成产销时空矛盾转换,进而连续不断地满足消费者的个性化零星需求,成为社会再生产过程的中介。这种流通中介功能的发挥,既使生产过程和消费过程有效衔接,也使社会再生产过程的连续性得以保证。此外,流通中介功能的实现,也有利于流通的环节、速度、规模、质量等方面的改进,还有利于促进生产结构与消费结构的合理性,克服产销脱节的不合理现象。

3. 调节

商品流通对于社会再生产过程具有极为有效的调节作用,主要表现为:第一,商品流通是实现社会再生产的必要条件,它能及时掌握市场反馈信息,通过供求匹配,满足社会再生产迅速发展的各种需求,保持社会再生产的合理比例关系,提高产品结构和产业结构的合理性,保持国民经济各部门优化比例关系和合理结构;第二,商品流通是调节社会资源合理流动、实现社会资源合理配置的有效手段,在供求关系和市场竞争规律的引导下,商品流通可以精准实现生产消费和生活消费的满足,实现资源配置的最优化;第三,商品流通是生产企业、消费企业经济利益关系的调节器,通过商品流通的缓冲和中介作用,弥合、化解生产企业与消费企业之间的矛盾和脱节,平衡和调节其间的经济利益关系,满足各方面经济利益的要求并使其合理化;第四,商品流通是调整社会生产力布局的有力工具,随着社会分工不断深化,流通领域的分工形式也不断拓展和细化,新业态不断涌现,新模式日趋成熟,商品流通能不断促进社会生产分工及专业化发展,提高社会劳动生产率。

4. 先导

随着市场经济的深入发展、买方市场的形成,流通对生产的决定作用日益凸显,流通产业的发展已经成为对国民经济发展实施影响作用——先导与带动作用的决定性力量。流通产业成为先导产业,对经济发展起带动作用,尤其是进入互联网时代,流通的先导功能更加凸显:第一,流通业对经济增长的贡献度在不断提高,一方面,通过提高流通效率、节约成本,流通可以对国民经济增长产生强大的贡献力;另一方面,对外贸易的发展也成为经济增长的重要原动力,国民经济的增长与对外贸易的发展密不可分,外贸推动国民经济增长的作用日益凸显。第二,流通产业具有较高的产业关联度,这使得流通业与国民经济各个产业部门的技术经济联系更加密切,成为相互之间实现物资、货币、信息等经济要素传输的渠道与载体,流通体系的现代化程度与运作效率反映并且决定了整个市场机制的成熟程度和运作效率,进而决定了整个经济系统的活力与素质。第三,流通业的发展有助于扩大内需和增加就业。发达的流通业具有引导需求、发掘需求、创造需求的功能。流通业态具有规模化、专业化、信誉高等特点。合理的零售业态,既能适应消费者多样的消费习惯和消费方式,还能引导和营造新的消费习惯与消费方式。各种流通业态不同的市场定位和市场细分,在营业时间、产品种类和档次、购物环境等方面能够满足各类消费者的需求,充分地体现人文关怀,从而使潜在需求在最大程度上转化为实际消费。流通业具有很强的劳动力吸纳能力,存在着比较大的吸纳劳动力的空间。第四,在对外开放不断扩大的背景下,流通业具有越来越强的战略性。现代流通产业内部的经营方式正在经历着新的变革,现代流通企业正在通过连锁经营、超市经营、电子商务和数字营销等先进的经营方式,将零散的流通渠道整合、集中成若干条发达的流通渠道中枢,这样,现代流通业就有能力通过对流通渠道的垄断实现对上游生产部门的控制。因此,当流通产业成为引导国民经济发展的先导产业时,我们必须正确认识流通业的充分发展对经济发展的带动作用并给予应有的重视。

1.2 流通的地位与作用

流通是商品生产和社会分工的产物,是媒介生产和消费的中间环节。商品流通过程与生产过程一样,在社会再生产过程中居于重要地位,发挥着重要的作用。商品经济条件下,流通过程不仅成为实现生产过程的必要前提,其运行状况也将直接影响生产过程是否顺畅进行,而且流通过程更是呈现出不断融入生产过程进而引导和决定生产过程的趋势。流通对于整个社会经济运行的影响作用越来越突出,流通成为不可缺少的组成部分,成为社会经济运行的先导,进而实施对国民经济发展的带动作用。

1.2.1 流通与生产

流通与生产的关系表现为:生产决定流通,流通反过来又会影响和制约生产。在一般的情况下,生产是流通赖以进行的基础和归宿,生产决定着流通的内容、规模和方式;流通是生产存在和发展的必要前提。二者相互制约、互相决定、互为媒介,是矛盾的统一体。

1. 生产决定流通

生产的社会分工是交换产生和发展的必要条件,生产方式的性质决定着流通的性质,生产发展的规模和结构决定交换的深度与广度,也决定了流通的深度和广度。

生产过程对流通过程的决定作用,不仅表现为前者是后者的逻辑前提,更重要的在于前者是后者的物质来源和运行目标。虽然为交换价值而进行的生产必须经过流通过程才能最终实现,但流通的客体还是缘于生产过程,流通过程是社会再生产总过程的一个阶段。在社会再生产的周期中,流通过程只是在其之前和之后的生产过程的中介,其物质内容来源于在其之前的生产过程,而其服务的对象和目标是在其之后的又一个生产过程,离开生产过程,流通过程就会因失去必要的前提和目的而不复存在。商品价值和使用价值只能来源于生产过程中的有用劳动,但商品的使用价值只有在进入消费领域以后才能实现。商品价值在生产者手中只是以潜在的形式存在,而由潜在形态向现实形态的转化依靠的就是流通过程及其商品价值形式转换的功能。流通过程并不仅仅是被动地从属于生产过程,而是与之并立并可对其产生多种能动影响的一个社会经济过程。

2. 流通对生产有影响和制约作用

流通对生产的重要的制约作用,主要表现在流通对社会生产中分工协作关系的维持上。由于分工协作的专业化,社会化生产远比自给自足的封闭生产更有效率,商品生产就取代自然经济而成为人类社会相当长时期的主要生产方式。在商品生产条件下,商品所有者的劳动是单方面的,而其需求又是多样化的,因而协作就成为社会分工产生并存在下去的基本条件,而协作又是现实地通过商品交换和流通来实现的,没有流通对协作的实现和促进,社会分工就会因为失去必要的外部环境而无以生存,商品生产也就会随之消失而退回到效率低下的自然经济状态。此外,流通能够推动或限制生产的发展。在社会化大生产条件下,经济发展的动力不断促使各分工者走向专业化生产,由此使得生产水平不断提高、生产规模不断扩大,生产对商品交换的依赖程度也越来越高,商品交换的规模和范围对生产发展的规模与速度也会产生重大的影响。随着交换的发展以及市场的扩大,商品生产的范围和规模也要有相应的发展,这样流通就会促进生产的发展;而当交换的过程受到阻碍或流通过程减慢时,就会阻碍或减缓生产的发展。从这个意义上说,流通对生产在某种程度上起着决定性的作用。

流通过程是生产过程顺利进行的基本保障。商品生产是为交换而进行的生产,它的这种质的规定性就注定了流通过程会对生产过程及社会经济运行总过程的正常运行产生重要的影响:流通过程是生产过程实现的必经阶段;流通过程可以实现商品的使用价值,并且是实现商品价值的必要手段;流通过程还是剩余价值或剩余产品的价值的实现条件;同时,流通过程也是生产过程获得生产要素的必要途径。

流通过程的运行状况直接影响生产过程。即使生产过程可以顺利地转入流通过程,流通过程本身的运行也还有是否通畅、速度快慢及时间长短不同等问题,即流通过程本身的运行状况存在着差别。流通过程运行状况对生产过程及整个再生产过程运行的影响,最明显地体现在流通速度快慢及流通时间长短对社会再生产周期的影响上。

就工业品来讲,三个"1∶9"的存在就说明了生产与流通的关系:一个产品生产组装时间占10%,90%的时间是流通;在产品的成本中,10%是加工成本,90%是采购与流通成本;在产品总利润中,生产利润占10%,90%为销售利润。

1.2.2 流通与分配

流通与分配是什么关系呢?显然,在社会经济运行的一般序列中,分配在前,交换(流通)在后,分配的经济职能是借助社会经济规律确定社会各成员对社会产品占有的份额和比例,交换则是社会各成员在其对社会产品占有之后相互交换自己所需要的其他产品,从而达到最终消费。在这里我们清楚地看到,从生产到消费,插进了两个中间环节,即分配和交换(流通),正是分配和交换这两个作用不同又相互联系的环节,才维系着生产和消费的正常运转。换句话说,它们共同推进着社会经济的正常发展。

1. 分配需借助流通来实现

分配与流通相互联系、相互作用的关系表现在:由于分配是插在产品和生产者之间,它属于国民收入的初次分配,这种分配首先在物质生产领域内进行,然后在全社会内进行。国民收入的初次分配根据社会经济规律的要求进行,如在社会主义制度下的基本经济规律、按劳分配规律和价值规律等要求进行初次分配。国民收入的初次分配包括两种:一种是产品的分配,一种是生产资料的分配。无论是产品的分配,还是生产资料的分配,都必须借助交换(流通)才能实现其价值和使用价值,才能满足生产性消费和生活性消费。因此,在这种意义上讲,交换是分配的继续,没有交换,分配则不能彻底。但是,反过来,如果没有初次分配,也就没有交换。总之,分配的方式决定着交换的方式,分配的数量和结构影响着流通的规律和结构;而交换(流通)对分配则有能动作用,它不仅调节着分配的数量和结构,而且对分配能否进行到底起着决定性作用。

2. 流通对分配具有能动作用

首先,分配的实现有赖于流通。所有者从分配中获得的特定产品,有时并不能直接成为满足其自身消费需要的有用商品,而要想使自己获得的产品变成可以满足消费需要的商品,其间必须经历一个商品与商品、商品与货币的转换过程,即商品流通过程。只有经历了这个中间过程,分配才能够最终实现。没有交换和流通的中介,分配就会被搁浅,产品的价值和使用价值就不能实现,不能最后进入消费。因此,流通成为"由生产决定的分配同消费之间的媒介要素"。①

其次,流通的方式、规模和结构对分配的方式、数量及结构具有影响作用。在一定的社会经济发展进程中,产品分配的方式与方法会随着社会生产和交换的方式、方法的发展而变化。以货币为媒介的商品流通出现后,价值分配逐渐取代了直接的实物分配。与此同时,随着商品流通规模、结构的不断发展,价值分配也相应地得到适度的发展,由此进一步影响到分配的方式和结构。当流通的作用日渐强化后,间接的价值分配也就得以充分发展并成为社会产品的重要分配方式。

最后,流通能对分配结构产生调节作用。尽管分配和交换都是生产与消费之间的中介,但二者的出发点和运行原则却是不相同的。在市场经济条件下,流通不仅可以通过对生产的影响来实现对分配的间接作用,而且可以通过流通中商品比价的变动来实施对分配环节的直接影响。同时,流通中各种有倾向性的买卖活动也会促使不同行业、不同企业、不同产品间的分配数量和比例结构发生变化,从而体现流通对原有分配格局的能动调节作用。

---

① 马克思,恩格斯.马克思恩格斯全集:第46卷(上)[M].北京:人民出版社,1979:36.

1.2.3　流通与消费

消费是指利用各种商品满足社会生产和生活需要的过程,是社会再生产过程的重要环节,也是最终环节。消费可分为生产性消费和生活性消费。生产性消费是生产资料和劳动力的消耗,经过这种消耗生产出社会需要的产品;生活性消费是最终消费品的消耗,经过这种消耗,再生产出新的劳动力。可见,为了满足生产性消费和生活性消费的需要,必须借助交换(流通)这个环节来实现。换句话说,流通的直接目的是满足消费,流通对消费的实现具有决定性作用,进而流通规模、流通结构和流通速度以及流通模式会对消费规模、消费结构、消费水平产生直接的影响和制约。另外,消费的内涵又是丰富多样的,不仅有消费水平、消费结构问题,还有消费习惯、消费人群、消费速度和消费升级等诸多问题,这些复杂而多样化的消费需求又会进一步引导流通规模、流通结构和流通速度以及流通模式的升级和发展,以期更高层次地满足社会的消费需求,由此形成相互作用与相互促进的辩证关系。总之,流通与消费之间是辩证关系,流通是消费实现的必要前提,流通对扩大消费规模、提升消费层次具有直接的决定与促进作用;而消费对流通也有积极的反作用,它对流通的规模、结构和速度均起着重要的影响作用。

1. 流通是消费实现的必要前提

作为社会再生产的最终环节,消费是生产、分配和流通各环节的目标所在。商品生产出来之后,经过分配、交换即流通环节,最终目的是进入消费,满足人们的消费需求。因此,从某种意义上讲,消费实现是整个社会再生产运行的一个最终目标,是影响整个社会经济运行状况的一个决定性因素。但是,在商品货币条件下,社会分工者要想使其多样化的消费需求得到满足,唯一的途径只能是经过交换而形成的商品流通,依靠流通的媒介作用,满足消费的需求。那么,流通就成为消费实现的必要前提,只有流通过程顺畅,消费才能顺利实现,消费的产品种类、规模和结构才能最大限度满足需求。进入互联网经济时代,电子商务的发展改变了传统的生产模式,按需生产、以需定产、需求引导生产、消费端聚合需求带动全产业链的新型商业模式逐渐占据主导地位,网络经济下的商品流通模式与机制也发生了实质性的改变。不论需求如何变化、消费如何升级,消费实现的必要前提仍然是通过商品流通这个必经的中间过程,消费情况的大数据分析带来了对消费者的清晰刻画,使得流通过程中的各环节对于消费的把控更加精准,流通过程可以更高效地实现消费和满足需求。

2. 流通能扩大消费的深度和广度

流通可以促进生产者的产品向商品生产转化,因而能给社会分工者带来更多的货币收入,提高其购买力,从而扩大消费的规模。生产的最终目的是消费,消费的总量决定着生产的总量,消费需求的变化决定着生产要随之进行调整,消费的结构决定着生产的结构,消费的趋向决定着生产的趋向。生产资料如此,生活资料更是如此,如果不是让生产去适应消费,而是为生产而生产,必然会出现生产过剩或商品短缺,无法满足人民生活与生产建设的需要,因此,消费决定生产的同时也对流通提出了相应的要求,即流通的规模与结构也要适应消费的规模和结构。作为生产与消费的中介,流通规模与结构既是生产规模与结构的直接反映,又是消费结构的间接反映,流通规模的扩大会推动消费规模的增大,流通结构的合理化势必影响着消费结构的优化。消费规模与消费结构预示着消费的深度和广度发展,因而可以说流通的规模发展与结构优化会扩大消费的深度和广度,流通既可以满足消费需求,又可以促进消费需求的提升。

3. 消费对流通具有能动作用

消费升级带来的新变革需要流通与之相匹配,因而消费对流通具有能动作用,表现为消费的升级可以引领和带动流通业的整体升级。随着产业结构高度化演进,经济社会进入高额大众消费阶段,人们的生活水平不断提高,加上网络经济的助推,以网络购物为主要特征的新型消费快速兴起,人们的消费行为随之发生了巨大改观,尤其是疫情的出现,使得在线消费优势凸显,成为新生代消费的主流,带来了社会整体消费习惯、消费层次和消费特征的巨大变革。进入数字经济时代以来,逐渐开启的消费升级意味着消费者更注重商品品质、个性化服务、消费场景和体验以及社交化消费,这一切对于流通业同样提出了更高的要求,带动了流通业的转型升级。以百货业为例,数字化赋能下,以用户价值为导向的企业经营要素得以重构并优化,基于数据分析的精准营销、产品迭代以及边界拓展,使得企业的商业模式发生了实质性改变。在数字经济时代,数据作为一项重要生产要素是经济价值创造过程中不可或缺的战略资源,数字化赋能使传统百货业在人工智能、大数据、云计算等数字技术驱动下进行数字化革新,将生产消费各环节产生的海量信息转化为可度量的数据,实现数据共享和数字模型构建,完成科学决策、迅速响应、产销一体的数字化转型,进而满足人民对零售业便捷性、个性化和高体验的"美好生活需要"。百货业一是强调通过数字技术的运用,识别满足有效需求,挖掘培养潜在需求,拓展粉丝经济,增强顾客黏性;二是把握"零售=服务+商品"的本质,应对以按需定制为特征的拉式产销关系,提高商品的附加价值,形成百货企业核心竞争力;三是使数字化建设贯穿百货业购销全过程,突出百货业态体验性优势,打造时尚前卫的"新生活中心",助力传统百货重新焕发生机与活力。由此可见,消费升级带来的强有力的"拉式"需求,加上数字化赋能的助力,依托大数据的精准决策,形成了引领流通业发展的强大动力,流通业组织结构日趋优化,流通渠道布局更加优化,流通技术不断提升,流通效率显著提高,这一切都促进了流通业的转型升级和功能强化。与此同时,流通功能的提升又意味着流通反过来还会进一步为消费升级创造巨大的提升空间,二者相互影响、相互促进的良性互动关系正是能动作用的核心体现。

1.2.4 流通与社会经济运行

社会再生产是由生产、分配、交换(流通)和消费四个环节构成的一个有机整体。流通(交换),是连接生产和消费的中介,在现实的社会经济运行过程中,流通与生产、分配和消费这些再生产其他环节之间存在着相互影响、相互作用的辩证统一关系,这也决定了商品流通在社会经济运行中的重要地位和巨大作用。

科学地认识流通的作用,对于国民经济的健康发展是极其重要的。新中国成立以来的很长一段时期,未能很好地解决流通产业的科学定位问题,重视生产,轻视流通,过于追求以GDP为标志的经济增长,集中力量发展高产值产业,尤其是重工业和制造业,而基础性的、低产值的流通产业的发展被放在次要地位,从而使流通产业成为制约国民经济持续、健康、快速发展的瓶颈产业。改革开放尤其是近十几年来,我国流通业的产出在国民经济总产出中所占的比重呈上升趋势,显示了随着国民经济总量增长而产生的流通产业结构调整的趋势,也预示着流通业在当前乃至今后相当长的一段时期内将成为国民经济发展的一个新的、重要的产业增长点,有着加速发展的趋势。流通产业成为引导国民经济发展的先导产业,将日益深刻地影响到国民经济的结构调整和持续发展。

1. 流通连接生产与消费过程的中介作用

首先,从社会再生产过程来看,再生产过程总是先从生产开始,经过分配和交换,最后进入消费。因此,生产表现为起点,消费表现为终点,分配和交换则表现为中间环节,联结着生产和消费。流通是从总体上看的商品交换,它把国民经济中每个企业联结为统一的整体,不仅实现着商品同货币的转换,完成归属权的转移,而且实现着商品实物形态的转移,处于社会再生产的中间环节,成为再生产过程的媒介。

其次,从相联结的生产循环运动来看,一个生产企业的商品生产、资金循环大体上可划分为供应、生产和销售三个阶段。在供应阶段,实现货币资金向生产资金的转化;在生产阶段,实现生产资金向商品资金的转化;在销售阶段,实现商品资金向货币资金的转化。在这个生产循环运动中的供应和销售阶段,买卖双方的交换行为都是商品和货币的交换,以实现生产资料的补偿。为了使社会再生产周而复始地进行,在此过程中消耗掉的生产资料必须在价值形态和实物形态上实现补偿。其中,价值形态的补偿,是通过产品销售,收回与生产所消耗的生产资料价值量相当的货币;实物形态的补偿,是通过购买得到生产所需的生产资料,维持再生产过程的正常进行。显然,这两种补偿都只能通过交换才能实现,这也正体现了流通的中介地位及作用。

最后,流通体现社会经济运行的内在规定性。流通的状况制约着社会经济运行的状况,体现社会经济运行的内在规定性。流通是社会再生产的重要组成部分,完成商品使用价值和价值的实现与转移过程,是社会再生产过程正常进行的物质条件。由于它连接着生产过程和生产性消费过程,因此,流通状况是否顺畅,直接影响着生产领域与消费领域的有效衔接,影响着商品价值和使用价值的实现程度,影响着市场的效率,进而影响到社会经济运行的良性循环,决定国民经济的发展速度和发展规模。

2. 流通产业在国民经济体系中的基础性作用

生产过程和流通过程是社会经济系统运行的基本过程。在自给自足的生产条件下,生产过程和流通过程彼此独立、相对隔离,并未成为社会再生产过程的必经阶段。而进入商品生产尤其是发达商品经济阶段后,生产过程和流通过程就成为社会再生产必不可少而又彼此紧密联系的两个阶段,它们互为前提,以彼此的续起和连接来保持社会再生产的正常运转。正是生产过程和流通过程不断地相互贯通、相互渗透、相互融合,从而构成了社会经济运行的总过程。由此看来,社会经济系统中的流通过程,是一个与生产过程既相互联系又相互影响的客观经济过程。

首先,商品流通是市场经济发育和成熟程度的主要标志。流通不仅可以引导生产和消费,起桥梁纽带作用,而且对稳定经济全局和优化资源配置作用越来越大,流通产业已成为每个国家促进经济全面发展的先导产业。就现阶段来讲,流通体制运行状况影响着社会主义市场经济体制整体推进的快慢;商品市场体系的培育是整个市场体系建立的基础条件。没有发达的流通,就没有社会主义市场经济。社会主义市场经济要真正搞好,解决好流通问题最重要。

其次,商品流通是国民经济运行状况的晴雨表。社会与经济结构是否合理,国民经济是否协调发展,首先在流通领域表现出来。流通反映着国民经济产业结构的合理化程度,流通如同国民经济的命脉,不断地循环,不停地运作,随时调节着"机体"内部各器官的协调与平衡。流通是反映整个国民经济运行正常与否的"晴雨表",流通的顺畅与否,决定着国民经济良性循环的能否实现。当前流通领域中存在一些长期困扰我们的问题,如一些重要商品"少了少了,多了多了"的现象反复发生,特别是一方面生产的产品积压,另一方面有效需求的产品得不到满足,以及通货紧缩与通货膨胀,这些现象反映了国民经济运行中较深层次的矛盾即结构性矛盾。流通已成为国民经济运行的"瓶颈"领域,流通经济增长方式的转变是整个国民经济增长方式转变的重要组成部分与关键。

最后,流通生产力是促进经济持续、快速、健康发展的重要因素。发达的商品流通,必须依托于先进的流通生产力和流通生产关系。一方面,流通生产关系要适应流通生产力的发展,不能人为地超越。另一方面,在一定的流通生产关系条件下,流通生产力水平越高,流通效率越高,社会总产品价值实现越好,对国民经济持续、快速、健康发展是一个有力保证。发达国家的流通实践证明,先进的流通生产力,有利于降低流通费用。流通费用的降低,推进着工农业生产成本的下降、销售价格的下调,从而提高整个国民经济效益。

随着生产力水平及生产的商品化、社会化程度的不断提高,流通对于整个社会经济运行的影响作用也越来越突出,成为较之生产过程更为重要的经济运行过程。流通过程成为商品经济下生产过程实现的必要前提,流通过程运行情况直接影响生产过程。流通对生产的决定作用日益凸显,流通决定生产,会对国民经济的发展实施带动作用,这就体现了流通在经济运行过程中的先导地位,这是必须面对的客观现实。在现阶段,流通产业的进一步发展是启动市场的关键,也是带动生产发展的关键,流通产业停滞不前甚至倒退,必将阻碍我国的市场化进程,影响其他产业的发展。

3. 流通产业引领国民经济发展的先导作用

当流通产业成为引导国民经济发展的先导产业之时,必须正确认识流通产业的充分发展对经济发展的带动作用,并给予应有的重视。

流通产业的先导作用主要表现在以下几个方面:第一,流通产业对经济增长的贡献度在不断提高;第二,流通产业具有较高的产业关联度,这使得流通产业与国民经济各个产业部门的技术经济联系更加密切,成为相互之间实现物资、货币、信息等经济要素传输的渠道与载体;第三,流通产业的发展有助于扩大内需和增加就业,发达的流通产业具有引导需求、发掘需求、创造需求的功能;第四,在对外开放不断扩大的背景下,流通产业具有越来越强的战略性。流通产业在国民经济中发挥着产业带动作用,发展流通产业对国民经济的协调、快速发展具有重要意义。

4. 流通产业结构调整对国民经济结构调整具有重大影响

流通产业在产业结构中占有重要地位,是国民经济发展的支柱产业之一,是当代各国积极发展的重点。流通产业状况是评价一国经济整体发展水平的素质的重要指标,因而是投资的主要领域、利税的主要来源、就业的主要渠道和科技开发应用的主要领域。流通产业在国民经济中发挥着产业带动作用,发展流通产业对国民经济的协调、快速发展具有重要意义。

20世纪80年代以后,世界各国产业结构重心向后推移的速度日益加快,第一、第二产业所占比重进一步下降,第三产业的比重加速上升,尤其在发达国家,这一变化更加明显。近几年来发达国家产业结构"软化"的趋势仍在继续加强,但是在我国,流通产业在国民经济中的地位整体偏低。我国流通产业的产值地位不仅低于发达的市场经济国家,甚至低于经济发展水平相似的发展中国家和新兴工业化国家。流通产业的这种状况不仅影响了其自身的发展,也影响了整个国民经济的持续、协调发展。因而,对流通产业进行结构调整,不仅会加快流通产业的发展,也将成为第三产业发展进而产业结构演进的主导力量,有利于实现第一、第二、第三产业的协调发展,形成合理的产业运行序列,优化产业结构,从而优化经济结构,带动国民经济的发展。

市场化进程的加快也将对结构调整的方式产生深刻的影响。随着我国社会主义市场经济体制的确立,市场化的进程在逐步加快,市场机制在资源配置中的基础性作用日益增强。国内市场对外开放的步伐逐渐加快,长期形成的内外贸分割的局面开始被打破,国内外两个市场的联系更加紧密。在这样的背景下,结构调整的主体、方式都将发生深刻的变化。

随着高新技术迅猛发展,产业技术含量不断提升,技术进步成为经济发展和国际竞争的关键因素。以信息技术为代表的高新技术产业的迅猛发展,预示了新经济时代的到来。由技术进步引发的产业革命正深刻和持久地改变着人类社会经济生活的方方面面,科学技术对经济增长的贡献作用日益突出。从目前情况来看,发达国家技术进步对经济增长的贡献率已远远高于其他要素,高新技术的产业化趋势及其对传统产业的渗透与改造已达到了空前的规模和水平。发达国家的第三产业之所以能迅速发展,一个重要原因是现代科学技术的广泛渗入和普遍应用。现代意义上的流通产业已不再是传统的劳动密集型行业,由于广泛地采用先进的科学技术,流通产业的技术含量大大提高。高新技术已成为推动流通产业进一步发展的最主要动力。因此,必须大力推进现代科学技术在流通领域的广泛应用,提升流通产业的技术含量,这是结构升级的主要推动力和重要标志。

全球化电子商务的应用对传统流通产业的冲击有日趋强化的趋势。伴随全球信息化浪潮,人们在信息共享和交流方面极大地摆脱了时间和空间的限制,传统的贸易运作方式面临着新的挑战。电子商务是一种以电子数据交换和互联网上交易为主要内容的新型贸易方式。它缩短了信息流动时间,降低了物流、资金流及信息流传输处理成本,是对传统贸易的一次重大变革。电子商务促进了销售方式的革命,引发了流通产业自身的基础性变革;电子商务也推进了流通技术的革命,从而实现产销一体化整合;电子商务更催生了流通业态的变革、流通模式的创新,以及流通组织结构的重大调整。

5. 流通体系在构建双循环体系中发挥着重要的支撑作用

流通体系是从生产到消费各环节有效衔接的纽带与通道，也是国内统一大市场的重要组成部分。流通体系发展到今天，已经不仅仅是一个简单的实现商品价值和货物转移的过程，同时还是价格形成的前提和资源合理配置的基础，能够引导产业结构调整和技术进步，引领消费模式转变和消费结构升级。习近平总书记于2020年9月9日在中央财经委员会第八次会议上发表重要讲话强调，流通体系在国民经济中发挥着基础性作用，构建新发展格局，必须把建设现代流通体系作为一项重要战略任务来抓。

在社会再生产过程中，流通效率和生产效率同等重要，是提高国民经济总体运行效率的重要方面。高效的流通体系能够在更大范围将生产和消费联系起来，扩大交易范围，推动分工深化，提高生产效率，促进财富创造。因此，国内循环和国际循环都需要流通体系的支撑。

在构建双循环体系中，加快完善国内统一大市场有利于拉动消费，更好地发挥消费对经济发展的带动作用，而流通体系是国内大循环的基础骨架。在推动社会总需求和总供给动态平衡的过程中，流通体系作为连接生产和消费的重要桥梁与纽带，对打破市场分割、完善国内统一市场具有重要影响。流通体系发展至今，已经逐步具有基础设施属性和空间网络性两大现代特征。其中，基础设施属性主要是通过基础设施建设吸引投资、扩大内需，空间网络性则是在经济循环发展中要素和产品实现空间位移的重要载体与渠道。流通体系的空间网络性，有助于产品和要素等打破区域交流阻碍，改善空间联系，以更便捷、更快速的方式实现产业和要素在更大空间范围内的流通与交换，从而构成国内统一市场的基础。而基础设施属性主要是作用于提振内需方面。提振内需是促进国内大循环的战略基点，流通体系作为连接生产和消费的重要桥梁，既有助于供给方在市场中获取有效需求，也能够支撑供需活动的实现，从而对供给侧结构性改革有着直接的推动作用。

另外，在构建双循环体系中，国际市场也是重要一环。新发展格局中的国内国际循环强调的是要依托我国大市场优势，促进国际合作，坚持实施更大范围、更宽领域、更深层次对外开放，而流通体系是国内国际双循环必须借助的市场接口。流通体系连接国内市场与国际市场，是经济全球化的基础和支撑，流通体系的社会化、国际化、信息化的现代属性可以使其跨越国界，高效衔接从生产到消费的各个环节，实现商品和资源有效集散、高效配置、价值增值，使我国与国际市场的联系不断密切，通过外部资源来形成全球统一的产业链条。

因此可见，无论是国内循环，还是国际循环，都离不开一个高效率的、现代化的流通体系。目前我国的流通体系与现代、高效的目标尚有距离，所以构建以国内大循环为主体、国内国际双循环相互促进的新发展格局，必须把建设现代流通体系作为一项重要战略任务来抓，要用好技术手段、发挥创新力量，推进数字化、智能化改造和跨界融合，才能实现集约、低成本、绿色的高效流通。

1.3 流通经济研究的理论体系——流通经济学

我国对流通经济的研究兴起在20世纪80年代。随着理论研究的不断深化和实践研究的不断拓展，逐渐明确了学科特定的研究对象和研究内容，构建起"流通经济学"自身特有的学科理论体系,并且在探索中日益成熟和完善。"科学研究的区分,就是根据科学对象所具有的特殊的矛盾性。因此,对于某一现象的领域所特有的某一矛盾的研究,就构成某一门科学的对象。"[①]"流通经济学"是研究商品流通现象这一特殊矛盾的学科,即研究以货币为媒介的商品交换,以及在商品交换基础上形成的商品流通经济规律,揭示流通运行的内在机制、流通组织的市场关系、流通体系在整个国民经济运行中发挥的特定功能和作用的内在机理、调整流通运行的政策制度体系和流通产业未来发展趋势。

1.3.1 流通经济学的研究对象

在社会化大生产条件下,社会再生产过程是生产、分配、交换和消费的统一。交换是生产和生产决定的分配与消费的中间环节,是生产和消费的媒介要素。由于以货币为媒介的商品交换过程分解为两个独立的阶段:卖的阶段(商品—货币)和买的阶段(货币—商品),所以,商品流通是连续不断的商品交换,或从总体上看的商品交换。企业和流通部门,在组织商品流通过程中,不断地完成着商品形态的变化,实现着商品由生产到消费的交换运动过程,从而保证社会再生产与满足人们不断增长的物质和文化生活的需要。商品流通过程,不是一个单纯商品形态变化和运动的过程,它同时反映着人与人之间的关系。例如商品的生产者和消费者、卖者和买者等关系。"私的交换以私的生产为前提……"[②]因此,不同的交换关系表现着不同的生产关系。在社会主义条件下,商品流通则反映着以公有制为基础的社会主义劳动者之间平等的分工协作的互助关系。因此,流通经济学要在研究商品流通活动的一般经济关系的基础上,通过对社会主义的商品流通活动的研究,在科学地揭示社会主义条件下商品流通经济活动所反映的经济关系,并深入研究这种关系的基础上,阐明社会主义商品流通的客观规律。

流通经济学,作为一门应用性很强的经济学科,不仅要研究商品流通的经济关系,而且要研究流通过程中的资源配置。流通作为生产和消费的中间环节,通过购进、销售、运输、储存、加工、配送等商流、物流、信息流的运行,推动商品流通经济活动,实现流通的功能。流通,特别是现代流通,与生产的持续稳定发展相适应,已经形成庞大的商品流通体系和流通产业。流通产业已经形成了相当数量的固定资产、流动资金和职工队伍。流通生产力和现代流通科学技术,得到迅速的发展和广泛的应用。因此,流通经济学必须研究流通资源在流通产业的合理配置和充分利用,研究流通的投入产出和流通效率,为提高流通经济效益,探索途径和方法。

综上所述,流通经济学的研究对象是商品流通过程及其所反映的经济关系。流通经济学的任务就是运用科学的方法,对商品流通过程及其所涉及的经济关系进行剖析,认识和揭示商品流通的客观规律。

流通经济学是一门与政治经济学和产业经济学既相联系又相区别的独立的经济学科。政治经济学研究的对象是社会生产关系。它以物质资料的生产为出发点,研究人类社会生产关系发展变化的规律。政治经济学所揭示的一般规律和基本原理,是其他经济学科的理

---

① 毛泽东.毛泽东选集:第1卷[M].北京:人民出版社,1977:284.
② 马克思,恩格斯.马克思恩格斯选集:第2卷[M].北京:人民出版社,1972:101.

论基石。流通经济学并不研究一般的生产关系的经济规律,而是以政治经济学为基础,按照政治经济学所揭示的一般规律和基本原理,探索流通发展变化中的规律,并按照流通发展变化的规律,制定合理的流通政策,以促进流通的合理化。产业经济学从国民经济整体的产业出发,探讨在以工业化为中心的经济发展中产业的关系结构、产业内企业组织结构变化的规律及研究这些规律的方法。流通经济学是从国民经济的整体出发,探讨以商品流通运行为中心的经济发展中的商品交换关系、流通运行组织变化的规律及研究这些规律的方法。流通经济学以产业经济学揭示的产业变化的一般规律和原理为基础,探讨流通产业的变化规律,为制定流通产业政策、促进流通产业的发展提供理论依据。

流通经济学与其他相关的经济学科既有明显的区别,也有很密切的联系。流通经济学在形成发展过程中,广泛吸收了其他学科的相关理论。流通经济学在继续发展和完善过程中,与其他相关经济学科的相互渗透还将继续存在,与其他经济学科的联系将更为密切。

1.3.2 本书的研究框架

本书是多年来对流通经济领域相关问题研究的总结,基于流通过程的视角,遵循经济学的研究体系和方法,力图构建起严密完整的逻辑体系和研究框架,对流通运行过程进行全面系统的分析和阐述。

本书的研究框架可以归纳为四个层次,即流通基本内涵、流通要素与功能、流通运行机理和现代流通体系,四个层次逐级递进提升。第一层次是对流通基本内涵的界定,并分析了不同经济形态下流通内涵的深化与发展,这是流通研究的基本逻辑起点;第二层次是对流通构成要素与功能的研究,从商流、物流、信息流和资金流四个维度全面展开分析,也是对流通内涵的进一步深入理解和阐释;第三层次是对流通运行内在机理的研究,从流通主体、流通客体、流通载体和流通渠道的角度描述流通运行过程,总结了商品流通的一般规律,即流通先导规律、价值规律、竞争规律、供求规律和平均利润率规律,为观察流通运行过程提供全方位视角;第四层次是对流通体系的研究,主要涉及流通模式、流通方式、流通主体、流通技术与设施、流通创新与监管等内容,同时对流通产业与产业政策进行了研究,指明流通产业的发展趋势是数字化、智慧化、绿色化和国际化。

1.3.3 流通经济学的研究方法

每一门学科都要有科学的研究方法。马克思主义的唯物辩证法,就是流通经济学研究的基本方法。马克思主义的唯物辩证法,是人类认识客观事物运动规律的最正确和最科学的方法。因此,我们必须应用马克思主义唯物辩证法去分析和研究流通中的各种经济现象。

1. 系统分析方法

流通经济活动,不是一种孤立的社会经济现象。它同其他一切经济活动,同各企业、各个产业,同生产、分配、消费,同国民经济的财政、金融、科技、教育、国防等各部门,都有着密切的联系。流通是国民经济大系统的一个组成部分。流通经济活动与其他各种社会经济活动是相互联系、相互制约、相互依存的。因此,只有从国民经济这个大系统出发,全面系统地分析流通与国民经济大系统及其内部的相互关系,才能揭示流通经济运行的客观规律。同时,也要全面系统地分析流通系统内部各经营单位的相互关系,才能揭示流通经营活动的客观规律。

2. 动态分析方法

随着客观经济条件的变化,流通经济活动无时无刻不在运动、发展、变化着。这种发展,不是在原有基础上的简单的重复,而是由低级到高级的上升过程,每一次的演进都是前序发展的结果,又是后续发展的基础。这种发展不是平静的,而是动态演进的,是"矛盾着的对立面又统一,又斗争,由此推动事务的运动和变化"。[①] 因此,在流通经济学的研究中,必须坚持科学发展观,用动态分析的方法去研究流通经济问题,随着追踪流通领域的前沿动态与模式创新,与时俱进给出客观的分析和观点。

3. 定性分析与定量分析相结合

定性分析与定量分析相结合是非常重要的经济分析方法。流通经济活动是质与量的统一,既有质的规定性,又有数量的规定性,二者缺一不可。这就要求对流通的经济范畴、概念进行理论分析、逻辑推理,对流通经济活动的关联关系作出定性的判断;同时,要在定性的基础上,通过比例、系数、模型等进行量的分析,把定性的关联关系定量地表现出来。但是,经济数学模型是静态的,当其中某些因素发生显著变化时仍旧照搬使用,可能会导致严重的谬误。因此在流通经济学的研究中,必须把定性的分析和定量的分析结合起来。

4. 比较分析方法

流通经济学中流通经济发展演变的一般规律是许多国家流通经济发展实践的经验总结。研究流通经济学就是为了探寻流通经济客观存在的规律,借鉴先进经验和模式,指导我国流通经济的发展实践。流通经济规律寓于流通经济发展过程中,由于不同的国家、地区的流通经济自然资源、技术水平、资金实力、经济体制及所处的社会经济形态和发展阶段的差异,流通经济发展的表现形态不可能完全一样,只有运用比较分析方法,对大量的流通经济资料进行仔细的比较研究,才能找出流通经济规律。

流通经济学还要针对流通经济不断出现的新情况、新问题,探索新的研究方法,不断完善和发展。坚持马克思主义方法论,坚持社会主义核心价值观,坚持实事求是理论联系实际是研究中不变的原则。改革开放走过了40多年历程,中国经济迅猛发展,统一开放竞争有序的市场体系逐步建立,中国特色的社会主义已经进入新征程。构建国际国内双循环相互促进的新发展格局中,流通的发展与流通体系完善又将面临新的问题,这都提出了进一步建立和完善流通经济学科体系的要求,也是摆在经济学者面前迫切而艰巨的任务。

关键术语:

流通　流通过程　流通形式　流通产业　流通系统　流通实现功能　流通中介功能　流通调节功能　流通先导功能　流通作用

---

① 毛泽东.毛泽东选集:第5卷[M].北京:人民出版社,1977:372.

思考题：
1. 理解流通的概念，从马克思的流通观角度进一步理解流通的内涵。
2. 阐述流通的四个功能。
3. 分析流通与生产、流通与交换、流通与消费之间的相互关系。
4. 结合流通的先导功能，分析流通产业引领国民经济发展的先导作用。
5. 如何理解"流通产业结构调整对国民经济结构调整具有重大影响"？
6. 试论述"流通体系在构建双循环体系中发挥着重要的支撑作用"。
7. 综合论述流通的产生与发展对经济社会发展的促进作用。

流通内涵的认识与演进

1. 流通的历史追溯

早在商朝的时候，我国就出现了一个不直接从事生产而只从事产品交换的社会群体——商人。到了周朝，货币得到普遍运用。战国时期，发达的农业生产和手工业促进了商业的发展与都市的繁荣。西汉时期，丝绸之路形成了中国商品走向世界的新纪元。三国至隋唐时期，商业更兴盛，长安、洛阳、扬州、益州、广州、荆州、幽州、汴州、明州（今宁波）都是商业繁荣城市。中国的商品，特别是丝织品与瓷器，行销日本和阿拉伯等地。

中国封建社会时期的流通可以划分为三个发展阶段：第一个阶段，封建社会前期，自春秋战国经秦汉至唐代。历经奴隶制向封建制过渡的剧烈变革，生产关系改变，生产力提高，商业获得较大发展。秦汉全国统一，交通方便，唐代统一中国，国势昌盛。盛唐时，长安有220个行业，商品种类大增。第二个阶段，封建社会中期，包括宋、元两个朝代。城市商业进一步发展，南宋临安（今杭州）有440个行业，商品之多又倍于唐代。第三个阶段，封建社会末期，包括明清两个朝代，城市空前繁荣，城市人口增加，商品出现分市，如北京在明朝有22处商市，清朝增至36处。许多街区开始以专业市场命名，如米市、猪市、羊市、骡马市、花市、煤市、缸瓦市、果子巷、菜市口、牛街等。商业组织更趋完备。①

这一时期流通的发展源于以下条件：首先，生产力的发展，使需交换的剩余商品增多，供需双方都有强烈的需求；其次，商人阶层的出现，许多地方更是出现了商帮，如徽商、晋商、闽商、广商、宁波商、洞庭商等，其中的晋商和徽商成为明朝中叶以来中国南北两大商人集团；第三，钱币的出现与发展，在距今六七千年的早期仰韶文化遗址中，就发现用于物品交换的等价物——海贝，宋代出现了中国最早纸币——"交子"；第四，钱庄、票号的诞生，形成了中国最早的银行；第五，由于商品交换的发展加上指南针、造船业的发展，中外贸易得以进行，如西汉开始到汉唐达到盛期的丝绸之路，西汉时期中印航线开辟，到公元2世纪中国与罗马直接通航，标志着海上丝绸之路的最终形成。海上丝绸之路穿越黄海、东海、南海、西太平洋和北印度洋，联结了东亚、东南亚、南亚、西亚和非洲的众多国家与地区，使海上贸易得到迅猛发展。中国的封建社会进入世界历史上海上贸易的鼎盛时期。

中国在封建社会初期与中期是世界上流通业最发达的国家。我们必须看到，封建制度

---

① 吴慧.中国古代商业史[M].北京：中国商业出版社，1983.

下是一种自给自足的自然经济,商品经济只在萌芽与起步阶段,市场上流通的商品大量的是农产品与手工业制品。封建社会末期、资本主义萌芽时期,从事流通的商人的中介活动对瓦解自然经济、发展商品生产起到了非常关键的作用。马克思在《资本论》中分析,这时的商人阶层"发生了三重过渡":第一,商人直接成为工业家;……第二,商人把小老板变成自己的中间人,或者也直接向独立生产者购买;……第三,工业家成为商人,要直接为商业进行大规模生产。①

2. 流通的概念

《辞海》对流通的解释是:"商品经济条件下社会再生产过程的一个环节。与生产、分配、消费一起构成社会再生产的四个环节。流通的规模和社会性质由生产决定。同时,流通对生产具有反作用,流通畅通无阻可以促进生产;反之,则会阻碍生产,并影响消费。"

在我国,最早提出商品流通概念的是孙冶方,他认为:"流通是社会产品从生产领域进入消费领域所经过的全部过程。由不断进行着的亿万次的交换所构成的流通,是社会化大生产的一个客观经济过程。有社会分工,就会有交换;有社会化大生产,就会有流通过程。这就是流通一般。"②

张绪昌、丁俊发在《流通经济学》一书中对流通的界定为:"流通这一以货币为媒介的商品交换行为,在人类社会经济生活中的出现绝不是偶然的,它是生产力和社会经济发展到一定水平的必然结果。流通行为这一经济现象在人类社会经济生活中出现之后,克服了物物交换的困难,促进了商品交换和商品生产的发展,从而也促进了人类社会的综合发展。"③

国外的研究中,日本对流通的研究比较深入。流通专家田岛义博在其《流通的活力》一书中对流通做了如下定义:"商品从生产者到消费者转移的现象或为转移而进行的活动。"在日本,流通还有两个定义:一个是1964年佐藤内阁时期制订中期经济计划时的定义:"流通是创造使财物从生产者转移到消费者的场所、时间及所有权效用的活动。"另一个是日本商业学会1971年的定义:"流通是产品从生产者到消费者的社会性、经济性转移。"

美国市场协会1960年对商品流通做了如下定义:"使物资或劳务从生产者流向消费者或需求者的商业活动。"更多的学者则主要从流通作为生产与消费的媒介出发为流通做定义。F.E.Clark 认为"流通由生产向消费的人的转移和商品本身的实质转移两个过程组成";江尻弘将流通的客体扩展为产品,即不光包括商品,还包括无价值的部分如废弃物的转移。

3. 流通内涵认识的深入与演进

"无流通论"认为,社会主义经济不需要商品交换和商品流通,社会主义社会中的社会分工是企业内部分工,交换和流通不构成社会经济的独立运行过程。④ 中华人民共和国成立初期,由于实行高度集中的计划经济体制,受苏联"无流通论"的影响,我国理论界一度认为社会主义消灭了商品生产和商品交换,绝大多数消费品和所有的生产资料与服务产品都不是商品,消灭了集贸市场,在短缺经济条件下主要采取了计划票证定量供应的方法进行商品的分配,计划调拨代替了流通过程。

---

① 马克思,恩格斯.马克思恩格斯全集:第46卷[M].2版.北京:人民出版社,1979:374.
② 《财贸经济》编辑部.孙冶方社会主义流通理论[M].北京:中国展望出版社,1983:247.
③ 张绪昌,丁俊发.流通经济学[M].北京:人民出版社,1995:1.
④ 晏维龙.交换、流通及其制度[M].北京:中国人民大学出版社,2003:8.

在计划经济体制完全确立并相对成熟的时期,客观上要求建立相应的流通体制与之配套,因而我国逐步建立了商业、物资、粮食、供销合作、外贸等流通组织系统。这一时期流通的特点是形成了具有较强部门色彩的流通体制,构成了我国计划经济体制下典型的流通组织网络,几大流通组织体系的职能分工是十分明确的。

改革开放以后,随着有计划的商品经济体制的初步建立,计划经济体制开始松动,商品经济开始发展,流通领域转向活跃,流通的重要性充分显现;但由于整个经济仍处于供不应求的"短缺经济"状态,有计划地组织商品流通仍显得十分必要。这一时期我国进一步完善和强化了商业、物资、粮食、供销合作、外贸五大流通组织系统,建立了商业部、物资部、粮食部、中华全国供销合作总社(以下简称"供销合作总社")、对外贸易部(以下简称"外贸部")五大国家管理部门,将流通活动组织到了最严密的程度。与此相适应,流通理论研究空前活跃,对流通地位的研究越来越受到关注。

进入20世纪90年代末期,随着改革开放的不断深化发展,国民经济取得了长足的发展,流通业在自身发展的同时,更带动了上游生产领域的发展,起到了配置资源、调整经济结构的重要作用,充分体现了流通业在整个国民经济中承上启下的重要功能,与此同时,流通对生产的决定作用日益凸显,流通产业的发展已经成为对国民经济发展实施影响作用——先导与带动作用的决定性力量,流通业带动国民经济发展的先导性作用也在日益强化。"流通先导论"[1]的提出是对流通内涵和作用的认识不断深化与完善的结果,成为当前流通研究的重要进展。

"流通先导论"的核心观点在于:流通是商品生产和社会分工的产物,是媒介生产和消费的中间环节。商品流通过程与生产过程一样,在社会再生产过程中居于重要地位,发挥着重要的作用。在一定的社会经济条件下,生产决定流通,流通又反作用于生产。当社会生产力发展到一定程度,生产力水平以及生产的商品化、社会化程度不断提高,流通对生产的决定作用日益凸现,流通决定生产,成为较之生产过程更为重要的经济运行过程。此时,流通过程成为商品经济下生产过程实现的必要前提,流通过程运行情况不仅直接影响生产过程,而且对于整个社会经济运行的影响作用也越来越突出,成为社会经济运行的先导,进而实施对国民经济发展的带动作用。这就是流通在经济运行过程中的先导地位。

4. 流通研究新视点

"空间经济学是关于资源在空间的配置以及经济活动的区位问题的科学。空间经济的两个最重要特征是运输成本(交易成本的一种形式)和生产与消费的递增收益,只有当运输成本与可变的或递增的规模收益同时具备时,才可能存在着某种在经验上有意义的区位均衡。当经济活动在区位上更加集中时所发生的恰恰是递增的运输成本与递增的生产成本之间的互换,这是空间经济学的核心。当反集聚的力量与集聚的力量相平衡时,便实现了区位的均衡。"[2]空间经济学是在区位理论的基础上形成并发展起来的,它研究的是生产要素的空间布局和经济活动的空间区位,不仅在微观层面上分析了企业进行区位决策的影响因素,而且在宏观层面上解释了经济活动的空间聚集现象。

空间经济理论被视为不完全竞争和收益递增革命的第四次浪潮。多年以来,主流经济

---

[1] 赵娴.流通先导作用辨析[J].中国流通经济,2007,21(10):11-14.
[2] 伊特韦尔,米尔盖特,纽曼.新帕尔格雷夫经济学大辞典:第四卷[M].北京:经济科学出版社,1996:460-462.

学只关注和研究三大问题：生产什么、为谁生产和怎样生产，而"在哪生产"即生产的空间定位或者说区位问题却被忽视了。出现这种情况的主要原因是，主流经济学研究的假设前提，一是抽象掉了空间经济的两个重要特征：运输成本（交易成本的一种形式）和生产与消费的递增收益（如区域的公共物品）；二是把空间作为外生的、均质的，并且认为运输成本已经自然地包括在生产者的成本当中了，主流经济学不需要单独拿出流通进而运输成本问题来研究，因为流通其实已经包含在厂商从生产到销售的过程之中。但空间经济学却恰恰要把交易（运输）成本问题归为核心问题来研究，而运输成本问题同时也是流通经济学所要关注并进行深入研究的核心问题。这也正是空间经济学与西方经济学在研究流通问题上的重要区别。

空间经济学研究内容、研究模式和研究方法正可以为我们提供一个全新的视角来研究分析开放经济进程中的流通经济运行过程，其中，中心城市形成、生产空间分布、产业区位、要素集聚、运输成本、贸易与内部经济地理的重新组织，这些理论解释了空间经济的差异性以及经济活动空间分布和发展变化的规律，也为现代流通提供了新的研究定位和立论依据。作为现实经济活动的重要环节，流通与经济发展的关系是密不可分的，流通对经济的先导地位和作用也正在日益得到体现并逐步强化。随着时间的推移，流通领域也在发生巨大的变化，现代经济发展赋予了流通运行更深刻的内涵和更广泛的空间，这些都需要以全新的视点从理论上进行系统全面的研究和总结。

即测即练

第2章

流通观的历史演进

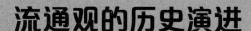

本章要点：本章主要研究不同历史形态下的流通内涵和流通观的历史演进。纵观流通的发展以及流通观的形成，其演进遵循社会经济发展的一般规律，更与一国的社会形态与经济体制演变密切相关。我国最早在商代就出现了商人群体，在封建社会初期就已经形成了发达的流通业。伴随着我国流通实践的发展，不同的历史时期形成了不同的流通观，经历了从"无流通论"到"流通先导论"的历史性转变，而这个转变的过程也正是我国的经济体制包括流通体制从计划经济体制向市场经济体制改革的过程。2022年4月，中共中央、国务院发布《中共中央 国务院关于加快建设全国统一大市场的意见》，更凸显了现代流通体系在国民经济中发挥着基础性支撑作用，标志着现代流通观的进一步深化和提升。学习流通经济学，必须了解流通观的历史演进过程，以便更好地理解流通的内涵及其作用。

本章学习目标：
1. 掌握马克思的"四分法"流通观；
2. 了解列宁与斯大林的流通思想；
3. 了解"重生产轻流通"思想的根源；
4. 了解新时期我国流通体制的新特征与新发展。

2.1 马克思主义流通观

流通是随商品经济的出现而出现，随商品经济的发展而发展。流通（交换）在商品经济发展初期是包含在生产活动中的。随着商品经济的发展，马克思把流通（交换）从生产活动中分离出来，变成一个独立的经济活动。在不同的经济形态下，由于经济发展水平的不同，工业化、城市化和现代化程度不同，流通的表现形式逐渐丰富与完善，对流通的认识也在逐渐深化。流通观的形成决定着不同的流通模式、流通组织以及流通业态，从而流通业对国民经济的贡献率也有所不同。

2.1.1 "四分法"及其之间的相互关系

马克思在其《政治经济学批判》《资本论》等经济学论著中，对流通与社会再生产的相互影响和相互作用进行了科学的研究。马克思认为，社会再生产本应是由生产、分配、交换（流通)和消费四个要素所共同组成的一个有机整体,即"四分法"。

马克思之前,经济学派将当时新兴的资本主义生产方式视为永恒不变的"一般生产",认为社会经济会发生变化的只是分配方式,因而往往只将分配关系当作政治经济学的研究对象。让·巴蒂斯特·萨伊提出了生产、分配和消费并立的政治经济学"三分法"。马克思在《政治经济学批判》手稿中明确提出"生产、分配、交换(流通)、消费"的问题,并应用他在19世纪40年代创立的唯物史观,对生产、分配、交换、消费所构成的一个总体的各个环节,一个统一体内部的差别进行研究,认为交换(流通)是以货币为媒介,进行商品所有权的转移与服务,其核心是商品(服务)交易,已成为社会经济系统的独立组成部分而存在,并在社会经济运行中与生产、分配和消费这些再生产要素保持着互相影响、相互作用的辩证统一关系。

1. 流通与生产

流通与生产之间的关系表现为:生产对流通起着决定性的作用,而流通对生产具有能动作用,反过来又对生产发挥着强有力的影响和制约作用。

(1) 生产对流通起决定作用。马克思认为:"一定的生产决定一定的消费、分配、交换和这些不同要素相互间的一定关系。"①生产是人类利用和改造自然从而创造物质财富的经济活动,是社会再生产的首要环节。如果没有生产要素及其创造的物质财富,后续的分配、消费及交换要素就会成为无源之水、无本之木。马克思认为,在商品生产发展初期,生产对流通的决定作用主要表现在以下三个方面:①生产提供流通的物质。流通是社会再生产中生产一方与消费一方的中介环节,然而"就流通本身来看,它是预先存在的两极的媒介。但是它不会创造这两极"。②无论是生产成果或消费需求,无论是本身就作为商品而生产出来的商品或原本是作为产品而生产出来的商品,都是在流通以前就已现实发生的客观存在,只不过需要流通作为中介帮助它们从潜在状态向现实状态转化而已。马克思在分析货币和商品连续交替异位所形成的流通延续时指出:"从货币或商品这两个点上开始的过程,它的反复并不是交换本身的条件造成的。这一行为只能反复到交换完成时为止,也就是交换价值总额完成交换时为止。它不能由它自己重新发动起来。因此,流通本身不包含自我更新的原理。流通的要素先于流通而存在,而不是由流通本身创造出来的。商品必须不断地从外面重新投入流通,就像燃料被投入火中一样。否则,流通就会失去作用而消失。"②②生产方式决定流通的性质。在原始社会末期,社会分工的出现使生产方式彻底变化,流通作为解决专业生产与多样化消费需求间矛盾的有效手段应运而生。从奴隶社会经过封建社会,到资本主义社会,总的趋势是把一切生产转化为商品生产,而实现这一趋势的手段是流通过程。分析到流通过程中货币流通和商品流通这两种不同的流通时,马克思指出:"生产方式的总的性质决定这两种流通,而更直接地决定的是商品流通。"③③生产的发展与规模决定和影响着流通的发展与规模。马克思指出:"生产的社会化程度越高,流通的数量规模也必须相应扩大。""交换的深度、广度和方式都是由生产的发展和结构决定的。"④

(2) 流通影响和制约生产的反作用。在当时的条件下,马克思从辩证唯物主义出发,认

---

① 马克思,恩格斯.马克思恩格斯全集:第46卷(上册)[M].北京:人民出版社,1979:37.
② 马克思,恩格斯.马克思恩格斯全集:第46卷(上册)[M].北京:人民出版社,1979:208.
③ 马克思,恩格斯.马克思恩格斯全集:第46卷(上册)[M].北京:人民出版社,1979:134.
④ 马克思,恩格斯.马克思恩格斯全集:第46卷(上册)[M].北京:人民出版社,1979:36.

为再生产的不同要素之间存在着相互作用,流通对生产有着能动的反作用,表现为:①流通是商品生产得以存在和发展的前提条件。商品生产是以交换价值(而非仅仅是使用价值)为目的的生产活动,而"产品只有在它进入流通的场合,才成为商品"。① 所以,流通是商品生产和发展的必要前提。没有流通对上下游企业协作的实现和促进,社会分工就因失去必要的外部环境而无以生存,商品生产也就随之消失而退回到了效益低下的自然经济状态。由于商品生产是为交换而生产,是为了实现商品的价值与使用价值而生产,所以商品流通先于商品生产,并且是商品生产产生的条件之一,但不是唯一的条件。由此可见,流通是商品生产确立和发展的基本前提。②流通过程发育了市场的形成,市场又引导了生产。马克思认为:"由于社会分工,这些商品的市场日益扩大;生产劳动的分工,使它们各自的产品互相变成商品,互相成为等价物,使它们互相成为市场。"②市场与商人的出现,使生产进一步得到拓展。15世纪,葡萄牙人巴尔托洛梅乌·迪亚士绕过非洲南端的好望角而到达印度加尔各答的东向远航,以及哥伦布发现古巴、海地及北美大陆的西线探险,使得世界贸易主航线由地中海沿岸转向大西洋沿岸,一个范围更广、容量更大的世界市场也随之产生。③流通推动了社会的进步,奠定了资本主义生产方式。马克思认为:"商人资本的存在和发展到一定的水平,本身就是资本主义生产方式发展的历史前提。"③

2. 流通与分配

在单个社会再生产中,流通与分配同是联结生产与消费的中间环节,但二者之间存在着明显区别:在社会经济运行的一般序列中,分配在前、流通在后;从主要经济职能看,分配主要确定社会各成员对社会产品占有的份额和比例,交换则使社会成员在其对社会产品占有份额之内换到所需的其他产品。在生产与消费之间,流通和分配这两个互相联系又相互区别的范畴相互作用,共同推动着社会经济的正常运转。

(1) 分配对流通的巨大影响。在社会再生产中,必须先有分配对所有权的确立,而后才能谈得上商品所有权异位的交换和流通。按马克思的观点,分配对流通的巨大影响表现在两个方面:①分配的方式制约着交换的方式。在原始的封闭生产状态下,成员是在共同体内以直接形式占有既定份额活劳动的。因此,当时的交换也只是成员之间活劳动的彼此让渡;到分配产生剩余产品的不同占有时,物物交换才能发展起来;而到以货币形态进行的分配日渐取代直接的实物分配而成为社会产品的主要分配方式时,以货币为媒介的商品交换即商品流通才真正得到大规模发展。在人类历史上,每一种新的交换方式和流通模式都是以与其相适应的分配方式为必要前提的。②分配的数量和结构影响着流通的规模与结构。从生产而来的社会总产品,除直接生产过程中的初次分配外,还要进行多次再分配。在一定的分配原则下,社会总产品的再分配就会产生不同的积累与消费比例。这样,在积累一方,生产的投资总额及在不同部门、企业间的投资比例就决定着生产的总供给能力及供给结构;而在消费一方,归个人支配的消费资金又基本上确定了消费需求的总量和结构。这样,在总量和结构上决定生产与消费双方的分配,也就决定和制约着生产与消费的中介——流

---

① 马克思,恩格斯.马克思恩格斯全集:第26卷(Ⅲ)[M].北京:人民出版社,1974:317.
② 马克思,恩格斯.马克思恩格斯全集:第25卷[M].北京:人民出版社,1974:718.
③ 马克思,恩格斯.马克思恩格斯全集:第25卷[M].北京:人民出版社,1974:365.

通的相应方面。

(2) 流通对分配的能动作用。流通对分配的能动作用表现在三个方面：①分配的实现有赖于流通。所有者从分配中获得的特定产品或货币，往往并不能满足其自身的需要而成为直接消费的对象。要想使自己占有的物品或货币变成可以满足消费需求的有用商品，使分配真正得到最终实现，中间必须经历一个商品与商品、商品与货币的转换过程，即商品流通，所以，马克思称交换和流通为"生产和由生产决定的分配同消费之间的媒介要素"。① 没有交换和流通的中介，分配就会被搁浅，消费及整个再生产过程就有可能因此而受阻或不断萎缩，使整个社会经济运行出现紊乱和振荡。②流通的方式、规模和结构对分配的方式、数量及结构具有影响作用。货币出现后，以货币为媒介的商品交换——流通，就使以货币形态进行的价值分配实施并日渐取代直接的实物分配。在此过程中，商品流通的规模、结构发展到何种程度，价值分配也就随之得到相应发展。随着发达商品经济的到来，流通渗透到社会经济的一切方面，间接的价值分配充分发展并成为社会产品的重要分配方式。③流通可对分配结构产生调节作用。尽管分配和交换都是生产与消费之间的中介，但二者的出发点和运行原则却是大不相同的，在商品经济条件下，流通不仅可以通过对生产的影响来实现对分配的间接作用，还可以通过流通中比价的变动来实施对分配环节的直接影响。

3. 流通与消费

流通与消费之间存在着必然的联系，消费是流通的终点，消费会引导流通的方向，而流通对于消费的实现具有重要的促进作用。

(1) 消费对流通的导向作用。消费分为生产性消费和生活性消费，消费对流通的导向作用表现为：①消费是流通的目的。商品流通的直接目的在于实现对生产和消费的有效衔接。然而其中的生产要素本身也以消费为目的。这样，作为从属的中介环节，流通在实际运行中自然会自觉不自觉地追求和体现消费这一目标。在简单商品流通中，流通对消费目标的追求就表现得非常明显：$W—G—W$ 这一循环的最终目的是消费，是满足需要。一旦商品向消费转化的目标得以实现，交换和流通在社会经济运行中实现商品的历史使命也就算顺利完成了。所以马克思在《政治经济学批判》手稿中写道："商品只要最终退出流通，不论在生产活动中或在本来意义的消费中被消费，它就在某一个点上被抛出流通，完成自己最后的使命。"② 换句话说，"投入流通的商品达到了它们的目的；它们互相进行了交换；每个商品成了需要的对象并被消费。流通就此结束。"③ ②消费的规模和结构制约流通的规模和结构。社会再生产中的"消费……既包括生产消费，也包括个人消费"。其中，前者表现为再生产比例所规定的生产资料或投资；后者主要体现为生活资料或其购买力。"把再生产消费所造成的限制撇开不说，商人资本的周转最终要受全部个人消费的速度和规模的限制，因为商品资本中加入消费基金的整个部分，取决于这种速度和规模。"④ 由此看来，无论是消费资料流通还是生产资料流通，流通的规模、结构及速度都受到了个人消费的严格制约，消费的发展状况直接决定和影响着流通的运行与发展状况。③消费的速度影响着流通的速度。商

---

① 马克思,恩格斯.马克思恩格斯全集：第46卷(上册)[M].北京：人民出版社,1979：36.
② 马克思,恩格斯.马克思恩格斯全集：第46卷(上册)[M].北京：人民出版社,1979：150.
③ 马克思,恩格斯.马克思恩格斯全集：第46卷(上册)[M].北京：人民出版社,1979：217.
④ 马克思,恩格斯.马克思恩格斯全集：第25卷[M].北京：人民出版社,1974：339.

品从生产过渡到消费环节所经历时间的长短,首先,取决于生产及其产品能否适应消费的需要;其次,必然受制于处于这一过程末端的消费的进展状况。在其他条件相同的情况下,消费的速度越快,商品经过转让而进入消费领域的时间间隔就越短,商品流通的速度也就更快。所以,马克思在《资本论》中指出,商人资本的流通速度"取决于:生产过程更新的速度和不同生产过程互相衔接的速度;消费的速度"。①

(2) 流通对消费的影响和制约。流通对消费的影响和制约表现为:①流通是消费实现的必要前提。作为单个再生产的最终环节,消费是生产、分配、甚至流通各环节的目的所在。因此,在某种意义上讲,消费实现是整个社会再生产运行的一个最终目标,是影响整个社会经济运行状况的一个决定性因素。但是,在商品货币关系之下,社会分工者要使其多样化消费需求得到满足的唯一途径,只能是经过彼此交换而形成的商品流通,依靠流通的媒介作用。正是流通对消费实现的这种决定性作用,马克思说:消费过程是以流通为媒介的"再生产过程……就包含着本身是流通因素的消费。"② ②流通能扩大消费的规模。由于流通对以各种形式存在的自然经济具有"解体作用",可以促使自给生产向商品生产转化,因而就能给社会分工者带来更多的货币收入,提高购买力,从而扩大消费的规模。

2.1.2 流通是商品所有者的全部相互关系的总和

马克思指出:"流通是商品所有者的全部相互关系的总和。在流通以外,商品所有者只同他自己的商品发生关系。"③这里的商品所有者,涉及生产商、销售商、消费商,也涉及金融、物流等中介服务机构,因此必须从社会经济运行全局,从大流通的角度来认识流通。

1. 流通是社会经济运行总过程的一部分

马克思在其经济论著中抛弃以往仅仅停留于静态要素分析的做法,将社会再生产视为由生产过程和流通过程共同组成的统一体,并在生产过程和流通过程的动态联系与相互影响中探索整个社会经济运行的规律。到发达的商品经济时期,直接生产过程和流通过程二者不断互相贯通、互相渗透,从而不断使它们互相区别的特征分辨不清而结合成统一的社会经济运行总过程。所以,马克思在分析作为发达商品经济之一的资本主义社会再生产时指出:"资本主义生产过程,就整体来看,是生产过程和流通过程的统一"④,对于社会经济总过程来说,"流通和生产本身一样必要"。⑤ 从多个再生产组成的经济循环及周转角度看,"如果把生产过程和流通过程这两大要素当作两个要素来看,那么其中每一个又都以双重身份出现。这样,我们可以从流通出发,也可以从生产出发,现在已经确定的是,流通本身是生产的一个要素,因为资本通过流通才能成为资本;如果把流通本身当作生产过程的整体来考察,那么生产只是流通的要素"。⑥ 由此看来,作为社会经济运行过程之一的流通,是商品经

---

① 马克思,恩格斯.马克思恩格斯全集:第25卷[M].北京:人民出版社,1974:309.
② 马克思,恩格斯.马克思恩格斯全集:第26卷(Ⅳ)[M].北京:人民出版社,1974:312.
③ 马克思,恩格斯.马克思恩格斯全集:第23卷[M].北京:人民出版社,1972:188.
④ 马克思,恩格斯.马克思恩格斯全集:第25卷[M].北京:人民出版社,1974:25.
⑤ 马克思,恩格斯.马克思恩格斯全集:第24卷[M].北京:人民出版社,1972:144.
⑥ 马克思,恩格斯.马克思恩格斯全集:第46卷(下)[M].北京:人民出版社,1979:11.

济条件下与生产过程既相互联系又相互影响的一个客观经济过程。

2. 流通可以实现多种生产要素的有效组合

流通过程是生产过程获得要素的必要途径。除了商品销售的实现过程（W—G）外，流通在社会再生产总过程中存在的另一重要阶段就是直接生产过程之前的要素购买阶段（G—W）。生产资料和劳动力的结合是一切社会经济形态下直接生产过程必不可少的要素条件。而到发达商品经济条件下时，由于"生产要素本身的分配"的特殊倾向性及历史因素的累积，生产资料和劳动力相互分离的情况就日趋成为一种普遍存在的常态："物的因素集中在一方，劳动力则与物的因素相分离，处在另一方"。① 要把相互分离的这些生产要素结合起来，必须通过流通过程，用货币购买到劳动力的同时，购回生产过程所需的各种生产资料，实现多种生产要素的有效组合，从而为维持原有规模或扩大规模的生产过程提供现实的前提条件。

3. 流通速度影响生产流、资金流的速度

马克思提出了流通速度问题，这是非常重要的一个理论观点，就是在发达的市场经济条件下，也有指导意义。马克思说："流通时间越等于零或近于零，资本的职能就越大，资本的生产效率就越高，它的自行增殖就越大"②，所以，马克思这样总结流通运行状况对生产过程及其运行效果的影响：流通时间，一般来说，会限制资本的生产时间，从而也会限制它的价值增殖过程。限制的程度与流通时间持续的长短成比例。而这种持续时间的增加或减少的程度可以极不相同，因而对资本的生产时间限制随着生产力水平及生产商品化、社会化程度的提高，流通对整个社会经济运行的影响也会越来越突出。与自然经济占统治地位时的情形相反，在商品经济发展到发达的资本主义生产时"生产过程已经完全建立在流通的基础上，流通也已经成为生产的一个单纯要素，一个过渡阶段"③，变成一个与生产同样必要、同样重要甚至更为重要的社会经济运行过程。

4. 流通过程要重视商品在地理空间与时间上的位移

虽然当时没有物流、信息流的概念，但运输业、仓储业、电讯业的发展已使马克思、恩格斯十分关注到这一点。马克思认为，商品在空间上的流动，即实际的移动，就是商品的运输，是一种"追加的生产过程"。商品价值和使用价值的实现离不开空间与时间上的位移。马克思还指出，在商品流通中，消息、书信、电报的传递十分重要，使商品流通改变了原有的流程，加快了速度。

2.1.3 社会主义设想中的"空想流通论"

马克思、恩格斯创立了马克思主义，使社会主义理论从空想到科学，但没有经过社会主

---

① 马克思,恩格斯.马克思恩格斯全集：第24卷[M].北京：人民出版社,1972：40.
② 马克思,恩格斯.马克思恩格斯全集：第24卷[M].北京：人民出版社,1972：142.
③ 马克思,恩格斯.马克思恩格斯全集：第25卷[M].北京：人民出版社,1974：367.

义社会的具体实践,在对社会主义社会的总体设计上仍保留着很浓厚的空想色彩,对社会主义制度下的流通更是违背了他们在《资本论》中的天才论述,否定了流通的必要性与重要性,提出了一种"空想流通论"。

1826年,欧文主义者的《合作杂志》上最早出现了"社会主义者"一词;1832年,法国的《地球报》上最早使用了"社会主义"一词。然而,他们所讲的"社会主义"还只是一种乌托邦式的空想。19世纪40年代中期,马克思和恩格斯完成了世界观的转变,他们在总结前人经验教训、吸取前人优秀成果的基础上,发表了震惊世界的《共产党宣言》,《共产党宣言》的发表,标志着科学社会主义的诞生。

科学社会主义产生以前,空想社会主义曾经经历了几个世纪的历史。如果从1516年托马斯·莫尔的《乌托邦》算起,则这种思想存在了300多年之久。空想社会主义从产生到发展,经历了三个主要时期。

第一个时期是16世纪到17世纪的资本原始积累和家庭手工业时期,主要代表人物是英国的托马斯·莫尔和意大利的托马斯·康帕内拉,通常称为早期空想社会主义,主要代表作是《乌托邦》《太阳城》。他们揭露了资本原始积累时期的社会矛盾,描绘了消灭剥削制度和实行财产公有的理想国家。

第二个时期是18世纪的手工工场时期,主要代表人物是法国的加布里埃尔·摩莱里和博诺·马布利,主要代表作是《自然法典》《论公民的权利和义务》等。他们主张通过建立严格的法律来实现普遍的平均,以消灭阶级不平等和社会矛盾。他们的理想国度是"人人都是富人,人人都是穷人,人人平等,人人自由,人人是兄弟"。①

第三个时期是19世纪初的产业革命时期,主要代表人物是法国的昂利·圣西门、沙利·傅立叶和英国的罗伯特·欧文。他们已不像早期空想社会主义者那样单纯描绘理想的国家,并在一定程度上摆脱了第二个时期空想社会主义者那种粗陋的平均主义和禁欲主义的特点,而是试图论证人类社会是有规律的发展过程,指出资本主义并不是自然的、永恒的社会制度。他们对资本主义做了无情的批判,并对未来社会做了富有天才的猜测和描绘。这时,空想社会主义发展到了最高时期。恩格斯说过:科学社会主义永远不会忘记,"它是依靠圣西门、傅立叶和欧文这三位思想家而确立起来的。虽然这三位思想家的学说含有十分虚幻和空想的性质,但他们终究是属于一切时代最伟大的智士之列的,他们天才地预示了我们现在已经科学地证明了其正确性的无数真理"。② 马克思、恩格斯曾盛誉他们为"第一批社会主义者""社会主义的鼻祖"。③

马克思、恩格斯在这样的环境中完成了由唯心主义向唯物主义和由革命民主主义者向共产主义者的转变,创立了唯物史观和剩余价值理论,并在此基础上确立了科学社会主义的基本原理。科学社会主义代表了一种崭新的无产阶级运动的学说。

马克思和恩格斯对社会主义主要规定了以下几点:第一,生产资料完全归社会所有。恩格斯指出:"生产资料的占有只能有两种形式:或者个人占有……或者是公共占有","社会主义的任务,毋宁说仅仅在于把生产资料转交给生产者公共占有。"④第二,全面统一的计

---

① 马布利.马布利选集[M].河清新,译.北京:商务印书馆,1960:170.
② 马克思,恩格斯.马克思恩格斯全集:第18卷[M].北京:人民出版社,1964:566.
③ 马克思,恩格斯.马克思恩格斯选集:第2卷[M].北京:人民出版社,1957:557.
④ 马克思,恩格斯.马克思恩格斯选集:第4卷[M].北京:人民出版社,1958:302-303.

划化。恩格斯认为,社会主义必须组成"有计划地生产和分配的自觉的社会生产组织","按照统一的总计划协调地安排自己的生产力"。① 第三,实行按劳分配。马克思认为社会主义不是在它自身基础上已经发展了的,恰好相反,是刚刚从资本主义社会中产生的,三大差别依然存在,劳动还没有成为人们生活的第一需要。第四,不需要商品与货币。马克思、恩格斯认为,私有制消灭之时,金钱将变成无用之物,一旦社会占有了生产资料,商品生产就将被消除。在这个社会里实行的分配原则是按劳分配而不是按需分配。在社会主义制度下,可以不要货币,可以不要商品流通,这就是马克思、恩格斯的"空想流通论"。之所以会对社会主义提出这样一些设想,主要原因是他们想象中的社会主义社会是以发达的资本主义国家同时取得社会主义革命胜利为前提,并且没有经过任何社会主义实践,不免带有浓厚的空想色彩。

2.1.4 列宁与斯大林的流通思想

1. 列宁的社会主义流通实践

列宁主义的产生,把人们对社会主义的认识推进到第二个阶段。这个阶段的基本特征是社会主义从美好的理想变为活生生的现实。列宁进行了社会主义最初模式的实验,从而把科学社会主义理论推进到一个新阶段。

在所有社会主义的实践中,列宁关于"战时共产主义"与新经济政策的实践是社会主义国家模式的最初实践,特别是新经济政策更给人以新的启迪。这一政策大大拓宽了关于社会主义概念的范围和关于建设社会主义途径的概念的范围。

1)"战时共产主义"的实践

十月革命胜利后,列宁曾设想要经过一个过渡时期,逐步建成新社会。列宁把从资本主义到共产主义划分为三段,即过渡时期、社会主义时期与共产主义时期,这在理论上是一个很大的突破和贡献。然而 1917 年 11 月到 1918 年 6 月,由于群众政治觉悟与革命热情的高潮,加上军事上取得的胜利,列宁也曾设想采取"直接过渡到社会主义建设"的方法,即用暴力的方法,摧毁旧的经济关系,迅速建立国家生产和分配的经济制度。列宁在提交俄共(布)第七次代表大会的党纲草案中写道:"苏维埃政权的任务是坚定不移地继续在全国范围内用有计划有组织的产品分配来代替贸易。""俄共将力求尽量迅速地实行最激进的措施,来准备消灭货币"。② 这些设想再加上 1918 年夏季开始的内战,促使列宁开始实行"战时共产主义"。

"战时共产主义"不是一时的政策,而是国家实行的一种社会主义的政治与经济制度。其目的是在当时经济遭到严重破坏、物资非常紧缺的情况下,把全国的经济生活都置于苏维埃政权的控制之下,使之服从于保卫苏维埃政权的利益。其特点是用行政的方法,直接和彻底摧毁旧社会的经济结构,不经过任何中间环节,而代之以新的经济制度。"战时共产主义"

---

① 马克思,恩格斯.马克思恩格斯全集:第 20 卷[M].北京:人民出版社,1973:373.
② 列宁.列宁选集:第 3 卷[M].北京:人民出版社,1972:768-769.

的第一个措施是实行国有化。对全部工业实行监督和集中领导,企业没有经营自主权,原材料由国家供给,产品由国家分配,都不用货币结算。其第二个措施是在农村实行余粮征收制和在城市实行粮食配给制。粮食贸易由国家垄断,禁止私人买卖粮食,禁止日用必需品的私人贸易,摧毁小农经济的基础。其第三个措施是对于有劳动能力的人,实行普遍的义务劳动制。这些做法对于保证军事上的胜利起了很好的作用,但却遭到了农民的抵制和强烈的反对,导致农业生产大幅度下降,工农业比例严重失调,从而造成工业萎缩与供应危机,出现了严重的经济困难和物资匮乏,又进一步引起工人阶级与农民阶级对苏维埃政权的不满。实践证明,"战时共产主义"是不成功的。正如后来列宁所讲,"我们原来打算(或许更确切地说,我们是没有充分根据地假定)直接用无产阶级国家的法令,在一个小农国家里按共产主义原则来调整国家的生产和产品分配。现实生活说明我们犯了错误。"①

2)新经济政策的实践

1921年春,列宁提出了"新经济政策",用于取代"战时共产主义"。新经济政策的实质和目的是利用市场、商业和货币流通来巩固工农联盟,并在积累了足够的资金后,建立强大的社会主义工业。新经济政策一个最大的特点是突破了马克思、恩格斯关于社会主义理论上的观念,实事求是地提出了一些全新的思想,并积极付诸实践。

第一,在工人阶级掌握经济命脉的条件下,允许一定的私人经济、国家资本主义经济和资本主义经济的存在,实行租赁制与租让制,改变清一色的国有化做法。列宁制定了两条措施:第一,给小私有者一定的经营自由;第二,向他们供应商品和产品,从而使农民从经济上关心农业的恢复和发展,推动国营工业的发展,使整个国民经济运转起来。列宁还提出了实行国家资本主义的设想:"国家资本主义,就是我们能够加以限制、能够规定其活动范围的资本主义。"②"如果我们俄国有了国家资本主义,那么过渡到完全的社会主义会很容易,就会很有把握,因为国家资本主义是一个集中的、有计划、有监督的和社会化的东西。"③后来,列宁又提出要把在一定程度上和一定范围内不可避免的资本主义的发展引导到国家资本主义轨道上去,再将国家资本主义变成社会主义。其实质就是允许"力图复活的资本主义"同社会主义公有制通过市场实行竞争来促进经济的发展。但由于当时历史条件的限制,列宁关于国家资本主义的理论并没有得到很好的实践。

第二,采用市场的分权经济体制。其一,重视商品货币关系,因为"在大生产彻底胜利和恢复以前,站在我们面前的是一些为商品流转而生产的小农、小业主和大生产者"。而"在从资本主义社会向社会主义社会过渡的情况下,不用货币,或者在短期内换成新货币是根本不可能的"。④ 其二,用收粮食税的办法取代强制收购余粮的做法。规定农民缴纳的粮食税额比余粮收集制时低,纳税后的剩余粮食由农民自己支配,可以在市场上自由出卖,从而刺激农民的生产热情。其三,提出了对几十万甚至上百万中小企业实行经济核算制原则,即国家对国民经济实行集中化的全面的指导和调节,不直接干预企业具体经济活动,企业在生产、销售、投资等经济活动中有广泛的权力。

第三,实行有条件的计划经济。列宁提出,要在不改变统一的国家经济计划的前提下改

---

① 列宁.列宁全集:第42卷[M].北京:人民出版社,1984:176.
② 列宁.列宁选集:第4卷[M].北京:人民出版社,1984:627.
③ 列宁.列宁全集:第27卷[M].北京:人民出版社,1984:269.
④ 列宁.列宁全集:第32卷[M].北京:人民出版社,1984:336.

变计划管理的方法。应该让"地方上发挥独立的、内行的、有智慧的主动性"。[①]

第四,提出对资本主义开放和利用外资的思想。列宁提出,"要向资产阶级学习",要通过租让制、合营公司和借款等方式利用西方资本主义先进国家的资金、管理经验和人才来迅速发展苏维埃社会主义经济。按照列宁的计划,当时准备实行租让的范围包括一小部分国营工业企业、巴库油田和格罗兹内油田的1/4到1/3、北部7 000万俄亩(1俄亩≈10 900平方米)森林资源中的24.3%以及大量未开垦的可耕地等。他要求全党利用多种形式"在经济上极力利用、加紧利用和迅速利用资本主义的西方"。[②]

新经济政策这种社会主义模式和"战时共产主义"模式完全不同。新经济政策的实施,虽然一定程度上使资本主义势力活跃起来,出现了投机取巧、牟取暴利、逃避国家监督、对工人进行剥削等问题,但是却在恢复农业、发展工业和交通运输业等方面取得了明显的效果。新经济政策是与当时苏联的实际情况相适应的,是对科学社会主义思想的极大丰富和发展。它不仅对于苏联,而且对于其他社会主义国家都有重大的指导意义。斯大林曾指出:新经济政策对从资本主义向社会主义过渡的国家来讲具有普遍意义。

2. 苏联模式与斯大林的"无流通论"

对于社会主义的蓝图如何设计,斯大林有过许多很出色的思想。这些思想集中体现在他1953年撰写的《苏维埃社会主义经济问题》一书中。他的思想主要可以归纳为以下两点。

1) 社会主义的基本经济规律

苏联从20世纪20年代开始就对社会主义有没有一个客观的基本经济规律的问题进行争论。有人认为有客观规律,有人则否定客观规律的存在,后来斯大林对此做了总结,认为一个社会只能有一个基本经济规律,它是决定该社会生产发展的一个主要方面和一切主要过程的。社会主义的基本经济规律是"用在高度技术基础上使社会主义生产不断增长和不断完善的办法,来保证最大限度地满足整个社会经济增长的物质和文化的需要"。这一理论无疑是对马克思主义经济科学的巨大贡献。

斯大林的经济发展战略,集中反映在推行工业化与农业集体化上。斯大林提出了速度决定一切,通过优先发展重工业实现社会主义工业化的道路。为了实现发展重工业,追求高速度,苏联实行了无所不包的高度集中统一的经济计划体制。无论是宏观上还是微观上,经济决策都由中央控制,自上而下地下达指令性计划。他们认为,有计划按比例是社会主义的发展规律,完全排斥市场机制的作用,使价格有计划地长期偏离价值。

苏联社会主义模式是苏联特定历史条件下的产物。它在当时,把整个国民经济置于高度集中统一的计划管理之下,使有限的人力、物力、财力集中投放到重点项目上去,保证在较短时间内实现其战略目标;在发生战争时,可以使整个经济迅速转移到战争轨道上去。这使苏联社会主义的经济建设取得了很大的成就。1926年,苏联工业总产值第一次超过了战前水平。1928年,其工业总产值为战前水平的122%。1929年,资本主义世界出现了严重的经济危机,社会主义苏联却在生产力迅速发展的情况下开始了第一个五年计划。苏联第一个五年计划的提前完成,使苏联的工业、农业、商业、文化、教育、人民生活水平诸方面都取

---

① 列宁.列宁选集:第4卷[M].北京:人民出版社,1984:518.
② 列宁.列宁全集:第32卷[M].北京:人民出版社,1984:306.

得了令人折服的进展。1937年,苏联第二个五年计划再次提前完成,这时苏联的工业总产值已超过除美国以外的所有资本主义国家,跃居世界第二位,占欧洲第一位。其工业总产值占工农业总产值的77.4%,初步建成了社会主义的经济基础。

2) 生产关系的"三分法"

斯大林认为,生产关系即经济关系,包括三个组成部分:生产资料的所有制形式、由此产生的各种不同社会集团在生产中的地位以及它们的相互关系以及完全以它们为转移的产品分配形式。我们称之为"三分法"。斯大林的观点集中突出了所有制,把所有制放在了生产关系几个方面的首位,并把它看成可以脱离生产发展及其产品分配、交换而独立存在的自在之物。这一思想使人们对生产力的发展以及与此相适应的生产、分配、交换、消费不予重视,不从生产、分配、交换、消费等环节上把握所有制的内容,而把主要注意力放在所有制的升级上;斯大林的观点也否定了产品与商品交换,只承认劳动者在生产过程中的互换劳动,所以导致实践中人们非常害怕谈及商品,反对交换,主张统购统配。由于否定交换,否定社会主义商品的流通过程,否定价值规律在社会主义生产中具有调节作用,斯大林的思想可以称为"无流通论"。"无流通论"的主要观点如下。

第一,社会主义经济不需要商品交换和商品流通。20世纪20年代,苏联经济学家凯尔维将商品经济视为资本主义的范畴,视为社会主义的绝对对立面,提出社会主义就是自然经济,它们生产不需要金币和以黄金为基础的货币作为积累手段。

第二,视社会分工为企业内部的技术分工。社会分工和商品经济是互为条件、相伴而行的一对辩证统一的范畴,其中社会分工的存在和发展必须以彼此间的商品交换与商品流通为前提。但是,如果分工只是在同一利益主体内部,彼此间的合作就完全可以通过活劳动交换或计划调拨直接实现,而无须再借助商品交换的间接实现方式。在建立生产资料公有制后,由于人们普遍认为整个社会已变成一个"管理处""大工厂",其各个经济单位间的分工就成了大工厂内部之间的技术分工。因此,不同经济单位之间产品的互换也就成为同一企业内不同职能部门、不同工序间按统一指令所进行的产品调度。产品调入、调出以及调度数量和时间,均视统一生产需要。在这样的统一经济体内,各部门、各工序并不存在独自的利益,没有利益差别,旨在反映、体现利益差别的商品交换自然没有存在的必要。

第三,交换和流通不构成社会经济的独立过程。既然社会主义只存在技术分工,所有形式的产品交换就都只是发生在"企业"内部的生产过程中。换句话说,交换和流通直接属于生产,并不能与生产并列成为社会经济的独立要素或独立过程而存在。交换的职能可由分配取而代之。这样,社会经济的独立要素就只剩下生产、分配和消费,交换和流通也就被排斥到政治经济学的研究范围之外。

第四,不承认商品的存在与价值规律的作用。按斯大林的设想,社会主义的公有制将能直接根据社会的需要来计划和分配社会劳动,并计划与分配社会产品,由此逐步过渡到不必再经过商品与货币进行迂回曲折的计算。商品与商品交换只存在于两种公有制之间以及对外贸易领域。全民所有制的生产资料,只是按国家计划生产与分配的产品,这些产品已失去商品属性,仅仅保留了商品的外壳,在这里,价值规律已不起作用。可以看出,"无流通论"是一种以自然经济为基础,混淆社会分工与技术分工,脱离现实社会经济发展水平和发展过程,根本排斥、否认商品交换和商品流通的错误理论。以其为理论依据而制定和实施的一系列忽视、轻视、鄙视商品流通的政策和措施,曾给苏联及我国社会主义经济建设和发展都带来了长期的、严重的影响。

2.2 新时期流通观的新发展

党的十八大以来,习近平总书记高度重视流通业的发展,要求充分利用好国内外两种资源、两个市场,在产业链、供应链、价值链上取得竞争优势。加快新旧增长动力转换,共同创造新的有效和可持续的全球需求,引领世界经济发展方向。

2.2.1 流通在社会主义市场经济中的先导性与基础性地位

2012年,国务院首次提出流通业是先导性和基础性产业,改变了长期以来流通业的"后台保障"地位。流通产业的先导性体现为流通业对产品结构调整、产业转型升级、居民生活质量提高的引导和带动作用,流通业可引领国民经济的发展。国民经济的运行状况首先会在流通领域反映。比如,价格的通胀(通缩),可反映供需关系、供给结构以及营商环境情况;PMI(采购经理指数)波动可反映整个国民经济增长速度的上升与下行;社会消费品零售总额、全社会生产资料销售总额以及进出口贸易总额,能够反映拉动国内生产总值的消费、投资、出口结构是否合理等。其基础性主要体现为流通环节在市场经济中安全保障以及提升传统产业等相关的基础性作用。例如,流通领域可体现出宏观调控对供需平衡调节的效果;流通产业的战略储备体系、安全预警体系等面对突发事件,可确保产业链、供应链安全及物资供应;传统农业、制造业、服务业转型升级,离不开信息化、数字化、智慧化的物流体系等。因此,理解流通地位,就必须准确厘清市场和政府的关系。

2013年11月,党的十八届三中全会提出,使市场在资源配置中起决定性作用,更好发挥政府作用;习近平强调,"科学认识这一命题,准确把握其内涵,对全面深化改革、推动社会主义市场经济健康有序发展具有重大意义。"[①]只有划分清楚市场与政府的边界,才能建立完善的社会主义市场经济体制,形成统一透明、有序规范的市场环境,为市场充分竞争创造良好条件。

2.2.2 流通产业在供给侧结构性改革中的推动作用

流通业联通消费与生产两端,一方面为消费者提供商品与服务,另一方面也为生产企业提供销售渠道、场所与销售方式,是分销业、物流业、信息业、金融业等相关生产与生活性服务业的总和,为一个典型的复合型产业。当前我国经济进入新常态,供给侧结构性改革成为建设现代化经济体系、推动经济增长的主攻方向。

习近平总书记强调,供给侧结构性改革的最终目的是满足需求,主攻方向是提高供给质量,根本途径是深化改革;满足需求,就是要深入研究市场变化,理解现实需求和潜在需求,在解放和发展社会生产力中更好满足人民日益增长的物质文化需要;主攻方向,就是要减

---

① 习近平.习近平谈治国理政[M].北京:外文出版社,2014:116-117.

少无效供给,扩大有效供给,着力提升整个供给体系质量,提高供给结构对需求结构的适应性;根本途径,就是要完善市场在资源配置中起决定性作用的体制机制,深化行政管理体制改革,打破垄断,健全要素市场,使价格机制真正引导资源配置。①

党的十九大指出,进入新时代,我国社会主要矛盾已经转化为人民日益增长的美好生活需要和不平衡不充分的发展之间的矛盾,我国经济的基本特征是由高速增长阶段转向高质量发展阶段。在此情况下,流通水平直接影响供给与需求双方,促使流通领域成为供给侧结构性改革的重点领域。创新流通体制机制,构建现代流通体系,使我国从流通大国转变为流通强国,进而推动供给侧改革与经济转型升级。

2.2.3 构建现代流通体系在新发展格局中的支撑性作用

流通具有关联产业的横向结构,以及不同功能的纵向结构,涉及流通基础设施体系、商品服务市场体系、流通业态体系、流通监管体系等,因而流通体系建设包含"硬实力"与"软实力"的双重建设,涉及微观、中观和宏观多个层面。2012年8月3日,国务院发布的《国务院关于深化流通体制改革加快流通产业发展的意见》提出,到2020年"基本建立起统一开放、竞争有序、安全高效、城乡一体的流通体系";2013年共建"丝绸之路经济带"倡议的提出更是赋予流通业"联通设施、畅通贸易"的新使命;2015年"互联网+"计划要求加速流通业与互联网融合与协同发展,全面深化流通领域改革、创新流通模式。党的十九大后,流通业作为国民经济的重要组成部分迈入高质量发展阶段,建成了较为完善的开放型现代流通体系,逐步完善全球范围内商品流通网络。

2020年7月,中国正式提出"国内大循环为主体,国内国际双循环相互促进"的战略部署;同年9月,习近平主持召开中央财经委员会第八次会议,强调流通体系在国民经济中发挥着基础性作用,明确提出必须把建设现代流通体系当成一项战略任务来抓。要贯彻新发展理念,推动高质量发展,深化供给侧结构性改革,充分发挥市场在资源配置中的决定性作用,更好发挥政府作用,统筹推进现代流通体系硬件和软件建设,发展流通新技术新业态新模式,完善流通领域制度规范和标准,培育壮大具有国际竞争力的现代物流企业,为构建以国内大循环为主体、国内国际双循环相互促进的新发展格局提供有力支撑。

建设现代流通体系对构建新发展格局具有重要意义。在社会再生产过程中,流通效率和生产效率同等重要,是提高国民经济总体运行效率的重要方面。② 中国为整合国内资源、优化空间配置、保持经济平稳发展,需要以绿色、安全、高效、高质的流通提升内需、拓展外需。高效流通体系能够在更大范围把生产和消费联系起来,扩大交易范围,提高生产效率,在全球产业链、供应链的重构进程中获取竞争优势。国内循环和国际循环都离不开高效的现代流通体系。

---

① 中共中央文献研究室.习近平关于社会主义经济建设论述摘编[M].北京:中央文献出版社,2017:75-307.
② 徐锋,马淑琴,李军.习近平新时代流通发展观的核心思想及其演化脉络[J].商业经济与管理,2018(9):5-14.

2.3　中国流通体制的发展与演进

2.3.1　经济恢复时期的流通体制

新中国成立时存在着五种经济成分：国营经济、合作社经济、个体经济、民族资本主义经济和国家资本主义经济。

1. 成立中央人民政府贸易部统管国内贸易与对外贸易

1949年11月1日，中央人民政府贸易部（以下简称"中央贸易部"）成立，统一管理国内贸易与对外贸易。任命叶季壮为部长，姚依林、沙千里为副部长。中央贸易部成立后，着力解决了三大问题。

1）调整流通领域的生产关系，建立以国营商业为主体、合作商业为辅、五种经济成分并存的流通格局

在接管国民党政府商业、贸易管理机构和没收官僚资本企业的同时，首要任务是建立国营商业。1950年相继成立了八大国内贸易专业总公司：中国盐业公司、中国百货公司、中国煤业建筑器材公司、中国粮食公司、中国花纱布公司、中国土产公司、中国石油贸易公司、中国工业器材公司。建立了中国进口公司（对社会主义国家）、中国进出口公司（对资本主义国家）以及中国畜产、油脂、茶叶、蚕丝、矿产等国营外贸公司。初步建立起了集中统一的商品流通管理体制。到1952年底，全国性的国营商业专业公司达到28个，全国国营商店3.3万个，职工53万人，国营商业在全国批发额中占60%，在全国零售额中占34.4%。并且掌握着粮食、棉花、煤炭、纱布、食油、食盐以及其他重要商品的供应，确立了国营商业在市场上的主导地位。国营外贸公司的进出口额占全国进出口总额的比重1952年上升到92.8%，占有绝对优势。中国外贸取得了完全的独立地位。

在建立国营内外贸易企业的同时，大力发展合作社商业。1950年7月5日至27日，中华全国合作社工作者第一次代表会议在北京召开，正式成立中华全国合作社联合总社，统一领导全国供销、消费、手工业合作事业。到1952年，全国基层合作社3.5万个，社员1.47亿人，占农村人口的29.4%，全国供销社的零售额占全国零售总额的23.8%，成为商品流通的一支重要力量。

根据"公私兼顾"的政策，在经济恢复时期要调整公私商业的关系，在确立国营商业领导地位的同时，使国营商业与私营商业合作分工，国家在经营范围、原料供应、产品销售、价格政策等方面给私营商业以照顾和扶助，使它们在国营经济领导下有所发展。1952年与1949年相比，私营商业增加28万户，从业人员增加14万人，商品零售额增加19.1亿元。

2）稳定市场，平抑物价，安定社会，巩固新政权

为了恢复经济、保障人民生活，必须稳定市场、平抑物价。面对从1949年1月到1950年2月连续发生的四次物价大波动，中央贸易部采取行政手段与经济手段相结合的办法，一方面通过各种渠道，把粮、棉、油等主要物资掌握在国营专业商业公司手中；另一方面选择适当时机，集中全国力量，选择市场，敞开销售物资，给投机资本家以沉重打击。这从全国批

发物价指数的变化可窥见一斑。国家统计局公开统计资料显示,1950年12月全国批发物价指数为85.4,1951年12月为92.4,1952年12月为92.6,切实达到了稳定市场的效果。

3) 打破美国禁运与封锁,开创外贸新局面

中央贸易部成立后,专门设立了国外贸易司运作新中国的对外贸易。第一,组建国营的外贸公司,居于绝对领导地位。第二,在全国范围没收国民党政府的对外贸易机构,如中央信托局、输出入管理委员会等,以及蒋、宋、孔、陈四大家族的官僚资本外贸企业,进行民主改造与重组。第三,对外国在华的进出口企业,在取消它们的特权后,允许继续营业。第四,对全国各口岸的4 600家私营进出口商实行利用、限制和改造政策。中央贸易部部长叶季壮在回顾3年来的对外贸易时说:"我们肃清了对外贸易的半殖民地的依赖性,在平等、互利的基础上建立了新的对外贸易关系。我们已经由历史上长期入超的国家,转变成为进口和出口平衡的国家,战胜了美帝国主义者对我们中国的禁运和封锁。我们通过对外贸易的管理,扶助了国内工业和农业生产的恢复和发展,我们的进口和出口货物的数量,都在不断地增加。这样,就使我们的对外贸易出现了新的局面。"(原载1952年9月30日《人民日报》)

2. 建立中国流通管理体制的初步尝试

新中国成立后,如何建立、建立怎样的国内外流通管理,成为中央政府面临的难题。借鉴苏联模式,党中央、政务院采取了以下做法。

(1) 明确管理与发展中国流通业的大政方针。1949年9月,《中国人民政治协商会议共同纲领》(以下简称《共同纲领》)规定:"中华人民共和国经济建设的根本方针,是以公私兼顾、劳资两利、城乡互助、内外交流的政策,达到发展生产、繁荣经济之目的。"这一经济建设的根本方针也是流通业的根本方针。《共同纲领》还明确指出:"保护一切合法的公私贸易。实行对外贸易的管制,并采用保护贸易政策。在国家统一的经济计划内实行国内贸易的自由,但对于扰乱市场的投机商业必须严格取缔。""公私兼顾""城乡互助""国内贸易自由"和"对外贸易管制"是经济恢复时期非常成功的经验。

(2) 实行高度集中统一的流通管理体制。其主要措施是:①建立全国上下对口的流通行政管理机构。政务院《关于统一全国国营贸易实施办法的决定》规定:各大行政区及中央直属省(市)人民政府的贸易部门受中央贸易部及当地人民政府财政经济委员会的双重领导。②中央贸易部对国内外贸易统一计划、统一经营、统一管理。计划上级批准后,下级无权自行变更。对商品流转计划、国营商业网点发展计划、运输计划、商品流转费计划、劳动工资计划、生产企业计划、基本工程建设计划、财务计划、进出口贸易计划集中统一管理。建立贸易金库制度与商品调拨制度,统收、统支、统一调拨。全部对外贸易活动置于国家集中领导和统一管理之下。国营商业部门对私营工业实行加工订货和统购包销政策,把货源掌握在国营流通企业手中。③对国内外贸易的集中统一管理还体现在对商品的计划管理上。当时确定由中央贸易部管理的计划商品共278种,其中,国内贸易计划商品161种,进出口贸易计划商品117种。

(3) 政企不分。中央贸易部直接抓内外贸专业总公司。这些总公司是政企不分的总公司,实际上成了政府的一部分,1957年,这些部直属专业公司都成为机关行政管理局。

经济恢复时期对建立中国流通管理体制的尝试是初步的,也是有益的,更为今后中国的流通管理模式定下了基调。

2.3.2 计划经济时期的流通体制

1. 计划经济时期中国流通业面临的形势与任务

从 1953 年到 1977 年的 25 年可称为中国实施计划经济体制时期。这一时期跨度很大,又可细分为四个阶段:第一个五年计划时期的流通业(1953—1957 年),"大跃进"时期的流通业(1958—1960 年),国民经济调整时期的流通业(1960—1965 年),"文化大革命"时期的流通业(1966—1977 年)。

在第一个五年计划时期,中央提出了过渡时期的总路线。根据总路线的要求,第一个五年计划的基本任务是:集中主要力量进行以 156 个建设项目为中心的、由限额以上的 694 个建设项目组成的工业建设,建立社会主义工业化的初步基础,发展部分集体所有制的农业生产合作社,并发展手工业生产合作社,建立对于农业和手工业的社会主义改造的初步基础,基本上把资本主义工商业分别地纳入各种形式的国家资本主义轨道,建立对于私营工商业的社会主义改造的基础。

第一个五年计划时期的内外贸流通业主要有三大任务:一是积极发展城乡间的物资交流,促进工农业生产发展,保持市场物价稳定,保障供给,巩固工农联盟。1957 年社会商品零售总额达到 474.2 亿元,比 1952 年增长 71.32%,平均每年递增 11.4%。二是对从事内外贸的私营商业进行社会主义改造,从"私"向"公"过渡。到 1957 年,私营商业的零售额在全社会商品零售总额中只占 2.7%。到 1955 年底,私营进出口企业的进出口额在进出口总额中只占 0.8%。三是为了保证"一五"期间重大项目的建设需要,除加大对社会主义国家的贸易(20 世纪 50 年代一直占 70%左右)外,开辟对资本主义国家的贸易。到 1957 年,中国已同世界上 82 个国家与地区建立了贸易关系,进出口总额达到 31.03 亿美元,比 1950 年增长 1.73 倍。

1958 年,中国开始实施第二个五年计划,第二个五年计划的基本任务是:继续进行以重工业为中心的工业建设,推进国民经济的技术改造,建立我国社会主义工业化的稳固基础;继续完成社会主义改造,巩固和扩大集体所有制和全民所有制;在发展基本建设和继续完成社会主义改造的基础上,进一步发展工业、农业和手工业生产,相应地发展运输业和商业;努力培养人才,加强科学研究工作,以适应社会主义经济文化发展的需要,在工业、农业发展的基础上,增强国防力量,提高人民的物质生活和文化生活水平。

第二个五年计划时期商业工作的基本任务是:继续加强工农业产品的收购和供应工作,扩大商品流通;改进购销关系,继续对主要生活必需品实行统销政策,同时对某些工业品实行选购,并有计划地组织一部分在国家领导下的自由市场;继续贯彻执行稳定物价的方针,正确利用价值规律和掌握价格政策,促进生产的发展;进一步发展商业网点,方便人民生活;贯彻"自力更生为主,争取外援为辅""国内市场为主,国外市场为辅"的原则,稳步发展对外贸易。

1961 年,国民经济进入"调整、巩固、充实、提高"的经济调整时期。这一时期的内外贸流通业担负着一些特殊的任务:一是对国内贸易中的各种生产关系进行调整。中共中央于 1961 年 6 月 19 日发布《中共中央关于改进商业工作的若干规定(试行草案)》即"商业四十条"。1962年9月27日,八届十中全会又通过了《中共中央关于商业工作问题的决定》,系统地总结了中华人民共和国成立以来10多年商业工作的经验教训,进一步明确了社会主义商业的地位、作用和基本方针。恢复和建立了国营商业专业公司,调整了管理体制,恢复供销合作社,恢复合作商店、合作小组。1962年4月26日,中共中央、国务院发布了《关于国营商业和供销合作社分工的决定》,开放了集贸市场。二是调整工农业产品的经营政策。在工业品统购包销中处理好多与少的矛盾,改进了三类日用工业品的收购方式,适当减少农副产品统购、派购,对农产品实行奖售、换购。三是安排好人民生活。对粮食实行"低标准""瓜菜代"的方针,对渡过灾害起到了重要作用;稳定基本生活必需品的价格;在保持平价定量供应的同时,逐步敞开供应高价商品,控制集团购买力。四是对有关生产建设所需物资调整分配体制,中央统配和部管物资1960年为417种(其中统配物资75种),到1965年增至592种(其中统配物资370种)。五是加大外贸管制力度。1960年8月10日,中共中央发出了《关于全党大搞对外贸易收购和出口运动的紧急指示》,从这一时期开始,中国对外贸易的主要对象开始向资本主义国家和地区转移。到1957年,对西方国家的进出口总额已占全国进出口总额的52.8%。

2. 流通分割管理体制的形成与发展

经济恢复时期结束后,国内商品流通与对外贸易任务日益繁重,粮食供应日益突出。为了加强对国内外贸易的领导和对粮食工作的统一管理,中央人民政府于1952年8月通过了《中央人民政府委员会关于调整中央人民政府机构的决议》。1952年9月1日,在中央贸易部所属中国粮食公司与中央人民政府财政部所属粮食管理总局的基础上,成立了粮食部,统一负责粮食的征购与供应工作。1952年9月1日,撤销中央贸易部;9月3日成立商业部,统管国内贸易;同时成立外贸部,统管对外贸易。从此开始了中国内外贸分割的历史进程。

1955年9月,中央决定成立农产品采购部。1955年11月,将农业部所属水产局和商业部所属土产公司的水产业务划出合并成立了由商业部领导的水产供销公司。在此基础上,中央决定于1956年5月成立水产部,统一管理水产品的捕捞、加工和运销业务,实行产、供、销合一。1956年12月,将商业部的食品公司、蔬菜食品杂货公司、糖业糕点公司、饮食业公司、专卖事业公司这5个公司,供销合作总社的副食品局以及主管副食品、服务业的两个专业管理局划出,在原农产品采购部机构和人员的基础上,合并成立了城市服务部。城市服务部主管副食品和饮食业、服务性行业(旅游、理发、浴池、洗染、照相等),并对城市房产工作进行领导和管理。

这样,在经济恢复时期由中央贸易部统管的国内外贸易,分成商业部、外贸部、粮食部、城市服务部、水产部和供销合作总社6个部门。后来又反复变化,直到商业部、外贸部、物资部三分天下,基本上形成了城乡分割、内外贸分割、生活资料与生产资料流通分割的体制。

1) 城乡分割

城乡分割主要体现在国有商业与供销合作社商业的分与合上。"一五"时期有三次分工:第一次是1953年底,明确工业品主要由国营商业经营,手工业品由合作社商业经营,统称"商品分工";第二次是1954年7月,明确城市市场的领导,公私经营比重的掌握,价格的统一规定和对私营商业的改造等,由商业部负责,乡村市场的领导,公私经营比重的掌握,农副产品的收购,价格的执行和对私营商业的改造等由供销合作总社负责,统称"城乡分工";

第三次是 1955 年 8 月,明确商业部和供销合作总社实行商品分工与地区分工相结合,一类是国营商业从城到乡"一条鞭"经营的主要农产品,另一类是合作社从乡到城"一条鞭"经营的商品,包括一般农副土特产品、农业生产资料及主销农村的手工业品和工业品,再一类是国营商业在城市经营、合作社在农村经营的主要工业品,这次统称"商品分工结合城乡分工"。但供销社的体制也在变化中,1952 年 2 月,商业部改为第一商业部,城市服务部与供销合作总社合并改称第二商业部。同年 9 月,第一、第二商业部合并为商业部。应该讲,在流通体制上这是一大进步。但合并后忽视了供销合作社的农民集体性质,按国营商业一样对待,而出现了一系列不适应农村生产力发展的情况。1961 年 3 月,中共中央决定恢复供销合作社,明确其是集体所有制经济,是国营商业的得力助手。商业部与供销合作总社的分工,大体上恢复到 1957 年的状况。到了"文化大革命"期间,1970 年 7 月初,商业部、粮食部、供销合作总社和中央工商行政管理局正式合并组成商业部,一直运行到 1978 年。

2) 内外贸分割

自 1952 年撤销中央贸易部成立商业部、外贸部与粮食部以来,内外贸分割的体制相对稳定。外贸部一直归口领导和管理全国的对外贸易。

1953 年,外贸部对原有公司主要按商品的经营分工进行调整和改组,重新组成了 14 个专业进出口公司以及分管海运和陆运的 2 个外贸运输专业公司。到 1957 年,中国的外贸体制基本形成了由政府职能部门领导的国营外贸公司集中经营,国家对外贸公司实行指令性计划管理和统负盈亏的高度集中的对外贸易体制。1958 年 8 月,中共中央作出《中共中央关于对外贸易必须统一对外的决定》的规定:"除对外贸易部所属各总公司和各口岸对外贸易机构外,任何地方任何机构不许作进出口买卖。"1974 年,外贸体制做了一些局部性的调整,给省、区、市下放了一部分进出口权,同意轻工部、建筑材料工业部、农业机械工业部、石油化学工业部、冶金工业部等工业部门成立出口供应公司,负责对外交货或向外贸公司供货;同意第一机械工业部成立产销结合的机械设备出口公司,但对内贸企业的外贸权不开口子。这些调整并没有触动高度集中的外贸体制基本框架和运行机制。

此时的外贸公司和生产单位之间通过出口收购制与进口拨交制构筑了如下关系:外贸公司在对外洽谈出口贸易前,预先向供货部门或生产单位以买断方式购进出口商品,生产单位同国际市场不发生直接关系,对出口商品的适销性、价格、盈亏不承担任何责任。外贸公司在执行进口计划中,按照国家计划委员会(以下简称"国家计委")、外贸部下达的货单完成订货、承付、托运、验收等对外业务后,调拨转交给用户部门,用户部门可能是生产企业,也可能是内贸企业。企业可以派人参加技术谈判,但同外商不发生合同关系,不承担进口质量和效益的责任。

3) 生活资料与生产资料流通分割

根据苏联的管理模式,把生活资料与生产资料流通分开。1949 年成立政务院时,在财政经济委员会计划局内就设置了一个物资分配处。1950 年 3 月,政务院在发出的《关于统一国家财政经济工作的决定》中提出,要统一全国物资调度,使国家掌握的重要物资从分割状态集中起来,调剂余缺,合理使用。1950 年起,对煤炭、钢材、木材、水泥、纯碱、杂铜、机床、麻袋 8 种关系国计民生的物资,实行各大区之间的计划调拨,1951 年增加到 33 种,1952 年又增加到 55 种。

1952 年,在政务院财政经济委员会计划局物资分配处的基础上成立了物资分配局。

"一五"期间,各种物资按在国民经济中的重要程度和产需特点,分为国家统一分配物资(以下简称"统配物资"),中央各主管部门统一分配物资(以下简称"部管物资")和地方管理物资(以下简称"三类物资")三个大类。统配物资1953年为112种,1957年为231种;部管物资1953年为115种,1957年为301种;三类物资主要有砖、瓦、灰、沙、石料及其他地产地销产品。这些物资主要依托当时的中央贸易部和后来的商业部的系统运作。

  1952年11月,国家计委成立。1953年,财政经济委员会所属物资分配局划归国家计委领导,负责编制统配物资平衡计划和分配计划。1954年末,为了对重要物资加强分类管理,又在物资分配局的基础上,成立了物资分配综合计划局、重工业产品分配局、燃料电力分配局和机电设备分配局。1956年5月,中共中央、国务院决定建立国家经济委员会(以下简称"国家经委"),负责年度计划的编制和执行,各物资分配局转到国家经委。随后,为了加强物资管理工作,国务院又决定成立物资供应总局,委托国家经委领导。1958年6月,撤销物资供应总局。1958年9月,物资分配工作划归国家计委负责。由于"大跃进"引起全国物资全面紧张,为了加强对物资的管理,1959年8月1日,国家经委成立物资办公室;1960年5月18日,成立国家经委物资管理总局。1962年5月18日,中共中央、国务院针对"大跃进"中物资分散、渠道混乱、调度不灵、流通不畅、供需矛盾突出的状况,批准了《关于在物资工作上贯彻执行集中统一方针、实行全面管理的初步方案》,并于1963年5月,成立国家物资管理总局,1964年9月,成立物资管理部。1965年1月,国家计委的物资综合分配局、冶金产品分配局、机电产品分配局划归物资部领导,由物资部负责编制全国物资平衡和分配计划,并逐步形成了遍布全国的物资管理系统与经营网络。除继续加强对统配物资、部管物资管理外,对三类物资进一步细划,1965年达到5 929种。到"文化大革命"期间,物资部撤销,将统配物资的计划分配划归国家计委,1970年6月成立国家计委物资局。金属材料、机电设备、化工材料、建材、木材的销售业务和部属5个专业总公司及其一级站,划归有关工业生产主管部门,实行产、供、销一条龙;对地方物资机构、财务资金、劳动工资、基本建设实行垂直管理的业务,全部下放给地方管理。1975年11月,国务院决定,在国家计委物资局基础上成立国家物资总局,为国务院直属局,恢复了全国的物资系统。1977年起,冶金、林业、煤炭、机械等工业部门的产品销售机构陆续实行了国家物资部门和主管部门双重领导,以国家物资部门为主的管理体制。

3. 计划经济体制下内外贸流通业的特点

  在计划经济体制下,中国流通体制有以下特点。

  (1)分割管理。在短缺经济下,只是分工把口而已,不管机构怎么变,基本上是一种内外贸分割、城乡流通分割、生活资料与生产资料流通分割的格局。对外贸易只被看作是社会主义扩大再生产的补充手段,互通有无,调剂余缺,设一个外贸部是为了实现这一任务而已。

  (2)高度集权。内贸与外贸都是高度集权统一,是一种以计划分配取代商品流通的实物经济模式。各级政府对主要物资和商品实行统一分配。当时国家指令性计划管理的商品就多达1 200多种。

  (3)短缺运行。在计划经济时代,中国一直处于短缺经济状态,主要商品供不应求,形成了三种流通运行方式:一是"米袋子""菜篮子""煤炉子"一直是流通部门的主要工作,解决好"吃",是流通部门的头等大事;二是直接抓产品,不是抓市场;三是计划生产、计划分配,生产企业与流通企业都没有自主权。

(4) 政府定价。在改革开放前,在社会消费品零售总额、生产资料销售总额、农产品收购总额中,政府定价的比例分别为97%、100%和94.4%。价格背离价值,特别是原材料价格更背离价值。内贸与外贸垄断性公司其经营行为都是为了完成指令性计划这一政治任务,国家对这些公司统负盈亏。

(5) 政企不分。流通部门的领导干部实行官本位,由政府任命,其经营行为一切听命于政府,服务于计划。

2.3.3 改革开放时期的流通体制

1978年12月18日至22日,党的十一届三中全会在北京举行,确立了党在新时期的思想路线、政治路线与组织路线,确立了实施经济体制改革和对外开放的重要举措。十一届三中全会是一个重要里程碑,"开辟了建设有中国特色社会主义的全新事业"。[①]

1987年10月,党的十三大提出了中国处于社会主义初级阶段的理论、"一个中心,两个基本点"的基本路线和"三步走"的经济发展目标。对于经济体制,1982年提出中国的经济体制仍然是计划经济为主,市场调节为辅,1984年提出社会主义经济是公有制基础上的有计划的商品经济,1987年提出社会主义有计划商品经济的体制是计划与市场内在统一的体制,1990年又提出经济体制改革的基本原则是计划经济与市场调节相结合,1992年提出中国经济体制改革的目标是建立社会主义市场经济体制。

1. 内贸流通体制改革

1) 流通行政管理体制改革

1970年,商业部、粮食部、供销合作总社、中央工商行政管理局合并为商业部,到1979年又分成商业、供销、粮食、工商行政管理4个部门。

1982年3月8日,第五届全国人民代表大会常务委员会第22次会议通过了《全国人民代表大会常务委员会关于国务院机构改革问题的决议》,商业部、粮食部、供销合作总社合并。1982年3月15日,新的商业部正式开始运行。1984年,国务院批转商业部《关于当前城市商业体制改革若干问题的报告》,强调要实行政企分开,扩大流通企业权力,加强行政管理职能,领导全国社会主义统一市场,进行了新形势下国内流通业管理方式的积极探索。为适应改革开放形势发展的需要,1987年12月,商业部机构再次进行改革,到1989年7月15日新机构正式运行。

为了加强物资的综合管理,进一步发展计划指导下的生产资料市场,搞活流通,1988年4月,第七届全国人民代表大会第一次会议决定撤销国家物资局,组建物资部;同年5月,国务院批准了《关于深化物资体制改革的方案》,要求在加强重要物资宏观平衡的基础上,有步骤地缩小指令性计划,扩大指导性计划和市场调节,把条块分割、层层分配调拨型的体制改革为统一的以大城市为中心的批发贸易型体制;要用经济利益调节物资供求,逐步建立有领导有组织的生产资料市场,以提高经济效益,保障生产和建设的需要。

---

① 邓小平.邓小平文选:第三卷[M].北京:人民出版社,1993:269.

1993年,根据党的十四大和第八届全国人民代表大会第一次会议关于机构改革的要求,决定撤销商业部、物资部,组建国内贸易部,设国家粮食储备局由国内贸易部代管。这次改革的目的是打破生活资料流通与生产资料流通分割的局面,面向国内、国际两个市场,建立大流通的新格局,培育全国统一的商品流通体系。这次改革在1984年和1988年改革的基础上又向前推进了一步,按建立市场经济体制的要求,在统一全国生活资料流通的基础上,又统一了生活资料与生产资料的流通,国内外引起了很大反响。

1998年3月17日,第九届全国人民代表大会第一次会议第五次全体大会在北京举行,确定了新一轮机构改革的方案。国务院决定将煤炭工业部、机械工业部、冶金工业部、国内贸易部、轻工总会和纺织总会分别改组为煤炭工业局、国家机械工业局、国家冶金工业局(后又分出国家有色工业局)、国家国内贸易局、国家轻工业局和国家纺织工业局,由国家经济贸易委员会(以下简称"国家经贸委")管理。国家经贸委及其管理的各国家局负责组织制定行业规划和行业法规,实施行业管理。这些国家局不直接管理企业,所制定的行业规划、行业法规以国家经贸委名义发布。改革方案还明确,粮食的管理划归国家发展计划委员会。这一改革方案主导思想是把工业产业与贸易统一管理,但仍保留了外贸部,内外贸仍然是分割的体制。而国内贸易管理职能划入国家经贸委后,由于工业领域的任务特别艰巨,流通管理明显弱化,流通领域中的许多深层次矛盾日益突出。

2003年3月,第十届全国人民代表大会第一次会议明确的国务院机构改革方案,将国家经贸委的内贸管理、对外经济协调和重要工业品、原材料进出口计划组织实施等职能,国家计委的农产品进出口计划组织实施等职能,以及对外贸易经济合作部(以下简称"外经贸部")的职能等整合起来,组建商务部,形成了内外贸一体化的管理体制。对于适应加入世界贸易组织(WTO)新形势的需要,适应建立和健全统一、开放、竞争、有序的现代市场体系的要求,适应内外贸业务相互融合的发展趋势和加入世界贸易组织的新形势,促进现代市场体系的形成起到了积极的作用。

2) 内贸流通体制改革的进程

党的十一届三中全会以来,随着整个经济体制改革的全面推进,流通体制改革也在逐步深化,大体经历了四个阶段。

第一阶段(1979—1984年):这个阶段按照计划与市场相结合的原则,改变了过去商品集中统一管理的格局,扩大了市场调节的范围。主要是调整了农副产品和日用工业品的计划管理体制,改革了商品的统购统销制度,发展了计划购销、市场购销等多种形式,并且打破了国有商业一统天下的局面,逐步形成了多种流通渠道、多种经济成分和多种经营形式的流通格局。

第二阶段(1985—1987年):这个阶段围绕建立有计划商品经济体制,对流通领域的企业结构、批发体系、价格制度、经营机制等方面进行了全面改革,打破了传统体制的束缚,扩大了企业自主权,建立了多种形式的经营责任制,推动了流通体制向市场取向的改革进程。

第三阶段(1988—1992年):这个阶段根据建立和培育社会主义市场体系的要求,积极发展了多层次、多形式、多功能的商品批发交易市场,初步形成了具有批发零售、期货现货、有形无形市场相结合的交易体系。同时,对生产资料的经营管理体制进行了全面改革,计划管理的品种、数量大幅度减少。物资企业开始以较快速度走向市场。

第四阶段(1993年至今):这个阶段是依照建立社会主义市场经济体制的目标,进一步加大流通领域的改革力度,特别是粮食、棉花、成品油等的流通体制改革。全面推进流通企业建立现代企业制度,抓大放小。推进以连锁经营、现代物流与电子商务以及扩大开放为重点的流通现代化。

2. 对外贸易流通体制改革

我国对外贸易流通体制的改革大体经历了四个阶段。

第一阶段(1979—1986年),改革的中心内容是下放权力。①下放对外贸易经营权。这一阶段,国家批准在广东省和福建省扩大对外贸易经营权,成立省属对外贸易公司,对外贸易经营权被扩大到其他部委所属的企业。在全国各省、区、市、经济特区开辟了外贸口岸。②进行工贸结合的试点。1984年,国家决定开放沿海14个城市,极大地冲击了外贸经营体制,各种外贸公司纷纷成立,同时批准鞍山钢铁公司、第一汽车制造厂、吉林化学工业公司等生产企业享有自营进出口权。此后,这种对外贸易经营权逐渐被授予许多大中型生产企业。③缩小指令性计划的范围。在这一阶段,中央政府进行外贸计划体制改革,逐步减少和缩小指令性计划的范围,增加和扩大指导性计划的范围。④对外贸易实行分级管理。实行了外贸行政两级管理制度,对外经济贸易部为一级,各省区市及计划单列市经济特区的外经贸厅委局为一级,中央的管理机构负责集中管理少数关系国计民生的大宗商品,其余由地方管理。⑤进行外汇留成的外汇分配改革。在这一阶段,国家规定出口创汇地方可以按一定的比例(25%)留成,地方留成的外汇还有相当一部分由出口企业自由支配。

第二阶段(1987—1990年),改革的中心内容是对外贸易经营承包责任制。①1987年,国务院决定对对外经济贸易部系统内的外贸专业总公司及其所属的地方分公司,实行"条条"型外贸承包经营责任制,只对各外贸公司下达出口计划、创汇计划和盈亏额度等宏观指标,并按三项指标的完成情况进行奖励和惩罚。1988年,国务院下达了《国务院关于加快和深化对外贸易体制改革若干问题的规定》,决定从1988年起全国实行以地方承包为主体的"块块"型外贸承包经营责任制,赋予了地方政府自行制定出口商品种类、数量、价格、经营方式等权利。②在财务体制上,开始时是在计划内出口的盈亏由国家财政统一负责,超计划进出口由地方财政负责。随后在承包改革中,改由外贸企业承包经济效益指标,初步打破了财务方面的传统的"大锅饭"体制。③在经营体制上的明确分工。少数大宗资源性产品由专业总公司经营,许可证和配额产品由地方外贸经营,其余商品均为开放经营的产品。④在其他方面也进行了一些改革,如扩大外汇留成比例,开放外汇调剂市场,在轻工、工艺和服装三个行业进行自负盈亏的试点。

第三阶段(1991—1993年),改革的中心内容是自负盈亏。进入20世纪90年代,国务院特别重视提高出口商品的质量和提高经济效益,决定从1991年起建立外贸企业自负盈亏机制。其采取的措施主要有:①自1991年起,全部取消国家财政对外贸企业出口的直接财政补贴。从此外贸企业完全自负盈亏。②按照鼓励出口的原则下调整人民币汇率。③实行全国统一的外汇留成比例。出口创汇实行全额分成,一般商品出口创汇20%上缴中央,地方留10%,生产企业留10%,其余60%留给外贸公司。为鼓励机电产品出口,凡机电产品出口创汇中央免收。④大幅度缩减国家管理的商品范围,取消出口商品分类经营的规定,除16种特殊商品由国家指定有关外贸公司统一或联合经营和实行配额许可证的商品由地方外经贸部门指定某些企业经营外,其余商品实行开放经营。⑤大幅度削减进口关税,减少许可证商品,提高行政管理的透明度,转变外贸部门的政府职能。

第四阶段(1994年至今),改革的中心内容是建立适应市场经济和国际惯例的外贸体制。其主要内容有:①外汇体制改革。实行人民币汇率并轨,实行以市场供求为基础的单一的管理浮动汇率制度,并实现了经营项目下的可自由兑换。②管理体制改革。对于部分经营单位较多并在国际市场上较为敏感的商品实行出口配额招标投标制度,向公正公开方向迈进。③计划体制改革。取消指令性计划,改为指导性计划,国家通过宏观调控完成指导性计划。④经营权改革。绝大多数国有大中型企业、一部分优秀的乡镇企业、部分有条件的科研院所拥有了对外贸易经营权。1996年颁布了《关于设立中外合资对外贸易公司试点暂行办法》,进行外商独资企业进入外贸经营领域的试点改革。同年,颁布《经济特区生产企业自营进出口权自动登记暂行办法》,开始了外贸登记制的历史进程。1999年上半年,国家分两批批准了70多家私营企业拥有对外贸易经营权。⑤经营机制的改革。在外贸企业积极推进现代企业制度的改革,加快外贸企业经营机制的转换,大规模进行资产重组和股份制改造。中国五金矿产进出口总公司、中国技术进出口总公司、中国化工进出口总公司等都进行了股份制改造,并在中国证券市场上市。⑥推进"大通关"进程。到2000年,中国有一类开放口岸242个,平均通关时间为2.2天。2000年11月,上海口岸运用电子化手段,构造口岸物流管理和电子商务应用环境,实行"大通关"。外经贸部、海关总署在全国推行了上海的经验,中国的通关改革全面推进,与国际全面接轨。⑦法制建设。1994年7月1日施行《中华人民共和国对外贸易法》,相配套的法律、法规还有《出口商品管理暂行办法》《中华人民共和国出口货物原产地规则》《关于出口许可证管理的若干规定》《出口商品配额有偿招标办法》《一般商品进口配额管理暂行办法》《进口商品经营管理暂行办法》《中华人民共和国中外合作经营企业法》《对外劳务合作管理暂行办法》《中华人民共和国海关法》《中华人民共和国进出口商品检验法》《中华人民共和国进出口关税条例》等。与此同时,我国先后加入《联合国国际货物销售合同公约》《保护工业产权巴黎公约》等相关的国际公约,并于2001年加入世界贸易组织。

3. 内外贸分割体制的统一

2003年3月10日,第十届全国人民代表大会第一次会议第三次全体会议通过了关于国务院机构改革方案的决定,撤销国家经贸委与外经贸部,成立商务部。根据国务院机构改革方案,将国家经贸委的内贸管理、对外经济协调和重要工业品、原材料进出口计划组织实施等职能,国家计委的农产品进出口计划组织实施等职能以及外经贸部的职能整合组建新的商务部,主管国内外贸易和国际经济合作。商务部的主要职责是:研究拟订规范市场运行和流通秩序的政策法规,促进市场体系的建立和完善,深化流通体制改革,监测分析市场运行和商品供求状况,组织开展国际经济合作,负责组织协调反倾销、反补贴的有关事宜和组织产业损害调查等。商务部的成立,宣告了我国内外贸分割、国内外市场分割和进出口配额分割的管理体制的终结。

在国务院批准的商务部组建方案中,特别强调的是:"加强内贸工作和外贸工作的综合协调,搞好市场运行和商品供求监测,整顿和规范流通秩序,深化流通体制改革,促进统一、开放、竞争、有序的现代市场体系的建立和完善。"

商务部的职能是,努力建立一个政策统一、高效畅通的内外贸合一的流通管理体制。其主要有四项任务：第一，努力培育发展国内城乡市场特别是农村市场，大力开拓国际市场，促使内外贸易相互促进；第二，继续采取切实有效的措施规范市场运行秩序，包括打破市场垄断、地区封锁，反对不正当竞争，开展反倾销、反补贴等公平贸易工作等；第三，进一步扩大对外开放，保持进出口贸易的持续增长，积极合理有效地利用外资，鼓励有条件、有实力的企业"走出去"，使"引进来"和"走出去"互动发展；第四，全面开展多边、双边和区域经济合作，进一步深化中国与世界各国、各地区的经贸合作，促进中国与世界各国、各地区的共同发展。商务部将为各类企业平等参与国内、国际市场竞争创造公平的法制环境、政策环境和市场环境。为此，需要转变工作方式：首先，必须依法行政，依法行使对国内外贸易和国际经济合作的管理，制定宏观规划和法规，弱化行政审批或管理；其次，要遵循市场经济规律，根据国际、国内两个市场的供需状况，通过市场经济的手段，运用市场经济规则进行管理；最后，按照世界贸易组织规则和我国加入世界贸易组织的承诺，管理和规范国内市场秩序，稳步推进流通领域改革，扩大开放。商务部的设立，结束了内外贸长期分割的管理体制，有了内外贸统一管理的总体框架。

2.3.4　新时期的中国流通体制

随着经济全球化的发展和中国"一带一路"倡议的提出，世界各国市场日益融合，贸易门槛不断降低，商品流通呈现出全方位的国际化发展趋势。流通国际化是经济全球化发展的必然结果，也是我国实现互通互联、构建开放型经济新体系的必然要求。与此同时，互联网已经融入经济社会生活的方方面面，数字技术的应用深刻改变了人们的生产和生活方式。在国际经济一体化、网络化的形势下，流通业不断向信息化、集约化、纵深化方向发展，呈现出不断整合的趋势。

1. 流通模式的整合

流通模式指的是具有某种特定内涵的流通渠道和运作方式，含特定的流通渠道结构特征和渠道成员之间的关系特征。20 世纪 80 年代以后，国际上出现了许多新的流通策略和模式。例如，即时管理、快速反应策略、消费者有效反应流通模式等。这些新型的管理策略和模式都有一个共同的特点，即在大流通的前提下，针对某一大类商品，就物流、信息流和商流等展开集成管理。快速反应策略是以最快的方式，在适当的时候、适当的地方，以适当的价格向期望消费者提供适当的产品，满足消费者适当的需求。消费者有效反应流通模式是一种通过对制造商、批发商和零售商各自经济活动的整合，以最低的成本，最快、最好地实现消费者需求的流通模式。消费者有效反应流通模式指出了流通业需要改进的四大领域，即新商品导入、连续补货、店铺配置和促销。该流通模式包含一整套流通技术和管理方法，如品类管理、基于活动的成本控制法、接驳式转换配送和电子商务业务流程等。

2. 流通组织构架的整合

广义的流通业，包含零售、批发、物流和金融业等诸多行业，通过广泛的合作和兼并，形成新型的企业联盟或企业集团，若按产业链的业务流程划分，有纵向合作和横向合作两种。流通业纵向合作是指价值链上的供应商、制造商、零售商和消费者之间进行合理分工，借助各方优势,降低交易费用,提高运行效率,更有效地创造价值。这里有与供应商建立长期合作关系、产供销一体化、动态的供销网络、总代理和总经销等多种形式。流通业横向合作的主要形式有同业协会、联合采购俱乐部、合作营销协议、特许经营、股权参与型企业联盟、合资、控股和兼并等。近年来,数字技术的应用实现了产品所有权与使用权的分离,数据流通比信息传递具有更广泛的沟通协调能力,深化了产品拥有者和使用者的分工,强化了流通业线上线下的协同融合、开拓市场以及提高流通附加值,降低了流通中产品服务的交易成本,产品生产、加工配送、连锁经营的一体化程度加深,各流通组织间合作方式向开放化、去中间化的平台化方向转变。

3. 信息网络的整合

在流通产业增值链上下游企业之间,彼此信息共享,特别是共享动态变化的最终消费信息。通过促进信息充分流动,消除不必要的商品转运、积压和倒运。随着信息基础设施体系的不断建设,流通业中主体的数量(即端口)指数性增长,实现"人—机—物"的互联互通,不仅需要大数据中心和5G基站等设施实现互联,还需流通全链路中的各端口实现互通。基于精确和精细化的信息管理,大大降低供需之间的不确定性,实现"以信息替代库存",减少在制品、半成品和制成品的库存,减少流动资金的占用,减少了产品库存中可能发生的失效和损耗的经济损失。这里需要规范信息格式和编码,建立共享的信息网络,改进信息传递方式,提高企业之间的信息网络系统运行效率等。一旦实现信息共享,经济效益极为可观,将极大改善整个流通过程的应变能力和速度。

4. 流通资源配置技术的整合

以数字化流通为基础,通过云计算平台分析与处理大数据中心的海量数据,据此构建时空信息云平台感知流通中人、物、环境状态的动态变化,实现"基础设施-数据-平台-决策运营"的管控服务一体化与系统化。根据消费群体的地理分布状况和经济发展的需要,综合规划地区内的零售点、仓库、运输、配送中心和道路等各种设施的总容量,以及制造生产力。应用全球地理信息系统和决策支持系统,开展规划布局,系统配置区域物流中心、商品转运点和前方配送中心等。建立数字化仓配体系,结合市场发展规划,充分发挥数字化运营能力,实现订单、物流、门店运营的数字化,整体提升流通效率;实施流通业跨地区和跨国连锁经营,建立广泛的销售网络和商品采购网络,获取规模经济和范围经济效益。开展流通软资源的整合,如开发中间商品牌,共享先进的管理模式和经验,通过知识、经验、信息的数据具象化增强知识溢出,促进流通资源配置效率的提升。

5. 政府对流通管理方式的整合

建立和健全有关大流通的技术与管理标准,如物流运输标准、包装容器标准、物品条形码标准、EDI(电子数据交换)格式标准等。同时,理顺各种关系和管理机制,建立统一的法律法规和管理条例。通过人工智能、数据分析与区块链技术的智能穿透,着重加强对经营商户的资质信息、安全检测、交易信息、订单管理、订单追溯等流通场景数据的采集、分析与监控,推动流通企业运营成本和授信成本的降低。事实上,随着全球经济一体化,全球流通和物流一体化的议题已经开始研究,并在逐步克服各种障碍,稳步推进。

关键术语：

流通观　流通"四分法"　科学社会主义"空想流通论"苏联模式　"无流通论"　生产关系"三分法"　短缺经济　两个市场　两种资源　内贸体制　外贸体制　内外贸分割　内外贸一体化　统一开放竞争有序的市场体系

思考题：

1．如何理解马克思的流通"四分法"？分别论述流通与生产、分配、消费的关系。
2．列宁的新经济政策的内容是什么？"重生产、轻流通"的理论根源是什么？
3．新的经济形态赋予流通观怎样的新内涵？
4．计划经济体制下的流通体制有什么特点？
5．如何理解新时期流通体制所体现出的整合特征？

前沿观察

中国流通业发展："十三五"回顾与"十四五"展望①

一、"十三五"时期流通业发展的成就

"十三五"时期，随着一系列消费升级计划、创新流通、扩大消费等政策举措的出台及落实，流通业在5年间取得快速发展并实现多项突破，初步形成主体多元化、方式多样化、开放性竞争发展格局，充分发挥对于国民经济的基础性支撑作用以及先导性引领作用。

1．流通业发展规模逐渐扩大，推动国民经济健康发展

"十三五"时期，流通业总体发展规模呈现扩大趋势，同时发展增速的不断下降使得流通业整体发展逐渐趋于稳定。2016—2020年，流通业产业规模实现快速增长。2016年，社会消费品零售总额为332 316亿元，2020年达到391 981亿元，较之2016年增长17.95%。

"十三五"时期，流通业的迅速发展在税收、国内生产总值以及吸纳就业等领域均显示出重要驱动作用，为国民经济稳步提升注入强大动能。截至2019年，批发和零售行业对于国民经济贡献超过9.7%，流通领域吸纳就业超过22 000万人，培育了庞大的就业市场主体。

2．流通业供给水平不断提高，建立起多层次流通渠道

第一，国际消费中心城市培育建设有序推进，步行街改造提升持续加快。围绕街区环境、商业质量、文化特色、智慧街区与体制机制建设等方面大力改造试点步行街，2020年国庆黄金周期间，23条试点步行街客流量同比增长14.3%，营业收入亦同比上涨19.2%。

第二，城市商业综合体不断涌现，成为流通领域创造消费动能的重要载体。城市商业综合体具备功能互补、全面联系、交通便捷、高密度化与高集约化等特点，是城市生活、城市活力延伸以及城市功能集约化需求的产物。"十三五"时期，城市大型商业综合体的数量逐年增加，其对消费市场的拉动作用愈发明显。2019年，我国商业综合体实现的零售消费额达到39.4万亿元。

3．流通业数字化建设加快，流通与生产深度融合创新

一方面，供应链创新应用逐渐推进。随着《国务院办公厅关于积极推进供应链创新与应

---

① 赵娴，陈曦，周航.中国流通业发展：历史轨迹、现实问题与未来方向——"十三五"回顾与"十四五"展望[J].商业经济研究，2021(22)：5-8.

用的指导意见》(国办发〔2017〕84号)出台,供应链创新与应用在多个城市展开试点,加快推进企业上下游协同发展,传统流通企业加速转型成为供应链综合服务商,涌现出一批迅速响应市场需求、精准匹配供需两端的新型供应链发展模式。另一方面,网络零售规模不断扩大,初步实现线上与线下的融合互补。"十三五"期间,我国积极推进对于传统商业的信息化改造,加速推广先进流通经营管理技术,构建现代流通体系。"十三五"规划期间,我国一半以上大中型商场应用了条形码技术,积极推进企业信息化建设。

4. 流通业基础设施逐渐完善,助力实施乡村振兴战略

第一,农村流通网络建设加快,助力建设农村现代市场体系。2020年,我国农村公路总里程达420万千米,有效疏通农村流通网络断点与堵点,农村"出行难"问题业已成为历史。第二,城乡物流配送体系趋于完善,农产品流通骨干网络不断健全。40个城市均积极开展城乡高效配送专项活动,推动农产品下乡、工业品进城,构建起集约高效、开放融合以及协同共享的高效物流配送体系。第三,城乡便民服务中心建设与改造加快,推进便利店连锁化、品牌化。菜市场、便民服务中心与生活综合服务中心等城乡发展差距逐渐缩小。

5. 流通业标准体系不断健全,应急保供体系得以确立

"十二五"期间,我国加快在新技术、新业态以及新模式等方面的标准研究,在诚信建设、服务质量、服务流程方面健全修订标准,统筹推进批发零售、汽车流通以及居民服务等行业的标准化建设。应急协调机制方面,构建起政企联动、央地协同的响应体系,加快完善统计检测系统,推进全国市场运行与流通发展服务的数字化平台,确保生活必需品市场总体供应充足、价格稳定,有效应对新冠肺炎疫情及其他突发性事件。

6. 流通业发展助力精准扶贫,服务全面建成小康社会

"十三五"时期,流通领域借助点多、面广以及门槛较低等突出优势,在精准扶贫助贫方面坚定履行政治责任,在持续推动产业扶贫、电商扶贫以及家政扶贫等领域发挥重要力量。一方面,借助电商扶贫联盟积极开展电商扶贫活动。加强贫困地区特色农产品品牌推广,加大产销帮扶。另一方面,举办全国农产品产销对接扶贫活动,深入推进产业扶贫。截至2020年10月,商务部累计举办31场产销对接扶贫活动,带动437个国家级贫困县完成销售金额45.2亿元,覆盖"三区三州"深度贫困地区和定点扶贫县,助力解决农产品卖难问题。

二、"十四五"时期流通业发展的新方向与新格局

"十四五"时期,在"以国内大循环为主体,国内国际双循环相互促进"的战略部署下,流通业应以"新发展理念"为指导,把握"建设新发展格局"这一历史契机,推动传统流通服务业高端化、智能化、绿色化变革,向价值链高端延伸,打造全品类、全要素、全渠道、全场景、全流程的流通体系,提升流通业现代化发展水平。

"十四五"流通业发展的首要目标是提高流通效率。从供需端看,通过加强流通领域基础设施建设、应急响应体系建设等减少流通过程中的滞留与损耗,更好地为生产端服务;与此同时,贯彻"共享"这一发展理念,精准便利地为消费端服务。从动力源看,流通业发展的最大动力是科学技术"硬件"创新和发展模式"软件"创新,弘扬"工匠精神"、传承"工匠文化",以"双创新"提升流通效率,推动流通产业高质量发展。

"十四五"流通业发展的重要目标是贯彻开放发展、实现协调发展。流通业的开放要求深入推动国内市场统一,促进与国际市场的高效衔接,实现国内外相互促进的大流通;还应融合其他产业进行联动发展,全面整合优化供应链结构,实现产业间的协同创新发展。流通

业协调发展还要求加强城乡区域间、线上线下以及各企业间的流通协同。

1. "数字化"转型是"十四五"流通业发展的新方向

流通业数字化发展的价值,首先体现为整合性,即在数字技术支撑下,流通产业链中的利益相关者不断经历全面解构与整合重组,提高资源利用效率;其次表现为精准性,即在对消费端偏好、行为等数据信息整合的基础上,通过云计算等科学方式把握流通需求,打造新型流通模式,实施精准化、差异化流通服务,提高流通业附加值[①];最后表现为安全性,流通过程中伴随着海量数据的产生与流动,意味着数据信息的安全至关重要,流通领域数字化进程不能受制于人,因此,必须清醒认知流通业数字化发展的内在价值,构建数字化赋能的实现路径,助推流通业高质量智慧化发展。

2. 支撑双循环的流通体系是"十四五"流通业发展的新格局

构建支撑双循环发展的流通体系,是"内循环为主,双循环相互促进"的内涵要求。以内循环为主,意味着以"卡脖子"技术为重点进行自主研发与攻关,实现流通体系的安全自控、高效运行;整改当前流通业体制机制,通过供给侧改革与需求侧增收减负,做大"能消费、愿消费"的国内市场;扫清地区间市场连通的障碍,解决城乡区域间发展不协调问题,建设全国一体化发展的流通体系。外循环则意味着与国际流通规则、标准等衔接,积极应对全球范围内供应链不稳定、产业链不均衡问题,利用好两个市场、两种资源提升中国在全球价值链分工中的地位,构建"双循环"流通格局是应对逆全球化背景下需求不足与供应链断链风险的必然选择。

即测即练

---

① 赖洁瑜,谭晓丽.大数据背景下商贸流通企业营销体系的解构与重建[J].商业经济研究,2020(20):126-129.

第3章 流通过程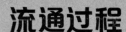

本章要点：商品从生产领域转移到消费领域的流通过程包含着商品价值和使用价值的双重实现。一方面,通过购销(交换)取得商品所有权,完成商流过程,形成资金流及其循环;另一方面,在商流过程之后,发生的是商品实物流转的过程,即从包装开始,通过包装、装卸、运输、贮存和保管、配送等过程,将商品运送到消费者手中,这个过程是物流过程;与商流过程和物流过程相伴发生的还有相关的信息流过程;商流、物流、信息流、资金流就构成了商品流通的主要功能要素。现代流通经济运行的客观要求是商流、物流、信息流和资金流的分立与统一,这样可以有效地克服流通运行过程中的时空矛盾,充分发挥商品流通的功能,加速商品交换的灵活性和高效率。供应链的出现进一步拓展和丰富了流通过程的内涵与功能,而电子支付工具的丰富以及数字人民币的出现,更是保障了商品交换的即时实现以及流通过程的便利与安全。

本章学习目标：
1. 掌握商流的特性、功能及其运行机理;
2. 掌握物流的功能、要素及其运行过程;
3. 了解供应链物流管理的特点与物流战略;
4. 掌握信息流的特征与功能;
5. 了解资金流的作用及其运行过程。

3.1 商流

商品流通是商品内在矛盾运动的统一,商流的过程即是商品价值形态的转化过程,即商品价值的实现过程。具体的商流包括购、销等商品交易活动以及商品信息活动。通过商流活动可以克服生产者和消费者之间的社会距离,创造商品的所有权效用。

在社会生产力水平较低、商品经济不发达的条件下,商品内部矛盾,即价值同使用价值、私人劳动同社会劳动、具体劳动同抽象劳动的矛盾并不十分突出,使用价值向价值的转化过程一般来说是比较顺利的。现代经济中,不仅供大于求成为普遍的常态,而且商品的生产与销售、生产与消费、销售与销售之间的空间距离和时间距离随之扩大,商品的使用价值向价值的转化过程出现了一定的障碍。商流的分立,为价值的实现提供了方便,或者创造了条件,它不仅可以迅速地为商品生产者提供价格补偿,而且提供了价值增值的条件,从而使得扩大再生产成为可能。同时,商流活动还为物流活动提供了前提条件和科学依据。

3.1.1 商流的特性与功能

商品从供给方向需求方转移时以货币为媒介的商品所有权的变更和转移运动过程,称为商流过程,简称"商流"。商流体现的是商品价值流通,在现实经济活动中具体表现为商品与货币相互交换的购买、销售等买卖行为。通过商流活动,可以把商品的所有权由生产者转移给消费者,为最终实现商品的价值和使用价值创造条件。

1. 商流的特性

商流是商品流通中最基本、最重要的一种运动形式和运动过程。流通过程中,商流表现出其固有的特性。

1) 商流反映整个商品流通的本质内涵

在马克思主义经济学著作中,商品流通有广义和狭义之分,前者是商品价值形态变换过程和商品实体物质运动的统一,是商品所有者全部相互关系的总和;后者则单指以价格规定的交换价值的流通(即商品和货币的不断转化)。与广义的商品流通相对,狭义的商品流通通常亦称纯粹的商品流通。纯粹的商品流通是最能体现流通根本特性的重要组成部分。马克思曾明确指出:"属于流通的本质的东西是:交换表现为一个过程,表现为买卖的流动的总体。"[1]同时,也正是由于纯粹的商品流通最能体现整个商品流通的本质,马克思在其经济学论著中对流通问题进行集中论述时就加以限定:"我们所考察的流通,是价值的转化过程,是价值〔运动〕的质的过程。"[2]然而在现实经济运行过程中,以货币与商品相互转换为核心的纯粹的商品流通,又具体体现为货币与商品所有权相互替换所组成的商流过程。与纯粹商品流通在整个商品流通中的基础地位相对应,商流在整个商品流通过程中必然是最具有流通本质的基础组成要素。

2) 商流是整个商品流通活动的主要经济内容

虽然马克思强调商品流通须全面实现商品价值和使用价值的转移,即显示价值形态转换和实体运动,亦即商流和物流的统一,但对商品流通内部这两个方面、两种运动所起的作用及地位,却是明确区分的。马克思仅把体现商品价值转移的纯粹商品流通,称为"作为经济行为的流通"[2],而把实现商品使用价值转移的运输、保管等物流功能要素,只"作为流通的经济过程的外部存在条件"。[3] 即使是在以发达信息技术为依托的电子商务之中,科技的进步使得商流更容易进行,物流要素往往成为整个流通过程的"瓶颈"而倍受人们关注,但这也仍然改变不了商流和物流的本质,体现商品流动活动主题内容的仍然只能是商流。这样,作为商品流通经济活动本身主要内容直接体现的商流,就必然成为整个商品流通过程中最重要的组成因素。

3) 商流是整个商品流通过程的首要前提和先决条件

从商品流通的一般运行时序来看,除托收承付结算方式、赊销或分期付款购销方式、佣

---

[1] 马克思,恩格斯.马克思恩格斯全集:第46卷(上)[M].北京:人民出版社,1979:144.
[2] 马克思,恩格斯.马克思恩格斯全集:第46卷(下)[M].北京:人民出版社,1979:15.
[3] 马克思,恩格斯.马克思恩格斯全集:第46卷(下)[M].北京:人民出版社,1979:27.

金代理销售方式等少数特殊情况外,通常总是先有纯粹的商品流通,后有商品实体的运动,是商品所有权的变更,带动商品实体先后经过相应的包装、运输、保管等物流环节,从商品生产方、供给方转向消费方、需求方。其实,仔细分析托收承付、赊销、分期付款、佣金代理等少数特殊情况下的商品流通过程可以看到,虽然表面上其物流过程好像超前于商流过程,但其物流的进行实际上都是以资信担保、利息偿付等种种与商品所有权有关的经济和法律契约的存在为前提的,即这些特殊情况下其商品流通的物流运动,仍然是以某种形式的商流活动为前提的,只不过这时的商流是超出资金运动、所有权的法律变更这些最直接、最基本商流活动之外的更为广泛的商流活动。

在商品流通过程中,虽然没有物流的配合,商流难以真正得到最终实现;但没有商流这一商品流通根本经济内容的发生和存在,没有商流过程中价值转移和所有权变更的驱动与引导,物流就根本成了无源之水、无本之木,无所适从、无的放矢。因此可以说,商流是整个商品流通过程中最为重要的先决条件。

4) 商流过程是商品流通全过程不可缺少的组成部分

就一般情况而言,商品须经过商流和物流两个过程才能最终完成流通过程。但某些商品的流通却可以省略物流过程。例如,房屋、地产等本身具有不可移动特殊属性的不动产类商品,只要有房契、地产证的买卖,没有任何商品实体的运动,仍然可以完成商品的交换和流通;又如,由于投机性商业买卖的存在,期货交易成了商流和物流相互分离(前者几乎可以完全脱离后者)的典型商品流通形式。在这种商品流通形式下,在最后进行比例很小的实物交割之前,代表实物商品的虚拟商品(或称观念上的商品)——"标准合约",要在没有任何物流过程的情况下发生多次所有权变更。马克思早在期货贸易刚发展时就曾观察到:"棉花、生铁之类可以移动的商品价值,经过许多流通过程,由投机者反复买卖,但还是留在原来的货栈内。这里实际运动的,是物品的所有权证书,而不是物品本身。"[1]

商流是整个商品流通过程中最基本、最重要的一种运动形式和运动过程。没有商流,即使有商品实体运动,也不能产生真正意义上的商品流通。在考虑物流合理化需求及上述两种特殊情况下,商品流通过程中的物流过程可以部分或全部省略。或者说,物流并不构成商品流通的必要条件,商品流通在缺少物流的情况下仍可以完成。但与物流过程所表现的这种弹性和灵活性不同,商流却始终是商品流通整体不可缺少的组成部分。

2. 商流的功能

商流在社会经济运行中的功能主要有如下三个方面。

1) 实现商品价值的功能

商品是专为别人消费而生产的私人劳动产品,是商品价值和使用价值的对立统一物。这其中,产品具有满足人们某种需要的有用性,由此而产生使用价值,是其可以成为商品的一个重要物质条件;但与此同时,"一切商品对它们的所有者是非使用价值,对它们的非所有者是使用价值"。[2] 即其有用性在生产者之外的其他人手中,才可能体现并得以实现。产品要转化为商品,就必须实现全面转手,出让产品(W)而换回流动性最好、随时可以用于直

---

[1] 马克思,恩格斯.马克思恩格斯全集:第24卷[M].北京:人民出版社,1972:167-168.
[2] 马克思,恩格斯.马克思恩格斯全集:第23卷[M].北京:人民出版社,1972:103.

接交换的价值形态——货币(G)，并以货币换取自己生产和生活所需的其他产品(G—W)，解决自身生产专业化与需求多样化之间的矛盾，简单或扩大的商品生产才能继续下去。而在上述 W—G 和 G—W 这两个价值形态转化过程中，前者即价值实现的售卖过程(W—G)，往往又是相对困难、最为基础的，马克思称之为"惊险的跳跃"。如果该"跳跃"不成功，摔坏的将不是商品自身，而是商品生产者和所有者本人。自身商品价值得不到转移和实现，使用价值随之不复存在，商品退化为一般的产品，商品生产无法继续，社会再生产过程也就此中断。由此看来，商品的价值实现对于商品本身、商品生产及社会再生产的存在和发展，都是至关重要的。

商流是若干次 G—W 价值形态转换所组成的"形态变化序列"，它对商品的价值实现起着重要的促进作用。这是因为它不同于个别的交换过程，商流是买卖的流动的总体，是商品交换的社会过程。通过内部的有机联系，商流可以有力克服个别交换过程中产销双方、供求双方在商品批量规模、购销时间、空间等方面的矛盾，有效促成交换活动的进行，使众多商品的价值顺利实现，商品生产及社会再生产就能继续下去。因此可以说商流能够有效促进商品价值的实现，为产品转化成商品及商品生产的不断进行和发展创造必要的先决条件。

2) 生产先导的功能

不论在任何情况下，劳动过程都必须有生产资料"物"的因素和劳动者"人"的因素的结合才能进行。在商品经济条件下，物与人的结合必须经过同一资本对它们的分别购买而后才能实现。企业要想进行生产经营活动，首先就要预付资本，在市场上购买特定的生产资料和所需的劳动力，获得生产资料和劳动力的所有权及使用权之后，"物"与"人"的要素的有效结合才能使企业创造物质财富的生产活动得以进行。否则，没有资本向生产资料和劳工力转化的这一商流过程(G—W)，分别独立存在的"物"的因素与"人"的因素难以结合，企业的生产无法组织，简单再生产或扩大再生产都根本无从谈起。由此看来，资本在生产要素市场中的商流过程(G—W)是一切企业生产经营活动进行并持续下去的首要前提，商流具有生产先导的经济功能。

3) 促进资源优化配置的功能

商流是商品生产者、所有者与商品需求者和消费者联结的一个社会经济运行过程。在商品经济条件下，为了实现自身利益的最大化，每一个商品生产者、所有者都想以最少的商品来换取最多的货币；而每一个货币所有者又都希望以最少的货币换取尽可能多的所需商品。就这一点而言，商品交换对于这些所有者只是一个由个人愿望来决定的个人经济过程。然而，能够付诸实现的、真正的商品买卖却是一个多种(至少两种)经济主体彼此连接、相互作用而共同形成的、具有明显社会性的非个体经济过程；由若干次买卖活动联结而成的序列——商流，则是一个更具强烈社会性的整体经济过程。在商流这一社会经济过程中，个人经济活动就必然会受到不以他们为转移的、凌驾于他们之上的他人的社会权力的强制和约束，并最终统一于社会经济的客观要求之下。

因此，商流可以说是单体经济见之于并统一于社会经济的客观运动过程，商品生产者要使自身个别劳动求得社会承认而转化为社会劳动，就不得不既受到来自买方的约束，更受到社会的约束。受买方约束的影响，商品生产者必然要根据社会需求来安排生产，使商品使用价值的各个方面都更适应消费需要，从而促进社会供求结构平衡的建立。受社会约束的影响和调节，由于等价交换的客观要求，一方面会以社会必要劳动时间为标准的同业竞争促使资本、资源在同一部门向经济效益高的经济个体转移;另一方面,以等量有效劳动相交换为原则的行业间竞争,又会使得资本等短缺资源在部门之间重新分配。这样,商流这一社会经济过程及其内在优胜劣汰机制,会在社会经济运行中促使社会资源不断得到优化配置。

3.1.2 商流的运行机理

1. 商流的微观分析

从微观经济活动或企业的生产经营活动过程来看,商流典型地表现为从企业资本投入开始,经过一系列形态变化而最终实现商品价值补偿的运动过程。

马克思在考察个别资本流通时,曾将企业资本的循环归纳为

$$G—W\genfrac{}{}{0pt}{}{A}{Pm}\cdots P\cdots W'—G'$$

这个循环中存在和进行着两种商流过程,即购买阶段($G—W$)的商流和售卖阶段($W'—G'$)的商流。

(1) 购买阶段($G—W$)的商流。在这个阶段,即企业资本运动的发端阶段,企业以货币资本(G)在商品市场和要素市场分别购得生产资料与劳动力,为创造物质财富的生产活动创造必要条件。在这一过程中,企业作为货币所有者和买者,出让的是其货币资本的所有权,换回的则是在一定时期内可以用于生产过程的生产资料和劳动力的所有权及使用权。企业资本从货币形态(G)转化为以生产资料和劳工力存在的具体商品(W),从而实现价值形态的变换及其所有权和使用权的变更。这便是购买阶段的商流过程。它在资本价值形态变换中,将必要的生产要素的所有权和使用权统一起来而创造了"物"与"人"的要素相互结合的现实条件,成为后续生产阶段、生产经营活动得以进行的重要前提和基础。

(2) 售卖阶段($W'—G'$)的商流。在这个阶段,企业以生产资本形态,经过生产过程的物质创造活动,企业资本在生产阶段的末端又以新的、具体的商品形态(W')出现了。与原来的 W 相比,W' 往往因包含生产过程所创造的剩余价值而成为一个扩大的价值量。企业在售后过程中,作为商品的所有者和卖者,通过让渡其生产成品的所有权来换取对货币(G')的所有权。伴随这一所有权变更的商流运动,企业资金形态经历由 W' 向 G' 的转换和复归,既使本次微观经济过程圆满结束,同时也为下一轮再生产循环做好了资金准备。

2. 商流的宏观分析

从宏观经济即社会总资本的运动过程来考察,商流集中表现为联结社会总供给和总需求的、多个买卖行为所共同组成的商品贸易和商品流通过程。

社会范围内互相联系的所有个别资本的总和,构成社会总资本。与此对应,相互交错进行的微观商流的有机总和,就形成了社会经济运行总过程中的宏观商流。当然,宏观商流还不仅仅是微观商流的简单相加,它还包含微观商流之外的一些新内容。例如,以企业资本运动为典型形态的微观商流,一般只包括生产资料与生产要素商品的商流过程;而宏观商流则还要包括生活消费品的商流。这是因为,从社会范围来看,人们用货币购买个人消费品的过程,也就是消费品生产和经营企业实现其商品价值的过程,其中所发生的货币与商品所有

权的更迭,必然构成宏观商流的组成内容。

既然是社会范围内微观商流过程的总和,宏观商流的运行就比微观商流要复杂得多。首先,总供给与总需求之间往往因各种主、客观因素的影响而出现总量或结构上的偏差,总供求间的矛盾从根本上就阻滞了商品的买卖,使宏观商流运行难度加大;其次,在社会总供给、社会总需求各自通过商品买卖而得以实现的过程中,穿插其中的社会分配过程有可能因积累与消费、收入分配格局等分配的结构不当使社会总供求之间出现矛盾或矛盾加深,使宏观商流过程更加复杂化;最后,宏观商流发生于众多的经济主体之间,买、卖由于货币和专职商人的出现而在时空上高度分离,加之投机性"虚假贸易"从中作祟,宏观商流运行的不确定性就往往因买卖过程本身的复杂化而加大。

3. 商流运行的影响因素

商流运行过程中受到多种因素的影响,主要涉及以下方面。

(1) 生产水平。商流是商品和货币所有权的相互让渡,商品的存在和供给是这一过程得以发生的一个基本前提。而商品是人类劳动的凝结,是处于一定生产力水平中的生产者的劳动成果。生产者的生产水平、产品结构等都直接决定着其产品是否能满足他人需要、能否及时换回货币,从而决定商流过程能否发生以及商流运行效率的高低。如果生产水平不高、生产能力有限、产品结构陈旧而使商品无法产出或供给不足,商品交换失去对象,商流过程也就无从谈起。

(2) 与商品相协调的货币和货币量。商流本质上是以货币为媒介的商品所有权更替运动。因此,货币成为商流运行必要的工具性因素。有货币充当一般等价物的媒介商品交换和买卖过程,供需间的时空、批量矛盾更易解决,商流运行也就更加顺利。当然,货币毕竟是商品交换和贸易的一种中介性辅助工具,其数量的多少还应视商品量的大小来决定和调整。特别在纸币流通制度下,过量纸币发行所造成的通货膨胀已使宏观商流运行普遍受到困扰。严格控制并适时调整货币供给量已成为现代商流正常运行的一个重要条件。

(3) 流通企业及其效率。自第三次社会大分工以来,商人就成为一种和生产者不同的、特别的流通当事人的专门职能而独立存在。作为一种独立的社会分工,流通企业可通过其中介的贸易活动,更好地缓解产、销在时空、批量上的矛盾,使偶然的、个别的商品交换,成长为经常的、社会化的商品贸易,使宏观、微观商流运行都更加便利。尤其就宏观商流而言,流通企业可以起到马克思所说的"机器"作用,节省社会在流通领域的投入,腾出更多的生产时间,缩短社会再生产时间,多方面促进商流的高效运行。当然,如果流通企业自身经济效率不高,则不仅会降低对商流运行的正面促进作用,还可能会因只买不卖或只卖不买等投机商业行为对宏观、微观商流的正常运行增添额外的困难和问题。

(4) 市场及其他交易载体。商品交换是商品供求双方彼此联系、相互作用的一个社会性过程,有关各方在时空上的高度统一是这一社会过程得以存在和进行的基本前提。没有时空上的集中统一,社会分工的不同承担者就只能与自己发生关系而无法实现商品的让渡,进行商品所有权让渡的商流过程也就不可能发生。现实生活中,供求双方时空集中统一的实现形式通常有两种:有形市场和无形市场。前者是指那些固定的、集中进行买卖的各种交易场所;后者则是指中间商及计算机网络等各种媒介性载体(如电子商务)。生活资料、生产资料交换的主要载体略有不同,分别以有形市场和无形市场为主。但不论采用哪种形式,市场或其他交易载体对交换的承载则是商流得以存在和运行的基本物质前提。

3.1.3 电子商务与商流

电子商务是指以数字数据处理和传递完成交易的活动。这些数据可以是文本、声音、图片,它们或者通过开放的网络(如互联网),或者通过封闭的网络(如内部网络或外联网)传播。电子商务常用来泛指大多数的互联网业务,包括网上采购、网上购物等。

1. 电子商务的服务功能

电子商务可以提供网上交易和管理全过程的服务。电子商务的服务功能主要体现在以下几个方面。

(1) 网上广告宣传服务。电子商务可以使企业凭借 Web 服务器和客户的浏览器,在互联网上发布各类商业广告和产品及服务信息。客户可以借助网上的检索工具迅速地找到所需的商品信息,而商家可以利用网上主页(home page)和电子邮件(E-mail)在全球范围内做广告宣传。与以往传统媒体如广播、报纸、电视上的各类广告相比,网上广告成本最为低廉,而给顾客的信息量却最为丰富。由于网上广告在互联网的电子商务活动中的地位越来越显著,人们纷纷将互联网称为"第四媒体"。

(2) 网上咨询和交易洽谈服务。目前的互联网已经为用户提供了多种便捷的信息交流方式,如电子邮件、微信、QQ、腾讯会议等网络音视频通信应用程序,电子商务可以使企业借助电子邮件、微信等即时通信应用程序来了解市场和商品信息,洽谈交易事务,假如有进一步的需求,还可以通过腾讯会议等线上视频会议软件来交流即时的图形信息。电子商务中的网上咨询和洽谈,突破了人们面对面洽谈的时空限制,提供了多种方便的异地交谈形式。

(3) 网上产品订购服务。借助网络中邮件系统,电子商务可以实现网上订购。在有关产品介绍的页面上,可以同时提供十分友好的订购提示信息和订购对话框。当客户填完订购单后,通常系统会回复确认信息单,来保证订购信息单的获悉。订购信息也可以采用加密的方式,以便客户和商家的商业信息不会泄漏。

(4) 网上货币支付服务。电子商务要成为一个完整的过程,实现网上的货币支付是一个重要的环节。客户和商家之间可以采用信用卡、电子货币、职能卡等多种方式来实现网上支付。在网上直接采用电子支付手段,使货款支付更加灵活、方便,而且可以提高资金的周转效率。

(5) 电子账户管理服务。网上货币支付的实行必须有电子化的金融系统来支持,即银行、信用卡公司及保险公司等金融单位要提供网上支付的服务,而电子账户管理是其基本的组成部分。信用卡号或银行账号都是电子账户的一种标志,而其可信度需要必要的技术措施来保证。数字凭证、数字签名、数据加密等手段的应用保障了电子账户操作的安全性。

(6) 网上商品传递及查询服务。在客户支付交易货款之后,商家应该将客户所订购的货物尽快地传递到客户手中。对于一些以实物形式提供的商品,商家可以通过其在本地或异地的分销系统将商品送货上门,也可以委托有关货运公司或邮政部门将货物运送或邮寄到客户手中。客户则可以通过信息网络来及时了解自己所购商品的运送情况及到达时间。

(7) 用户意见征询服务。电子商务过程中,企业可以十分方便地运用网页上的"选择""填空"等格式文件来收集用户对企业及其产品、服务的反馈意见。这样,可以使企业及时了解到用户反馈的信息,使企业的市场运营形成一个良性的循环。客户的反馈意见不仅能提高售后服务的水平,更使企业获得改进产品、发现市场的商业机会,树立企业的良好形象。

(8) 交易活动管理服务。整个交易的管理涉及人、财、物以及企业和企业、企业和客户及企业内部各方面的协调管理。因此,交易管理可以说是涉及电子商务活动全过程的管理,包括有关市场法规、税务征管及交易纠纷仲裁等。

2. 电子商务对商流的影响

电子商务时代的来临导致了新的流通模式的诞生,网络构建了企业与企业、企业与消费者直接沟通的崭新模式,使直接的流通方式得到了更快发展。这一系列的变化导致流通过程中商流、物流、信息流的运作及其整合也在发生深刻变化。电子商务互联网将全球的生产者和客户(消费者)联系在一起,交易双方空间上的距离顿时消失了,交易者在网上展开从收集信息、签订交易合同到支付的整个过程,流通中的商流变得简单化了,部分批发和零售环节被网上购物所取代。

电子商务最重要的贡献是极大地降低了交易费用,表现在以下三个层面:一是企业层面,参与交易的企业利用网络收集信息和利用电子商务实现交易从而使交易费用下降;二是渠道层面,由于实现供应链管理和渠道成员之间的有效合作,整个渠道上信息流、商流、物流、资金流的速度加快、效率大为提高,这种渠道整体效率的提高使成员均受益;三是流通产业层面,网络化和电子商务搭建的交易平台使所有企业的商品流通效率增加,电子商务基础上的社会流通为企业节约了大量费用。整个社会的流通以比过去少的投入实现了更高的效率。可以说,在电子商务出现以前,用时间消弭空间并没有真正实现。经济全球化使市场越来越远,人类虽然拥有电话、传真等先进的通信工具,但是流通渠道仍然冗长,交易方式没有根本变化,传统的流通模式使流通提速难以实现。电子商务真正实现了"用时间消弭空间",使交易过程中所需要的信息流、商流、资金流在网上一次性完成,流通时间大大缩短,从根本上节约了流通中垫付的资金,极大地加快了资金周转速度。

商流强调商品所有权的转移运动。电子商务的出现并未改变商业社会中商流的本质,但它推动了商品交易内部的分工,促进了商流与物流的分离,商流得以进一步独立出来。电子商务是一种直接的商品交易模式,它运用互联网直接联系由商品生产到最终消费的各个环节,缓解交易的时空矛盾,极大地降低交易成本,使得商品所有权的转移更有效率、更快捷地实现。从交易方式上看,电子商务作为一种交易方式,具有虚拟交易、直接交易、实时交易、便利交易、透明交易、高效交易和优质交易的特点,这些交易特点使得商品交易克服传统交易方式下的短板和约束,商流变得更加高效和便捷。

3.1.4 资金流及其作用

马克思指出,对商品流通来说,有两样东西始终是必要的:投入流通的商品和投入流通的货币。投入流通货币量的多少,在很大程度上决定着投入流通的商品价值与使用价值是否全部实现,流通资金运转的好坏是社会总资金循环和周转好坏的一个必要条件。在现代流通经济运行中,资本流通与货币流通是交织在一起的。

资金流是指资金在不同空间状态的运动或转移过程。这里的资金包括货币和可以用作交易媒介的准货币。货币和准货币本身并没有使用价值,但它们是价值的代表物,能够用于购买各种具有使用价值和价值的商品或服务,因而是一种虚拟财产。

在商品流通过程中,资金流产生于各种购买活动。从政府方面看,政府作为市场的主体之一,每年都需要购买大量的商品和服务,为此产生巨额的资金流出;在企业方面,企业出于生产经营的需要,必须购买各种生产资料、支付企业职员的工资福利,支付各种生产经营费用,这些都形成企业的资金流出;在个人方面,个人作为消费者需要购买各种生活消费品,支付各种服务费用,这些构成个人的资金流出。从整个社会来看,与商品流通有关的资金流直接来自政府、企业、个人的购买行为和费用支出。此外,政府的转移支付、企业上缴税金和向投资者分配利润、个人交纳税金和转移支付、银行信贷和财政信贷等资金运用行为也会产生资金流出,但这些资金流不是因商品流通中的交易关系而产生的,与商品流通没有直接关系。

资金流在商品流通过程中具有重要作用:首先,资金流是商品流通进行的必要媒介。在现代商品经济条件下,社会分工的充分发展和社会需求的多样化与复杂化使直接的物物交换由于效率低下而不能满足现代经济中频繁复杂的交易活动的需要,从而产生了一种通用的交易媒介,其表现形式可以是纸币、硬币等现金货币,也可以是支票、汇票等非现金货币。其次,资金流是商品流通的重要内容。商品流通作为一种普遍的交换行为,包括商流、物流和信息流三个基本组成部分,其中商流完成商品所有权的转移,其实质就是资金所有权和商品所有权在买者与卖者之间的互换,商流中包含着资金从买者向卖者的运动过程,没有这一过程,商品流通就不可能发生。最后,资金流的发展对商品流通的发展具有促进作用。迅速、安全、便利的资金运动能促进交易关系的迅速确立和完成,从而提高商品流通的效率,加快社会资金的周转速度,促进资源的有效利用,提高社会经济效益。

资金流的发展是与现代信息技术的发展和金融工具的创新结合在一起的。随着现代信息技术的发展以及金融工具的不断创新,资金流的内涵和形式都得到了长足的发展,资金流的作用领域也日渐拓展,呈现出不断深化、融合和创新的趋势:首先,资金流从现金货币向非现金货币发展。非现金货币在安全性、卫生、防伪造等方面有其特殊的优点。在经济组织之间的商品交易绝大部分是使用非现金货币,随着我国"金卡"工程的建成,个人参与的交易活动也将大量使用非现金货币。其次,资金流的运行速度大大加快。这是非现金货币尤其是在线支付电子计算机联网结算、电子货币等现代资金流通手段发展的结果。采用信用卡等电子货币不仅使交易变得便利和安全,而且大大提高了结算效率,有助于加快资金的流通速度。尤其是通过计算机联网后,即使买卖双方相距遥远或者跨越国界,将资金从买方账户汇入卖方账户也只要几秒钟就可以完成。最后,资金流的运行范围向全球化发展。由于世界经济一体化和区域经济合作势头的迅猛发展,资金在国与国之间的流动越来越频繁,而全球化的金融和信息网络的发展则使国家之间的资金转移更加便利。以支付宝、微信为代表的第三方电子支付方式在我国快速发展,电子货币类、电子信用卡以及电子支票等网上支付的工具多种多样,人民币数字化进程的加快又将进一步推动电子支付的发展。

3.2 物流

物流业是融合运输业、仓储业、货代业和信息业等的复合型服务产业,是国民经济的重要组成部分,涉及领域广,吸纳就业人数多,促进生产、拉动消费作用大,在促进产业结构调整、转变经济发展方式和增强国民经济竞争力等方面发挥着重要作用。

3.2.1 物流的功能与要素

1. 物流的功能

物流是物质资料从供应者到需要者的物理性(实体性)流动,是创造时间和空间价值的经济活动。[①] 物流的功能,一是通过商品运输实现商品的空间效用,也就是借助各种运输工具实现商品在空间上的移位,克服商品生产地点和消费地点在地理上的分离。在商品社会,人们生产出来的商品不是用于自我消费,而是用于交换,通过交换获得货币收入,再用货币收入在市场上购回所需要的生产资料或生活消费品,但许多商品的生产地点与消费地点往往不一致,而克服这种差异的方式就是进行商品运输。二是通过商品储存实现商品的时间效用,也就是借助各种场所和设备来储存或保管商品,以满足商品供求周转上的需要,衔接商品在生产时间和消费时间上的背离。

随着市场经济的发展,市场竞争越来越激烈,物流的功能将越来越强。首先,物流在成本方面影响企业的竞争力。研究结果显示,产品从出厂经过装卸、储存、运输等各个物流环节到消费者手中的流通费用占商品价格的30%~60%,而新鲜水果、易变质食品、某些化工产品的流通费用甚至达到商品售价的60%以上。如果降低物流成本,就能大幅度增加盈利,从而增强企业的竞争能力。所以,人们把物流领域称为"第三利润源泉"。其次,物流作为一种服务活动在企业占领和巩固市场的竞争中具有重要意义。在市场上,如果产品本身的技术水平和质量相差不大,那么企业能否提供良好的服务,如交货及时、准确、可靠,则成为赢得竞争优势的重要因素,这些服务的提供过程大多属于物流过程。最后,物流作为商品流通的重要组成部分,它的运行状况对于实现产区与销区总量平衡,实现国家战略储备与市场调节储备,实现我国从粗放型经营到集约化经营的转变关系极大,物流的水平往往是一个国家综合国力的一部分。

在市场竞争日益激烈的现代社会,物流的上述功能具有越来越重要的意义:它们成为企业降低成本、增加销售、赢得竞争优势的关键因素。适时适量的商品储存,为企业创造了按批量采购的条件,并可集中小额运输为大量运输,使运输按最经济的方式进行。迅速、及时、准确的商品运输不仅是企业减少库存、节省保管费用的前提,更是企业抢占市场、争取买主、维护信誉的可靠保证。因此,物流过程蕴含着极大的经济潜力和企业成功的机会。

[①] 崔介何.物流学概论[M].5版.北京:北京大学出版社,2015:2.

2. 物流的要素

物流的要素包括包装、运输、储存、装卸与搬运、流通加工、配送、信息处理七个方面。

(1) 包装。包装是在流通过程中保护产品、方便储运、促进销售，按一定技术方法而采用的容器、材料及辅助物等的总体名称，以及为达到上述目的而进行的操作。包装分为工业包装和销售包装。工业包装又称运输包装，其主要作用是保护包装内的货物和便于运输、储存。销售包装又称商品包装，其主要作用是向消费者展示、介绍商品的内容以及保护商品。工业包装采用何种包装形式必须与其他物流要素相适应。例如，采用人工装卸时，单位包装物的重量和体积应符合工人体力与操作伸展空间的要求，包装物过重、过大就会给工人作业带来困难，从而降低作业效率；采用机械化装卸时，包装物的重量和体积应与装卸机械的性能相一致。因此，工业包装应结合物流的各项要素统筹考虑，特别是要和包装的国家标准与托盘的国家标准相一致。销售包装一般在工厂完成，但由于市场竞争加剧，以及连锁超市的发展，不少产品要在物流过程重新包装，成为流通加工的组成部分。

(2) 运输。运输是借助各种运输手段，实现商品在空间位置上的转移。运输是物流各环节中最主要的部分，是物流的关键，有人把运输也称作物流的代名词。运输决策的主要内容，一是根据所运输商品对于运输时间和运输条件的具体要求选择适宜的运输方式，如铁路、公路、水路、航空、管道、多式联运以及选择不同的运输工具；二是决定发运批量、送货时间以及路线等；三是进出口货物，随着运输还有一个货物与通关的服务。运输也可以划分成两段：一段是生产厂到物流基地之间的运输，批量比较大、品种比较单一、运距比较长；另一段是从物流基地到用户之间的运输，人们称其为"配送"，就是根据用户的要求，将各种商品按不同类别、不同方向和不同用户进行分类、拣选、组配、装箱送给用户。其实质在于"配齐"和"送达"。

(3) 储存。储存是利用一定的仓库设施和设备，收储和保管商品的活动。在仓储决策中，企业要决定将货物储存在什么地点和什么标准的仓库中，如平库还是立体库，常温库、恒温库还是冷库，仓库选择包括自建仓库还是租赁仓库。如果选择自建仓库则还要决定该仓库的规模、结构和位置。库存控制是指决定商品在仓库或货场中的存放地点、数量和进货周期的活动。与库存控制有关的费用包括库存商品所占用资金的利息、保管费用、保险费、搬运费、出入库手续费以及库存商品贬值、变质损失费等。库存过多或过少都会增加企业的成本，因此，库存控制在物流决策中具有重要意义。

(4) 装卸与搬运。装卸与搬运是商品运输和储存活动中的基本内容，具体包括装货、卸货、移动、分类、堆码等活动。在商品生产和销售过程中，装卸、搬运活动通常要进行很多次。装卸与搬运是物流各个作业环节连接成一体的接口，是运输、储存、包装等物流作业顺利实现的根本保证。装卸经常是与搬运伴随发生的，它支持和联结着其他物流活动，装卸和搬运质量的好坏、效率的高低是整个物流过程的关键所在。装卸与搬运合理化是物流合理化的一个重要方面。

(5) 流通加工。流通加工是指商品在流通过程中，根据用户的要求，改变或部分改变商品的形态或包装形式的一种生产性辅助加工活动，是生产过程在流通过程的延续。对流通过程中的商品进行必要的加工，包括编码、拆拼、重新包装、切剪、喷漆、热处理、分拣、商检等，其目的是克服生产加工和用户对商品使用要求之间的差异，更有效地满足用户需要。由此看来,流通加工就是产品从生产到消费之间的一种增值活动,属于一种产品的初加工,是社会化分工、专业化生产的一种形式,是使物品发生物理性变化(如大小、形状、数量等变化)的物流方式。通过流通加工,可以节约材料、提高成品率,保证供货质量和更好地为用户服务,所以,对流通加工的作用同样不可低估。流通加工是物流过程"质"的升华,使流通向更深层次发展的过程。

(6) 配送。配送是按照客户的要求,运用现代技术和手段,安全、准确、及时进行货物配置并送交客户活动的总称。配送的实质是送货,但它以分拣、配货等理货活动为基础,是配货和送货的有机结合。配送是一种终端运输,直接面向客户,客户的要求是配送活动的出发点,因而一般在短距离范围内进行,配送活动是采用高度自动化和管理计算机化来实行的,而不是一般的手工配货和送货。它有利于提高物流经济效益和流通的宏观调控能力。

(7) 信息处理。信息处理是对与商品数量、质量、作业管理有关的物流信息,以及与订单、发货、和货款支付相关的商流、资金流信息的收集、整理和传递活动。

3.2.2 物流的运行过程

物流的运行过程是指商品货物通过装卸搬运、运输、储存等物流活动创造货物的时间效用和地点效用的实物流通。按活动范围,其可分为微观物流过程和宏观物流过程。

1. 微观物流过程

微观物流过程是指在一个企业或一个经济实体内部的物流过程,如工厂或车间内部的物流过程,码头、港口、车站、仓库的物流过程。微观物流又称企业物流,不同类型企业的物流过程会有所不同,按照企业从采购(如原材料、零部件、用于转卖的商品)到生产再到待售(如产成品、待销商品)的顺序,一般可将企业物流过程分为以下几个阶段。

(1) 供应物流。供应物流是指从供应商那里购买的原材料、零部件、用于转卖的商品等货物经过装卸搬运等物流作业环节到达企业,经过验收合格后,再进入企业的供应仓库的活动过程。企业供应物流状况对企业生产有着直接的影响,供应物流的时间长短、速度快慢、质量好坏在很大程度上决定着企业的生产周期快慢和生产成本的高低,进而影响企业的经济效益。验收入库的原材料、零部件以及用于转卖的商品将按一定的周期进入企业的生产过程,于是便开始了生产物流阶段。

(2) 生产物流。生产物流是指企业将库存的原材料、零部件及用于专卖的商品按需要用于生产过程,经过加工制作成半成品、成品,直接进入成品仓库的全部活动过程。其具体包括根据企业生产进度计划将供应仓库中的货物按要求分类、装卸搬运、向各车间配送,各车间之间半成品流转,以及制成品流转,然后经过检验、分类包装、装卸搬运等作业环节,最后进入成品仓库储存的活动过程。对商贸企业,上述过程通常只有简单的分类、装卸搬运、配送过程;对机械加工企业则比较复杂,其还包括半成品的储存和装配等过程;对化工企业则从原材料投入到直接产成品形成过程往往是连续进行的。总之,生产物流主要取决于生产工艺流程,合理的生产工艺流程能缩短装卸搬运的路线和减少作业次数,从而降低生产成本。产成品经验收入库后,便转入销售阶段,对应的物流便是销售物流。

(3) 销售物流。销售物流是指企业向购买者销售产成品发生的装卸搬运、包装、运输、分拣等活动过程。这一物流过程是产品实现其价值的阶段,此阶段物流作业效率高低和质量好坏,关系到企业的商业信誉和在市场上的竞争能力。对于一些企业来说,在生产经营过程中还会产生包装物的回收问题,这就产生了回收物流。

(4) 回收物流。回收物流是指企业对生产经营过程中形成的包装物、边角余料、报废物品或以旧换新物品等进行回收、分类、加工转化的活动过程。回收物流旨在通过一定的投入而实现废旧资源的再生利用,取得多于投入的增加价值,这有利于节约资源和保护环境。

(5) 废弃物物流。废弃物物流是指对产生的废弃物进行分类、装卸搬运、处理等活动过程。企业生产经营过程中还会产生一些在一定条件下没有回收价值的物质,如某些包装物、废水、废气、废油、加工中的屑末或粉尘等,这些物质便是废弃物或称为垃圾,由此产生了废弃物物流。废弃物物流的管理对环境保护具有重要意义,通常对废弃物的处理更多地由专业化的环境卫生部门来承担,生产经营企业只是按要求将废弃物做简单的分类处理后将其运送到指定地点,然后由环境卫生部门运送到特定地点进行无害处理及进行部分回收活动。

从微观物流的运行过程可以概括出微观物流的特征:第一,微观物流具有相对的稳定性。这是因为,微观物流是在企业内进行的,企业生产具有计划性、连续性、节奏性。第二,微观物流的合理性与生产工艺流程具有重要联系。当企业的生产工艺流程按工艺合理性原则布局时,不一定能保证物流实体的最佳流转路线,但如果按物流实体的最佳流转路线来规划生产布局,有时不一定能满足生产工艺的要求(如生产安全、环境保护等)。第三,微观物流直接影响企业的经济效益。这表现在企业的生产速度在一定程度上取决于物流线路的合理性、物流设施的生产能力和工作效率。例如,在汽车零件制造企业,其加工装配时间仅占2%左右,而98%的时间用于原材料、零配件的储存、装卸和搬运。

2. 宏观物流过程

宏观物流过程是指在国民经济范围内、社会再生产各过程之间、国民经济各部门之间以及国与国之间的实物流通,也称社会物流。随着生产力的发展,生产专业化程度越来越高,这使得商品货物在国民经济各部门、各企业之间的交换关系越来越复杂,社会物流的规模也越来越大。

宏观物流表现为企业与企业之间、企业与政府部门及其他社会组织之间的实物流转活动。对每个企业来说,企业是社会物流的始发点,而社会物流的终止点则分布于企业、政府部门及其他社会组织。按社会再生产过程中从初级产品到最终产品的生产链顺序,可将社会物流分为以下几个阶段。

(1) 初级产品物流。这是初级矿产品(如原油、原煤)、农产品(如谷物、原木),被采矿企业、农业企业生产出来并出售给中间产品生产企业的过程中形成的实物流转过程。这一流转过程包括多次装卸搬运、储存、运输、分拣等环节,可能经过流通企业转手,也可能是从初级产品的生产企业通过适当的运输手段,直接运达中间产品生产企业。初级产品作为中间产品生产企业的生产资料,经过企业内部物流过程之后,形成中间产品物流。

(2) 中间产品物流。这是指中间产品在企业与企业、企业与政府部门及其他经济组织之间的实物物流过程。中间产品在流通过程中也往往需要经过类似于初级产品流通过程的多个流转环节。大部分中间产品将通过流通环节而进入最终产品生产企业,少部分中间产品如钢材、石油及制品、粮食、棉花等重要物资可能在流通中被政府作为储备收购。中间产品作为生产资料经过企业物流之后,成为最终产品物流。

(3)最终产品物流。这是指最终供人们消费的产品在企业之间、企业与政府部门及社会组织之间的实物流通过程。由于最终消费者的数量多而分散,因此,最终产品物流过程最复杂,与初级产品和中间产品相比,最终产品在装卸搬运、包装、运输、储存等物流环节重复次数多,而且作业质量要求高,尤其是一些电子设备、医药、食品、化工产品在物流方面有较苛刻的要求,如要求精细的包装,在限定范围的温度和湿度下储存与运输,运输和装卸要求非常平稳等。

宏观物流较之微观物流是一个更广泛、更复杂的物流系统,它具有与微观物流不同的特征:第一,社会生产力水平决定着宏观物流的深度和广度。社会生产力越发展,进入流通过程的产品品种和数量就越多,社会物流的规模就越大,从而也就要求社会物流能力随之增大;同时,社会物流能力又是社会生产力的组成部分,社会生产力的整体发展水平制约着物流能力的大小和物流技术水平的高低。第二,商品流通管理体制决定着物流的渠道和方式。在计划分配制度下,政府主管部门负责重要消费品和生产资料的平衡与分配,物流渠道绝大多数按行政序列和行政区划进行,此时容易滋生供应机构重叠、物流重复现象严重、社会库存量增加、商品周转缓慢等弊端。在以国家宏观调控指导为条件的市场调节制度下,传统的封闭式、少渠道、多环节的商品流通体系逐步向开放式、多渠道、少环节的商品流通市场转变,有助于提高宏观物流的效率。第三,宏观物流直接影响国民经济的效益。这是因为宏观物流与产业结构的状况有关,与国民经济各部门、各企业的利益有密切联系,从而影响国民经济的效益。

3.2.3 供应链物流管理

供应链管理思想是随着企业竞争环境的变化、竞争优势转变以及随之产生的企业管理模式的转变而出现的。21世纪初,企业的竞争转移到了敏捷性上,竞争优势体现在如何以最快速度响应市场、满足不断变化的多样化需求上。在这种环境下,企业必须能获得实时的需求信息,快速组织生产资源,把产品送到用户手中,提高用户满意度。供应链管理正是顺应了这种新的竞争环境的需要,使企业从资源约束中解放出来,创造出新的竞争优势。

1. 供应链及其特征

供应链的内涵界定大致划分为三个阶段:早期的观点认为供应链是制造企业的一个内部过程;后来的供应链概念注意到与其他企业的联系;现代供应链概念更加注重围绕核心企业的网链关系,如核心企业与供应商、供应商的供应商乃至与一切前向的关系,与用户、用户的用户及一切后向的关系。

供应链是由通过协同合作来共同制定战略定位和提高运作效率的一些相互关联的企业组成的。对供应链中的各个企业来说,供应量关系反映了企业的战略抉择。供应链策略是建立在相互依存、相互关联的管理理念基础上的渠道管理的合理安排,这就要求相关企业建立跨部门的管理流程,并使这个流程突破企业组织的界限,与上下游的贸易伙伴和客户相互连接起来。[1] 可见,供应链是围绕核心企业,通过对信息流、物流、资金流的控制,从采购原

---

[1] 鲍尔索克斯,克劳斯,库珀.供应链物流管理[M].李习文,王增东,译.北京:机械工业出版社,2004:4.

材料开始,制成中间产品以及最终产品,最后由销售网络把产品送到消费者手中的将供应商、制造商、分销商、零售商,直到最终用户连成一个整体的功能网链结构。供应链是一个范围更广的企业结构模式,包含了所有加盟的节点企业,从原材料供应开始,经过链中不同企业的制造加工、组装、分销等过程直到最终用户。供应链不仅是一条连接供应商与用户的物流链、信息链、资金链,还是一条增值链,物料在供应链上因加工、包装、运输等过程而增加其价值,给相关企业都带来收益。

在供应链与供应链管理中,物流一体化已从内部的采购获取、制造支持和实物配送的合作,延伸到包括顾客和供应商。供应链关系中的物流联系范围更加宽广(从供应商到消费者),作业程序也更加复杂。为了高效率地完成彼此之间的物流联系,各生产企业逐渐开始依赖专业化物流企业所提供的专门服务,自己则致力于核心业务的进一步开发。供应链管理理论的诞生,为第三方物流进一步发展创造了条件。

国家标准《物流术语》(GB/T 18354—2021)对供应链管理的定义为:从供应链整体目标出发,对供应链中采购、生产、销售各环节的商流、物流、信息流及资金流进行统一计划、组织、协调、控制的活动和过程。供应链管理的实施步骤包括:分析市场竞争环境,识别市场机会;分析顾客价值;确定竞争战略,分析本企业的核心竞争力;评估、选择合作伙伴。对于供应链中合作伙伴的选择,可以遵循以下原则:合作伙伴必须拥有各自的可资利用的核心竞争力;拥有相同的企业价值观及战略思想;合作伙伴必须少而精。供应链管理的目标是在满足客户需要的前提下,对整个供应链(从供货商,制造商,分销商到消费者)的各个环节进行综合管理,如从采购、物料管理、生产、配送、营销到消费者的整个供应链的物流、信息流和资金流,把物流与库存成本降到最小。

供应链是由多个企业的完整价值链所构成,每个企业既是链中某个企业的客户,又是另一个企业的供应商。如果把供应链看成一个完整的过程进行优化管理,就可能避免或减少各个环节之间的浪费,在更短的时间内,用更少的总成本实现增值。供应链管理表现出合作性、集成化以及以客户为中心的典型特征。传统的物流观念属于"推动式"策略,而供应链理论将传统物流向上游拓展到原材料或零部件采购活动中,向下游拓展到配送、分销及售后服务的延伸活动中,是一种"拉动式"的策略。企业不再只从自身的角度出发,不再只考虑自身的利润多少,企业与其上下游企业之间不再是对立的关系,而是共赢的关系。没有实行供应链管理,每个企业就会各自为战,以防范的方式来防备由于其他企业的独立行动而给本企业带来的不确定性风险。供应链上的企业是合作伙伴关系,其本质是通过相互间的责任分担来共同获得利益。合作的基础是相互间的共同目标、信任、信息的交流和知识成果的共享。这样可以减少供应链上每个成员所面临的不确定性的风险,降低每个成员的安全库存量,提高运输、包装、标识、文书处理等活动的效率,从而降低企业运营成本。通过对供应链上每个成员信息处理行为和产品处理行为的检查,还可以鉴别出整条供应链中的冗余行为和非增值行为,从而提高供应链及链上每个企业的效率和竞争力。因此可以说现在的竞争不再是企业之间的竞争,而是供应链与供应链之间的竞争。

供应链物流,是对传统物流更高层次的丰富。对于物流业来说,现代供应链管理即为通过综合从供应者到消费者供应链的运作,使物流与信息流达到最优化。企业追求全面的、系统的综合战略,而不是单一的、孤立的片面观点。作为一种战略概念,供应链也是一种产品而且是可增值的产品;其目的不仅是降低成本,更重要的是提供用户期望以外的增值服务,以产生和保持竞争优势。从某种意义上讲,供应链是物流系统的充分延伸,是产品与信息从原料到最终消费者之间的增值服务。

2. 供应链环境下物流管理的特点

供应链管理实质上也是一个扩展企业的概念。扩展企业的思想主要体现在几个方面:一是横向思维模式(战略联盟);二是强调核心能力;三是实现资源扩展或资源共享;四是突出团队管理;五是强调竞争性合作;六是达到同步化运作;七是以用户需求为驱动。由于供应链管理下物流环境的改变,供应链环境下的物流管理相比传统的物流管理出现许多不同的特点,这些特点在很大程度上也反映了供应链管理思想和企业竞争新策略的要求。

供应链管理环境下的物流系统中,信息的流量大大增加。需求信息和供应信息不再是逐级传递,而是实现了网络式传递,企业通过 EDI、互联网可以很快掌握供应链上不同环节的供求信息和市场信息。可见,在供应链环境下的物流系统中有三种信息在系统中运行和流动,即需求信息、供应信息和共享信息,这三种信息在供应链物流系统中的网络式传递、反馈和共享,形成了供应链环境下物流系统的整体协同和优化的新特点。

供应链环境下的物流管理特点可以简要概括为:信息共享、交货准时、过程同步、敏捷响应、互利合作、满意服务。供应链环境下,由于信息的共享程度高,供应链上各节点企业都能及时掌握市场的需求信息和整个供应链的运行情况,每个环节的物流信息都能透明地和其他环节进行交流与共享,从而避免了需求信息的失真现象。对物流网络规划能力的提升也反映了供应链管理环境下的物流特征,充分利用第三方物流的资源来降低库存压力和安全库存水平。作业流程的快速重组能力极大地提高了物流系统敏捷性。通过消除不增加价值的过程和时间,使供应链的物流系统进一步降低成本,为实现供应链的敏捷性、精细化运作提供基础性保障。对信息跟踪能力的提高使供应链物流过程更加透明化,也为实时控制物流过程提供了条件。在传统物流系统中,许多企业只能跟踪企业内部的物流过程,没有能力跟踪企业之外的物流过程,其主要原因是缺乏共享的信息系统和信息反馈机制。合作性和协调性是供应链管理的重要特点,但如果没有物流系统的无缝连接,就会使供应链的协调性大打折扣。灵活多样的物流服务提高了客户的满意度。通过制造商和物流服务商的实时信息交换,及时把客户关于运输、包装、装卸等方面的要求反映给相关企业及相应的部门,可提高供应链管理系统对客户个性化需求的响应能力。

3. 供应链物流战略

1)物流自营与外包的决策

企业物流运作模式主要有自营物流和外包物流。在进行物流决策时,企业应根据自己的需要和资源条件,综合考虑物流对企业成功的重要性和企业处理物流的能力,根据不同时期的不同侧重点,慎重选择物流模式。图 3-1 给出了企业选择物流外包还是自营模式的决策模型。

如果物流在企业战略中起关键作用,但自身物流管理水平却较低,对这类企业(处于Ⅱ区间)来说,组建物流联盟将会在物流设施、运输能力、专业管理技能上受益极大;对物流在其战略中不占关键地位,但其物流水平却很高的企业(处于Ⅳ区间)来说,寻找伙伴共享物流资源,通过增加物流业务获得规模效益,进而降低成本不失为好的选择;如果企业既有很高

图 3-1　物流自营/外包决策模型

的客户服务需求标准,物流成本占总成本的比重极大,同时又有很强的物流管理能力,这类企业(处于Ⅰ区间)一般不会选择外购物流服务而会采用自营物流模式;对于那些物流在其战略中地位并不很重要、自身物流管理能力也比较欠缺的企业(处于Ⅲ区间)来说,采用第三方物流是最佳选择,因为这样能大幅降低物流成本,提高物流水平。

2) 一体化物流管理战略

一体化物流是 20 世纪末发展起来的最有影响的物流管理模式之一,是指不同职能部门之间或不同企业之间通过物流上的合作,达到提高物流效率、降低物流成本的效果。一体化物流或物流一体化包括三种形式:垂直一体化物流、水平一体化物流和物流网络。

(1) 垂直一体化物流。垂直一体化物流要求企业从原材料到用户的每个过程实现对物流的管理;要求企业利用其自身条件建立和发展与供应商及用户的合作关系,形成合力,赢得竞争优势。垂直一体化物流的思想为解决复杂的物流问题提供了方便,雄厚的物质技术基础、先进的管理方法和信息技术也使这一思想变为现实。供应链管理是对垂直一体化物流的延伸,是从系统观点出发,通过对从原材料、半成品、成品的生产、供应、销售直到最终消费者的整个过程中物流与资金流、信息流的协调,及时满足顾客的需要,提高客户满意度。供应链管理是集成化管理,强调整体而不是功能分割或者局部效率。

(2) 水平一体化物流。水平一体化物流是通过同一行业中多个企业在物流方面的合作而获得规模经济效益和物流效率。例如,不同企业可以用同样的装运方式进行不同类型产品的共同运输。当物流范围相近而某个时间物流量比较少时,几个企业同时分别进行物流操作显然不经济,于是就出现了一个企业在装运本企业产品的同时也装运其他企业产品,以降低成本、提高效率的合作。从企业经济效益上看,它降低了企业物流成本;从社会效益上看,它减少了社会物流过程中的重复劳动。不同产品的物流过程不仅在空间上是矛盾的,在时间上也是有差异的。要解决这些矛盾和差异,必须依靠掌握大量物流需求和物流供应能力信息的信息中心。此外,实现水平一体化的另一个重要条件是有大量的企业参与并有大量产品物流需求存在,这时企业间的合作才能提高物流效益。当然产品配送方式的集成化和标准化问题也是不能忽视的。

(3) 物流网络。物流网络是垂直一体化物流和水平一体化物流的综合体。当一体化物流的每个环节同时又是其他一体化物流系统的组成部分时,以物流为联系的企业就会形成一个网络关系,即物流网络。物流网络是一个开放的系统,企业可以根据业务繁忙程度自由加入或退出,一般情况下是在业务最忙的季节,企业最有可能利用到这个系统。物流网络能发挥规模经济作用的条件是一体化、标准化和模块化。实现物流网络首先要有一批优势物流企业与生产企业结成共享市场的同盟,把过去那种直接分享利润的联合发展成为优势联盟,共享市场,进而分享更大份额的利润。同时,优势物流企业要与中小型物流企业结成市场开拓的同盟,利用相对稳定和完整的营销体系,帮助生产企业开拓销售市场。这样,竞争对手成了同盟军,物流网络就成为一个生产企业和物流企业多方位、纵横交叉、互相渗透的协作有机体。而且由于先进信息技术的应用,当加入物流网络的企业增多时,物流网络的规模效益就会显现出来,这也促使社会分工的深化,"第三方物流"的发展也就有更强的动因,整个社会的物流成本也会由此大幅度地降低。

3) 战略渠道设计

战略渠道设计是通过网络分析,优化确定物流供应链的制造厂、分销中心、仓库等设施的位置和数量,使物流系统合理化,获得合理的运输和库存成本。网络设计是一个复杂的系统工程,需要从供应链管理的战略高度和整体利益出发考虑问题。

物流网络设计(渠道设计)有两种情况:一种是配送中心或分销点的设计即局部物流网络设计,另一种是全局物流网络设计。局部物流网络设计通常是进行分销网点的选择,目的是使物流系统总的配送成本最低。作为一个成本优化的决策问题,局部物流网络设计考虑各种约束条件如工厂生产能力约束、用户需求量约束、配送中的物流均衡约束等,目前可以利用一些算法模型解决这类问题。全局物流网络设计是从供应链管理全局考虑,对上游供应链来说,是供应商的选择与确定;对下游供应链来说,是分销商和代理商的确定,因此全局物流网络设计要把两个市场的约束都考虑进去。同时在物流网络设计(渠道设计)时还要考虑非物质因素,如对下游物流网络设计要考虑地区文化、消费观念等,对上游物流网络设计更多的要考虑运输费用、技术合作优势、供货可靠性和协作管理成本等。因而整体供应链网络的物流优化不单纯是网络运输问题的优化设计,更是一种战略规划。

3.2.4 电子商务与物流

电子商务的发展使现代物流与供应链管理发生的极大变化,对物流行业提出了新的要求。在技术升级与消费升级的整体背景下,电商物流也不断升级优化,整体上,当前电商物流呈现出信息化、自动化、网络化、智能化等特点。

物流信息化表现为物流信息的商品化、信息收集的数据库化、信息处理的电子化、信息传递的标准化和实时化、信息存储的数字化等。物流自动化的基础是物流的信息化,其核心则是机电一体化。自动化的物流过程,大大节约了人力资本的投入,提升了物流作业能力,提高了劳动生产力和物流过程的准确性。物流网络化包括两个层面的内容:一是物流系统的计算机通信网络,将物流中心与制造商(或供应商),以及顾客联结成为一个紧密协作的整体。二是组织的网络化。组织网络化的基本运作程序是按客户订单组织分散化的生产,将全球的制造能力都加以利用,采用外包的形式,将所有零部件外包给世界各地的制造商,通过全球的物流网络,将这些部件发往同一个物流中心进行组装,再将成品迅速发送给用户。物流智能化是物流信息化、自动化的高层次应用。物流过程涉及大量的运筹决策,包括确定库存水平、选择运输路径、自动导向车的运行轨迹和作业控制、自动分拣机的使用,以及物流中的经营管理的决策支持系统等。所有这些问题,都需要依据大量的、现代化的知识予以解决。企业更为广泛地网络联系,能够通过销售终端得到更多的销售资料,能够更为广泛地选择供应商,使供应链能够灵活地适应需求的变化。从整个经济的运行角度来看,电子商务下的供应链系统实质上是通过网络将众多的厂家、商家广泛而密切地连接在一起,以全社会的经济力量来适应需求的变化。此外,当前电商物流还体现出数据驱动的特点。通过大数据的运用和算法的优化来协调货物与运力间的配送关系,使物流节点实现快速的对接,减少物流中间环节,全面提高电商物流的效率。

3.3 信息流

信息流是指处于运动状态的信息系列,通过一定的传播途径由信息源向信息接收者传递的信息集合。信息流是各种交易关系顺利进行和各种经济主体行为相互协调的必要媒介。国民经济管理、企业经营、个人经济行为都是在纵横的信息输出和输入中通过沟通、协调而完成的。

3.3.1 信息流的特征与功能

信息存在于人类社会的各个领域,我们所研究的是流通领域的信息,一般叫作流通经济信息。它是对流通经济活动及其特征的客观描述,是流通经济活动中各种经济现象发展变化及特征的反映,包括各种情报、消息、信号、指令、数据资料等。商品流通是不断变化的运动过程,这决定了流通信息也是处在不断变化的运动之中。商品流通的变化是有规律的运动过程,是商品和服务从生产者到消费者之间运动的过程,在这一过程中产生的信息,也形成一定的收集、传递的系列动态特征,这就是流通信息流。本书所使用的信息流概念,是流通信息流的简称。信息流与商流和物流相伴发生,是决定流通过程能否顺畅运行、流通决策是否科学合理的重要依据。信息流运行过程中表现出其自身的特征和功能。

1. 信息流的特征

(1) 时效性。由于客观事物总是处于不断的运动变化之中,反映客观事物存在及其运动的信息也是不断变化的,尤其是在现代社会,不同国家或民族之间、不同企业之间,都存在着激烈的竞争,竞争促进了社会的发展,也伴随着社会物质文化的迅速变化,而反映这种迅速发展和变化的信息也就表现出很强的时效性。在经贸领域,市场行情瞬息万变,信息生成速度快,传播迅速、时效性很强,及时、真实的信息可能给企业带来巨大的财富,而延误或失效的信息则可能对企业造成重大损失。伴随信息革命而来的电子商务,将整个商品流通活动建立在发达的信息技术基础上,从而大大提高了信息流的时效性。

(2) 依附性。处于运动状态的信息在传递过程中必须依附于一定的物质载体,如文字信息和静止的图像信息可通过纸张传递,运动的图像信息可通过电磁波和电子设备传递,声音信息可通过声波传递,或者先通过电磁波传递再转化为声波传递。由于信息流需要依附于一定的物质载体而存在,因而信息流效用的发挥在很大程度上依赖于物质商品的质量和物质商品市场的发达程度。如果与信息传播有关的物质产品如印刷品、通信设施、计算机系统非常普及,则能降低信息传递的成本和提高信息传递、处理的效率,有助于社会的发展。

(3) 可加工性。人们可以按一定的目的对发出或已经接收的信息进行加工整理、分析归纳、去粗取精,或者精练浓缩,或者增殖放大,或者转变传递形式,通过加工而增加信息流的实用价值。一般情况下,信息加工过程越复杂、加工环节越多,信息流的可靠性就越差。信息加工质量低劣是引起决策失误的重要原因,大多数决策失误就是信息失真所致。因此,在经济管理过程中,管理者必须非常重视信息加工机构如智囊机构、研究机构以及决策班子的建设。

(4) 共享性。与其他有形的物质商品不同,信息通过传递扩散后,人们可以共同分享信息资源。信息流的共享程度会影响到该种信息的经济效用,共享程度很低甚至独占的信息资源可能给信息拥有者带来很高的经济利益(如某些专利技术特别是某些未公开的专有技术),而共享程度较高的信息资源则可能普遍地提高信息拥有者群体的整体利益,但可能相对地降低某些个体原有的竞争优势。

2. 信息流的功能

(1) 决策。人们在经贸活动中的一切决策都需要以信息为基础,通过收集、分析、加工各种相关的信息,实现对事物客观规律的认识,才能作出正确的决策。很多经营失败是错误决策的结果,而错误决策则往往是错误的信息所致。

(2) 协调。人们通过分析接收到的各种信息来调节自己的经济行为,而调节行为和调节结果又作为信息输出影响他人的调节行为,从而使信息起到协调各种经济主体行为的作用。例如,在市场价格上涨的信息刺激下,生产企业会增加生产,而商贸企业则在增加资源组织以便增加销售,从而使商品供给增加;消费者在商品价格上涨的信号刺激下会减少购买,从而使需求减少,于是价格信息就起到协调生产者、中间商和消费者行为的作用,并使供需趋于一种新的平衡状态。

(3) 增值。首先,信息凝结了人们的智力劳动,知识形态的信息本身就是人类智慧的结晶,社会物质文化生活的丰富就是知识形态的信息应用于生产过程的结果。其次,信息通过其决策功能和协调功能,促进社会组织与管理效率提高,促进生产要素的流动和优化组合,从而有助于提高生产效率和增加物质财富。

3.3.2 信息流的运行过程

信息流的运行过程是指信息的产生、传递、收集和加工及应用过程。

1. 信息的产生

产生信息的主体有政府(包括政府的附属机构如事业单位)、企业和个人。通常政府是最大的信息输出者,政府作为一国经济的管理者和调控者,连续不断地产生大量的政策信息,其中包括经济信息、社会信息、政治信息、法律信息。这些信息是政府运用经济手段、行政手段、法律手段对经济主体行为和经济运行过程进行有目的的调控的一种控制或引导信号。企业作为一个整体也是最大的信息输出者,企业向外界输出的最广泛的信息是产品销售信息,如产品广告信息、人员推销信息,此外,还有:企业对生产资料、劳务、技术成果的需求信息,企业财务信息如股份有限公司向外界发布的财务报告,企业战略计划信息或经营信息等。个人作为信息输出者向外界发出的信息有个人或家庭对有关商品和服务的需求信息,如求医信息、求职信息。

2. 信息的传递

信息的传递是信息通过一定的途径,从信息发出者到信息接收者的信息运动过程。信息传递的方式有多种,从信息传递媒介看,有人工传递如通过口授、交谈,有纸质媒介传递如通过报刊、文件、图书,还有视频和音频媒介传递如电视、电话、广播、计算机网络等;从信息传递方向看,有单向信息传递如报刊、广播、电视,还有双向信息传递如电话、会议交谈等。随着信息传递技术的迅速发展,卫星通信、计算机网络等先进通信手段大大提高了信息传递的规模和效率。在国内外贸易中采用何种信息传递手段要根据拟传递信息的经济价值大小,时间性要求等因素来决定。如企业紧急订货信息可采用图文传真或电报传递,企业产品销售信息应根据产品特点、市场定位、经济实力选择采用报刊广告、电视广告、人员推销等方式传递,政府向下级组织传递信息通常采用下达文件、发布公告、召开会议等形式。

3. 信息的收集和加工

信息的收集就是根据经济主体(政府、企业、个人)的行为目标,以适当的方式有意识地获取所需要的信息的过程。例如,企业为了增加产品销量,通过收集各种信息来寻找潜在客户;个人为了找到一好工作,收集各种招聘启事等。由于信息可通过多种物质载体(如内部文件、报刊、广播、电视等)传递,因而存在多种信息收集方式,并且对于不同的信息收集方式所需要的物质条件也不同。例如,要收集美国芝加哥期货交易所的实时交易信息,必须拥有昂贵的卫星接收设备和计算机系统,并要支付一定的信息费用;而要得知前一天世界主要货币汇率,则只需要一台廉价的短波半导体收音机就足够了;如果要了解我国政府的政策走势和财经形势,则需要订阅国内主要报刊,并对有关报道和评论进行归纳、整理。对所收集的信息要进行存储存才能再现,存储的方式也是多种多样的,用计算机光盘可以存储图像、声音、文字信息,用纸张或胶片可以存储平面图像和文字信息等。

信息收集的选择性本身就包含信息的加工过程,信息加工包括对收集的信息进行编辑、分类、排序、浓缩、转化等信息处理过程。用于信息加工的设备有复印机、速印机、计算机、图文扫描仪、打印机、照排机、录音机、摄像机、装订机等多种设备或工具。

4. 信息的应用

信息的应用就是将收集而获得的信息投入使用过程,也就是实现信息的价值和使用价值。只有信息被投入使用,信息收集、传递和加工的目的才得以实现。信息的具体用途依信息收集者的目的不同而千差万别。例如,政府将收集到的人口普查数据用来制定人口规划;企业将收集到的潜在客户信息用于制定市场营销策略等。信息应用过程也就是信息被用来制定决策,协调各类经济主体之间的关系,获得价值增值的过程。

信息使用的正确与否,直接关系到流通活动的成败。因而使用信息时应注意以下几点:一是信息的适时性。信息有很强的时效性,在使用时要善于运用那些能反映当前流通活动变化及特征,预测经济活动未来趋势的信息。二是信息的代表性,是指某类信息只能反映、代表某一经营活动的发展变化情况。运用信息,一定要注意信息产生的条件、背景、表现形式和内在因素。三是信息的完整性,即运用的信息应能全面、系统、连续地反映流通活动的变化及特征,而不是片面、孤立、零碎的。四是信息的时效性,即运用的信息应能显著地提高经济效益,所得必须大于使用信息的费用。

流通企业的信息处理功能主要是将大量收集的信息转化成有助于企业交易、决策和战略控制的信息以及向供应商反馈以引导生产和向用户提供咨询等信息,这种信息处理可以是简单的查询、排序,也可以是复杂的模型求解和预测分析,一般包括数据预处理、数据挖掘以及指示评估等内容,信息处理能力的强弱直接影响到流通企业经营效率的高低。

3.3.3 信息流的管理

信息流的管理是指对信息产生、传递、收集与加工、应用过程的管理。按经济主体不同,其可分为宏观信息管理和微观信息管理。

宏观信息管理也就是国民经济运行过程中的信息管理。宏观信息管理的主要内容包括以适当的方式获取经济总体发展状况方面的信息:在总量平衡方面,包括总供给与总需求状况、投资总规模与消费基金、物价总水平及变动趋势、财政与金融、物资及国际收支等方面的信息;在主要结构关系方面,包括产业结构、投资结构、进出口结构、国民收入分配结构等方面的信息;在经济循环关系方面,包括生产、分配、流通、消费的衔接状况的信息;在经济效益方面,包括投入产出率、资金利润率、净产值率、劳动生产率、资产负债率等方面的信息;在经济增长方面,包括国民生产总值、国民收入、第一二三产业等方面的信息。政府所属的国家信息机构、各级统计监测机构通过信息采集、传递、收集与加工等过程获得上述各方面的信息,从而为国民经济管理提供服务,此服务过程即信息应用过程,其中包括用于制定宏观总量政策、产业结构政策、金融货币政策、财政税收政策、收入分配政策、国际收支政策等宏观经济政策。

微观信息管理主要是企业信息管理,包括内源信息管理和外源信息管理。内源信息管理是企业内部的信息管理,包括生产经营、人事、财务、计划、企业战略等企业内部信息在企业各部门之间和上下级之间的产生、传递和加工等方面的管理,以及由企业内部向外部环境传递信息的管理。外源信息管理是指对流向企业内部的外部环境信息的管理。外源信息有国家经济政策、宏观经济形势、市场行情等。外源信息对企业计划和决策具有重要影响作用。

在现代化大生产的条件下,流通企业对各种信息的需要量急剧增长,与其他领域的信息相比,流通企业所涉及的信息主要反映企业经营活动所具有的基本特征,具体表现为信息量大、分布广、信息种类多、来源多样化、动态波动性强。随着消费需求的多样化,企业的生产销售朝着多品种、小批量的方向发展,并且伴随着商品更新换代速度的加快、周转速度的提高,这不但要求流通企业具有对大量信息进行收集与加工处理的能力,还要求其具有快速、不断更新信息的能力。同时,为了使流通信息适应企业开放性、社会性的发展要求,也必须对大量的流通信息进行及时、有效的处理。只有对大量信息进行加工整理,收集与商品流通有关的那些信息,如价格、供需情况、市场环境等有用的信息,才能提高信息对商品流通的使用性、可靠性,发挥信息对商品流通的使用价值,提高整个流通系统的效率。

3.3.4 信息流的发展趋势

在全球范围的信息化浪潮的冲击下,信息流在商品流通中的作用越来越大,信息流通业已成为收益率最高的行业之一。信息流的发展趋势主要表现在以下方面。

(1) 在信息载体方面继续向多元化和高技术化方向发展。在新技术革命的带动下,传统信息载体与现代信息载体并存,同时新的信息载体又不断产生。传统的纸质信息载体在信息流通中仍然占有非常重要的地位,据《国民经济和社会发展统计公报》发布的数据,2021年我国图书报刊出版量有406亿册,从政府部门到工商企业,各种文件、报告仍然大量地以纸质印刷媒介的形式传递。通过计算机信息网络传递、以图文视频终端显示的信息流通方式正在日益普及,并且这种高技术的信息流通和传统的纸质信息媒介相互结合,如在需要时可将视频终端上的图文信息通过打印机输出纸质硬拷贝,或者直接制版大量生产精美的印刷品(如图书报刊、文件);此外,移动数字通信、电子邮件、电子图书以及各种各样的信息卡、咨询卡纷纷出现。信息载体的多元化趋势是现代科学技术发展的结果,其产生和发展本身就是高技术的具体应用。

(2) 在信息流通效率方面向高速、大容量方向发展。人们为探索高效率、大规模的信息传递经历了漫长的过程。人类在17世纪中叶实现了以电报电话为代表的从有线电到无线电的突破,随后开始了从个人通信到大众传播媒介即广播电视的发展,接着实现了从模拟通信到数字通信、从地面通信到卫星通信、从电通信到光通信的迅速发展。在信息流通方面的每一次飞跃都大大地提高了信息传递的速度和质量。

(3) 在信息价值方面向知识密集和高价值化方面发展。一方面,信息流以其本身的高技术含量体现出对物质资源和资金的替代性。以高度知识化、技术化为基础的信息资源使地球上有限的自然资源得以充分利用或节约使用,通过增加商品的技术含量而替代资源消耗,从而增加商品的价值和使用价值。信息高价值化趋势促使企业活动重心从物流和资金流转向信息流,并把信息作为最重要的资源。另一方面,信息流在改进社会组织以提高管理效率方面表现出越来越大的作用。广泛的信息需求已成为国民经济管理、企业决策以及个人生活方面不可缺少的组成部分,人们的经济决策越来越依赖于对信息的取得和处理结果。社会组织结构的优化和管理效率的提高,都需要以掌握真实、全面的信息为基础。我国大规模建设的"金桥""金关""金卡""金农"工程,是国家经济信息网的重要组成部分,它们将大大提高政府和企业的组织管理效率,推进国民经济信息化进程,加快社会主义市场体系的建设,提高国民经济效益。

(4) 随着大数据、物联网、云计算、人工智能、区块链等科学技术在社会经济生活中的深入应用和发展,信息流越加呈现高速、大容量、数据化和去中心化的趋势。首先,随着电子信息和宽带互联网等基础设施的不断完善,信息的流动更加高速、大容量,互联互通进一步加强,海量的信息在移动终端传递、传播,信息的流动更加高速和透明。其次,海量信息逐渐实现"数据化",多种多样的信息最终都转变为可量化形式被互联网技术低成本、全方位地记录、分析,并最终形成大数据;最终,依托算法完成机器学习,实现人工智能。最后,区块链技术的兴起推动信息流去中心化的实现。互联网的发现实现了信息共享,减少了中间环节,并把一部分中介搬到了互联网上,但并没有真正消灭中介;区块链技术则依托技术信任取代人工信任,实现真正的去中心化。因此随着区块链技术在商业领域的快速推广,信息流的去中心化将成为趋势。

关键术语:

商流　电子商务　交易费用　物流　运输　仓储　装卸搬运　配送　流通加工　微观物流　宏观物流　供应物流　生产物流　销售物流　回收物流　废弃物物流　供应链　供应链管理　物流外包　一体化物流战略　战略渠道设计　资金流　信息流

思考题:

1. 商流的特性表现在哪些方面?
2. 商流的主要功能有哪些?
3. 电子商务对商流产生了怎样的影响?
4. 物流的功能和要素是什么?
5. 如何理解供应链的产生及其作用?
6. 供应链环境下物流管理的特点有哪些?
7. 阐述供应链物流战略的内容。
8. 分析信息流的特征与功能。

前沿观察

流通创造价值的思考

20世纪60年代我国经济学界关于生产劳动与非生产劳动的第一次大讨论,已牵涉计划经济体制下的商品生产和价值规律问题,论及流通领域的价值生产。① 20世纪80年代后,商品流通的地位日益提高,关于商业劳动是否具有生产性质的争议,在生产劳动和非生产劳动的第二次大讨论中有过热烈讨论。② 总体而言,逐渐形成了两类观点:一类观点基于马克思关于"商人作为单纯的流通当事人既不生产价值,也不生产剩余价值"③的阐释,认为流通领域的商业劳动作为不创造价值的非生产性劳动,在社会主义经济中也不会改变性质。吴树青等认为,"商品的价值和剩余价值是产业工人创造的","商业工人的劳动不创造价值和剩余价值,因而不属于生产性劳动"。④ 骆耕漠也认为,商业劳动不生产物质文化生活所需的产品,只参加商品价值的实现从而分配生产劳动所创造的剩余价值,不能把这混同为商业劳动本身生产价值。⑤ 另一类观点把反映一定生产目的要求的社会形式规定性,作为区分生产劳动与非生产劳动的根本标志⑥,因而倾向于将流通领域的劳动定义为生产性劳动。

---

① 杨长福.社会主义制度下的生产劳动与非生产劳动[J].经济研究,1964(10):54-60;何炼成.再论社会主义制度下的生产劳动与非生产劳动[J].经济研究,1965(1):50-55,61.
② 《经济研究》编辑部.建国以来社会主义经济理论问题争鸣(1949—1984):上[M].北京:中国财政经济出版社,1985:657-683.
③ 马克思.资本论:第3卷[M].北京:人民出版社,2004:326.
④ 吴树青,等.政治经济学:资本主义部分[M].北京:中国经济出版社,1993.
⑤ 骆耕漠.论商业劳动的非生产性质[J].中国社会科学,1986(1):43-56.
⑥ 陆立军.社会主义生产劳动之争与我见[J].经济研究,1985(4):12-19.

郭大力提出,社会主义制度下的商业劳动不能和资本主义下的商业劳动用一样的观点去理解。[①] 于光远认为,只要能够满足人们日益增长的物质和文化需要,符合社会主义生产目的的劳动都是生产劳动。[②] 高涤陈认为,马克思所处的资本主义社会,决定了以是否创造剩余价值作为判定劳动生产性或非生产性的标准,但社会主义生产的目的是消费,售货员的劳动是生产性劳动,因为它是为消费服务的。[③]

21世纪以来,随着中国特色社会主义市场经济的发展,尤其是第三产业的迅速发展和流通业在国民经济中的地位上升,越来越多的学者认为,流通领域的价值生产问题存在很大的理论探讨空间,应当结合现代流通业的新情况进一步发展劳动价值论。有代表性观点提出,在现代经济活动中,专门从事商品买卖的劳动力占比不断提高,商业劳动对促进商品价值实现的作用日益凸显[④];作为社会不可或缺的经济部门,"流通是生产性产业,商业劳动是生产性劳动"[⑤];"流通过程的社会必要劳动也应当追加商品价值"[⑥];"商业劳动可以创造价值……劳动价值论的发展与创新和时代化,不能排斥探讨马克思的理论里面有没有某些考虑不周的地方"[⑦]。与此同时,也有学者尖锐地批评了把生产使用价值混同价值生产的观点,认为:那种"一切承担社会功能的劳动都是价值生产劳动"的观点不过是庸俗经济学家的主张[⑧];如果认为纯粹商业劳动的"无形服务"与直接生产过程无异,岂不又回到了"无流通论"[⑨];流通是否创造价值由社会劳动性质决定,不因时代的变化而变化[⑩]。总结来看,社会主义市场经济下生产性劳动创造价值是争议中的共识,争论在于流通领域的劳动是否应界定为生产性劳动,是否应当重新认识商品流通的价值创造属性。

资料来源:王晓东,谢莉娟.社会再生产中的流通职能与劳动价值论[J].中国社会科学,2020(6):72-93.

即测即练

---

① 郭大力.关于马克思的《资本论》[M].北京:生活·读书·新知三联书店,1978:172.
② 于光远.社会主义制度下的生产劳动与非生产劳动[J].中国经济问题,1981(1):1-8,17.
③ 高涤陈.流通经济论(续集)——高涤陈文集[M].北京:中国商业出版社,1995:96.
④ 何炼成.坚持和发展马克思的流通经济论[J].中国流通经济,2003,17(8):4-7.
⑤ 黄国雄.论流通产业是基础产业[J].财贸经济,2005(4):61-65.
⑥ 刘向东.流通过程的社会必要劳动也加入商品价值的决定[J].经济理论与经济管理,2004(1):59-63.
⑦ 卫兴华.劳动价值论的坚持与发展问题[J].经济纵横,2012(1):1-7.
⑧ 渡边雅男.价值理论与生产劳动——关于价值生产劳动的范围[J].高晨曦,译.政治经济学评论,2015(5):106-126.
⑨ 张洪平.论流通领域劳动的生产性与非生产性[J].当代经济研究,2005(4):7-11.
⑩ 鲁品越.流通费用、交易成本与经济空间的创造[J].财经研究,2016(1):40-50.

第4章 流通运行

本章要点：在社会经济运行总过程中，无论是从要素运作的角度还是从职能运行的角度考察流通经济的运行，要研究的内容实质上都是建立在交易主体按照一定的交易方式，在特定交易环境中发生交易行为这一基础之上的。流通运行过程包含着流通主体、流通客体、流通载体之间的相互关系以及流通渠道的秩序形成和规范，还涉及交易方式、交易行为以及交易环境的相关内容。流通运行过程是否顺畅、运行效率是否高效，最直观的表征就是流通渠道的结构是否合理，流通渠道的竞争力是否得以构建与提升，这就需要进行渠道评估，优化渠道选择。本章阐述流通运行的要素以及运行的机制，以期深入理解和把握流通运行的内在机理。

本章学习目标：

1. 了解交易主体及其交易行为；
2. 掌握交易方式的分类与选择；
3. 理解交易载体的多种市场形式；
4. 掌握渠道结构与渠道系统的内涵；
5. 掌握渠道选择标准与渠道评估指标体系。

4.1 流通主体

4.1.1 交易与交易主体

1. 交易的内涵

"交易"一词看似简单，实则含义深广，并不太容易加以定义。交易在经济学中最初只被局限于物品交换的含义。制度经济学的早期代表人物康芒斯1934年在《制度经济学》中对交易概念提出了影响深远的独特看法，他认为交易不是实际交货那些意义上的物品的交换，交易是个人与个人之间对物质的未来所有权的让渡和取得，一切取决于社会集体的业务规则。因此这些权利的转移，必然按照社会的业务规则先在有关方面之间谈判，然后劳动者才能生产，或者消费者才能消耗，或者商品才会给其他的人。康芒斯进一步把交易划分为三种：买卖的交易、管理的交易和限额的交易。

美国经济学家威廉姆森从协约关系的角度出发，特别强调了交易的普遍性。他认为交易发生在两个技术可分离的单位之间,而这种技术的可分离性比人们通常想象的要普遍得多。不仅工厂与工厂之间,而且车间与车间之间,甚至同一车间的操作工作之间,技术上都是可分离的。因此不论是在市场上,还是在企业内部,交易关系都是普遍存在的。

依据人们对交易概念的认识,我们把交易定义为:借助物品和服务的让渡而实现的权利让渡。这里一方面强调了交易的本质是权利的让渡,另一方面指出了权利让渡与物品和服务让渡之间的关系,即权利让渡的实现方式。

交易主体是以独立形态参与交易过程的有关当事人或经济实体。交易过程是商品从生产领域向消费领域运行的动态过程,因此,交易主体既包括专门从事交易活动的代理商和经销商(二者可统称为"营销者"),也包括具有交易行为倾向的生产者和消费者。

2. 交易主体的性质

作为交易主体介入交易过程的有关当事人或实体,对商品和劳务具有四种基本权利,即所有权、占有权、使用权、支配权。一个理想的交易主体,应当是这四种权利的统一体。然而现代市场经济的实践过程中,表现的基本形态却常常是这四种权利的分离。正是这种分离,才使市场在深度和广度上无限扩展,它体现为一系列的经济权利的相互让渡。经济权利的相互让渡关系包括所有权让渡关系、占有权让渡关系、使用权让渡关系、支配权让渡关系。每一种权利的让渡都伴随着价值的让渡及价值的相应补偿。权利让渡关系的明晰化和平等化,就形成了交易主体赖以形成的基础。交易主体的自我组织、自我调节、自我约束,不过是交易主体之间权利让渡关系的经济体现。

其中,自我组织是指交易主体在市场信号的刺激下,自动调整其组合结构与市场变动趋势相适应的一种状态。自我调节是指交易主体经过自我组织后所形成的主体内部结构和外部结构可能还存在着若干或大或小的偏差,这时交易主体根据市场状态进行进一步的自动调整,直至偏差消失或不对交易主体运行构成威胁为止。自我约束是指交易主体的一切行为都围绕着使主体得以最佳发挥的目标进行。交易主体的收缩和扩张,完全取决于市场状态和交易主体行为之间的最佳耦合方式,如果从经济利益的角度看,则表明当交易主体扩张行为能在市场上取得较高的效益时,它将趋于扩张。如果交易主体应采取收缩行为才能更好地适应市场,则它将趋于收缩。

从理论上来讲,交易主体是有一定的利益动机,按市场经济原则进行交易活动的有关当事人或组织。它不同于等级组织(或行政性组织)和人际化经济组织。交易主体一般有强烈的利益动机,并按市场经济原则——自愿让渡、等价交换、平等竞争、自我约束来进行交易活动。而等级组织则表现为在行为主体运行过程中,不是遵循利益动机,而是遵循自上而下的组织原则,按上级命令进行活动。人际化经济组织看起来是有强烈的利益动机,也有相当的自主行为,但如果从本质上看,这种组织赖以存在的基础是盘根错节的人际关系,是具有独占性的特权,它根本违背了市场的基本原则,是典型的特权经济。从理论上讲,等级组织和人际化经济组织都不应成为交易主体,它们缺乏独立利益下的自主行为。但在现实经济活动中,交易主体在某种情况下往往带有等级组织和人际化经济组织的色彩,从而导致交易主体的不规范及其交易行为的不规范。

4.1.2 交易主体的分类

流通运行过程中的交易主体有多种类型,有的还具有多重身份。为了深入研究流通主体的交易行为及其特征,有必要对流通中的交易主体进行分类。

1. 按交易主体的组织结构不同分类

按交易主体的组织结构不同,交易主体可以分为企业、政府和消费者。消费者是市场发展的第一推动力,是交易过程中居主导地位的主体。从交易活动发生的角度看,消费者需求始终是社会的主导需求,它的扩展或收缩直接决定着交易规模的扩大和缩小。企业作为交易过程的主体,与消费者是既对立又统一的关系,是满足消费者需求的主导力量,更是决定市场供给的重要力量。政府在交易过程中则发挥着多重作用。

(1) 企业。企业具有较稳定的组织结构与消费需求,有科学的决策系统,因此企业在交易活动中更富有活力。首先,企业是最具有灵活性、最具有拓展能力的经济实体。一方面,消费者的需求通过企业被引向更深层,它不仅使一般产品和劳务转化为商品,而且把社会的一切生产、分配、交换和消费都纳入市场领域。另一方面,企业作为一个经济实体,既是生产者团体,也是初次分配的承担者,同时又是生产和生活消费的主体,社会的一切交易关系在这里都找到了其客观存在的基础。其次,企业的产生和发展,是市场经济发展的基础。企业规模的扩大和企业功能的多样化,是市场经济走向现代经济的条件。另外企业作为交易主体,是最经常、最大量的商品需求者和供给者。按历史逻辑的顺序,交易主体是由消费者到企业,一个典型的自由竞争市场,活动于市场的主体主要是消费者和企业。

(2) 政府。政府在市场经济发展的较高阶段,尤其是现代市场经济形态下,不仅具有了组织和管理经济的职能,而且可以直接进入市场,参与交易活动。政府以消费者或经营者的身份直接参与经济活动,成为交易主体。政府要保持其有效运行,就需要大量的人力、物力、财力,而在市场经济体制下,劳动力、物品和资金都是以商品的形式出现,政府要想获得这些商品和劳务,必须遵循市场公平交易、等价交换的原则,以一个普通消费者的身份进行购买,这就是政府采购。随着中央政府组织宏观经济职能的强化,中央政府通过财政杠杆和金融杠杆对经济生活调控的日趋经常化,吞吐调剂及公共工程等一系列购买及消费行为,将更深入地影响市场的发展深度及方向。

(3) 消费者。中国作为一个人口大国,有着巨大的消费市场,城乡居民是消费的绝对主体,也是流通的主体。流通从生产领域开始,到消费领域结束,其终点就是消费者,就是要满足消费者多样化的、零星的、随时随地的需求。消费者作为消费的主体,是引导市场需求、反馈市场信息、决定市场发展的重要力量。因此,消费者需求、消费者行为动机以及消费者的消费能力等都成为交易中重要的决定因素。

2. 交易主体与交易客体的关系

交易主体包括生产者、消费者、营销者。生产者为谁生产、怎样生产、生产多少是商品供给的基本组成内容。交易客体主要指商品、劳务、技术、信息等。交易主体与交易客体相互联系、相互制约,共同决定着交易发展的规模和方向,二者缺一不可。它们共同决定着供给的发展深度和广度。供给的深度和广度扩展,一方面是指生产者通过对某一种商品在花色、品种、功能、内容方面的深化扩大市场,另一方面是指对商品种类的扩展及不同层次需求的满足。同样,消费者的需求能力在一定程度上也表现为深度和广度的扩展。

交易客体的需求量大小取决于交易主体货币支付能力的高低。交易客体的供给规模也取决于交易主体供给能力的大小。从较短时间来考察,市场的供给能力和需求能力都是交易主体作用的结果,而不是交易客体自发产生的后果。如果从长期来考察,交易客体对市场的制约则上升为主要方面。因为交易客体成为动态的市场因素,它的规模类别直接决定着交易的发展方向和发展规模。一般而言,交易客体对交易主体的制约程度是随着该客体的短缺程度上升而提高的。如果交易客体完全短缺,或者说呈零供给,那么交易主体就必须停止对该客体的需求。如果交易客体过剩,或者说供大于求,那么此时的交易客体约束即为负约束或无约束。

4.1.3 交易行为

交易行为是指交易主体在实现商品权利让渡的交易活动中的行为意志。分析交易行为,就是分析在交易活动中交易主体之间的相互关系,以及它们在社会经济运行中的地位、作用及各自的行为特征。不同交易主体,在交易中会呈现不同的行为特征。本节就消费者、企业和政府不同主体的交易行为进行分析。

1. 消费者交易行为

消费者交易行为是在需要的基础上产生,在购买动机形成之后发生的购买行为。消费者心理是影响个人购买行为的内部因素。购买行为是在动机的支配下完成的,购买动机是在需要的基础上产生的。因此需要、动机、行为是消费者心理活动的三部曲。

消费者购买行为是指个人、家庭为满足自己的生活需要而购买商品的活动。购买活动需要一个复杂的决策过程:引起需要、寻找信息、评价行为、决定购买、购买后行为。

(1) 引起需要。对消费者来说,来自内部和外部的刺激都可能引起需要,当消费者感觉到一种需要而且准备购买某种商品去满足需要时,就要认识自己的需要,如果急需就马上买,否则就要寻找信息,以便作出抉择。

(2) 寻找信息。一旦决定购买,消费者就会关注与满足需要有关的各种信息,这些信息主要来自广告、推销员、家庭、亲友、广播、电视等。

(3) 评价行为。消费者根据所掌握的信息,对供选择的几个品牌进行评价和比较,选择最佳性能和最佳满足需要的商品,并且要考虑质量和价格是否可以接受,最后选定需要的商品。

(4) 决定购买。消费者在评价阶段形成购买意图,但要决定购买还受三个因素影响:①他人的态度;②一些不可预料的情况;③预期风险的大小。如果上述三个因素对消费者不产生影响,消费者就会决定购买时间、地点、购买品牌和购买量。

(5) 购买后行为。消费者购买商品后,就会检验预期希望得到实现程度。如果商品符合消费者的期望,消费者购买后就比较满意。

消费者行为的影响因素包括个人因素与社会和文化因素。个人因素主要包括消费者的年龄、性别、教育程度和职业、家庭生命周期、收入状况、生活方式、个性等。社会和文化因素主要包括消费者的文化和亚文化群、社会阶层和相关团体。每一个社会和文化内部包括若干亚文化群。亚文化群一般分为民族群、宗教群、种族群、地理区域群,不同的亚文化群之间的消费者有着不同的购买决策和购买行为。不同社会阶层的消费需求、购买动机也不相同。相关团体包括家庭、朋友、同事、民间社团和有共同爱好的团体。这些亚文化群、社会阶层、相关团体都会对消费者的购买行为产生影响。

2. 企业交易行为

市场结构按竞争程度可以分为四种类型:完全竞争市场,是指众多企业在市场中的竞争不受任何阻碍和干扰,企业只能被动接受市场价格而无法自主定价的市场;完全垄断市场,是指只有一家企业的市场,这也意味着一个市场只有一种产品,一个市场就是一个行业,由于是一家企业控制整个行业,因此可以制定垄断价格,赚取超额垄断利润;垄断竞争市场,是指处于竞争市场中的企业,由于其产品存在一定差异性,因而可以进行自主定价,由此产生这种既有垄断因素又有竞争因素的市场结构;寡头垄断市场,是指由少数几家大企业占据大部分市场份额,在市场中发挥主导或控制作用的市场结构。不同的市场结构中垄断和竞争的程度不同,使得企业的行为也受到相应的影响,进而影响到企业的获利水平和市场绩效。

企业的交易行为既是主动行为,即企业都有追求利润最大化的内在动力,但同时又受到市场环境的约束,因而企业的交易行为又有被动性的一面。企业的交易活动能否顺利进行,实现商品所有权的让渡,主要受下列因素的影响。

(1)消费者约束。消费者约束主要受供求状况的影响,当供大于求时,供消费者选择的商品很多,市场需求量又小,这时企业的产品很难实现其价值。相反,当供不应求时,企业的产品就容易实现其价值。

(2)生产者约束。生产者约束包括同类产品生产者约束和非同类产品生产者约束。同类产品生产者约束是指生产的同类产品为实现其价值在市场上的竞争,主要是企业之间技术水平、产品质量、花色品种的竞争。非同类产品生产者约束是指生产替代产品的生产者为实现其产品价值在市场上的竞争。所以企业在市场中要密切注意代用品市场的变化,利用有利时机占领市场。

(3)劳动力供给约束。劳动力市场为企业提供的劳动力数量和质量决定了企业的生产结构。要使企业交易行为规范化、合理化,必须建立和完善劳动力市场,为企业创造一个获取劳动力的市场环境。

(4)稀缺资源约束。市场上资源的稀缺程度直接制约着企业的发展与交易行为。如土地资源的稀缺、能源资源的稀缺、有的年份出现农产品的稀缺等。

3. 政府交易行为

在社会主义市场经济体制下,政府的职能主要是统筹规划、掌握政策、信息引导、组织协调、提供服务和检查监督。一方面,政府作为交易主体参与市场,作为采购方通过公共采购满足政府自身需求,作为供应商提供产品和服务;另一方面,政府作为监管者对市场进行管理和监督,通过管制、税收和补贴干预市场,通过财政预算掌握国民收入分配。政府的交易行为有以下几种。

(1)"所有者"行为。任何一个政府,无一例外地都要对交易主体征税和收费,其原因就是要保障公共需要,这种公共需要既包括安全的需要,也包括利益满足的需要(如道路桥梁等公共设施)。

(2)管理者行为。政府依靠国家的各种法律、法规以及各种行政条例,对市场实施管理。这些管理主要包括对主体资格的审定和对交易主体行为的检查。

(3)组织者行为。政府不仅要对市场进行管理,还要积极组织市场的运行,使交易主体及时获得信息,开办各类市场使各类商品合理流动,优化配置。

(4)调控者行为。政府主要通过财政政策、货币政策、产业政策、收入分配政策、外贸政策、价格政策等经济变量,对市场进行结构调整。

(5)买者和卖者行为。政府有时作为一个消费者和投资者出入市场。政府要保持其有效运行,需要大量人力、物力、财力,在市场经济中,政府就必须进入市场进行购买。作为交易者,政府在市场中的活动越来越普遍,同时它也是维持市场秩序、发挥市场机制作用的有效手段。

4.1.4 交易方式与交易环境

1. 交易方式的概念与类型

交易本质上就是权利的让渡,是通过物品和服务的让渡来实现的。要定义交易方式,首先要界定方式的概念。方式,即反映事物发生、发展、变化和灭亡过程中每一阶段或总体存在的概念和范畴,可以在事物的总体特征、构成要素和作用机制、结构与样式、形式与方法、内容与性质、关系与模式等方面,综合系统地再现事物整体的本来面目。可见,方式的概念主要应包括特征、结构、形式、样式、内容、方法及关系总和等方面的含义。

交易方式就是权利让渡过程中所体现出来的特征、构成、机制、形式、内容及关系的总和。按交易方式的内涵,可以根据不同的标准对交易方式进行分类。

(1)按交易过程中是否有中间商分为直接交易方式和间接交易方式。直接交易方式指生产者和消费者直接进行交易;间接交易方式指有营销者参与的交易,一般表现为生产者将商品卖给营销者,营销者再卖给消费者。

(2)按交易过程是否为自由交易分为自由交易方式和强制交易方式。自由交易方式指交易主体之间在平等自愿的原则下进行的交易;强制交易方式指在国家指令下,生产者与消费者之间的交易。

(3)按交易规模大小分为批发交易方式和零售交易方式。批发交易方式指生产者直接或间接地将商品批量销售给批发商、代理商、消费者的交易方式;零售交易方式指营销者(或生产者)以多元化的零售业态将商品直接向用户零散地、单件或少量地销售的方式。

(4)按委托人对代理人授权之大小分为总代理、独家代理和一般代理。总代理不仅有权代表卖方对外签订买卖合同,还可以代表卖方进行其他业务活动;独家代理指委托人给予代理商在特定地区和一定期限内享有代销指定商品的专营权;一般代理,除代理商不享有独家代理的专营权利外,其他内容和独家代理基本相同。

（5）按委托人与被委托人关系性质不同分为经销和包销。经销是以被委托人自己的名义和资金进行买卖业务，这时委托人和经销商一般为买卖关系；包销指卖方在特定地区和一定期限内，给予客户独家销售指定商品的权利，双方关系属于售定关系。

（6）按商品交易的交割时间不同分为现货交易方式和期货交易方式。现货交易也叫实物交易，它是实际商品的即期交割；期货交易方式指按交易所的规定，由买卖双方在交易所内达成远期交割的交易方式。

（7）其他交易方式，包括：寄售，是一种委托代售的交易方式；投标交易方式，指投标人根据招标人的招标条件，应邀发出实盘，以期达成交易的一种交易方式；拍卖交易方式，即在一定的时间和地点，将拍卖的货物向广大买主公开展示，由买主相互出价竞买，最后将货物卖给出价最高的买主的交易方式；展卖交易方式，是利用展览和博览会及其他交易会形式，实行展销结合的交易方式。

2. 交易方式选择的制约因素

影响交易方式选择的主要因素涉及企业自身状况、产品性质、消费者特点以及市场环境等方面。

（1）企业自身状况。企业实力雄厚，信誉很高，具备经营管理、销售业务的经验和能力，在选择中间商方面就有了主动权，而且有可能建立自己的销售系统。企业根据自身的状况实事求是地选择交易方式，就会产生好的效益。另外，如果企业产品组合的深度和宽度大（即产品种类、规格多），就可以选择直接交易方式或直接销售给零售商。相反，如果产品种类单一、型号规格少，只能采用间接交易方式，通过批发商和零售商转卖给广大消费者。

（2）产品性质。产品性质，如产品的体积、重量、单位价值、附加服务、购买频率、易腐性等，都对交易方式的选择有着直接或间接的影响。

（3）消费者特点。消费者包括个人、企业、政府等，它们各自的需求特点、购买模式和习惯都不相同，但共同特点是分布广泛，要求就近购买和随时挑选。一些中小型企业，为减少流通费用，宁愿利用批发商—零售商—消费者的交易方式。另外，企业购买原材料希望和生产厂家直接交易，以减少交易费用。

（4）市场环境。从微观上看，企业要尽量避免与竞争对手采用同样的交易方式。同时，要调查研究市场上零售商、批发商的规模大小与竞争状况，结合本企业的生产情况，选择适应性强、交易费用低的交易方式。从宏观上看，经济形势的变化，政府有关流通的政策、法规等，都对交易方式的选择有影响。经济萧条阶段，市场需求不足，生产企业的策略只能是控制和降低产品的最终价格，因此必须选择流通环节少的交易方式。

3. 交易环境

交易活动总是要在一定的社会经济环境中进行。交易本质上是一种权利的让渡，换言之，是一种人与人之间的相互关系，并且是经济活动中最为基本和普遍的人与人之间的关系形式。对旨在协调经济活动中人们相互关系的经济体制来说，交易方式是制约交易活动的最直接的经济因素。交易活动不仅由经济因素决定，还受到各种非经济因素的制约。非经济因素包括政治因素、法律因素、文化因素、人口因素和科技因素等。经济因素既从根本上制约着交易，又通过非经济因素影响交易，而非经济因素既在一定程度上制约、影响着经济发展从而制约着交易,又在一定程度上直接影响交易。可见,交易环境的构成包括经济因素和非经济因素,交易环境可归纳为主要包括政治法律环境、经济环境、社会文化环境以及科技环境。交易环境对交易活动的影响是多方面的,可以从产权关系、市场体系以及交易技术与组织制度等方面入手规范交易主体行为,营造良好的营商环境。

(1) 理顺产权关系,使交易主体成为独立的产权主体。独立的产权主体是指社会流通产权归属的主体要有明确的界定和规范,既不能含混,也不能弱化。要解决产权的问题,必须从所有制内部结构说起,所有制关系内部可分为所有权、占有权、支配权和使用权。理顺产权关系,对国有企业来讲,就是把原来所有制四权集于一身的形式改为适应市场经济要求的、最终所有权与企业法人所有权分离的产权形式,从而使交易主体具有独立的产权,即对生产资料的占有权、支配权和使用权。理顺产权关系,界定企业的产权界限,也是健全信用制度、发挥金融市场作用的基础。

(2) 完善商品与要素市场体系,为交易主体创造一个统一的、规范的、开放的和平等竞争的交易环境。这就要做到:有一个规范的市场准入制度;有一个健全的信用体系;有一个合理的价格体制;有一个商品与要素市场协调发展机制;深化法律制度建设,使交易主体不断增加法制观念,自觉依法经营。

(3) 交易技术结构与体制组织具有相容性。同一种体制组织,与某种交易活动相匹配时是高效率的,与另一种交易活动相匹配时则可能是低效率的。不存在某种与任何类型的交易活动都能达到最佳匹配的体制组织,用马克思主义基本原理来理解,就是判断某种生产关系是否先进或合理,要看它是否适应生产力的发展。

交易技术结构是指所交易物品的某些技术特性,这些特性对交易体制组织的选择有着重要乃至决定性的作用。构成交易技术结构的因素包括:商品或服务的专用程度;交易数量;交易的连续性或频率;交易的地理位置。

交易技术结构与体制组织相容,是指某种交易技术结构与特定的体制组织达到最佳匹配,或者说,在这种匹配条件下,能够实现最高的体制组织效率。每一种交易技术结构都面对由许多体制组织构成的序列,它与其中每一种体制组织相匹配的可能性都不能排除。相容强调的是经过比较和选择使特定的交易技术结构与相对于这种技术结构而言最佳效率的组织相匹配。从这个意义上说,体制改革创新实际是寻求交易技术结构与体制组织的相容。

4.2 流通客体

流通客体要解决的是什么可以进入流通领域进行交易,从大的方面可以分成两大类:一是有形产品,二是无形产品。有形产品包括生产资料与生活资料,无形产品包括劳动力、服务、知识产权和信息等。

4.2.1 生产资料

1. 生产资料流通

广义的生产资料,是指用于生产性消费的物质资料。在我国经济理论与实践中,生产资料有其更为特殊的含义,它是指用于生产消费的工业制品。这种狭义的生产资料亦被广泛地称作"物资"。它与广义的生产资料的区别在于:第一,它不包括未经人类劳动加工的物质资料,如土地和未开采的矿藏等;第二,它不包括农产品。尽管大量的农产品并不直接进入个人消费领域,而是作为食品加工及轻纺等产业的原材料而进入生产消费,但习惯上将农产品作为单独的一类商品而不包括在生产资料之中。本章的生产资料是指狭义的生产资料,即工业品生产资料。按照在生产中作用的不同,生产资料分为劳动对象和劳动资料。前者包括各种原材料及其制品;后者包括各种机器设备。

生产资料流通有双重含义:一方面,它是指以货币为媒介的生产资料商品的交换;另一方面,它是指生产资料实物在空间上的流动和在时间上的延续(体现为存储)。本章主要取生产资料流通的第一重含义。这里的生产资料商品交换,是指生产资料所有权的转换过程,这种转换是按照自主、等价的原则在具有独立利益的所有者之间进行的。生产资料的商品属性,也正是由其交换主体利益的独立性,以及自主、等价的交换原则所决定的。

2. 生产资料流通的特点

社会再生产分为生产资料生产和生活资料生产两大部类,在社会经济的运行过程中,也就相应地形成了生产资料流通和生活资料流通两大领域。这两种流通虽然都属于社会再生产的交换领域,共同遵循商品流通的一般规律,但由于两类产品的经济用途不同,决定了这两种商品流通在社会再生产过程中的地位和作用不同,从而形成了各自的流通特点和规律。

(1) 生产资料流通对生产具有更大的制约性。生产资料流通是连接生产和生产性消费的中介,与生产的联系更直接、更密切,对生产有更大的制约性。生产资料既是生产的结果,又是生产的物质条件,是生产要素的物质基础。它作为生产过程的直接成果进入流通领域,经过商品和货币形态的转换,又作为生产的物质要素进入另一生产过程消耗掉,形成新的生产物。这是一个相互联系、前后继起的运动过程,反映了在社会化大生产条件下,作为生产要素的生产资料,从生产出发,经过流通,进入生产性消费后又回到生产,自始至终总是处在社会再生产过程之中。而生活资料则不同,它作为生产成果,通过流通进入消费领域,被人们消费以后,形成了劳动力自身,表明它已脱离了生产过程,成为独立于生产之外的经济活动。可见,生产资料流通构成了包含在再生产过程之中的行为,直接影响着生产过程以及国民经济各部门的规模、速度、比例和结构,同时,各生产部门的发展在相当大的程度上取决于获得生产资料的数量和质量,因此说,生产资料流通对生产具有更直接、更大的制约作用。

(2) 生产资料流通主要表现为企业间的流通。在社会再生产总过程中,生产资料流通是连接生产与生产性消费的中间环节。生产资料是企业生产的结果,又是企业生产的物质条件,没有生产资料及其流通,生产过程就会中断。生产资料构成生产的物质要素,其需用者,就是从事生产和建设的各类企业,因而生产资料的交换行为就主要表现为企业之间的行为。此外,生产资料流通的主要目的是通过生产资料的购销活动,满足生产、建设企业进行再生产以及加速生产发展的需要,从而保证各类企业生产正常进行。因此,生产资料流通的经济行为主要发生在生产企业和建设企业之间,成为企业实现生产补偿、满足生产所需要、维持生产过程进行的必要条件,也成为企业间交换行为和交换关系的具体体现与实现的必要中介。

(3) 生产资料流通主要实现生产的补偿基金和相当大部分的国民收入积累基金。任何生产企业在生产过程中都要消耗一定数量的生产资料,为使再生产过程得以维持,就必须进行补偿。在商品经济条件下,补偿生产消耗的生产资料不仅具有使用价值形态,同时也具有价值形态——补偿基金。补偿基金是靠生产企业销售产品后所获得的货币收入建立的,采取专用货币基金——折旧基金和流动资金的形式。企业通过购买生产所需生产资料,使补偿基金转化为实物形态——生产资料,以保证企业生产过程的正常进行。因此,生产资料流通是实现社会再生产补偿基金的必要条件。

社会总产品扣除补偿基金,所余部分是国民收入。国民收入经过初次分配和再分配,形成积累基金和消费基金两大部分。积累基金包括扩大再生产基金、非生产性建设基金、社会后备基金三个部分,这三个部分基金的实现,只有通过在市场上获得相应的生产资料才能成为可能;而各部门或企业单位的劳动者以货币的形式取得的消费基金,则是通过生产资料流通获得相应价值的生活资料来实现的。可见,生产资料流通与生活资料流通虽然都有实现国民收入分配和再分配的职能,但它们的侧重点不同:前者主要实现国民收入的积累基金,后者主要实现国民收入的消费基金。在国民收入总额不变的情况下,积累基金和消费基金的分配比例,在一定程度上决定着生产资料流通和生活资料流通的规模与结构。

(4) 生产资料的流通环节比生活资料的流通环节更少、内容更复杂。流通环节的多少,主要取决于生产和消费的规模、交通运输条件以及商品本身的产销特点。生产资料流通的对象主要是生产建设企业,生产资料的生产和消费的批量都较大,而且使用方向比较集中,消费的连续性和稳定性比较强,这就决定了生产资料的交换大都采用批发供应、直达供应等形式,流通环节简化,中间环节较少。而生活资料则不同,其消费的分散性,决定了其交换必须有相应较多的中间环节,采取中转供应、零售等形式,以满足各种各样、零星分散的生活消费需要。由此可见,交换形式的不同,决定了生产资料的流通环节比生活资料的流通环节少。生产资料流通环节的多少,不是由人们的主观愿望来决定的,而是由生产力水平、生产和消费的特点以及商品本身的不同要求来决定的。其判别标准,要看它能否促进生产的发展,能否及时满足社会再生产的需要。

生产资料流通的内容更复杂是指生产资料的品种、规格和数量远比生活资料要多。从社会再生产的整个过程来讲,随着生产过程链条的不断延长,即生产层次的不断增加,其产品构成也越加复杂化。生活资料是再生产过程的最终产品,因而也是多种生产资料消耗的最终体现。任何一件生活资料商品,都是通过对很多种生产资料的消耗和转化而制成的。对一种生活资料的需求会派生出对多种生产资料的需求;相应地,一种生活资料的流通也要以多种生产资料的流通为前提。在此不容忽视的一种趋势是,生产的集中化也会减少生产资料的流通数量。生产资料生产和消费的品种数量与其流通的品种数量是有所差别的,这是由企业内部生产的分工与配套造成的。生产资料流通数量受生产的分工与集中两方面影响。一方面,企业间专业化分工的深化增加生产资料流通的数量;另一方面,生产的不断集中和企业规模的大型化,又将一部分生产资料的市场交易内部化,进而减少市场商品流通数量。交易的内部化可以减少交易成本,提高流通效率,但它会排斥市场机制的激励和约束作用,并终究要受到企业生产能力的限制。生产资料流通数量和种类的增加,必然导致流通过程中的经济关系、流通形式以及流通组织机构的更加复杂化。

(5) 生产资料流通比生活资料流通的计划性更强。生产资料与生活资料的使用价值特性和消费形式的差别,决定了生产资料的消费对象是生产、建设企业或单位,而生活资料的消费对象则是个人,前者在数量上比后者要少得多,且自由度较低。生产资料消费的集中性决定了每个单位的物资消耗量均很大,加之生产和消费的周期长,供需关系相对稳定,故生产资料的交易大都采用合同确定的方法,即长期、批量交易的形式。这样,生产资料的自身特点及消费的集中性与交易的批量性、长期性,以及购买中的理性行为特征,就要求生产资料流通组织工作的严密性、科学性和计划性都较强,以保证生产建设的正常进行。这主要表现在:第一,生产资料的购买都表现为理性购买;第二,生产资料的交易,大多以契约为先决条件,即事先签订购货合同;第三,由于生产的相对稳定性和交易的相对集中性,生产资料的交易关系能够在较长时期内保持稳定。

(6) 生产资料流通较之生活资料流通,配套性强,代用性差,技术条件要求高。生产资料流通的最终结果是产品进入生产消费领域,生产建设对生产资料的供应在品种、规格、数量、质量、性能、工艺技术、配套性和到货时间上,一般都有严格的要求,因此,生产资料相对于生活资料而言,具有技术性、配套性、专用性、准确性及流通时间的定时性、定量性、时效性较强的特点,其标准化、系列化程度要求也较高;而生活资料消费则有较大的灵活性和主观随意性,有更大的代用性和变通性。一方面,生产资料流通的目的是为生产服务,在现代化生产中,生产需要的各类生产资料,由于是进入生产过程,形成新生产产品,对各种材料或设备、工具、配件等要求很严格,对配套性、技术性要求很高,生产资料供应都要严格按生产所需的质量、规格、品种、数量和标准进行,这是一项经济技术条件要求较高的工作;另一方面,它的代用性差。因此,生产资料流通与生活资料形成明显的差别。

(7) 生产资料受经济周期及政府调控的影响较大。生产资料的供给,既是社会简单再生产顺利进行的前提,又是扩大再生产得以实现的必要条件。尤其是一些投资品,如建筑材料、钢材及工业设备等,其主要部分是用于基本建设。这类生产资料的供求和流通,与投资波动及政府宏观经济政策变动的关系尤为密切。根据经验数据,我国基本建设投资资金中将有60%转化为对生产资料的需求,40%转化为消费基金,由于人们的个人消费品支出有相对的稳定性,在人民生活水平提高到一定程度后,消费基金中又会有相当一部分以储蓄和个人投资的形式再转化为投资资金。因此,投资波动对生产资料供求关系的影响要远远大于对生活资料的影响。这种影响在经济发展较快、经济波动较剧烈之时体现得尤为明显。我国近些年的经济发展实践已印证了这一点。在已发生的数次经济波动中,随着政府金融及投资政策的调整,生产资料的供求关系及流通状况都相应地发生了明显的变动,其集中表现就是生产资料价格的剧烈波动。生产资料供求关系及价值的大幅度波动,在一定程度上制约了信贷、投资膨胀,调整了供求关系,但同时也为宏观、微观经济决策及生产建设的顺利进行带来了很大的干扰,并通过助长投机与囤积之风而扰乱了流通秩序,造成资源浪费。生产资料流通与经济波动有密切的关系,也是政府仍保留一定的生产资料实物调节权的重要原因。

4.2.2 生活资料

1. 生活资料的构成

生活资料按其与人民生活的相关程度及购买习惯可分为:①基本生活用品:包括粮

食、副食、日用百货等。这类商品的需求弹性较小,即商品价格变化对商品需求量的影响较小,国家通常十分关注这类商品价格变化,保护消费者的利益。消费者根据实际需要和一般消费习惯购买这类商品,商品的选择性小。这类商品的流通要求网点布局分散、就近,方便居民的购买。②选购品:包括服装、家具、一般家用电器等。这类商品的需求弹性适中,国家对其价格一般不十分关注。这类商品的选择性较强,其流通一般相对集中,方便选购。③高档消费品:包括小汽车、珠宝等。这类商品的需求弹性较大,即商品的价格变化对其需求量影响很大,故其流通中广告费开支较大,价格战也较为激烈。消费者购买时要严格选择,这类商品销售网点设置宜相对集中,其售后服务尤为重要。

2. 生活资料流通的特征

生活资料的流通过程是生活资料商品进入消费领域的价值实现过程,生活资料商品只有顺利地进入消费,其生产过程才算完成,新的生产过程才可能开始。因此,生活资料的流通又决定着生产资料的价值实现及整个物质资料产品的社会再生产过程,生活资料流通的顺畅与否直接关系到全社会经济增长。可见,生活资料流通是保证社会经济增长的重要条件,也是实现区域利益、城乡利益平衡的条件。现代生活资料流通的发展水平实质上构成了流通服务的总体水平,即能为人民群众提供方便、快捷、愉悦的购物服务,同时也能为社会创造出新的就业机会。与生产资料流通相比,生活资料流通也由于其重要作用而形成了自身固有的特征。

1) 生活资料流通总体特征

与生产资料流通比较,生活资料流通有分散性,多层次性,市场广阔、交易频繁,受心理因素影响大等特点。

(1) 分散性。生活资料的生产相对分散,其消费涉及千家万户,更为分散,致使其流通呈现高度分散的特点。

(2) 多层次性。生活资料从需求上看,因其与人民生活相关程度、价值高低不同而具有多层次需求弹性。同时,国家在管理上也具有多层次性。如对农产品收购,国家一般都采取政策干预,以保护农民利益,并照顾到城市消费者,而一般工业品则采取放开政策。在现代市场经济国家中,计划管理与市场调节相结合是生活资料流通的必然特征之一。

(3) 市场广阔、交易频繁。生活资料流通市场是一个从品种到数量和区域不断扩大的广阔市场。其交易有小批量、多次数的特点,即交易异常频繁。

(4) 受心理因素影响大。由于生活资料选择性较强,其在流通中受到消费者心理因素的影响较大。这些心理因素更多地取决于消费者对商品的偏好,一些广告宣传的促销手段也会有助于形成消费者的偏好。

2) 日用工业品流通的特点

日用工业品包括糖、烟、酒、食盐、百货及文化用品、纺织品及服装、五金交电、化工、劳保用品、医药、民用石油、煤炭等。日用工业品品种繁多、规格多样、档次不一。稳定、集中的生产与分散、可替代性强的消费等,决定了日用工业品这一流通要素的特殊运动方式和规律。

(1) 多向性。日用工业品生产主要集中在大中城市,其消费遍及广大城乡。其流通形成从集中到分散,从城市到广大城乡,多扇面外辐射状。在市场流通过程中,每一类产品都有特定的流通区域和流通环节。从发展来看,许多生活资料生产有日益集中的趋势,而其高度集中则以包括连锁商业在内的现代化的流通网络为先决条件。

(2) 相关性。许多日用工业品属于互补商品,只有互相配套,才能发挥使用价值。例如,整机与零配件,主机配、附件等,录像机与录像带,皮鞋与鞋油等。日用工业品需求的相关性,及其营销中品种、规格、花色、档次齐全的要求,决定了日用工业品流通从收购、运输到销售服务,必须实现结构合理化、系列化和配套化。

(3) 可替代性。许多种类日用工业品品种繁多,可替代性较强。例如,同季各色服装、鞋帽等。可替代日用工业品在流通中必然存在竞争性,根据市场流行趋势,适时把握消费时尚,是组织好可替代日用工业品流通的关键。

(4) 差异性。日用工业品生产相对稳定,一种商品的生产能力一旦形成,就有可能多批量、周期均衡地供货,但其消费则具有分散性、可替代性、选择性等特点,由此形成日用工业品收购上的稳定性与消费上的多变性矛盾。及时把握市场信息、注意产需衔接是组织好日用工业品流通的重要途径。

3) 农副产品流通的特点

农副产品包括粮食、植物油、肉禽蛋、水产品、蔬菜、茶叶、果品、干菜、棉麻、土产、畜产品等。进入商品市场的农副产品流通具有如下特点。

(1) 季节性。农副产品生产一般受自然条件制约,具有鲜明的季节性,这决定了其流通的季节性。不同季节有不同的产品流通结构和流通规模,淡旺季差异显著。在自然条件约束下,季节性生产与常年消费形成了农副产品在流通中的特殊风险性。大宗农副产品的国家收购与国家补贴体系、价格保护政策及期货贸易由此应运而生。

(2) 分散性。我国农业集约化程度较低,农业生产分散地由两亿农户承担。农副产品生产的分散性决定了其流通的分散性,其流通方向是由分散到集中,由农村到城市。就粮食等商品来说,流通是由分散生产到集中收购,再到分散销售。农副产品收购网点的设置,人员的配备,商品的运输、储存等都必须适应其分散性的特点。

(3) 不平衡性。农副产品生产受气候、日照、地势等自然条件制约,表现出地区之间、年度之间的不平衡性。其生产有集中产区的分散产区之分;有丰收地区和歉收地区之分;有丰年和歉年之分。农副产品生产上的不平衡性决定了运用流通来调节不平衡性的必要性。地区间的调运、进出口量的调节、储备量的增减以及价格、税收变动手段是平衡农副产品流通的重要手段。

4.2.3 产权与服务

1. 产权流通

产权流通是现代市场经济中一种高级的综合性商品流通形式,特别是在我国以建立现代企业制度为改革目标的今天,产权流通日益发展,成为社会大流通中的重要组成部分。

企业产权是有关企业财产的一组权利,包括所有权、占有权、使用权、收益权、处置权等,它是一定社会的物质资料占有、支配、流通和分配关系的法律表现。企业产权流通是以企业产权作为商品、按等价交换原则进行的企业产权的有偿转让。我国现阶段企业产权流通可以分为三种情况:第一,所有权和经营权同时全部让渡,如企业兼并,被兼并企业的法人地位就不复存在,成为兼并后企业的一部分;第二,企业所有权不变,法人地位不变,企业经营权在一定期限内的让渡,如企业承包、企业租赁;第三,企业所有权部分让渡,即以股份制形式承担企业产权结构,让渡企业部分股权。

知识产权作为商品进入流通领域在市场上交易,这在全球是一个新的领域。知识产权包括专利、商标、著作权、集成电路布图设计、植物新品种等。

(1) 专利。专利包括发明、实用新型和外观设计。发明,是指对产品、方法或者其改进所提出的新的技术方案。实用新型,是指对产品的形状、构造或者其结合所提出的适于实用的新的技术方案。外观设计,是指对产品的形状、图案或者其结合以及彩色与形状、图案的结合所作出的富有美感并适于工业应用的新设计。专利一般具有新颖性、创造性与实用性。市场上进行交易的专利必须取得国内或国际知识产权机构的确认,在中国是国家知识产权局。一旦专利得到确认,要想利用这一专利就得进行交易。

(2) 商标。商标是指任何能够将自然人、法人或者其他组织的产品与他人的商品区别开的可视性标志,包括文字、图形、字母、数字、三维标志和颜色组合以及上述要素的组合。国家规定必须使用注册的商品,必须申请商标注册,未经核准注册的,不得在市场销售。商标分为商品商标、服务商标、集体商标与证明商标。自然人、法人或其他组织对其生产、制造、加工、拣选或者经销的商品申请商品商标;自然人、法人或其他组织对其提供的服务项目申请服务商标;团体、协会或者其他组织名义注册,供该组织成员在商务活动中使用,以表明使用者在该组织中的成员资格的标志为集体商标;某种商品或服务为具有监督能力的组织所控制,而由该组织以外的单位或者个人使用于其商品或服务,用于证明该商品或服务的原产地、原料、制造方法、质量或者其他特定品质的标志为证明商标。

(3) 著作权。作品不论是否发表,都享有著作权,著作权自作品创作完成之日起产生。作品是指文学、艺术和科学领域内具有独创性并能以某种有形形式复制的智力成果。著作权包括下列人身权与财产权:发表权、署名权、修改权、保护作品完整权、复制权、发行权、出租权、展览权、表演权、放映权、广播权、信息网络传播权、摄制权、改编权、翻译权、汇编权及其他权利。

(4) 集成电路布图设计。集成电路,是指半导体集成电路,即以半导体材料为基法,将至少有一个是有源元件的两个以上元件和部分或者全部互连线路集成在基法之中或者基法之上,以执行某种电子功能的中间产品或者最终产品。集成电路布图设计,是指集成电路中至少有一个是有源元件的两个以上元件和部分或者全部互连线路的三维配置,或者为制造集成电路而准备的上述三维配置。

(5) 植物新品种。植物新品种,是指经过人工培育或者对发现的野生植物加以开发,具备新颖性、特异性、一致性和稳定性并有适当命名的植物品种。

2. 流通服务

服务产品同样可以作为交易客体进入市场。服务产品作为交易客体,与一般产品有所不同:其一,服务产品的直接性,服务提供者一般要与消费者直接见面,服务生产与消费同时进行。其二,服务产品的复杂性,服务的对象是人,而不是自然物质。其三,服务产品的工艺性,服务是一种手艺的展现,通过这种服务满足不同层次、不同爱好者的需求。其四,服务产品的技术性,即服务有特定的技术要求。其五,服务产品的普遍性,即人人都需要提供各种服务产品,不分男女,不分老幼。

按照服务功能的不同,通常可以将服务业划分为为消费者提供服务的消费性服务业和为生产者提供服务的生产性服务业。流通业属于第三产业,即服务业的范畴。而从流通业自身的特性及其在经济发展中的作用来看,它更多的是归属于生产性服务业。生产性服务业的主体包括交通物流、金融服务、技术研究与开发、信息服务和商务服务等行业。此外,商贸流通业中的批发业对组织生产、活跃流通、扩大消费具有重要作用,在大多数国家也被归为生产性服务业。由此可见,生产资料流通作为生产和生产性消费的中介,是连接各个生产过程、各个生产企业和部门的桥梁与纽带。生产资料流通有其自身特有的属性,发挥着特定的功能,这决定了其在生产性服务业中的特殊地位:生产资料流通的高效率,有利于促进生产性服务业的发展;科学高效地组织生产资料流通,发挥生产资料流通的功能,对于发挥生产性服务业的作用和日益发展的社会化大生产有着重要的作用。

具体而言,流通服务的内容包括:①运输。运输包括铁路运输、公路运输、水路(内河与海洋)运输、航空运输及管道运输。不论是货运还是客运都得购买这种服务产品。②物流。物流是一种为供需双方专门提供运输、装卸、搬运、包装、储存、流通加工、配送、信息处理等一体化服务的活动。③金融。金融包括银行、证券公司、财务公司、融资租赁公司、基金公司、保险公司等。购买金融服务产品同样要付款。④信息。信息包括电子商务、邮政、电信基础服务、电子政务、门户网站,也包括新闻出版、广播影视等。⑤零售。如商业地产、有形与无形市场、电视采购、电子采购、商业街、连锁超市等。

4.3 流通载体

4.3.1 批发市场与零售市场

1. 批发市场

批发作为一个产业部门是在自由资本主义时期才出现的。当全国统一市场形成,工场手工业发展,商业设施改善,资金积累增加,原先批发与零售混合并以零售为主的经营体已不能满足客观经济要求,于是批发业作为一个群体逐渐分离出来,从而形成了一个独立的产业部门。批发业是指以向大中型零售商和酒店、餐馆、工厂、机关团体、企事业单位以及其他服务性机构提供数量和金额较大的商品与服务为主的行业。批发业态是指批发企业为满足中小型零售商和各类消费群体而形成的经营理念、经营方式的表现形式。

批发市场是指专门经营大宗批发业务的交易场所。在批发流通中,交易市场是制造商与批发商、批发商与批发商、批发商与零售商之间非常重要的流通中介和交易地点,交易市场的数量、种类、分布及其业务分工决定批发流通的格局。现代批发市场是在古老的集市的基础上发展、演变而成的。集市是交易活动的集中场所,在性质上与现代批发市场或交易场馆无异,集市又以零售买卖为主要交易活动,因而与零售企业有历史渊源。

批发的主要特征表现为以下几个方面。

(1)交易批量大。一般来说,批发的交易批量无论是在数量上还是在金额上都远远大于零售的交易批量。

（2）交易更加理性。批发的销售对象具有明显的组织化特征,组织购买都由采购部门来完成,经过科学的决策程序,具有一定的规律性,属于专家购买类型,更加具有理性化的特征。

（3）商圈更大。由于批发的销售对象是再销售者、产业和事业用户,这些组织购买者的活动能力、交易范围远比零售服务的家庭消费者要大。另外,批发企业与用户之间的空间距离不会成为成交与否的决定因素。

（4）交易关系稳定。批发用户的购买不仅在时间和频率上相对稳定,而且其品种和数量也是相对稳定的,这就决定了批发用户和批发企业之间很容易达成协议,建立一种长期、稳定的交易关系,这样也有利于降低交易双方的交易费用。

（5）交易过程中服务项目的专业化倾向日益明显。批发的销售对象决定了批发企业关注的是产品线问题,设法增加产品线的长度、宽度和深度,受购买环境的影响较小,服务的重点应该是通信、储运、信息、融资等。

批发市场既不同于集市和商品交易所,也不同于单体批发商或批发企业,是一个独特的批发组织,因而也具有独特的功能,具体表现在以下几个方面。

（1）媒介功能,即媒介商品交易的功能。批发市场的媒介功能是通过将商品交易者集中到一定的空间场所,以提高商品交易者的交易效率来实现的。

（2）服务功能,是指批发市场为商品交易者提供各种服务的功能,主要包括信息服务功能、物流服务功能以及生活服务功能。服务功能是批发市场最重要的功能,只有具有充分的服务功能,批发市场才有存在的必要。

（3）管理功能,是指批发市场对场内交易进行规范与管理的功能。管理功能是否充分发挥不仅直接关系到每个交易者能否进行公平交易,而且也直接制约着批发市场的运行效果。

（4）经济辐射功能,批发市场可以利用自身的优势,进行产业延伸或者为产业延伸提供服务。批发市场能够带动本地经济发展,并对周边地区的生产与经济发展产生辐射效应。

随着批发市场的不断发展,其功能也在不断拓展,呈现出创新的发展趋势。

首先,以市场为导向,创新批发业态。国外在批发领域存在着许多不同的业态,它们都是根据商品和市场的不同特点而形成的。在国内市场已发生重大变化的情况下,批发业态的创新应成为新一轮流通改革的重要内容。现代信息技术、电子商务和现代物流的出现,正是国内外流通业,包括现代批发业催生的结果,它们并没有取代现代批发业,只是改变了现代批发业的存在形式。

其次,增值服务批发企业。经营服务综合化、推进批发业职能创新,发展综合性服务是实现现代批发业发展的倾向,包括：推进对零售业的支持、支援、服务职能的创新,开展全方位服务；推进对制造企业的服务功能,充分发挥批发企业的积极作用,大力开展综合性服务；推进产品细分化,做到"专而全",专业化经营、综合性服务是现代批发业企业市场定位的方向,要做到服务全面、功能齐全、专业化品种最多、规格最全、花色最齐备,成为专业用户、专业经营者理想的进货场所。

再次,向制造业发展。由于批发企业存在的必要性与合理性,生产企业自销、企业自采等商品流通形式不会抢占批发业过多的业务,突出"批发"经营性质的批发企业自有品牌战略具有其合理的生存空间。批发企业自有品牌战略的实施可以采用订购与委托加工、自行投资建厂组织生产这两种方式。

最后,向零售业延伸。在流通领域,广大中小商业企业由于不具备规模优势,在竞争中往往处于不利的地位,为了增强各自的竞争实力,同时又保留对企业产权的控制,这些中小商业企业可以联合起来,组成自由连锁集团。这种自由连锁集团,是在保留单个零售企业资本所有权的基础上,批发企业与零售企业实行联合,双方之间是协商与服务的关系。通过这种自由连锁的形式,批发企业可以利用自己在进货渠道、仓储设施、配送网络等方面的优势,更有力地控制零售终端,从而巩固在供应链中的主导地位,优化对供应链的管理,进而增强整个供应链的竞争能力。

2. 零售市场

零售是指把商品和劳务直接出售给最终消费者的销售活动和商品交易方式。这里所说的最终消费者,是指为了进行生活消费的消费者。零售市场以城市零售商圈为主要内容,在商业投资和经营过程中,由于不同零售企业具有类似的区位选择意向和有规律的网点分布,进而形成若干分布于不同区位的零售企业群。零售业是指以向消费者销售商品为主,并提供相关服务的行业。零售业态是指零售企业为满足不同的消费需求进行相应的要素组合而形成的不同经营形态。由于消费需求的多样化特征以及消费者多以群体的形式出现在市场上,零售企业必须选择有针对性的、切实有效的经营方式,即进行业态选择。

零售业是商品流通的最终环节,商品经过零售,卖给最终消费者,就从流通领域进入消费领域。零售业是一个古老的行业,并随着社会和经济的发展而演化。中国早在商朝就有商人和商业活动。西方的商行出现较晚,但在近代发展较快。自19世纪以来,西方国家的零售业经历了被称为"四次革命"的重大变革,即经历了从百货公司到连锁商店再到超级市场以及现代无店铺销售的历程。它是社会和市场环境不断演变、消费者购买行为和习惯不断变化以及市场竞争不断深化的具体表现。零售业态的每次革命,都对商业企业提出了巨大挑战,也给企业带来了巨大商机。

零售的主要特征表现为:第一,交易次数频繁,交易批量小。这是由零售的服务对象决定的,零售的服务对象主要是个人消费者,零售商必须有充分的备货、精美适用的包装以及准确的价格明示。第二,对店铺选址以及店铺设计有较高的依赖度。由于个人消费者的购买行为有一定的随意性,容易产生冲动或情感购买行为,而且又多为"来店购买",因此,零售商必须充分考虑店铺、营业时间、商品陈列、店堂布置、橱窗广告等因素,以提高经营效率。第三,经营场所分散,经营活动受商圈的限制。一般来说,每个零售店铺都存在一个或大或小的零售商圈,零售商必须根据商圈的大小来设置零售店铺。

4.3.2 现货市场与期货市场

1. 现货市场

现货交易是一种最古老、最基本、最普遍的交易方式,现货交易构成的市场即为现货市场。现货市场指现货商品市场,即有固定场所和设施、有若干经营者入场经营并分别纳税、公开集中交易有形商品的交易场所。商品市场是由交易主体、交易客体、交易载体等多种要素构成的商品交易场所;是提供服务的场所,即给生产者、消费者提供一定服务质量的交易场地;是提供感觉体验的场所。商品市场由消费品市场、生产资料市场和服务市场构成。消费品市场按消费的对象分成两大类,即农副产品市场和工业消费品市场,是连接生产和生活消费的纽带。现货市场的另一层含义是指对与期货、期权和互换等衍生工具市场相对的市场的一个统称。现货市场交易的货币、债券或股票是衍生工具的标的资产。在外汇和债券市场,现货市场指期限为12个月左右的债务工具(如票据、债券、银行承兑汇票)的交易。

现货市场是整个市场运行的基础。现货市场可称为"现期交易"或"现货买卖"的市场。一般零售交易都属于现货市场,批发现货交易也属现货市场。现货市场有助于及时调节供求关系,促进与推动经济的发展;有助于价格发挥反馈机制的作用;也有利于竞争规律发挥作用。现货市场的特征主要表现为:现货交易的及时性决定了市场商流和物流的并存;现货交易的实体性决定了市场交易活动的频率高;买卖的同步性决定了交易双方的单一买卖关系。

现货交易的优点是:避免人为作假导致的高风险,省去了不少谈判、订立合同、资金结算、运货、销售等麻烦,交易成本大大降低,资金的利用率大大提高。

现货市场的交易形式是:自由报价,公开集中竞价,并按价格优先、时间优先原则由电脑交易系统自动撮合成交。由于现货市场上市的交易品种在现货市场中较大的价格波动幅度,完善的交易机制有利于投机者灵活买卖、风险控制,充分博取价格波动中的差价,从而获得巨额的投资回报,因此,现货市场上存在着大量的套利投资商。

2. 期货市场

期货市场是指进行期货交易的市场。期货交易包括:①商品的期货交易,指商品交易成立时,约定未来一定日期交易的一种买卖交易。它一般分为近期交货和远期交货两种情况,实行近期交货的通常是正常的商品交易;实行远期交货的一般都是特殊商品、市场上极为紧缺的商品和个别加工待制的产品等。一般把半年以上交货称为远期交易。②期货合约买卖,即进行标准化期货合同的买卖,标准化买卖合约多在期货交易所内进行买卖。与现货交易相比,期货交易最显著的特点是:期货交易买卖的是标准化的期货合约;交易的结果不是转移实际货物,而是支付或取得签订合同之日与履行合同之日的价格差额;期货合约是由交易所制定的标准化期货合同,只能按照交易所规定的商品标准和种类进行交易。

期货市场具有义务性和规范性的特征。其义务性是指期货交易不仅仅是单纯的买卖关系,还存在着一种履行义务的关系。其规范性表现为:首先,在期货市场参加交易的必须是交易所的会员单位,非会员单位和个人只能通过会员单位代理来进行交易;其次,上市商品要具有一定条件;最后,在交易程序、成交方式、结算与期货合约的转卖或对冲以及实物交割等方面都有严格的规范和限制。

期货市场具有价格发现和规避风险的功能。期货价格实际上是期货市场对未来某一特定时间的现货价格的期望或预期。不论是多头还是空头,其作出买卖委托所依据的价格,都体现了对所掌握的市场资讯以及过去的价格表现的研究,而通过交易所电脑撮合公开竞价出来的价格就体现了此瞬间市场对未来某一特定时间现货价格的平均看法。可见,期货市场具有价格发现的功能,即期货市场上买卖双方通过公平、公开、公正的竞争,不断更新期货交易品种的未来价格,使之接近某一均衡水平,从而为未来现货价格的确定提供充分的信息。市场参与者可以利用期货市场的这一功能进行相关的决策。期货市场之所以能够规避风险,主要是通过"套期保值"的做法,商品持有者在期货市场上买进或卖出与其所持有产品数量相当但交易方向相反的期货合约,以抵消因现货市场价格波动所带来的现实的价格风险,避免由于价格波动所造成的损失。农产品由于许多不可预知的因素导致其价格波动较大,尤其应多考虑利用期货市场来规避价格波动的风险。

4.3.3 有形市场与网络市场

1. 有形市场

有形市场是指具有固定的市场客体经营场所,有相应的市场经营设施、市场技术设备、市场经营管理组织等条件的市场。

按照有形市场经营场所的固定性期限,可以将其具体分为稳定性市场和临时性市场。稳定性市场如各种商场、商店、交易所等;临时性市场如各种展销会、订货会、交易会、拍卖会等。临时性市场一般有销售期限,期满即散。从市场经营组织数量看,有形市场又可分为单一市场经营组织和多个市场经营组织两种形式。单一市场经营组织是指某一特定市场内经营的市场客体,其所有权属于一个市场经营组织所有;多个市场经营组织是指由众多市场经营者在某一特定市场内同时从事经营活动的集中经营场所。

有形市场的基本功能有:①提供交易场所,代理商品交易。可通过有形市场为商品交易、洽谈、招商、展销等交易活动和招标、拍卖会提供场地,为交易代理、地价评估、法律咨询等中介机构提供营业场所。②办理交易事务。可通过有形市场为政府有关部门派出的办事机构提供服务"窗口",方便交易各方办理政府管理的有关手续。③提供交易信息。可通过有形市场公布和提供商品供求信息,收集、储存、发布商品交易行情、交易结果,提供有关政策法规、市场管理规则和投资咨询等服务。

2. 网络市场

网上购物,即通过互联网进行商品经营活动的一种形式,通常所见的网上书城、网上花店、网上订票等网络商店,以及部分网上拍卖,均属于此种模式。零售商在互联网上开设虚拟商店、建立网上营销的网站,消费者可以根据网址进入网站,浏览商店的商品目录等各种信息,找到合意的商品后直接通过购买链接向零售商订货,并通过电子支付系统付款。零售商则通过邮寄把商品送给购物者。网上购物具有独特的优势。它把购物过程中的时间和距离都压缩为网上的一小段时间,消费者可在短时间内访问所有商店对各家商品进行比较选择,大大节省购物的时间和费用。

从网络市场交易的主体看,网络市场可以分为企业对消费者(B2C)、企业对企业(B2B)、国际性交易三种类型,企业对消费者的网上营销基本上等同于商业电子化的零售商务,企业对企业的网络营销是指企业使用因特网向供应商订货、签约、接受发票和付款(包括电子资金转移、信用卡、银行托收等)以及商贸中其他问题如索赔、商品发送管理和运输跟踪等。国际性的网络营销是不同国家之间,企业对企业或企业对消费者的电子商务。具体说来,网上交易业务有六种类型:①企业间从事购销、人事管理、存货管理、处理与顾客关系等;②有形商品销售,先在网上做成交易,然后送货上门,如书籍、花卉、汽车、服装等;③通过数字通信在网上销售数字化的商品和服务,使顾客直接得到视听等享受,目前主要销售的是音乐、电影、游戏等产品;④银行、股票、保险等金融业务;⑤广告业务;⑥交通、通信、卫生服务、教育等业务。

以电子商务平台为代表的网络市场区别于传统有形市场,具有典型的平台经济特征。首先,除了传统市场存在的单边外部性,网络市场表现出明显的双边网络效应(two-sided network effect),网络市场中一侧的消费者数量会吸引更多的商家入驻,而商家也会吸引消费者。同时,网络市场存在三大定律:摩尔定律(Moore's Law)、梅特卡夫法则(Metcalfe's Law)和达维多定律。摩尔定律是以英特尔公司创始人之一戈登·摩尔(Gordon Moore)命名的。他在1965年预测单片硅芯片的运算处理能力每18个月就会翻一番,而价格减半。摩尔定律的实质是学习曲线,说明随着产出的增加,厂商不断改进生产技术,结果单一产品的成本不断下降,显示出一条下降的边际成本曲线。梅特卡夫法则认为网络经济的价值等于网络节点数的平方。这说明网络产生的效益将随着网络用户的增加呈指数形式增长。前提是每个新上网用户都因为互联网得到了更多信息交流的机会。网络经济中,随着市场的扩大,使用人数的增多,产品和服务价值越来越高,信息资源在被共享的同时,总量也在飞速增加。这个法则指出了消费需求方面的效用递增,即联网用户越多,网络价值越大,联网需求也越大。达维多定律认为进入市场的第一代产品能够自动获得一半的市场份额。这是网络经济中的马太效应,即由于人们的心理反应和行为惯性,在一定条件下,优势和劣势一旦形成,就会不断自行强化,出现滚动式积累效应,形成强烈反差,这一定律说明了网络经济中的"主流化"现象。

4.3.4 国内市场与国际市场

1. 国内市场

国内市场是指商品交换以全国范围为活动空间的市场。国内市场有两层含义:一是指与国外(国际)市场的对称,即指一国疆域之内的市场;二是指国内统一市场,专指在商品经济广泛发展的基础上所形成的把国内各地区的经济融合为一体的市场。在这种市场中,商品自由流通,市场要素统一运动,市场机制统一调节,反映出市场主体支配交换客体的空间活动的广泛性。

国内市场具有以下功能:第一,整体性;第二,协同性;第三,竞争性。总之,国内市场的形成不仅是市场经济高度发展的结果,而且也推动市场经济的发展。同时,它还有利于整个国民经济的运行和改革开放的进一步深化。

2. 国际市场

国际市场实质上是指世界范围内的交换过程、流通领域以及所反映的交换关系的总和。从时间上看,国际市场是一个历史的概念,有其萌芽、形成和发展的过程;从空间上看,国际市场是一个地理的概念,它总是相对于某一个具体范围内的市场而言,即探讨商品交换、劳务交换和资源配置在一定范围内的特征。各国各地区设立的世界性的、洲际性的商品交易所、证券交易所、拍卖市场、固定的展销会、定期的商品交易会以及不同国家企业间的商品交易,都是国际市场的具体形式。国际市场交换关系复杂。

分析国际市场,首先要明确国际市场的分类,确定其基本格局,从而把握各类市场的不同特征,并制定针对不同市场分布的差别化的经营战略。按照不同的标准,国际市场可以进行不同的分类:①地理性划分。国际市场可以分为欧洲市场、北美市场、南美市场、中东市场、东亚市场、南亚市场、东南亚市场以及西非市场等。②经济性划分。国际市场以人均国民生产总值为衡量标准,大于4 000美元的为工业化国家市场,小于700美元的为低收入国家市场,介于二者之间的为中等收入国家市场。③阶段性划分。国际市场可以分为发达国家市场、中东欧国家市场、新兴工业化国家市场、其他发展中国家市场等。④集团性划分。国际市场可分为欧盟市场、北美自由贸易区市场、亚太经合组织市场等。

国际市场规模主要取决于人口和收入这两个基本因素。一国的市场规模与人口成正比,人口越多,潜在市场就越大;随着人口不断增加,世界市场的规模也将不断扩大。另外,构成市场规模的人应是有支付能力的人,这又取决于一国的国内生产总值的大小及其增长程度,它直接决定了一国居民的个人收入、可支配收入以及家庭收入。

了解国际市场格局分布也有助于研究国际市场的消费者行为,不同国家的消费者行为存在着极大的差异性,这种差异性一方面来自不同文化、不同社会环境因素的影响;另一方面则来自经济因素的影响。

国际市场的发展特征表现为:第一,国际市场的交换广度、深度不断扩大,一方面把越来越多的地区、国家卷入世界市场,把越来越多的商品、劳务、技术卷入世界市场;另一方面则是国际贸易的结构向高级化、服务化、技术化发展。第二,经历了统一的世界市场向综合的国际市场发展的过程,到20世纪90年代,随着国际经贸联系的扩大,世界市场逐步转变为一综合的国际市场。第三,存在多个区域市场,贸易集团化的趋势也在加强。第四,国际市场发展具有不平衡性。第五,国际市场的竞争具有广泛性。

3. 全国统一大市场与双循环发展格局

在构建双循环体系中,加快完善国内统一大市场有利于拉动消费,更好地发挥消费对经济发展的带动作用,而流通体系是国内大循环的基础骨架。在推动社会总需求和总供给动态平衡的过程中,流通体系作为连接生产和消费的重要桥梁与纽带,对打破市场分割、完善国内统一市场具有重要影响。流通体系发展至今,已经逐步具有基础设施属性和空间网络性两大现代特征。其中,基础设施属性主要是通过基础设施建设吸引投资、扩大内需,空间网络性则是在经济循环发展中要素和产品实现空间位移的重要载体与渠道。流通体系的空间网络性,有助于产品和要素等打破区域交流阻碍,改善空间联系,以更便捷、更快速的方式实现产业和要素在更大空间范围内的流通与交换,从而构成国内统一市场的基础。而基础设施属性主要是作用于提振内需方面。提振内需是促进国内大循环的战略基点,流通体系作为连接生产和消费的重要桥梁,既有助于供给方在市场中获取有效需求,也能够支撑供需活动的实现,从而对供给侧结构性改革有着直接的推动作用。

另外,在构建双循环体系中,国际市场也是重要一环。新发展格局中的国内国际循环强调的是要依托我国大市场优势,促进国际合作,坚持实施更大范围、更宽领域、更深层次对外开放,而流通体系是国内国际双循环必须借助的市场接口。流通体系连接国内市场与国际市场,是经济全球化的基础和支撑,流通体系的社会化、国际化、信息化的现代属性可以使其跨越国界,高效衔接从生产到消费的各个环节,实现商品和资源有效集散、高效配置、价值增值,使我国与国际市场的联系不断密切,通过外部资源来形成全球统一的产业链条。

4.4 流通渠道

流通中的商品交付是一个主要的问题,只有通过分配、发送工作,顾客才能得到所需的商品和服务。生产者可以为他们的商品和服务创造自己独特的生产条件并选择制造方式,但大规模商品交付却需要为消费者创造时间、地点和现成的商品的便利。因此,流通渠道就成为交换形式、时间、地点和现成的商品四者互相结合的载体。

4.4.1 流通渠道结构

1. 流通渠道及其作用

商品流通渠道是指商品从生产领域转移到消费领域所经过的通道,是商品从生产领域向消费领域转移的运动路径,即产品所有权转移过程中所经过的各个环节连接起来形成的通道。流通渠道的起点是生产者,终点是消费者或用户,中间环节包括各种批发商、零售商、商业服务机构(交易所、经纪人等)。中间商是社会分工和商品经济发展的产物,它存在的必要性在于协调生产和消费之间在数量、品种、时间、地点等方面的矛盾,加快商品流通的速度并实现良好的经济效益。

流通渠道具有双重性。由于商品具有价值和使用价值的两重性,因而决定了流通过程是价值运动和使用价值运动的统一。在这种价值和使用价值双重运动的客观要求下,流通渠道也具有双重性,即它既包括使用价值运动的渠道,也包括价值量运动的渠道。一方面,作为商品实体运动的渠道,它在商品的使用价值形态上连接着生产和消费,规定着商品的流通路线和方向,起着分配实物体的作用;另一方面,作为一定价值量运动的渠道,它又在商品价值形态的变换中连接着生产和消费,起着实现商品价值和转移商品所有权的作用。

流通渠道可以说是由相互依赖的一系列纵向排列的机构,如厂商、批发商、零售商组成的,由于这种相互依赖性,流通渠道可以看作一个为了生产共同的产品而相互联系、相互依赖的大系统,渠道中每个营销机构为实现其目标都须依赖于其他的机构,如厂商会依赖于零售商把自己的产品送达最终消费者手中,以实现其盈利的目标。由于营销机构面临着日益冲突的、不稳定的、竞争激烈的环境,商品分销的作用将越来越重要。目前,许多企业正在转向一些新的营销渠道,如批发商会、工厂销售部、电子采购渠道、各种特许经营机构、自动购货系统和混合渠道等,这些渠道与选定的细分市场能够更准确、更有效地相互匹配。

2. 流通渠道的层级结构

流通渠道的层级结构是指一个渠道系统中包括的中间机构的层次数量,也就是通常所说的渠道长度。每个中间机构只要在推动产品及其所有权向最终买主转移的过程中承担若干工作,就是一个渠道级。中间机构的级数被用来表示渠道的长度。生产商和最终消费者都担负了某些工作,它们也是渠道的组成部分。

(1) 零级渠道,是指产品从制造商流向最终消费者的过程中不经过任何中间环节(中间商中转)的流通渠道。这种直接渠道一般多用于工业产品的流通,主要是由工业产品单价高、购买批量大、用户数量少、技术性要求高、安装使用复杂等特性决定的。当然不排除某些消费品也会采取直接销售(直销)的形式。工业品分销渠道以具有服务功能的短渠道为主。实践中企业工业品分销渠道以直销为主,并在主要销售地点设立网点。

(2) 一级渠道,是指一个渠道系统中只包含一级中间机构或一层中转环节。对消费品市场而言,这个中间机构就是指零售商;对工业产品而言,这个中间机构则是指销售代理商或经销商。实践中工业品分销也可以利用代理商建立销售点或者利用批发商进行销售。

(3) 二级渠道,是指一个渠道系统中包含两级中间机构,如批发商和零售商或代理商。

(4) 三级渠道,是指一个渠道系统中包含三级中间机构,如批发商和零售商或代理商之间还有一级中间商。

渠道系统包含的层级越多,渠道的长度就越大,对渠道的控制就越困难,对于商品流通的效率和费用的影响就越大。因此,对渠道的层级结构要依据商品的特性进行合理的选择,进而实现综合性的渠道优势。

渠道设计中应尽量减少商品和顾客接触的中间环节,实现商品和顾客的直接接触,以便实现成本优势和减少中间环节的信息失真。随着网络信息技术的发展,消费者需求和行为习惯的改变,个性化要求越来越高,加上顾客不确定性的增加和承诺的丧失,消费的"折中主义"使得渠道出现扁平化的趋势。在不同行业中,扁平化分销渠道依照层级数量不同,一般可分为三种形式:直接渠道、有一层中间商的扁平化渠道、有两层中间商的扁平化渠道。

电子商务的发展也带来了渠道结构的改变。电子商务在生产企业与生产企业、生产企业与流通企业、流通企业之间(供应商与零售商)构建起链接,形成生产企业—流通企业—消费者之间的产业链条,实现了整个产业乃至全球供应链网络的增值。相比传统分销渠道,这种网络分销渠道的优势在于:①可以提供双向信息传播模式,提供快捷服务的途径;②形成网状结构,即由一个中心向周围发散的结构,减少层级;③大幅度降低交易成本,缩短销售周期,提高营销活动的效率。网络分销渠道的特征表现为:虚拟性,无店铺,无实物;经济性,降低分销成本;便利性,节省时间和精力。

互联网的发展推动了传统流通渠道的重构,流通环节减少,流通渠道缩短,渠道效率得以显著提高。传统流通渠道结构主要有两种——直接流通渠道和间接流通渠道。直接流通渠道是在简单商品生产条件下,适应零星生产对应零星消费产生的。至社会化大生产下,在大规模生产对应大规模消费的情况下,直接流通渠道仍然是最便捷、最为经济合理的流通渠道。互联网使得碎片化、小规模的消费通过网络平台与规模化生产实现对接,直接流通渠道依托互联网的发展得以快速发展。间接流通渠道的发展源于生产与消费在品种、时间、地点、数量和所有权状态等方面的矛盾,即交易的"欲望双重一致性困境"。[①] 中间商介入商品

---

① 刘向东.商业经济学概论[M].北京:中国人民大学出版社,2009:37.

流通过程,发挥商品集散与商品调节等职能,虽然增加了商品流通环节,但有效地解决了上述交易困境,使得生产与消费最终实现顺利对接。而互联网的发展打破了交易的时空限制,丰富了商品的种类,直接推动了交易的双相契合,因此互联网的发展对于传统商业社会的间接商品流通渠道具有很大冲击。在信息化和互联网时代,直接流通渠道的加速度发展直接挑战了传统批发商业的生存空间,不适应流通环境新变化的商业环节难免遭遇冲击和淘汰,而高适应性的流通组织通过转型调整可以重新发挥专业化的效率优势,推动特定流通渠道的"再中间化"发展。① 现代科学技术的发展也使得流通渠道越加多样化。商品流通渠道由单一实体渠道发展为多渠道(multi-channel),并进一步演变为全渠道(omni-channel)。② 渠道关系也逐渐由冲突、对立走向融合、协同。当前全渠道融合已经成为商业实践中的主流趋势。

4.4.2　流通渠道系统

要达到良好的渠道控制,必须把渠道作为一个系统来管理。在这个系统中,渠道成员互为战略伙伴、共存共荣。渠道系统可大致归类分为三种:垂直渠道系统、水平渠道系统和混合渠道系统。

1. 垂直渠道系统

垂直渠道系统是由制造商、批发商和零售商按照纵向一体化的原则组成的一个统一联合体。在这个系统中,渠道成员之所以愿意合作并建立相互依赖关系,是因为他们认为在垂直渠道中能获得最大利益。垂直系统可以由制造商支配,也可以由批发商或者零售商支配。渠道领导者在渠道中具有相对较高的权力,其规模最大,承担的风险也最大。领导者的职责之一是解决成员之间的矛盾,并保持渠道的稳定;职责之二是要计划和实施渠道变革。麦克康门认为垂直渠道系统的特征是:"专业化管理和集中执行的网络组织,事先规定了要达到的经营经济和最高市场效果。"垂直系统有利于控制渠道行动,消除渠道成员为追求各自利益而造成的冲突。他们能够通过其规模、谈判实力和重复服务的减少而获得效益。

按成员间所有权关系及控制程度的不同,垂直系统又可分为以下几种形式。

(1) 公司式系统,是指一家公司拥有和统一管理若干工厂、批发机构、零售机构等,控制市场营销渠道的若干层次,甚至控制整个市场营销渠道,综合经营生产、批发、零售业务。这种渠道系统可分为两种:一种是大制造商拥有和统一管理若干生产单位和商业机构,采取工商一体化经营方式;另一种是大零售公司拥有和统一管理若干批发机构、工厂等,采取商工一体化经营方式,综合经营零售、批发、加工生产等业务。

(2) 管理式系统,是指垂直系统不是由同一个所有者属下的相关生产部门和分配部门组织形成的,而是由某一家规模大、实力强的企业出面组织的。渠道成员承认相互间存在依赖关系,并且愿意接受渠道领导者(即组织和领导渠道的公司)的统一领导,以分享利润。渠道成员认为如果它们要加入这一管理型垂直营销渠道,就必须接受领导者的领导。这种依

---

① 刘向东.商业经济学概论[M].北京:中国人民大学出版社,2009:175.
② 刘向东.移动零售下的全渠道商业模式选择[J].北京工商大学学报(社会科学版),2014,29(3):13-17.

赖关系有可能持续很长一段时间。

（3）合同式系统，是指分销系统中不同层次的独立制造商和经销商为了实现其单独经营难以达到的经营效果与利润，通过签订某种协议而结成的联合体。在这种渠道系统中，成员之间的依赖关系是依靠合同建立的。合同式系统有三种形式：第一，特许经营组织。特许经营是近年来零售业中发展最迅速也最成功的形式，按特许者和被特许者的不同，又可分为：制造商创办的批发商特许经营系统，即制造商将特许权授予批发商；制造商创办的零售商特许经营系统，即制造商将特许权授予零售商；服务企业创办的零售商特许经营系统。第二，批发商组织的自愿连锁。通常由一家批发商领头与若干独立零售商签订自愿连锁合同，使独立零售商的销售活动标准化，并获得采购成本降低的好处，从而与大型连锁组织抗衡。第三，零售商合作社。这是由一群独立的中、小零售商组成，为了和大零售商竞争而联合经营的批发机构。各个成员通过这种联营组织，以共同名义统一采购一部分货物（向国内外制造商采购），统一进行宣传广告活动以及共同培训职工等，有时还进行某些生产活动。其利润按成员的购买量比例进行分配。

2. 水平渠道系统

水平渠道系统是指营销渠道内同一层次的若干企业采取横向联合的方式，合资或合作开辟新的市场机会，组成新的渠道系统。这种联营主要是由于期望带来更大的协同效应，或是单个企业无力单独积聚进行经营所必须具备的巨额资金、先进技术、生产设备及市场营销设施，或是风险太大不愿单独冒险等。公司间的联合行动可以是暂时性的，也可以是永久性的，还可以创立一个专门公司。营销学家阿德勒将它称为共生营销。

3. 混合渠道系统

混合渠道系统也即多渠道系统，是指一个公司建立两条或更多渠道以到达一个或更多顾客细分市场时的做法。通过增加更多的渠道，公司可以得到一些好处：首先，可以扩大市场覆盖面，不断增加渠道是为了获得更大的顾客细分市场（如增加乡级代理商以渗透到偏僻的农村顾客市场）；其次，可以降低渠道成本，如增加能降低现有渠道成本的新渠道；最后，可以为顾客定制化销售，即可以增加销售特征更符合顾客要求的渠道。但需要明确的一点是获得新渠道需要代价。一般来说，引进新渠道会产生冲突和控制问题。当两个或更多的公司渠道为同一客户竞争时，渠道冲突便产生了，必须引起足够的重视。

4.4.3 流通渠道选择

1. 影响流通渠道选择的一般因素

在流通过程中如何选择与商品相适应的流通渠道，取决于多种因素。总体来看，影响流通渠道选择的一般因素主要包括以下几个方面。

（1）商品的自然属性和经济属性。自然属性是指商品的物理化学性能，它决定着商品的自然生命周期；经济属性是指商品的经济寿命周期，即商品在市场上产生、发展、兴旺直到被淘汰的过程。依据自然属性的要求，必须尽快地把商品从生产领域转移到消费领域；

与此同时,由于商品经济寿命周期的不同阶段关系到潜在消费数量的大小,直接影响着销售的增长,因而还必须依据经济属性的要求,对处于不同经济寿命周期的商品,选择不同的流通渠道。

(2) 商品消费需求的多样性。任何一条商品流通渠道,其起点都是生产者,其终点都是消费者,因此消费需求的任何变化,都会引起流通渠道的相应变化。消费水平的提高,消费需求的增长,会促进生产的发展,使进入流通领域的商品的数量增加,从而要求商品流通渠道的相应扩展;同时,消费水平的提高还会带动消费结构的变化,进而要求有相应的商品流通结构和流通渠道。因此,为适应商品流通的客观要求,更好地满足消费的需求,就必须不断地调整流通渠道的形式和结构。

(3) 生产力的发展水平。生产力的发展水平对于商品流通渠道的结构和布局有着重要的影响,这主要表现在两个方面:一是生产力的布局,决定着商品运动的方向,进而决定着流通渠道的网络分布状况;二是社会生产力的发展水平制约着流通生产力的发展水平,进而影响着流通渠道状况的变化和发展。

2. 影响流通渠道选择的具体因素

(1) 产品方面的因素,包括:①产品的单位价格。一般来说,单价越低,分销渠道应越长;相反,产品单价越高,分销渠道应越短。②产品的体积与重量。体积过大或过重的产品,如建筑机械、大型设备等,应选择较短的分销渠道,最好是采用直接式分销渠道;体积小或重量轻的产品,一般数量较多,有必要设置中介环节。③产品的式样和款式。式样多变、时尚程度较高的产品,如时装和玩具等,应尽可能缩短分销渠道,减少环节,以免产品过时而积压。④产品的易腐性和易毁性。如果产品的有效期短或容易腐坏,如牛奶、蔬菜等,应采取较短的流通渠道,以求尽快地把产品送到消费者手中。⑤产品的技术与服务的要求。对于技术较强而又需要提高售前售后服务的产品,如耐用消费品和多数工业品,应尽量采取直接式渠道模式,即使需要中间商介入,也要尽量减少环节。⑥产品的标准性与专业性。通用的、标准的产品,因具有明确统一的规格和质量,可用间接式销售;而专用产品,如专用设备一般用直接式销售。⑦产品的季节性。季节性强的产品,应充分发挥中间商的作用,以便更好地推销产品。⑧新产品。企业为了尽快打开新产品销路,通常采用强有力的手段去占领市场。为此,企业往往不惜花费大量资金,组成推销队伍直接向消费者出售产品,另外,也要充分利用原有的分销渠道,做到双管齐下。

(2) 市场方向的因素,包括:①用户数量(现实用户和潜在用户)的多少,这是决定市场大小的主要因素之一。一般来说,产品市场范围越大,就越需中间商提供服务;相反,产品市场范围小,则可由厂家直接供应用户。零星产品的销售不宜由企业直接与消费者打交道。②市场的地区性。工业品用户,一般比较集中,适合直接销售。消费品的销售则要视情况而定,对于一些高档消费品如高级服装、高级家具等,一般集中在城市的少数地段,可由少数商店出售;一般的消费品,产品市场分散,可采取传统的分销路线,即经批发商给广大的零售商再转卖给消费者。③消费者的购买习惯。④市场竞争情况。

(3) 企业自身的因素,包括:①企业模式与信誉。如果企业财力资源雄厚,声誉良好,可以自己组织推销队伍,也可以采取间接式销售;如企业产品声誉尚未树立,资金缺乏,则只能依赖中间商提供服务。②企业的管理能力。有的企业虽然在生产方面表现了较强的能力,但缺乏市场营销的知识和技巧,因而有必要选择有能力的中间商。③控制渠道的愿望。如企业采取间接渠道模式,则要与中间商协调配合,适当兼顾中间商的经济利益。如处理不当,就必然激发渠道各环节之间或同一环节各成员之间的矛盾,影响企业对市场情况的了解与控制。如果企业有较强的控制渠道的欲望,又有较强的销售能力,可把产品直接出售给消费者或用户,或者选择较短的分销渠道。④企业可能提供的服务。中间商一般都希望企业能承担更多的广告、展览、培训或经常派服务修理人员驻店,为产品销售创造条件。如企业能提供这些服务,亦能增强中间商经销或代销产品的兴趣;反之,企业只好自行销售。

(4) 国家政策方面的因素,包括相关的政策和法律法规等因素,如税收法、商检法、对外贸易法规等,均会影响企业对分销渠道的选择。企业在选择分销渠道的模式时,要综合考虑上述各项因素,避免一些不必要的失误。

关键术语:

交易主体 交易行为 生产资料流通 生活资料流通 流通服务 劳动力流通 批发市场 零售市场 期货市场 流通渠道 渠道层级结构 垂直渠道系统 水平渠道系统 混合渠道系统 流通渠道选择

思考题:

1. 分别论述政府、企业、个人作为交易主体的行为特征。
2. 试分析理解生产资料流通和生活资料流通的不同特征。
3. 试分析批发市场的功能与作用。
4. 阐述期货市场在流通中的作用。
5. 如何理解流通渠道的作用?
6. 试分析流通渠道的层级结构。
7. 试分析渠道选择的影响因素。

前沿观察

现代流通体系构建需要提升供应链体系的协同匹配能力

随着现代流通体系内涵的不断深化与外延的拓展(尤其是数字化转型),供应链体系也需要不断创新、赋能与提升,以适应现代流通体系发展的要求。这意味着供应链体系要具备与现代流通体系相适应的三个能力,即适应经济高质量发展的创新与可持续能力、适应国际环境不确定性的韧性和安全可靠保障能力以及适应新一轮产业数字技术变革的数字化能力。

一、供应链体系要具备适应经济高质量发展的创新和可持续能力

经济高质量发展是指能够更好满足人民不断增长的真实需要的经济发展方式、结构和动力状态。经济高质量发展与现代流通体系高质量发展密切相关,而与现代流通体系相匹配的供应链系统的创新能力和可持续能力更是在其中发挥着至关重要的作用。供应链的不断创新可以增强供应链顺应经济运行过程的协整能力、协作效率和竞争优势,形成长远发展的不竭动力;供应链的可持续发展也是碳中和与碳达峰的客观要求,与经济高质量发展、实现可持续的社会经济效益一脉相承。因此,通过供应链技术创新、模式创新和机制创新可进一步增强经济发展的内生动力,提高经济发展效率,进而实现经济高质量发展。

第一,供应链管理模式的创新,如福田汽车的"智能整合型"模式、吉利汽车"共同体"模式,这些新型供应链模式融合了智能、共享等新型管理元素,不仅可以加快商业模式创新的演化进程,提升供应链的整体效率,而且更促进了供应链的智能化、共享化和生态化发展。第二,供应链的技术创新,一方面是供应链基础的连接技术、实时定位系统、远程管理技术、安全技术以及绿色包装技术、节能环保技术等的持续创新;另一方面是互联网、物联网、大数据和人工智能技术的应用,通过供应链技术的集成创新,形成大数据支撑、网络化共享的智慧供应链体系,推动流通体系创新转型,实现制造业服务化、智能化和协同化,更好地实现供应链的协同作用,提高经济运行的效率。第三,供应链的机制创新,包括供应链激励机制、协同机制、集成机制、融合机制、服务机制的深化与创新,激发供应链协同与整合效应,整合各类资源和要素,优化经济发展结构,增强经济发展潜力和韧劲,实现经济高质量可持续发展的目标。

二、供应链体系要具备适应国际环境不确定性的韧性和安全可靠保障能力

当前全球受新冠肺炎疫情冲击,经济衰退凸显,贸易摩擦不断加剧,使我国经济发展面临严峻的外部环境挑战。另外,国内经济增长的需求动力正在从投资拉动转向消费拉动和创新驱动。面对国内外经济环境的不确定性,需要兼顾国内和国际两个市场,既要发挥国内市场的规模优势,夯实内循环基础,还要实现国内产业发展与国际产业链的有机融合,形成具有柔性和韧性的国际产业竞争力,提升国际产业链的高端占位。而这些目标的实现,必须以产业供应链建设为基础,构建有韧性和安全可靠保障能力的供应链体系。

供应链的韧性和安全可靠保障能力是指供应链在不改变自身运行状态的前提下,应对冲击和扰动时能迅速恢复供应链运行以及保障供应链运行要素的能力。供应链韧性评价指标体系应从供应链预测能力、反应能力、适应能力、恢复能力以及学习能力五个方面来构建。

第一,供应链预测能力。供应链企业应具备危机来临前的预警、计划、评估规避及控制风险的能力,同时供应链企业还应关注供应链合作伙伴的安全,整体把握供应链的安全,在危机来临前做好预案,保障好应急物资的储备,保证供应链的安全运行。

第二,供应链反应能力。供应链企业应能够针对运营环境的变化进行灵活的调整,并提高协作能力迅速应对风险挑战,同时供应链上的企业要团结一致、共担风险,协调配合将整个供应链的损失降至最低。

第三,供应链适应能力。供应链企业面临风险冲击时,应保有出于安全考虑的替补生产要素,同时也可将不是企业核心能力的环节外包以分散风险,专注核心业务的培养。

第四,供应链恢复能力。供应链企业在应对风险后应具备恢复供应链运行所需的财务、物流实力,为供应链提供资金方面的支持和货物配送与运输的保障。除此之外,供应链还需要良好的运行结构,一般来说,供应链越复杂,受到冲击的影响越小。

第五,供应链学习能力。供应链企业在风险冲击过后,要及时总结经验教训,加强供应链知识的培训,深化对供应链的理解,促进成员间的知识成果和信息的共享,缓解"牛鞭效应"。

三、供应链体系要具备适应新一轮产业数字技术变革的数字化能力

"十三五"期间,我国数字经济规模从2015年的18.6万亿元增长到2019年的35.8万亿元,占GDP的比重从27%上升到36.2%。数字经济发展势头迅猛,发展特征更加明显,发展质量显著提升。在数字经济快速发展的背景下,产业数字化的重点是加快实体产业的

数字化转型,积极推进企业数字化改造,深化各环节的数字化应用。在这个过程中,供应链领域的数字化转型显得尤为重要。

新技术对传统流通系统到智慧流通体系的转型升级进行赋能,依托大数据、物联网、VR/AR/MR(虚拟现实/增强现实/混合现实)、RFID(射频识别)、云计算和区块链等智能化数字技术,通过数字技术支持助力供应链的优化升级。技术的不断革新,推动了流通业围绕"低成本""高效率""强体验"等方面不断进行创新,充分利用现代化技术,对实体门店、电子商务和第三方移动渠道实现无缝衔接和精准融合,进而对供应链系统进行重塑。通过智能技术的应用与数据的智能化支撑,生产商、零售商与消费者之间的互动交流效果加强,同时流通企业也可以利用大数据信息,对信息数据做进一步整理分析,做到整个产业链供应链的优化升级,在量化消费者的同时实现价值链重塑,提升产品匹配度,打造智慧供应链的新兴模式。此外,通过对线上渠道、线下渠道和移动终端渠道等多种渠道的全渠道智能化整合,为顾客提供全方位、无差异性的购买体验,满足消费者的即时性需求,依托于内部资源,如互联网技术、大数据分析等整合包括门店、电商与供应链物流等多种渠道,基于全渠道使消费者感受到更智能化体验平台,也是供应链智能化转型的重要方向。

即测即练

第5章 商品流通一般规律

本章要点：流通是衔接生产与消费的中间环节，流通运行过程蕴含着丰富的经济内容，同时也遵循着经济运行的客观规律。商品流通过程所遵循的规律包括价值规律、供求规律、竞争规律、流通先导规律以及平均利润率规律等。随着学术界对流通地位和作用认识的不断深化，对流通运行规律的研究构成了流通研究的重要内容。当前我国已进入经济发展新常态，加上数字经济的不断赋能，更要深刻认识流通运行的内在规律，深入探索流通体系内涵功能拓展，提高流通运行的效率和效益，进而保障流通运行的顺畅，在构建国际国内双循环以国内循环为主的新格局中形成重要支撑。掌握商品流通规律也是政府实施必要宏观调控的重要依据。

本章学习目标：
1. 理解流通先导地位；
2. 熟悉流通业超前发展的核心指标；
3. 了解商品价格构成与价格管理；
4. 理解流通业中的竞争与垄断；
5. 了解平均利润率与流通利润的关系。

5.1 流通先导规律

随着市场经济的深入发展、买方市场的形成，流通对生产的决定作用日益凸显，流通产业的发展已经成为对国民经济发展实施影响作用——先导与带动作用的决定性力量。流通产业成为先导产业，对经济发展起带动作用，这已是必须面对的客观现实。

5.1.1 流通先导地位

1. 流通先导地位的确立

流通过程是市场经济条件下社会再生产必不可少的一个重要阶段。它与直接生产过程相互作用、相互影响，共同构成统一的社会经济运行总过程。随着生产力水平及生产的商品化、社会化程度的不断提高，流通对于整个社会经济运行的影响作用也越来越突出，成为较之生产过程更为重要的经济运行过程。流通过程成为商品经济下生产过程实现的必要前提，流通过程运行情况直接影响生产过程。流通对生产的决定作用日益凸显，流通决定生产,流通会对国民经济的发展实施带动作用,这体现了流通在经济运行过程中的先导地位,这是必须面对的客观现实。在现阶段,流通业的进一步发展是启动市场的关键,也是带动生产发展的关键,流通业停滞不前甚至倒退,必将阻碍我国的市场化进程,影响其他产业的发展。

(1) 流通对经济增长的贡献度在不断提高。通过提高流通效率、节约成本,流通可以对国民经济增长产生强大的贡献力。企业通过生产的高度自动化、劳动力的专业分工及适当的库存控制等手段提高生产效率,降低生产成本,增强企业竞争力。而新的经济环境和日益创新的技术则迫使企业突破单纯以生产效率为主的传统的竞争方式,对企业的原材料采购、存储、加工生产、产成品储存以及销售的整个物料和相关信息的流通进行整合,而流通效益的提高对国民经济整体经济效益的提高有着巨大的促进作用。"十三五"时期,流通产业增加值稳步增长,占国内生产总值的比重逐步提升。商务部统计数据显示,2019年,批发和零售业、住宿和餐饮业以及居民服务、修理和其他服务业增加值合计为13.2万亿元,占国内生产总值比重约为13%,仅次于制造业位于第二。进入"十四五"时期,流通产业稳步发展的势头仍将继续保持,《中华人民共和国2021年国民经济和社会发展统计公报》数据显示,批发业和零售业增加值达到110 493亿元,比上年增长11.3%。

(2) 流通产业具有较高的产业关联度。由于具有较高的产业关联度,流通业与国民经济各个产业部门的技术经济联系更加密切,成为相互之间实现物资、货币、信息等经济要素传输的渠道与载体。产业关联度是一个产业对国民经济其他各产业的制约和影响程度,社会主义市场经济的有机体中,流通好比其中的血液循环和神经系统,联系着国民经济各个产业与部门。流通体系的现代化程度与运作效率反映并且决定了整个市场机制的成熟程度和运作效率,进而决定了整个经济系统的活力与素质。因此,要大力发展流通产业,加快资本周转和商品流通速度,提高流通效能,实现流通现代化。此外,统一、开放、竞争、有序的国内大市场的形成也需要现代化的流通体系来支撑。

(3) 流通业的发展有助于扩大内需和增加就业。发达的流通业具备着引导需求、发掘需求、创造需求的功能。第一,通过发达的销售末梢和信息技术,掌握、跟踪多变的市场需求信息并及时地传递给上游生产企业。第二,流通业态具有规模化、专业化、信誉高等特点。合理的零售业态,既能适应消费者多样的消费习惯和消费方式,还能引导和营造新的消费习惯与消费方式。各种流通业态不同的市场定位和市场细分,在营业时间、产品种类和档次、购物环境等方面能够满足各类消费者的需求,充分地体现人文关怀,从而使潜在需求在最大程度上转化为实际消费。第三,流通产业具有技术相对简单,工作时间、地点相对灵活等特点,从而决定了流通业具有很强的劳动力吸纳能力,存在着比较大的吸纳劳动力的空间。从西方国家的发展来看,一国的就业水平的高低很大程度上取决于流通产业的发展水平。国家统计局公布的数据显示,以批发零售业、交通运输仓储和邮政业以及住宿和餐饮业为主体的流通产业在2010年的就业人数为1 777万人,到2020年增长到2 471.5万人,年均增长约4%;从流通业增加值来看,2010年为62 393.4亿元,到2020年增长到151 954.4亿元,年均增长约14.4%,可见,流通业发展、流通经济增长在一定程度上会促进就业水平的提高(图5-1)。

(4) 在对外开放不断扩大的背景下,流通业具有越来越强的战略性。加入世界贸易组织以来,世界零售50强企业已有70%进入中国。随着2004年11月零售业的全面开放,外

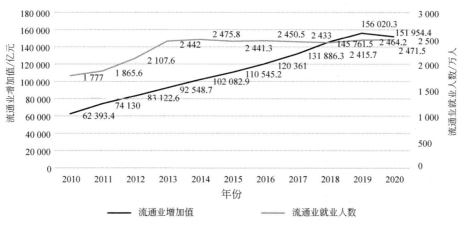

图 5-1　2010—2020 年流通业增加值与就业人数的变化趋势

资企业以国民待遇和国内同行进行平等的竞争。我国流通企业的经营方式正在经历一场大变革。通过连锁经营、现代物流和电子商务等先进流通方式，现代流通企业可以将零散的流通渠道整合、集中，形成发达的流通中枢和渠道网络，进而增强流通企业的渠道控制力。一旦形成强大的渠道控制力，流通企业既可以影响上游生产企业，又可以影响下游消费者，对我国的产业链供应链稳定和安全具有至关重要的作用，在与国外同类企业的竞争中居于有利地位，以期充分应对产业安全问题的挑战。因此，必须重视流通业的战略地位问题。流通业战略地位的凸显，也预示着现代流通业应着力实现几个转变：从产品交易者向生产组织者转变、从市场接受者向消费引导者转变、从价值实现者向价值增值者转变，从单一中间商向综合服务商转变、从渠道管理商向全渠道服务商转变。

当流通产业成为引导国民经济发展的先导产业时，必须正确认识流通业的充分发展对经济发展的带动作用并给予应有的重视。近十几年来，我国流通业的产出在国民经济总产出中所占的比重呈上升趋势，显示了随着国民经济总量增长而产生的产业结构调整的趋势，也预示着流通业在今后相当的一段时期内将成为国民经济发展的一个新的、重要的产业增长点，有着加速发展的趋势，并将日益深刻地影响到国民经济的结构调整和持续发展。因此，必须对流通产业的作用重新审视，给流通业在国民经济中的地位以应有的定位，为流通业的进一步发展提供充分的空间。应给予流通业与工业同样的发展空间，流通企业改革也应纳入国家整个国企改革的总体规划，享受与工业企业同等的改革政策，与工业企业同等对待；必须充分认识到流通业的停滞不前会阻碍经济发展、造成不良后果。

2. 正确认识新形势下我国流通业的地位与作用

改革开放以来，流通业作为竞争性行业成为市场化推进最快的一个行业，其经济能量充分释放，初步形成了多种所有制、多种渠道、多种业态、内外贯通、城乡一体的流通格局，在保障生产建设与人们生活方面发挥着重要作用。

近年来，随着国际形势日趋严峻，全球化进程遭遇寒流，而我国经济规模已位居世界第二，处于由规模扩张转入质量提升的关键阶段，既有强大的国内需求市场基础，又有齐全的产业链支撑，在这一情况下进行重心转换，由外向型主导转变为国内市场引领，形成以国内大循环为主，构建国内经济与国际经济之间交互联系与沟通的新机制，形成两个市场、两种资源关系的再平衡业已成为新形势下的重要战略转变。2021年3月,《中华人民共和国国民经济和社会发展第十四个五年规划和2035年远景目标纲要》提出,加快构建以国内大循环为主体、国内国际双循环相互促进的新发展格局。① 这是在新的历史条件下,党中央审时度势对国际国内形势作出的重要论断,也是对当前及今后一段时间经济工作的总体指导和规划,具有极强的现实依据和长远意义,更是加快形成新发展格局的重要基础。

新形势下的双循环,是在外部环境高度不确定的情况下,利用国内产业基础实力雄厚、产业链条完整,战略回旋空间大,超大市场规模优势,通过畅通生产、分配、流通和消费等再生产环节,一方面推动实现国内经济自我循环,包括供需循环、产业循环、区域循环、城乡循环与要素循环等;另一方面作为世界市场积极对外开放,继续让世界各个国家和地区的企业分享中国市场机遇,并作为世界工厂继续为世界提供中国制造、中国创造,形成国内国际大循环相互促进的新发展格局。在以国内大循环为主体、国内国际双循环的新发展格局下,流通业先导地位更加凸显:第一,作为双循环的纽带和桥梁,通过构建全球供应链、跨境电商平台等,打通国内外市场边界,推动国内外两个体系有效对接、深度接轨。第二,双循环体系以国内市场为依托,也是其重心所在。流通业贯穿国内市场运行体系,流通体系健全与否在很大程度上代表国内市场发育程度,因此健全流通体系不仅包括培育强大流通企业,而且包括完善流通网络体系、改善市场秩序和市场环境,推进形成统一市场。第三,在信息技术推动下,以新经济、新业态为载体,构建新型产业链,打造消费主导的产销体系,将成为双循环下流通企业的新任务。

流通先导作用最突出的体现是流通产业结构调整对于产业结构调整具有重要的决定作用。流通产业在产业结构中占有重要地位,是国民经济发展的支柱产业之一,是当代各国积极发展的重点。流通产业状况是评价一国经济整体发展水平的素质的重要指标,因而是投资的主要领域、利税的主要来源、就业的主要渠道和科技开发应用的主要领域。流通产业在国民经济中发挥着产业带动作用,发展流通产业对国民经济的协调、快速发展具有重要意义。

5.1.2 流通业超前发展的核心指标体系

流通的先导作用意味着流通产业在国民经济发展中具有十分重要的地位与作用。因此,只有现代流通才能带动现代化大生产,只有大规模的流通才能带动大规模的生产。在市场经济条件下,流通产业必须适度超前发展,这已成了市场经济国家必须遵循的一个客观规律。但流通产业不管如何超前,在产业资本、金融资本与商业资本(流通资本)中,只能取得平均利润率,不可能取得超利润率。

那么,流通业的发展水平到底该如何判定?如何才能体现出流通业的先导地位和优先发展程度呢?近年来,许多专家学者对评价流通发展的核心指标体系进行了比较全面系统的研究,并对能够衡量流通现代化发展的核心指标进行了归纳,提出了10个核心指标②来

---

① 中华人民共和国国民经济和社会发展第十四个五年规划和2035年远景目标纲要[EB/OL].(2021-03-13)[2021-06-30]. www.gov.cn/xinwen/2021-03/13/content_5592681.htm.
② 宋则.中国流通现代化核心评价指标研究(上)[J].商业时代,2004(32):17-18.

评价流通超前发展的情况。通过对这些指标进行分析和度量,应能比较准确地判断流通产业发展的水平。另外,这些指标其实也可以看成是影响流通业发展的关键因素,要想实现流通业的先行发展,也就必须在这些指标上达到先进水平。

(1) 流通产业贡献率。流通产业贡献率是指流通产业增加值占 GDP 的比重,所占比重越大,说明流通产业对经济增长的贡献越大。流通产业贡献率实质上是流通产业总体规模的反映。流通产业的总体规模反映了流通业在人、财、物等方面的基本概况,主要包括流通总产值、流通就业人员、流通资本规模、流通业固定资产投资总额、流通利润总额、物流总规模、期货市场交易额等方面的内容。流通业规模是衡量一个国家流通产业发展及其在国民经济中所占份额的主要指标,而流通业规模的大小也成为促进一国经济发展的决定性因素。

(2) 流通业劳动力就业指数。流通业劳动力就业指数是指流通业就业人数占全社会就业总人数的比重。这一指数越大,说明流通业所能带动的就业人数越多,先行发展的必要性不言而喻。实质上,由于流通业的服务性特征和一般竞争性行业的特征,其门槛相对较低,因此,流通业在解决就业方面实际上是有很强的容纳力的。但是,随着流通业现代化水平的提高,对劳动力的素质要求也在提高,因此,需要特别考虑各类专业技术人员在流通业从业人员中所占的比例、从业人员每年的职业培训率和再培训率、管理层人员的素质等方面,通过多方面的比较全面衡量流通业的整体人员素质的状况。

(3) 流通效率。流通效率由流通速度、库存率和社会物流总成本与 GDP 的比率 3 个指标组成。流通速度是指一定时间内(通常为 1 年),流通资本实现一定数额商品的频率,反映的是要完成一定的商品价值所必需的流通资本循环次数,因此,流通速度也可以看作流通资本的周转率;库存率是指一定时间内(通常为 1 年)全社会库存总额占全社会商品销售总额的比重,或全社会库存总额占 GDP 的比重,库存率与流通速度是可以互相印证的反比关系,共同表达流通效率的高低;社会物流总成本与 GDP 的比率是指一定时期内(通常为 1 年),国民经济各部门用于物流的总支出与 GDP 的比率,这一比率的大小是衡量一个国家或地区物流效率高低的重要标准。

(4) 流通产业资源分布指数。流通产业资源分布指数是指流通产业资源(如店铺数量等)在地区(东、中、西部)和城乡的分布比率。通过流通产业资源分布指数可以分析流通产业的布局及其合理性,而流通产业的特点就是网络化发展,合理的流通布局以及丰富的流通基础设施是流通产业迅速发展的重要保障。此外,在流通业发展过程中,流通网点的区位选择和空间分布是关乎产业发展的非常重要的因素,流通业布局合理,意味着流通业的市场满足程度高,也反映了区域经济发展的水平。

(5) 流通产业集中度。流通产业集中度是指一定时期内(通常为 1 年)流通产业中少数较大企业销售额所占市场份额的大小。流通产业集中度是衡量一个国家或地区流通产业的竞争或垄断程度最通用的指标。达到合理的流通产业集中度是流通现代化水平的标志。一方面,发展现代流通,需要培育和发展经营规模大、实力雄厚的流通企业,提高流通产业的组织化程度和市场集中度,以提高流通效率;另一方面,由于流通业的特点,中小企业占据了相当的比重,因此,在关注大型流通企业发展的同时也不能忽视中小企业的发展。

(6) 流通产业信息化水平。流通产业信息化水平是指根据信息化社会的总体特征和要求,通过在传统商品流通领域广泛应用现代信息技术,从而降低流通成本,提高流通效率的动态过程。流通产业信息化水平的高低,直接关系到流通现代化的进程。流通产业信息化水平可以通过信息化固定资产投资比例、研发程度、信息技术人员比例3个指标体现出来。在网络技术日益普及的今天,网上交易额、网络购物人数的比例、企业电子商务程度、网络营销在广告费中的比例等也应该成为衡量流通业信息化程度的重要依据。此外,流通企业在采用信息化管理技术方面,如 ERP(企业资源计划)、商业智能、供应链管理以及客户关系管理(CRM)等也是重要的衡量内容。

(7) 连锁经营指标。连锁经营指标是指通过连锁经营业态销售的商品总额占社会消费品零售总额的比重。连锁经营是一个国家流通现代化水平的重要指标,直接反映一个国家流通产业的统一化、规模化、标准化、信息化发展的程度。连锁经营作为一种现代经营方式,也反映了流通业的现代化水平。

(8) 物流配送指数。物流配送指数是指生产与流通企业的物流业务外包第三方物流企业的比例以及实施统一配送的程度。专业化物流服务已是国际上通行的流通现代化的重要标志,是快速、及时、准确、安全实现流通的重要保障。

(9) 电子商务指数。电子商务指数是指在商品交易中通过电子商务形成交易的比例。电子商务是对流通的一场革命,突破了传统的交易模式,是流通现代化的重要体现。

(10) 流通产业人员素质指数。流通产业人员素质指数是指一定时期内(通常为1年)各类专业技术人员、大专以上学历者在流通产业从业人员中的比重,通过流通产业人才素质指标的横向、纵向比较,可以衡量流通领域人才素质的现状、差距及今后人才培养、教育的重点与方向。

5.2 价值规律

价值规律就是商品按价值交换或等价交换的规律。马克思主义经济学认为,商品都有价值,它是由社会必要劳动时间决定的,商品的价格会围绕价值上下波动。当供过于求时,价格低于价值;当供不应求时,价格高于价值,这就是价值规律。

关于"价值",首先是指商品,即可以到市场上相互交换的产品。但各种不同的商品如何交换,必然要有一个共同基础——价值,即把不同商品生产的具体劳动特点以及不同商品的使用价值化为一种抽象的、无差别的人类劳动,形成价值(用货币作等价物)才能相比,才能等价交换,所以价值是商品的基本属性之一。而价值的大小是由投入该产品生产的社会必要劳动所决定的。社会必要劳动包括物化劳动与活劳动,即投入的生产资料与劳动力。

5.2.1 价格机制

1. 价格机制的内涵

价格机制是指由供求决定价格,价格信号引导资源配置,配置的结果又反馈到供求的循环作用过程,包括价格形成机制和价格对生产、消费经济活动的调节机制这两个方面。其中,价格形成机制与供求关系相联系,供求状况决定价格水平,供求变动引发价格的变动,而价格形成和价格变动作为一个重要的信号,又可以引导生产和消费,从而调节社会资源的配置,这是构成价格机制的主体内容。

通常意义上的价格机制,指的是价格作为一种市场信号来调节资源配置的机制。在这一点上,价格机制与供求机制又是密切相关的,即供求关系的变动会引起价格的变动,而价格的变动又引导着社会的生产和消费活动。各市场参与者能从价格变化中得到信息,自发调节自身的经济行为。当某种商品价格升高,会刺激这种商品的生产和增加供给,而抑制对它的需求和消费;相反,当某种商品价格下降,就会刺激对它的需求和消费,而抑制其生产和减少供给。这使价格机制成为最有效和最灵敏的调节手段,能够自发地调节资源在社会各生产部门和企业之间的分配,并激励企业改进生产技术,降低生产成本,提高生产效率。

2. 价格机制的作用

价格机制是一种调节资源配置的机制,其作用表现在以下两方面。

(1) 商品价格的变动调节资源配置。市场对各种产品和服务的供求始终处于变化之中,供求双方不可能总是会在数量和结构上正好相等。供小于求,价格上升;供大于求,价格下降。供求状况的变化引起价格水平的相应变动,使价格本身成为真实反映产品稀缺程度的重要信号。由于价格的变动必然会引起以企业为代表的各类市场主体利益关系的变化,因此,市场主体必将按照市场价格变动的方向相应调整自身的经济行为,以便维护和扩大自身的经济利益。而市场主体依据市场价格信号调整自身经济活动,又会反过来引起市场供求状况的再度变化。如此循环不已,形成供求影响价格的基本过程。

(2) 要素价格的变动调节收入分配。劳动力、资本、土地等要素的价格也是由市场供求决定的。要素价格的变动有着三种调节作用:第一,要素价格变动会调节收入分配。如具有专业技术的劳动力人才(会计师、律师、电脑工程师等)近年来的工资上升较快,导致他们的收入水平提高也较快;而一般劳动力,近年来工资基本没有变化,他们的收入改善就较慢,难于分享到经济增长的成果,其结果是收入差距有所拉大。第二,要素价格变动会刺激社会,增加高生产率的要素供应。要素价格的高低反映稀缺程度以及生产能力的大小,如企业之所以愿为电脑工程师付高薪,是因为他们的生产率高,对企业的贡献大,高工资既是对他们劳动成果的正当回报,也是激励人们进行人力资本投资的有效手段。而这种稀缺要素的供应量的不断增加提高了整个社会的要素生产率。第三,要素价格变动使要素流向能使其发挥最大效能的地方,因此,要素价格的变动使整个社会对要素的使用效率提高。

5.2.2 商品价格形成与管理

1. 商品价格的形成

研究商品的价格,必须了解商品价格形成的基础及价格的构成,才能恰当地运用价值规律,发挥价格在社会主义市场经济中的杠杆作用。

1) 商品价格形成必须以价值为基础

商品价格是商品价值的货币表现。各类商品价格的形成必须以价值为基础。

商品价格必须以价值为基础,就是要使商品价格最大限度地接近或等于商品价值,即接近或等于社会必要劳动消耗(社会必要劳动时间)。社会必要劳动消耗,包括社会必要的活劳动消耗和物化劳动消耗。在社会主义市场经济条件下,只有以价值为基础形成各种商品的价格,才能保证国民经济计划中以价格计算的价值平衡与实物平衡相适应,促进社会再生产的各个方面以及国民经济各部门协调发展。

2) 商品价格受供求关系的影响

价值决定价格,就是我们常说的价值规律。但价值规律是通过供求状况起作用的,价值对价格的决定作用受到供求关系的影响。在一定市场条件下,某种商品供大于求时,价格就会下降;相反,供小于求,价格就会上涨。随着供求关系的变化,商品价格的变动最终会持续到这样一个水平:市场上愿意卖出的某商品的数量(供给)恰好等于愿意买入的数量(需求),即供求平衡,此时的价格就是商品的均衡价格。因此,供求影响价格的过程,就是商品价格随着市场商品供求差额的变化而自由升降,通过供给与需求的相互作用,最终相对稳定在均衡价格水平。

3) 商品价格的构成

商品价格作为其价值的货币表现,与价格构成的三部分相适应,也可分为三个部分:物质消耗支出——生产资料转移价值的货币表现;劳动报酬支出——劳动者必要劳动部分创造的价值的货币表现;盈利——劳动者剩余劳动部分创造的价值的货币表现。前两个部分代表成本,它们是商品价值主要部分的货币表现;劳动者为社会劳动所创造的价值,是商品价格的另一部分,表现为盈利(利润和税金)。价格形成必须以成本为最低界限,它是商品价格形成的主要依据,是保证企业进行正常经营活动的必要条件。但作为盈利的两个部分的税金和利润又是商品价格形成的重要因素。这里的税金是指应计入产品或劳动成本费用的各类税金及附加,如消费税、印花税、所得税等,增值税为价外税,与产品或劳务价格形成无关。在我国,税收一直是价格的重要组成部分,实行利改税后,税收在价格中的比重更大了。因此,在我国实行"公平税负,平等竞争"的市场竞争机制,保持盈利的平均化趋势,是保持市场物价相对稳定、抑制通货膨胀的一项重要原则。

假设 C_m 为生产成本,R_m 为生产企业利润,P_m 为生产企业产品销售价格,P_P 为流通企业采购价格,C_R 为流通企业成本,R_R 为流通企业利润,P_R 为流通企业销售价格,P 为消费者购买价格,在一般情况下,可得出如下公式:

$$P = P_R = P_P + C_R + R_R$$

其中,

$$P_P = P_m = C_m + R_m$$

2. 商品差价

同一种商品,在购销环节、购销地区、购销时间、购销数量及质量差别方面形成的价格差额,称为商品差价。商品差价主要有购销差价、批零差价、地区差价、季节差价等。商品差价通常用差价金额和差价率表示。

(1) 购销差价。购销差价是流通企业经营环节中的第一个差价环节,它是指同种商品在同一产地的同一时间里的购进价格与销售价格的差额。它是由经营企业从事商品收购、运输、储存和销售过程中所发生的流通费用及合理利润构成的。

工业品购销差价的计算方法主要有两种。

一是根据商品出厂价格计算,其计算公式为

工业品购销差价＝（出厂价格＋市内运杂费）×（1＋天数×日利率）(1－损耗率)×
(1－流通费用率－利润率)－出厂价格

二是根据确定的购销差率计算,其计算公式为

工业品购销差价＝出厂价格×工业品进销差率

（2）批零差价。批零差价是指同种商品在市场同一时间批发价格和零售价格的差额。批零差价主要由商品从当地批发环节到零售环节的运输费用、商品资金占用利息、经营中的合理损耗、零售企业的经营管理费用、零售环节的各种税金和合理利润等因素构成。批零差价一般是根据有关部门各种商品规定的批零差率来计算。批零差率分为顺加批零差率（批零差价占批发价格的百分比）和倒扣批零差率（批零差价占零售价格的百分比）。其计算公式为

顺加批零差率＝批零差价/批发价格×100%

批零差价＝批发价格×顺加批零差率

倒扣批零差率＝批零差价/零售价格×100%

批零差价＝零售价格×倒扣批零差率

（3）地区差价。地区差价是指同种商品在同一时间不同地区价格的差额。形成地区差价的主要原因是流通企业在买卖商品过程中所垫付的商品运输费用,实际上是延伸到流通过程中来的商品生产费用的继续追加。

地区差价目前主要是根据地区差率计算的。地区差率是指地区差价占起算地批发价格或销地批发价格的百分比。其计算公式为

地区差价＝起算地批发价格×地区差率

或：地区差价＝销地批发价格×地区差率

$$地区差率 = \frac{销地批发价格 - 产地批发价格}{产地批发价格} \times 100\%$$

（4）季节差价。季节差价是指同种商品在同一市场,不同季节收购价格或销售价格的差额。季节差价形成有两方面原因：一是由于商品流通的正常储备所需保管费用的追加和合理分摊形成的储存季节差价,如生产不受季节和气候变化影响的工业品；二是由于在不同季节生产同一种商品所花费的劳动耗费不同所引起的淡旺季节差价,主要为受季节和气候变化影响的农副产品。因此,季节差价又可分为储存季节差价和淡旺季节差价。

季节差价的计算,通常采用成本法或差率法。成本法是根据淡旺季生产成本或储存费用计算季节差价,其计算公式为

季节差价＝季节价格－基价

其中,基价指全年各个月的最低价格。

季节价格＝基价＋（淡季生产成本或储存费用－
旺季生产成本或储存费用）±季节盈余

工业企业为生产成本,流通企业为储存费用,主要包括商品资金占用利息、保管费、场租费、商品损耗等。

差率法又称比较法,主要根据历史价格资料来比较计算。

$$季节差率 = \frac{季节价格 - 基价}{基价} \times 100\%$$

为盘活资金、加速资金周转,不少企业实施了季节差价策略。如在炎热的夏季折价销售皮衣、毛衣、棉衣、毛棉鞋等。如果季节差价策略运用合理,不但可盘活企业存量资产,而且能实现扩销增效的目的。

3. 商品价格管理

商品价格管理,是国家对价格体系形成过程中的计划、调节、控制和监督等各项活动的总称。在社会主义市场经济条件下,国家价格管理的实质就是促进价格体系灵活地反映商品价值和供求关系的变化,促进市场机制的正常运转,而不是要取代市场机制对价格的作用。我国价格管理与世界各国相似,主要对那些具有垄断性、公益性的商品和重要服务价格实行直接管理;对直接关系人民生活和国家安全的一些重要商品价格实行间接管理。例如,规定蔬菜的批零差率,对元旦、春节组织省际猪肉调拨和南菜北运的经营企业给予一定的价格补贴;建立和完善粮食、食油、猪肉、食糖、钢材、有色金属、橡胶、成品油等重要商品储备制度,形成中央和地方两级储备体系,并按不同的调控目标,把国家储备分为战略储备和市场调节储备。由流通主管部门管理市场调节储备,在市场发生较大波动时,用以平抑物价、稳定市场,并建立和完善粮食、副食品风险基金制度,扶持和发展商品粮、商品猪基地等,增加国家对市场的调控能力,建立市场信息和检测系统,及时掌握商品供求和价格信息,定期发布指导价格。

5.3 竞争规律

竞争机制,是指各种市场主体在市场经济条件下维护和扩大自身经济利益的方式。商品的价格是其生产费用和效用的统一,谁能提供成本最低而效用最高的产品和服务,谁就能在竞争中获胜,取得较大的利润,占有较大的市场份额,拥有较多的经济资源。竞争是市场经济的内在属性和固有规律,是市场实现资源优化配置和合理使用的重要方式。

5.3.1 竞争与竞争要素

商品的本质特征是自由流通,只有自由流通才能最快、最完善地实现其价值。哪个地方需求这种商品,这种商品必然向这个地方流动;哪个地方能卖个好价钱,即商品的价值实现最好,商品也向这个地方流动。市场可以这样优化资源配置,在供给与需求中寻找平衡点。

自由竞争是商品流通的基本规律。在自然界,优胜劣汰绝对是一个客观规律,在市场上同样是优胜劣汰。全世界每天有成千上万的企业在诞生,也有成千上万的企业在倒闭。市场就像战场,供应链管理讲共赢,只不过是换了一种竞争的办法而已。但在市场通过自由竞争的优胜劣汰,与在自然界的优胜劣汰不同,进入市场的商品与企业,不可能不通过人去竞争,因此随着市场经济的进一步发展与高新技术的诞生,竞争的广度与深度与过去大不一样。

参与商品自由竞争的要素主要有:①商品与服务价格。如果同一种商品能降低成本,就可以取得价格优势,如以原价出售,成本降低部分就变成利润,如何降低成本取得竞争优势,无非在三个方面下功夫:一是降低原材料成本,二是降低人力成本,三是降低流通成本。

降低物流成本普遍被认为是企业第三利润源。②品牌与质量。品牌首先标志着一种优良的品质和良好的信誉,其次意味着品牌产品的价格可以高出普通产品几倍甚至几十倍。品牌产品或品牌服务的质量确需名副其实,容不得半点虚假,否则品牌就失去了应有的内涵。③服务。售前、售中、售后服务是竞争的新趋势。海尔的产品价格并不便宜,但服务周到,靠的是海尔的品牌服务和信誉。④广告。广告是竞争促销的手段,广告的方法很多,如电视、广播、报纸杂志、户外与室内广告,有的还可以通过文体活动促销。⑤包装。商品包装本身要满足商品特性要求和行业标准要求,同时商品包装设计还应体现出一种竞争性,即要从市场需求出发,采取与竞争对手有差异的包装定位,从而赢得竞价优势。⑥选择性降价。如利用节假日、利用换季,降价销售。⑦不同零售业态,即利用不同收入人群的不同需求,把零售业区分为百货、超市、便利店、便民店、专卖店、购物中心、步行街等多种业态。⑧消费者参与自由竞争取决于以下要素:购买这种商品或服务欲望的强弱,即需求的迫切性;购买这种商品或服务的货币实际支付能力;购买这种商品或服务是否符合潮流,是否一种时尚;购买这种商品或服务,风险的大小。

5.3.2 竞争的分类

从不同的角度进行考察,可对竞争进行不同的分类。

1. 按竞争的不同领域可分为行业内竞争和行业间竞争

行业内竞争,是指生产同类商品的企业为争夺销售份额和有利的价格条件而展开的竞争,目的是获取超额利润,这种竞争能刺激企业不断提高生产效率。行业内竞争实现了生产要素在企业之间的转移,使资源流向产生最高效率的行业,从而优化整个行业的组织结构。

行业间竞争,是指不同行业间的企业为争夺有利的投资场所和超额收益而进行的竞争,这种竞争引导生产要素在行业之间的转移,使资源流向能产生最高效益的行业,从而使产业结构调整和升级,并最终使各行业获得平均利润。

2. 按参与竞争的不同市场主体可分为供给者之间的竞争、需求者之间的竞争和供求之间的竞争

供给者之间的竞争,包括生产同类产品的企业之间为争夺市场和消费者而展开的竞争以及生产要素的供给者(如劳动力所有者、资本所有者、土地所有者等)为争夺要素需求者而进行的竞争。

需求者之间的竞争,包括消费者为争夺稀缺商品的竞争和企业为争夺稀缺要素的竞争,如争夺高素质的劳动力、资本市场上的融资额、位置优越的土地等。

供求之间的竞争,指供求双方为达成有利于自己的交易条件,在谈判、履约和违约仲裁等过程中展开的种种较量。

3. 按竞争的不同方式和内涵可分为同质竞争、异质竞争和并购竞争

1) 同质竞争

同质,是指企业提供的产品和服务无差异,可完全替代,市场售价也基本一致。此时,企业要扩大销售、增加利润,就要通过技术进步、改善管理来降低成本,进而以比竞争对手更低廉的价格来吸引消费者。因此,同质竞争也称为成本竞争或价格竞争。例如零售业的竞争,由于产品的无差异性,为了争夺消费者,就要在货源渠道、物流配送、销售方式等方面精心设计,优化组织架构,减少人工成本,从而能在价格上取得优势。近年来连锁超市、大卖场、专营店、便利店等经营业态的推陈出新,都是在尽力压缩商业费用。但从某种程度上说,价格竞争并不是高明的竞争手段:一是价格下降要以成本下降为前提,但降低成本总是有限度的,而且节省管理费用、营销费用、工资福利等降低成本方式的实质是通过减少员工收入来增加利润,是收入在员工和投资者之间的重新分配,并没有增加总附加值;二是通过降价来扩大再销量,对于那些需求弹性较小的商品效果不明显,当销量增加的幅度小于价格下降的幅度时,企业的总销售额反而会减少,得不偿失;三是降价竞争手段简单易行,每个企业都会参与,结果导致两败俱伤,最终使整个行业的盈利水平和效益下降,整个行业的技术开发不足,不利于产业的技术升级和国际竞争力的提高。

2) 异质竞争

异质竞争也称非价格竞争。由于需求方关注的是商品的性能价格比,而提高性能价格比的方法有两种:在性能不变的前提下降低价格,在价格不变的前提下提高性能。如果前者是价格竞争,那么后者就是异质竞争。在商品中体现性能、质量、品牌、专利技术、服务等方面的差异,能使企业在细分市场上具有一定的垄断性,从而无须降价就能争取到稳定的客户和消费群体。具体说来,异质竞争包括:①技术竞争。企业掌握了某产业的核心技术就可以建立起技术壁垒,使竞争对手处于技术上的从属和追赶地位,技术优势的最高境界是制定行业标准,并拥有专利保护,从而使企业占据技术制高点。②质量竞争。产品的质量是企业的生命,为客户服务的集中体现是提供无缺陷的产品,从而在消费者心目中树立良好的企业形象。因此,企业为了提高质量,就要在全球范围内寻找最佳的原材料、零配件供应商,设计最合理的工艺流程,在生产制造的各个环节严格执行质量管理体系的标准,以提供更优质的产品。例如麦当劳、肯德基等快餐品牌,其成功的根本原因并不在于连锁经营,而是统一的质量标准,使任何人在任何时间到任何一家分店都能买到完全相同的产品,从而降低了消费的风险。③服务竞争。服务竞争是质量竞争的延续,完整的质量管理应包括产前、产中、售中、售后等各环节,而在服务行业中,服务竞争与产品竞争完全一致。④品牌竞争。品牌是一种无形资产,它代表着形象和信誉,当几十种同类产品(如不同牌子的牙膏)放在货架上任消费者选购时,品牌就会起关键作用。名牌往往是一个企业技术水平、产品质量、售后服务、销售份额等综合实力的集中体现。此外还有管理竞争、经营理念和方式的不断创新等方面的竞争。

3) 并购竞争

企业的并购重组是竞争的最高形式。经过一定时期的同质竞争和异质竞争,生产会向龙头企业和优势企业集中,一些中小企业或被迫退出,或被同行兼并。企业并购的形式主要是同行业内部的横向合并。这种同行业、跨行业、跨地区、跨国界的企业并购,是实现资源优化配置、产业结构优化升级的最有效手段,对并购双方和相关行业都是有利的。它能实现三个经济效应:①经营协同效应。这是指由于并购双方在资源上存在互补性、规模经济或范围经济,从而使两个或两个以上企业合并成一个企业时引起的收益增加或成本减少。②管理协同效应。如果某家企业拥有一支很有效率的管理队伍,不但可以充分发挥这支管理队伍的管理才能,而且可以同时提高目标企业的经营效率,进而实现双方资源的合理配置。③财务协同效应。拥有许多投资机会的企业之间通过并购,可以提高资金的使用效率。

5.3.3 竞争与垄断

一般理论认为,垄断是市场经济发展到一定高度以后的必然产物,发源于市场竞争,又反过来否定、限制、阻止市场竞争,是自由竞争的一种"异化"力量,是对"公平竞争"的反动,往往使"市场失灵"。

垄断,是指在市场交易中,少数当事人或经济组织凭借自身的优势或超经济势力,对商品生产、商品价格、商品数量及市场供求状况实行排他性控制,以牟取长期稳定超额利润的经济行为。垄断,包括生产与销售两个方面。垄断的危害性主要在于：①人为地控制商品的生产与供给数量,制造有利于自己的"卖方市场"状态,维持大大高于竞争性市场的商品垄断价格,以攫取暴利;②通过种种排他性控制或采取不正当手段,阻止竞争对手的进入,限制公平竞争,损害消费者权益,阻碍技术进步,降低经济效率,导致经济停滞。针对这种垄断行为,不少政府都制定法律加以反对,如美国的反托拉斯法规定,对竞争的不正当限制、垄断、图谋垄断和不正当的竞争方法,不仅均属违法行为,而且被认定为犯罪行为。但在实际经济运行中,垄断与反垄断错综复杂,这主要在于：第一,由于资源在全球分布的不均衡,必然形成自然垄断,如石油、煤炭等能源,以及一些稀有金属,这种自然垄断无法打破。第二,维护公平竞争与适度经济规模,即提高集中度往往产生矛盾,而对垄断的鉴定困难加大。比如一些发达国家开始对并购放松管制,使在某些行业、某些产品必然产生一定的垄断性。第三,由于保护知识产权,对一些高门槛的科技领域的技术专利及新兴产业,别的资本一时难于进入而造成一定时期的垄断。第四,在复杂竞争活动中,对同一经济现象或经济行为是否构成垄断,无法界定,以至陷入旷日持久的争辩与诉讼,美国微软公司的垄断案件就是一例。第五,在国际贸易中,由于各自的利益,一方把另一方告上法庭,在法律上对一方是否构成垄断、构成倾销,行政执法部门很难一碗水端平。第六,一些转型国家,在某些部门、对某些产品形成某种垄断,有特殊的需求,不能一概而论。

市场经济是通过公平竞争实现资源有效配置的经济。许多国际著名经济学家都认为,公平竞争是市场经济的生命,法治是市场经济的保证,只有公平竞争才会带来经济的增长与社会的繁荣,才能激活经济活力,保护消费者权益,提高经济效益,促进技术进步和实现充分就业,因而保障社会成员的共同利益。因此维护公平竞争也是一种国家责任。不少国家设有公平交易局或公平交易委员会,通过经济的、法律的、行政的手段来规范公平交易的市场秩序。不少国家制定了反垄断法,以及有关的法规、条例。

5.3.4 共赢与共享

随着经济社会进步以及数字化信息技术应用加深,居民消费水平不断提升,消费观念发生深刻转变,在这一过程中,流通业亦在数字洪流中加快自身变革,流通产业内外逐渐由竞争关系转向竞合,在充分发挥各方资源、资金、数据、平台等优势共享的基础上满足消费者多样化、品质化及个性化消费需求,实现多方共赢。流通领域内的线上线下共享经济模式以客户价值实现为核心,通过线上、线下信息及服务的集成化为消费者提供全方位消费体验,达到线上线下信息管理、客户服务、物流配送以及组织架构的全方位协同。

在共享的基础上,流通业能够借助数字化信息技术实现线上线下的高度互联互融,将电子商务网络流量捕捉、信息平台构建以及大数据分析优势与线下众多实体门店以及真实消费体验相协同,线上线下相互导流,有效整合资源的同时明确渠道分工与合作,以低成本、高效率为消费者提供品质化服务,实现线上线下融合共生。第一,通过线上线下支付信息的互联互通,流通商能够充分了解消费者购物渠道、支付习惯以及个人消费特征,全面收集消费者信息用于进一步精准营销;第二,通过线上线下推送商品折扣信息达到互相引流,扩大消费者覆盖面,同时通过在线与实体相结合的方式将商品及服务的信息全方位展示给消费者,增强消费者认可度与消费黏性;第三,借助大数据所收集的消费者需求信息及特点,利用数字化信息技术展开深入分析与研究,洞悉消费者未来消费选择与方向,实现流通业服务模式的转变与升级,驱动全渠道供应链稳定运行。例如,永辉借助三大数据精准服务实现线上线下数据高度互联,智慧助力门店运营与线上销售:一是打造优品,通过精准预测商品在线上线下的销售情况并借助用户画像、流向以及渗透率分析用户偏好、打造优质产品;二是识别优客,通过线上数据以及线下门店支付情况洞悉用户购物意向,定义目标客户群体,提升转化率;三是构筑优 Mall,利用云计算、人工智能等技术助力线下门店运营,通过对人、货、场三大要素的多角度智能分析,全方位提升客户消费体验。

流通业线上线下高度互联可以最大限度地集合分布在金融、生产、生活、交通、住房和知识服务等诸多领域的闲置资源,大大提升各类要素及资源的配置效率,减少重复性浪费,增进社会效益的同时亦能够带来消费者的消费能力与生活水平提升。线上线下信息与资源互联互通是满足人民美好生活需要的绝佳路径,能够有效提升消费者满足感、获得感和幸福感。

5.4 供求规律

5.4.1 总需求与总供给

总需求与总供给是研究宏观经济总体运行状态的基本变量。

总需求是指经济社会对产品和劳务的需求总量,这一需求总量通常以支出水平来表示。总需求一般由消费需求、投资需求、政府采购需求和外贸需求构成。在价格、收入和其他经济变量既定的条件下,如果不考虑外贸需求,经济社会的总需求是指家庭、企业以及政府部门将要支出的数量。总需求衡量的是经济体中各种行为主体(包括家庭、企业和政府)的支出状况,如家庭购买消费品、企业采购原材料以及政府采购办公设备等方面的支出,这些支出的总和就是经济社会的总需求。一般认为,价格水平、人们的收入、对未来的预期构成了影响总需求变动的主要因素,税收、政府购买以及货币供给等则是影响总需求变动的政策变量。

总供给是指经济社会所提供的总产量(或国民收入),也即经济社会的基本资源(劳动力、生产性资本存量和技术)用于生产时所能提供的产出。经济社会的产出主要取决于整个社会的就业量、资本存量和技术水平。

通常情况下,宏观经济运行的目标之一是实现总需求与总供给之间的均衡状态,而这种均衡状态的最终实现,则是通过宏观经济政策(财政政策和货币政策等)的作用来完成的,因此,总需求与总供给就构成了实施宏观调控的两个基点,通过调节总需求与总供给的数量和结构,最终实现宏观调控的目标。

5.4.2 流通需求与供给

1. 社会商品需求量及其构成

社会商品需求量,是指一定时期内生产者与消费者对市场商品需求的数量,由于这种数量的界限是由社会实际购买力所决定的,因此也叫社会商品购买力。

(1)居民购买力。这是指城乡居民购买消费品的有支付能力的货币量。它是居民消费水平高低的重要标志。居民购买力是由居民的全部货币收入所决定的。居民的货币收入包括:①依靠自己向社会提供的劳动而获得的货币收入,如职工的工资收入,农村居民出售农副产品的货币收入,以及其他劳动者的货币收入。这是最基本的收入,是形成居民购买力的主要来源。②居民从国家财政、信贷系统及企业收入中获得的货币收入,如助学金、退休金、抚恤金、救济金、银行储蓄利息收入等。

(2)社会集团购买力。这是指机关、企业、事业单位和部队等社会团体在市场上购买商品的货币支付能力,主要是指非生产用的商品,包括:①办公费用。如购买文具纸张、书报杂志、家具设备等支出的费用。②各种器材和维修工具购置费用。如购买职工乘用的交通工具和油料、取暖设备和燃料、零星维修器材和工具、日用电器和电信设备等。③科学研究和教学费用。如购买各种仪器仪表、绘图用品、化学试剂、教学设备和用具、材料费用等。④职工劳动福利费用。如购买劳动保护用品、医疗器械、药品、食堂设备和餐具、文娱体育用品等费用。

(3)生产资料购买力。这是指生产者在市场上向商业部门或其他生产部门购买生产资料的货币支付能力,包括工业生产者和农业生产者购买生产资料的购买力两部分。

2. 社会商品供应量及其构成

社会商品供应量,是指在一定时期内能够提供给市场销售的商品总量,是在商品资源的基础上形成的,是社会商品资源总量的一部分。它通过不同的流通渠道,从生产领域向消费领域转移,是商业部门及其他经济部门投入市场供应的商品数量的总和。它分为生活资料与生产资料两部分。社会商品供应量的来源包括以下几个。

(1)国内工农业生产部门生产的商品。这是社会商品资源最主要、最基本的来源;同时,也构成了国内市场销售商品的主体。工业品商品资源主要来自机械工业、纺织工业、轻工业、食品工业、化学工业、电子工业、手工业等工业生产部门中生产的日用消费品。农产品商品资源主要来自农村村组、农户家庭副业。

(2)国家进口物资。这主要是指进口货物中的消费品部分,它是商品资源的一个补充来源。

（3）国家储备拨出。这是指国家为了保证国民经济正常发展和为非常时期动用的经常储备的物资。这部分物资的拨出包括两部分：一部分是由于储备物资的定期更新，被更替的物资形成供应市场的商品资源；一部分是由于灾情和其他因素造成的物资短缺而动用储备部分。

（4）国家财政拨出。这是指财政部门通过税收取得的实物和财政处理的物资，拨给商业部门在市场出售的商品。

（5）社会潜在物资。如厂矿、企业、机关、团体和居民等，暂时不用或不适用的闲置、多余物资和废旧物资，可以投入市场的商品部分。

此外，在计算一定时期内商品供应总量时，还要考虑到上期期末的库存物资或本期期初结转的库存物资，它也构成本期内商品的组成部分。

5.4.3 供求机制

1. 供求规律

均衡价格与需求呈同方向变动，与供给呈反方向变动的规律即为供求规律。由于供给和需求都会发生变化，因而均衡价格也会因供求的变动而变动。其具体表现为：当供给不变而需求发生变动时，需求增加，则均衡价格上升，均衡产量会增加；需求减少，则均衡价格下降，均衡产量减少。当需求不变而供给发生变动时，若供给增加，则均衡价格下降，均衡产量增加；若供给减少，则均衡价格上升，均衡产量减少。当需求和供给同时发生变动时，均衡价格和均衡产量的变化要视两者变动的方向、变动的程度差异而定。

总的来说，可得出如下结论：第一，均衡价格和均衡产量与需求呈同方向变动；第二，均衡价格与供给呈反方向变动而均衡产量与供给呈同方向变动。这种商品供求变动和商品价格变动互相作用、互相影响、互相决定的联系就是供求规律，或者是供求变动与价格变动互为因果的规律。

具体地说，当供大于求时，生产者为出售产品展开价格上的竞争，商品价格就会下跌。由于价格下降，利润减少，一些商品生产者就会被迫压缩生产规模或退出该种商品的生产，把自己拥有的资源转移到其他有利可图的商品上。价格下降同时还会刺激消费，增加对该种商品的需求，从而使供求状况趋于平衡。同样地，当供不应求时，购买者会为获取商品而提高价格，而价格上涨，利润增加，又会促使生产者增加生产，并吸引新的企业投入该商品的生产；同时会抑制消费者的需求，从而使供不应求的状况缓解。如此循环往复，供求与价格的相互制约关系使供求状况趋于平衡，使价格趋于均衡。总之，不论市场上供求差距有多大，只要价格能自由上升或下降，价格总会相对稳定在一个使市场均衡的价格水平上，最终使整个社会的资源合理地配置到社会最需要的各种产品的生产和消费上。

2. 供求机制

市场是由商品的供给和需求组成的，且供求双方总是力求彼此相互适应。供求机制是指供给与需求之间所具有的内在联系和动态平衡机制，其最终是使价格趋于均衡。

人们一般认为，是市场需求引导并决定着市场供给，而供给则被动地适应需求变化，事实并非完全如此。当一种新产品被生产出来时,如果产量扩张、价格合理,就会创造自身的需求;而当某种产品因某些原因供给量减少时,需求也会相应地萎缩。具体来说,调节供求关系的方式有两种:数量调节和价格调节,这两种调节机制促使厂商向社会提供适用、适量的各类产品,并使供求关系最终趋于平衡,这就是供求机制的作用。

(1) 数量调节。数量调节也称供给调节,当商品供过于求时,厂商会主动调减产量,关停一部分生产线,乃至退出这一生产领域,即通过关停并转,减少对这一产品的社会供给量;而当商品供不应求时,厂商会主动扩大生产量,通过满负荷工作、扩大投资、吸引其他企业进入等来增加这一产品的总供给量。因此,数量调节能使供求关系趋于平衡。

(2) 价格调节。价格调节也称需求调节,由于供求关系的变化往往体现为价格的变化,在供过于求时,生产者为销售产品展开激烈竞争,价格就会下跌,导致市场需求增加;在供不应求时,购买者在市场上竞相购买商品,从而价格上涨,导致市场需求减少。因此,价格变动使供求关系最终趋于平衡。但是,由于受到多种因素变化的影响,这种平衡是暂时的、总体上的。平衡是相对的,而不平衡才是绝对的。

5.5 平均利润率规律

在市场经济条件下,利润平均化是商品流通的客观结果。引起利润平均化的原因是价值规律和市场机制对生产、分配、交换(流通)、消费的调节作用。

首先,商品流通企业之间存在利润平均化趋势。在市场机制充分起作用的条件下,企业可以根据市场状况和收益最大化的要求,把资金投向利润率高的产品或经营项目,如社会上钢材紧俏时经营钢材的企业会大量增加,房地产吃香时会吸引大量的企业把资金投向房地产项目等。而当经营某种产品或项目的利润率降低时,一些企业就会把资金从该行业中撤退出来,而去追逐利润率更高的行业。某些行业利润率高是因为在一定时期内,该行业产品的销售价格高于其价值;而某些行业利润率低是因为在一定时期内,该行业产品的销售价格低于其价值。追求利润的内在动力和市场竞争的外部压力,迫使企业不断寻求利润率高的行业即产品销售价格高于价值的行业,而撤离销售价格低于价值即利润率低的行业。在流通领域内,这种资源流动将使流通利润趋于平均化。

其次,社会各行业的企业之间存在利润平均化趋势。由于商品流通是联结生产和消费的中介,流通企业最先感受到社会需求的变化,在某种产品或服务供不应求的市场态势下,经营该产品的流通企业的利润率将首先提高,由于流通对生产的反馈和传导作用,生产该产品的企业的利润率也将提高,甚至为生产该产品服务的相关行业的利润率也将提高。较高的利润率将会吸引其他行业的企业加入,直到由于供给增加、价格下跌而使利润率下降到社会平均利润率为止。相反,如果某行业的利润率低于平均利润率或厂商可接受的利润率,厂商就会把资金撤离该行业而转移到利润率较高的行业上去。这种情形普遍化的结果是社会各行业的利润趋于平均化。

在市场机制不完善或商品流通受到限制的条件下,利润平均化的趋势将延缓,但这种趋势始终存在。例如,对某些产品如果由政府实行垄断经营或专营,由于行业外的经营者不能自由地加入经营该产品的行业中来,拥有该产品经营资格的企业便可获得超额利润,如烟草、食盐、电信行业的经营就含有一定程度的垄断经营性质。由于垄断经营具有高额利润，因此行业外的企业会设法获得该种产品的经营资格，或者采取某种变通办法甚至违法手段去经营垄断产品，如进行黑市经营或地下贸易，其目的是获得高额利润，这种行为会引起利润平均化趋势。一旦政府取消产品经营的垄断，生产经营该产品的利润平均化趋势将迅速加快，同时由于竞争的结果该产品的质量将会提高，价格将会降低，价格与价值的差距将会缩小。

最后，产业资本、商业资本，金融资本的利用存在利润平均化趋势。市场经济条件下，存在着庞大的资本市场，在资本市场上，有大量的资本在流动，资本永远向利润高的方向流动，如某个产业资本利润率高，其他产业资本、金融资本、商业资本就会向利润高的领域发展。例如，如果商业资本利润率高，产业资本、金融资本就会向商业领域转移；如果在金融市场上利润率高，如股票、基金等，则产业资本、商业资本也会流向这一方面。这种流动，必然产生平均利润率，以求得社会上三大资本的平衡。

5.5.1 流通利润

1. 利润的内涵

利润是企业在一定时期内的经营成果，是商品价值的组成部分，一般表现为企业在一定时期内收入抵偿费用后的净收入，即将收入减去已耗费的成本或费用的正差（如果是负差则为亏损）。

企业生产经营活动的主要目的，就是不断提高企业的盈利水平，增强企业获利能力。最大限度地获取利润，才能为国家积累更多的资金，保证社会扩大再生产的正常运行，不断促进社会生产力的发展，满足人民日益增长的物质文化生活水平的需要。因此，利润水平的高低不仅反映企业的盈利水平，而且反映企业对整个社会所做的贡献。

利润是衡量和评价企业经营管理水平和经济效益的一项综合性指标，它是与企业一定会计期间联系在一起的。严格地说，只有企业完成了整个资金循环过程，才达到了利润的最终实现。但在会计运作过程中，为了考核企业各个会计期间的经营成果，必须将会计分期与资金运动周期相互区别，运用会计办法对企业经营成果进行划分和确认，以形成企业在一定会计期间的利润，通常的会计期间以月、季、年为分期标准。

2. 利润的构成

流通企业的利润一般由营业利润、投资净收益和营业外收支净额三个部分构成。其中营业利润又是由主管业务利润加其他业务利润扣除各项费用后形成的。企业的营业利润加上投资净收益，再加上营业外收支净额，即为企业当期的利润总额。

（1）主营业务利润。主营业务利润是企业主要生产经营活动所产生的利润，它是企业生产经营活动的主要经营成果，对于商品流通企业来说，就是企业经营商品所获取的利润加上代购代销收入后的数额。

① 商品销售收入。商品销售收入是商品流通企业的主营业务收入，是由于商品所有权的让渡而取得的收入，所以应当在商品已经发出，商品所有权已经转移到买方，收到商品的

价款或收取价款的证据时,才能确认收入实现。

② 销售折扣与销售折让。一般来说,企业实现的销售收入是全额并及时收回的,但在实际业务中,存在着销售折扣及销售折让的情况。销售折扣又称现金折扣,是为了鼓励购买者在一定期限内早日偿还贷款的一种办法。这种折扣有多种方式,如 3/10、2/20、n/30,其中,3/10 是指 10 天内付款可享受 3% 的折扣;2/20 是指在 11~20 天内付款可享受 2% 的折扣;n/30 是指在 20 天以上到 30 天付款,则不享受折扣优惠,要按原价付款。销售折让是指购买者由于商品质量或品种不符合规定要求,但对于这部分商品不做退货处理,而要求在价格上给予某些折价的情况。在实际业务中,当期的销售折扣和销售折让都要从当期的商品销售收入中扣除。

③ 商品销售成本。商品销售成本是指企业已销售商品的进货原价。

④ 经营费用。经营费用是指企业在整个经营环节即购销存过程中所发生的各种费用,主要包括如下几项:运输费,指流通企业在购入商品过程中,使用各种运输工具所支付的运费、搬运费及杂费;装卸费,指由车站、码头、仓库、货场发生的装卸费用;整理费,指用于专门进行挑选整理商品的费用支出;包装费,指商品调拨过程全新包装储存而支付的包装费用;保险费,指企业为商品与固定资产向保险公司投保所支付的保险费;展览费,指企业为开展促销宣传而举办的商品展览展销费用;保管费,指商品在储存过程中支持的保管费用;检验费,指企业按规定支付给商检局的检验费、鉴定费、化验费、签证费等;中转费,指中转企业中转商品时发生的费用;劳务手续费,指企业委托其他单位代购、代销、代储、代运商品等按有关规定支付的费用;广告费,指企业通过各种媒介向社会宣传商品而支付的费用;商品损耗,指商品在运输、保管、销售过程中所发生的自然损耗;差旅费,是指企业按规定支付给因公出差人员的差旅费;进出口商品累计佣金,指进出口商品的买方或卖方的代理人因介绍头卖而取得的报酬;经营人员工资;经营人员福利费。经营费用是商品销售收入的扣减项目,经营费用的正确计算与否,直接影响到企业主营业务利润的形成,一定要正确核算。

⑤ 商品销售税金及附加。商品销售税金及附加是指商品流通企业在销售商品过程中按税法规定应承担的城市维护建设税、出口关税、教育附加等。

⑥ 代购代销收入。代购代销收入是指商品流通企业代其他单位收购或销售商品及代理进出口商品所取得的劳务手续费收入。代购一般为实物代购;代销分为实物代销和资料代销两种。实物代销是委托单位将需代销的商品发往受托单位;资料代销为委托方不将需代销商品发给受托单位,而只把代销商品的有关资料送给受托单位办理。在清算企业主营业务利润时,其一般是指企业代其他单位收购或销售商品及代理进出口商品取得的劳务手续费收入扣除其应交税金后的净额。

(2) 管理费用、财务费用及汇兑损失。如前所述的费用是企业在生产经营过程中发生的各种耗费。它们是能得到补偿并带来更多收入的耗费,也是企业利润形成和实现的必要条件。前面已经介绍了经营费用,它是直接参与企业主营业务利润形成的耗费。

① 管理费用。管理费用是指企业经营管理部门为组织和管理企业的生产经营活动而发生的费用。这部分耗费同商品销售虽无直接关系,但它是保证企业生产经营活动顺利进行的必不可少的费用。如公司经费、劳动保险费、税费等。

② 财务费用及汇兑损失。财务费用及汇兑损失是指企业为筹集资金而发生的各项费

用。筹集资金是企业开展生产经营活动的前提。因此,财务费用是企业必不可少的资金耗费。它主要包括企业经营期间发生的利息支出、汇兑净损失、金融机构手续费以及筹集资金而发生的其他财务费用等。

(3) 营业利润的形成。企业的营业利润是由以上各项目归集而成的。其公式为

主营业务利润＝商品销售收入－销售折扣与折让－商品销售成本－

经营费用－商品销售税金及附加＋代购代销收入

营业利润＝主营业务利润＋其他业务利润－管理费用－财务费用及汇兑损失

利润总额是企业本期实现利润的总和(如为负数则是亏损)。如前所述,它包括营业利润、投资净收益和营业外收支三个部分。其公式为

利润总额(如为负数则是亏损)＝营业利润＋投资净收益＋

营业外收入－营业外支出

企业的利润总额确定后,依法计算缴纳所得税以形成企业的净利润,又称利润净额。其公式为

利润净额＝利润总额－应缴纳的所得税

3. 利润分配

流通企业利润是流通企业经营的最终成果。正确计算并确定流通企业利润总额,并依法缴纳所得税后的企业净利润必须进行分配。

企业净利润加上企业以前年度未分配利润,即为企业当期可供分配的利润。企业可供分配的利润一般按照下列顺序进行分配。

(1) 弥补企业以前年度亏损。企业在上年度发生亏损或有结转未弥补亏损的情况下,企业应当首先以净利润弥补企业以前年度的亏损。

(2) 提取盈余公积金。企业首先应按国家有关法律提取法定公积金;在提取法定公积金后,企业还应当提取任意公积金,以作为未来进行某项经济活动的资金来源。一般来说,任意公积金是企业或股东会根据自身的实际情况,自行确定从当期企业净利润中提取的,主要是为了控制向投资者分配利润的水平以及调整各年利润分配的波动。

(3) 向投资者分配利润。企业净利润在按照上述顺序分配后的剩余部分,为可供投资者分配的利润。由于企业组织形式不同,企业向投资者分配利润的方式也不同。对于联营企业,应当按照投资者在企业中的投资比例对利润进行分配;对于股份制企业,则按照发行的股票分配股利。

(4) 未分配利润。企业未分配利润是指企业留待以后年度进行分配的利润。一般来说,企业的净利润可以在当年全部分配完毕,但在实际工作中,一些企业由于种种原因,当年净利润不能在年终全部分配完毕。有的需要董事会审议后批准,有的需要经有关部门批准,等等。因此,允许企业在年度终了后保留一部分未分配利润。

5.5.2 流通税收

1. 增值税

增值税是指对在我国境内销售货物,提供加工修理修配劳务,销售服务、无形资产或者

不动产,进口货物的企业单位和个人,就其销售货物、劳务、服务、无形资产或者不动产的增值额和进口货物金额为计税依据而课征的一种流转税。增值税采用间接计算办法计算应纳增值税额,即先按当期销售额乘以适用税率计算出销项税额,然后以当期准予抵扣的进项税额进行抵扣后的余额为当期应缴的增值税额。这种计算办法体现了按增值额征税的原则,避免了流转过程中重复计税的问题。

增值税的征税范围一般包括：销售或进口的货物；提供加工、修理修配劳务；销售服务；销售无形资产；销售不动产。除了上述五项一般规定之外,对经济活动中的属于增值税征税范围的特殊项目、特殊行为做了具体界定。其特殊项目主要有：①货物期货(包括商品期货和贵金属期货)。②银行销售金银的业务。③典当业的死当销售业务。④电力公司向发电企业收取的过网费。

税法规定属于增值税征税范围的特殊行为主要如下。

(1) 八种视同发生应税销售行为：①将货物交付其他单位或者个人代销；②销售代销货物；③设有两个以上机构并实行统一核算的纳税人,将货物从一个机构移送至其他机构用于销售,但相关机构设在同一县(市)的除外；④将自产、委托加工或购进的货物作为投资,提供给其他单位或个体工商户；⑤将自产、委托加工或购进的货物分配给股东或投资者；⑥将自产、委托加工或购买的货物无偿赠送其他单位或个人；⑦将自产、委托加工的货物用于集体福利或个人消费；⑧单位或者个体工商户向其他单位或者个人无偿销售应税服务、无偿转让无形资产或者不动产,但用于公益事业或者以社会公众为对象的除外。

(2) 混合销售行为。

为了既简化增值税的计算和征收,也有利于减少税收征管漏洞,税法上将纳税人按会计核算水平和经营规模分为小规模纳税人和一般纳税人,分别采用不同的管理办法。

① 小规模纳税人的认定及管理。

小规模纳税人是指年销售额在规定标准以下,并且会计核算不健全,不能按规定报送有关税务资料的纳税人。其具体认定标准为年应征增值税销售额 500 万元及以下。小规模纳税人实行简易计税法征收税款。

② 一般纳税人的认定及管理。

一般纳税人是指年应税销售额超过小规模纳税人标准的企业和企业性单位。一般纳税人可以取得和开具增值税专用发票,并实行间接计算法征收税款。

2. 企业所得税

企业所得税是对我国境内的企业和其他取得收入的组织的生产经营所得和其他所得征收的一种所得税。征收企业所得税是国家参与企业利润分配的一种重要手段。应纳的企业所得税额是用应纳税所得额乘以适用所得税税率得到。企业所得税纳税人分为居民企业和非居民企业。

应纳税所得额有两种计算方法。

(1) 直接计算法。在此法下,企业每一纳税年度的收入总额减除不征税收入、免税收入、各项扣除以及允许弥补的以前年度亏损其后的余额为应纳税所得额。其计算公式为

$$应纳税所得额 = 收入总额 - 不征税收入 - 免税收入 -$$
$$各项准予扣除项目金额 - 允许弥补的以前年度亏损$$

① 收入总额包括：销售货物收入；提供劳务收入；股息、红利等权益性投资收益；转让财产收入；利息收入；租金收入；特许权使用费收入；接受捐赠收入；其他收入。

② 准予扣除项目是指企业实际发生与取得收入有关的、合理的支出，包括成本、费用、税金、损失及其他支出。

（2）间接计算法。在此法下，会计利润总额加上或减去按照税法规定调整的项目金额后为应纳税所得额。其计算公式为

$$应纳税所得额＝会计利润＋（－）纳税调整项目金额$$

应纳税所得与会计利润是两个不同的概念，二者既有联系又有区别。前者是一个税收概念，是指企业所得税法按照一定的标准确定的、纳税人在一个时期内的计税所得，即企业所得税的计税依据。而后者则是一个会计要素，是指企业在一定会计期间的财务成果。会计利润是确定应纳税所得额的基础，企业按照财务会计制度的规定进行核算得出的会计利润，根据税法规定做相应的调整后，才能作为企业的应纳税所得额。

3. 城市维护建设税

城市维护建设税是对从事工商经营，缴纳增值税、消费税的单位和个人征收的一种附加税。我国现行的城市维护建设税，主要有四个特点：①专款专用，城市维护建设税税款专门用于城市公用事业和公共设施的维护建设；②属于附加税，以增值税和消费税之和为计税依据；③实行差别比例税率，根据不同规模城市建设资金需要，设置了 7％、5％和 1％的三档税率；④征收范围广，增值税是我国最主要的流转税，货物、劳务、服务都需要缴纳增值税，而城市维护建设税是其附加税，因此，征收范围也相应较广。

5.5.3 流通业的投入产出

流通业作为一个产业，必然有一个投入产出的经济分析，但这两者的关系又受到流通速度的影响，所以就出现了流通投入规模（流动资产总额）、流通产业规模（商品销售总额）、流通速度（流动资产周转率）之间的关联。同时，在买方市场、卖方市场与均衡市场、混乱市场上的投入产出也必然是不一样的。

卖方市场条件下，商品交易由卖方左右，卖方有压倒优势的控制力量，商品供给量不能满足社会对其的需求，主要原因是商品供给不足，这叫作市场的供给约束。解决的办法就是增加供给，即增加商品的生产量。这种情况下，流通产业即使加大流动资产的投入、加快流通的周转速度也无济于事。

在买方市场的条件下，商品供应量超过需求量，这是市场经济下的常态。商品交易由买方控制，市场出现需求约束。在这种情况下，一方面，在供给领域进行产业与产品的结构性调整；另一方面，加大对流通产业流通资产总额的投入，并加快流通速度。这种状况下，投入产出成正比。但在有些国家，常常会出现供给与需求的双重约束，即一部分产品供大于求、一部分产品供不应求的情况，这是一种结构性失衡。这种情况下，生产产业与流通产业要进行比重调整，按实际情况，有的部分加大投入，而提高供给能力；有的部分加大投入，而加快流通速度，加大消费需求。

在西方经济学中，也会分析到均衡市场，实际上市场的不均衡是常态，如出现均衡也是

短暂的。均衡市场情况下,为了加快经济发展,可以加大供给而提高消费水平,也可以加大需求而改善供给水平。

综上所述,我们可以用以下两个等式来表示流通投入、产出与速度之间的关系。

商品流通速度＝商品流通产出规模／商品流通投入规模

商品流通产出规模＝商品流通速度×商品流通投入规模

关键术语:

价值规律　价格机制　竞争要素　同质竞争　异质竞争　并购竞争　竞争机制　供求规律　流通需求　流通先导作用　流通效率　平均利润率　流通利润　经营费用　管理费用　增值税

思考题:

1. 深入理解流通先导地位的确立。
2. 如何构建评价流通业超前发展的指标体系?
3. 描述商品的价格构成。
4. 社会商品供应量的来源有哪些?
5. 供求机制的调节作用是怎样的?
6. 平均利润率是如何形成的?
7. 阐述流通利润的内涵与构成。

前沿观察

互联互通时代流通竞争的新特征

互联网的本质在于互联、互通,基于技术实现连接与互动,并最终形成"结网",即人类社会的分工合作开始用网络的方式加以实现。互联网给商业社会带来了极大的颠覆与改变,在"互联网＋流通"的战略下,流通竞争也呈现出新的特点。

第一,从竞争关系上来看,互联网时代流通主体之间是同轴共转的一体化协作关系。

在传统商业社会,流通涉及的各主体之间的关系都简化为"商品—货币"的交易关系,这种交易关系的背后是流通过程中各个流通主体之间利益的对立。因此传统流通行业存在普遍的博弈与对抗,零供冲突是频繁出现的词语。互联网时代,海量的消费者信息通过平台进行储存、汇总、分析、计算,为上游的生产、供应赋能。流通主体通过互联、互通形成彼此信任、互利共赢的合作关系。可见,互联网时代商业关系被重新构建,"商品—货币"关系转变为其背后的人与人之间的关系,整条流通链条各个主体之间的利益关系协调一致,商业的因果逻辑被重新构建,供给与需求被打通。此时,各主体之间的行为不再是独立的、对抗的,商业活动形成了以消费者需求为起点,经历流通节点至生产端为终点,再逆向返回至消费者需求端的循环闭环,各主体之间形成了以信任为基础、同轴共转、紧密联系的供需一体化关系。

第二,从竞争内容上看,互联网时代流通企业之间竞争内容的关键在于依托网络协同和数据智能实现商品和服务的精准。

互联网平台为消费者提供了更丰富的商品供应和商品选择,因此商品本身已经难以成为吸引消费的关键,流通主体的经营活动不再仅仅是为了卖出商品,而在于满足消费者的需求。以零售商为例,在"商品＋分销服务"的零售产出组合中,零售商将更多的投入放在了分销服务水平的提升和改进上。这背后的逻辑是,互联网时代零售商更加关注消费者的体验,零售活动不再是简单的"商品—货币"关系,而是持续互动的"零售商—消费者"关系。满足消费者需求、形成持续互动关系的关键在于精准把握顾客的需求,提供个性化的服务。网络技术的发展使得"个性化只是一个起点",对于消费者需求的精确被扩大至消费者具体的生活消费场景。只有通过网络协同掌握消费者的生活场景大数据,通过数据智能实现准确的预测和判断,才能真正实现针对场景的商品和服务,才能真正满足消费者的个性化需求,才能真正在互联网时代获得核心的竞争优势。

即测即练

第6章 流通体系与流通创新

本章要点：流通体系可以理解为一个概括性的统称，既是由连接商品生产与消费过程中的商品、服务和信息流的系统性结构，以及流通运行原则和内在机制、流通设施与流通技术等一系列元素及其相互关系所构成的综合体系，也是流通过程中所采用的交易方式、组织形式（业态）、业务模式、流通渠道、运行机制以及相关政策规制的总和。流通模式是指流通企业的内在价值创造机制，是企业盈利过程中一系列特有运作方式的集合，体现提供给客户的全部价值，以及企业与伙伴组成的创造、营销、传递价值和关系资本的网络，具有完整的体系结构。流通体系和流通模式构成流通经济活动的基本模式、运行方式、运行原则与运行机制，决定着流通过程的顺畅和有序、流通运行的方式和效率、流通管理的方法和绩效。网络经济条件下，通过数字化赋能，一方面大幅提升流通企业内部价值创造的效率；另一方面也有助于形成统一开放竞争有序的现代流通体系，为构建全国统一大市场、实现双循环格局提供重要支撑。

本章学习目标：
1. 深入理解流通体系与流通模式的内涵、作用与创新；
2. 阐述流通方式的形成与演进过程；
3. 熟悉流通业态的发展与新业态的形式；
4. 深入分析数字化赋能流通创新的内在逻辑与机制。

6.1 流通体系

6.1.1 流通体系的内涵

一般来说，商品需要经过流通过程才能从生产环节到达消费环节，其间经历的商品流通的整体组织构架、流通渠道和流通环节，就构成了保障消费实现的流通体系。流通体系由流通商品、流通活动整合商品和服务及其相关流通信息的流通协调机构组成。流通体系结构包括关联产业的横向结构和处于不同环节发挥不同功能的纵向结构，涉及流通基础设施体系、商品市场体系、流通业态体系、流通组织体系以及流通管理体系等诸多要素。因此，流通体系既涉及宏观总体和中观产业层面，也涉及微观企业层面；既包括硬实力建设，也包括软实力建设；既有点线面空间布局，也有虚拟的网络结构，是流通过程中所采用的交易方式、组织形式（业态）、业务模式、流通渠道、运行机制以及相关政策规制的总和。

流通体系的形成与生产方式、消费升级以及流通技术的发展密不可分,随着经济社会的不断发展,流通中的商品的质和量以及交易方式都发生了深刻变化,流通活动的完成形式会发生改变,流通承担的性质和功能也就发生了进一步的变化,进而商品交易、服务活动的承担者和相关组织调整机构自身也会发生改变,整个流通体系的内涵与外延的改变也就成为客观必然。因此,流通体系与经济发展形态有着密切的关系,不同的经济形态下,流通体系的内涵会表现出不同的特质,流通过程也会呈现出不同的运行轨迹。

流通体系的基本性质体现为流通体系的复合市场性和流通体系发展的多重性。

流通体系的复合市场性是指流通体系具有复合单纯市场的基本性质。如果将买方和卖方交易一个商品的特定地理范围称作单纯市场,那么流通就是通过多个单纯市场的复合形成的流通体系来实现的。流通体系的复合市场性表现在三个方面:首先,商品流通要通过流通渠道来实现,在流通渠道的生产、批发、零售等各个环节会形成单纯市场,而作为一个整体的流通渠道,就是这些单纯市场垂直连环相接形成的多环节市场;其次,商品流通的批发和零售环节中,中间商活跃于多个商品市场,各种商品市场可以通过中间商的备货活动而融合在一起,形成单纯市场的复合体;最后,越是接近消费者的市场,其空间范围就越狭窄,特别是零售市场,在地理空间上由许多区域零售市场以链状连接而展开,也是复合市场的一种形式。综合以上,流通体系也可以理解为单纯市场的复合体,整个流通体系就是由上述三个方面的复合性市场而形成。

流通体系发展的多重性则反映了各个市场之间经济发展的不平衡性。多重性发展,是指在一部分残留传统形式的地基上,又重叠了新的发展部分,如生计型的小零售商与现代连锁店并存,中小型流通企业与大型流通企业并存,不同发展水平的地区市场交融,传统实体市场与虚拟网络市场的不断深化融合。如果从某一时点来考察流通体系,就会发现过去落后的发展模式与现代的先进发展模式并存。因此,多重性的发展,实质上就是复合市场性质的动态表现。①

2012年颁布的《国务院关于深化流通体制改革加快流通产业发展的意见》(国发〔2012〕39号)(以下简称《意见》)提出,2020年我国流通产业发展的总体目标是:基本建立起统一开放、竞争有序、安全高效、城乡一体的现代流通体系,流通产业现代化水平大幅提升,对国民经济社会发展的贡献进一步增强。《意见》进一步提出了加快流通产业发展的首要任务,即"加强现代流通体系建设。依托交通枢纽、生产基地、中心城市和大型商品集散地,构建全国骨干流通网络,建设一批辐射带动能力强的商贸中心、专业市场以及全国性和区域性配送中心。推动大宗商品交易市场向现货转型,增加期货市场交易品种。优化城市流通网络布局,有序推进贸易中心城市和商业街建设,支持特色商业适度集聚,鼓励便利店、中小综合超市等发展,构建便利消费、便民生活服务体系。鼓励大型流通企业向农村延伸经营网络,增加农村商业网点,拓展网点功能,积极培育和发展农村经纪人,提升农民专业合作社物流配送能力和营销服务水平。支持流通企业建立城乡一体化的营销网络,畅通农产品进城和工业品下乡的双向流通渠道。大力发展第三方物流,促进企业内部物流社会化;加强城际配送、城市配送、农村配送的有效衔接,推广公路不停车收费系统,规范货物装卸场站建设和作

---

① 田村正纪.流通原理[M].吴小丁,王丽,译.北京:机械工业出版社,2007.

业标准。加快建设完整先进的废旧商品回收体系,健全旧货流通网络,促进循环消费"。①

新经济发展格局下,随着数字经济的深入推进、流通技术进步的加速驱动,构建以国内循环为主、国际国内双循环的现代流通体系成为国家战略,现代流通体系的内涵进一步深化和拓展。现代流通体系是涵盖全要素、全过程、全生命周期、全产业链和全球化的多维融合的流通体系:其一,全要素流通,即有形要素禀赋与无形要素禀赋进入流通过程,更多无形要素进入流通,如数据流、服务贸易流、商标与知识产权等知识流以及人力资本的流动,极大地提升了流通体系的边际效应;其二,全过程流通,现代流通涵盖了生产、分配、交换、消费的全过程,生产过程和流通过程相互嵌入与延伸融合,制造业服务化和服务业制造化的两业联动与融合趋势不断凸显;其三,全生命周期流通,基于循环经济的现代流通是全生命周期的流通,原本以最终消费为终点的商品,会随着废旧商品再循环和再利用变成新的原材料进入下一个流通过程,从而形成循环经济框架下的流通过程;其四,全产业链流通,利用数字化信息技术,借助在线平台对接消费者需求,进而调整商品采购,同时为生产端提供反馈,提出产品生产建议及方案,现代流通服务可以沿产业链实现生产、流通、消费的跨环节、跨区域、跨市场的全方位融合,建立起以消费者需求为中心的个性化敏捷全渠道供应链服务模式;其五,全球化流通,现代流通已经成为全球化生产体系中嵌入式的供应链和服务链,随着全球化布局中制造业产业链层级的延伸,其相互咬合的关联程度也不断加深,是全面开放的流通体系。②

2022年1月,国家发展改革委印发《"十四五"现代流通体系建设规划》③(以下简称《规划》),《规划》提出:各省、自治区、直辖市人民政府要以习近平新时代中国特色社会主义思想为指导,统筹推进现代流通体系硬件和软件建设,培育壮大现代流通企业,提升现代流通治理水平,全面形成现代流通发展新优势,提高流通效率,降低流通成本,为构建以国内大循环为主体、国内国际双循环相互促进的新发展格局提供有力支撑;要把现代流通体系建设作为本地区"十四五"时期经济和社会发展的重要任务,加强组织领导,明确责任分工,完善工作机制,编制建设方案,细化落实措施,确保将《规划》明确的重要目标任务落实到位;要按照职责分工,依据《规划》细化提出支持现代流通体系建设的具体政策举措,加强沟通协调,强化舆论引导,为现代流通体系建设营造良好环境。

《规划》提出了现代流通体系建设的主要目标:到2025年,现代流通体系加快建设,商品和资源要素流动更加顺畅,商贸、物流设施更加完善,国内外流通网络和服务体系更加健全,流通业态模式更加丰富多元,流通市场主体更具活力,交通承载能力和金融信用支撑能力明显增强,应急保障能力和绿色发展水平显著提升,流通成本持续下降、效率明显提高,对畅通国民经济循环的基础性、先导性、战略性作用显著提升。展望2035年,现代流通体系全面建成,形成覆盖全球、安全可靠、高效畅通的流通网络,流通运行效率和质量达到世界先进水平,参与国际合作和竞争新优势显著增强,对现代化经济体系形成高效支撑,为满足人民美好生活需要提供坚实保障。

---

① 国务院关于深化流通体制改革加快流通产业发展的意见[EB/OL].(2012-08-07).http://www.gov.cn/zwgk/2012-08/07/content_2199496.htm.
② 陈文玲.从五个"全"认识现代流通新内涵[N].北京日报,2021-01-04.
③ 国家发展改革委关于印发《"十四五"现代流通体系建设规划》的通知:发改经贸[2022]78号[Z].2022.

《规划》提出了现代流通体系发展方向:一是提高流通现代化水平。把握新一轮科技革命和产业变革历史机遇,加快流通体系现代化建设步伐,提升流通数字化、组织化、绿色化、国际化发展水平。强化流通各环节各领域数字赋能,拓展流通领域数字化应用深度广度,加快流通设施智能化建设和升级改造,促进流通业态模式创新发展。强化流通对商品和资源要素配置的组织作用,推动流通企业和平台资源整合,促进产业链供应链高效运行、供需精准适配。贯彻绿色发展理念,坚持走绿色低碳发展新路,加大绿色技术装备推广应用,加快流通设施节能改造,降低流通全过程资源消耗和污染排放。立足高水平对外开放,加强流通领域国际合作,深度融入全球产业链供应链,提升全球资源要素配置能力,助力我国产业迈向全球价值链中高端。二是构建内畅外联现代流通网络。服务商品和资源要素跨区域、大规模流通,优化商贸、物流、交通等设施空间布局,构建东西互济、南北协作、内外联通的现代流通骨干网络。依托全国优势资源地、产业和消费集聚地,布局建设一批流通要素集中、流通设施完善、新技术新业态新模式应用场景丰富的现代流通战略支点城市。服务区域重大战略、区域协调发展战略、主体功能区战略实施,打造若干设施高效联通、产销深度衔接、分工密切协作的骨干流通走廊,串接现代流通战略支点城市,进一步发挥现代流通体系的市场连接和产业组织作用。三是发展有序高效现代流通市场。着眼商品和资源低成本、高效率自由流动,健全统一的市场规则和制度体系,构建类型丰富、统一开放、公平有序、配套完善的高水平现代流通市场。推进商贸市场、物流市场和交通运输市场融合联动、有机协同,充分释放各类市场活力。深化金融供给侧结构性改革,完善流通领域信用治理,强化流通领域金融有效供给和信用支撑保障。四是培育优质创新现代流通企业。支持流通企业做大做强做优,增强创新创造力和核心竞争力,更好地发挥在现代流通体系建设中的主体地位。支持现代流通企业网络化发展,对内优化升级商贸和物流网络,对外整合利用全球资源,构筑成本低、效率高、韧性强的全球流通运营渠道,培育国际合作和竞争新优势。推动现代流通企业一体化发展,促进商贸物流融合,深度嵌入工农业生产各环节,打造跨界融合发展新业态。鼓励现代流通企业生态化发展,引导大中小企业基于流通供应链、数据链、价值链开展深度对接,构建资源共享、协同发展的流通新生态。

6.1.2 流通体系与流通网络

1. 商品流通网络构成

在商品由生产领域向消费领域转移的过程中,一般要经过错综复杂、纵横交错的商品流通网络。从整体上看,商品流通网络主要包括四个层次的组合,且四个层次在纵向和横向上的"点""线""面"关系结构,构成了一个覆盖全社会的商品流通网络。

(1) 商品流通主体及其组织结构。商品流通主体是商品流通网络的节点,它包括承担商品流通职能的经营者和为商品流通服务的经营者两部分,决定着流通网络的能力及表现形式。他们在经营过程中按照经济职能进行分工,形成推动商品流通的业务关系结构,这种特定的业务关系结构在一定的制度约束下,就形成了商品流通主体特定的组织形式和结构。流通主体及结合方式,即流通主体的组织形式,是连接商品流通网络节点的线路,对商品流通网络的整体功能有着很大的影响。

(2) 商品流通客体及其组织结构。网络中运行的商品就构成了商品流通网络的客体。随着社会生产的不断发展,商品流通客体及其组织结构也不断发展。网络流通客体及其组织结构是商品流通网络结构的重要影响因素,不同的网络客体,其生产、流通、消费的特性也各不相同,表现在网络的运行中,就会影响到商品流通渠道、主体之间的利益关系等各个方面。

(3) 商流、物流、资金流和信息流结构。随着流通领域社会分工的深度发展,商品的流通活动可以抽象地概括为商流、物流、资金流和信息流四种活动。这四种活动在现实的经济活动中纵横交错地结合在一起,统一于商品形态的转化过程之中。因此,商品流通网络的实质内容就是商流、物流、资金流和信息流自身的纵向运动及其相互联系。

(4) 流通企业经营网点及其布局。企业直接为商品需求者提供服务的场所就是流通企业的经营网点,流通企业的经营网点是某一个流通环节的终点(也称为终端),不同流通企业的经营网点在分工协作中形成整个社会的服务网络体系。流通企业经营网点在空间的分布情况就构成了经营网点的布局,经营网点布局的合理性决定流通网络与商品需求者结合程度的合理性。因此,从一定意义上来看,商品流通网络的基础就是流通企业的经营网点及其布局。

2. 商品流通网络形态

商品流通网络是由无数流通主体和流通客体交叉结合而形成的纵横交错极为复杂的商业网点的组合体。其基本状态表现在以下几个方面。

(1) 以中心城市为枢纽,形成大小不一、向外辐射的网络系统,维持地区之间、城乡之间的经济联系。有城必有市,有市才有城。任何一个城市都是功能大小不一的商业中心,以自己应有的凝聚力、辐射力和媒介力,对周围产生影响,构成整体流通网络的一个节点,并进而沟通纵横、联络四方,促进该地区的发展。

(2) 构成一种多层次互相交叉的立体网络机构。商品流通网络可分为全国性的商品流通网络和地区性的商品流通网络,地区性的商品流通网络又可以分为不同级别、不同范围的地方性流通网络。任何一个城市既是全国性流通网络的一个节点,又是区域间的网络枢纽,同时也是该地区的商业中心。

(3) 不同地区的商品流通网络有较大的差异。由于经济发展的不平衡,地理条件不同,城市的性质、规模、类型和功能的不同,不仅影响商品流通的规模和机构,也形成了各具特色的流通网络结构,一般又有以下四种类型。

① 多中心平行型结构。在一个地区性的商品流通网络中,以多个城市为中心,多个城市中有一个流通中心可能明显一些,但其他城市同样是流通中心,起流通中心的作用。如长江三角洲地区,毫无疑问上海是中心,但南京、无锡、常州、苏州、杭州、宁波、温州等城市,同样发挥流通中心的作用。

② 同心圆外推型结构。这是指以一个较大的城市为中心,均匀地向四周辐射和对流,形成若干个同心圆的结构。其商品流通的范围、品种、数量、密度、频率等是以中心城市向外辐射并且是逐渐减弱的,实际上又形成不同的流通圈。越是接近中心城市的地区,流通的商品就越多,频率也就越高,其稳定性就越好、强度越大,反之则相反。例如,辽宁省以沈阳为地区中心,辐射到邻近的本溪、抚顺、辽阳、鞍山、铁岭等城市或地区,沈阳与周围城市的商品

流通关系就属于此种情形。

③ 远程集散型结构。大中城市作为商品流通网络中心，城市起商品集散地作用。集散越远，则范围就越大。表现为这种情况的一般是交通枢纽城市或国内商业中心城市。

④ 远程对流型结构。一些大中城市作为商品流通网络中心，除了同毗邻地区或城市结成网络以外，还能同较远的城市地区对流，形成非常密切的、经常和相对稳定的交换关系或经济体系。

3. 商品流通网络体系

商品流通网络结构是指商品流通过程中渠道、环节、网点所形成的网络体系和分布状态。流通网络是商品和服务借以运行的载体，也是众多商业主体的存在形式。商品流通网络体系既关系到商品的运行方向、流转速度和流通效益，也关系到商业与生产、消费联络的形式和途径。商品流通网络是商业机构的基础，没有商品流通网络，就不可能完成商品从生产领域向消费领域的转移。也就是说，商品流通网络是指在发达的商品经济和社会化大生产条件下，流通客体在流通主体的驱动下，借助各种不同载体，按照一定的路线所完成的纵横交错的运动系统。流通客体是所有投入流通的商品和设备，流通主体是从事流通的组织结构和当事人。商品流通是由人即生产者、经营者和消费者出于某种经济目的而驱动或推动的。因此，流通的组织结构和当事人是流通网络形成的主体因素。作为流通网络，流通主体必须达到一定的数量且分布在不同的区域，而流通客体的空间运动必须相互联系、相互交织，形成不可分离的网状系统。那种单一的、独立的、一次性的彼此隔绝的流通，是不可能形成流通网络的。可见，流通网络取决于流通中主客体数量和流通路线、运载工具以及运动是否交织成网状。总之，商品流通网络可以看作商品流通过程中数以万计的流通当事人通过各种组织结构、流通环节和流通渠道聚集而形成的网络，也可以看作以商品流通渠道、网点、运输等为基础而形成的网状流通运动的总和。

商品流通网络体系的形成是有其客观依据的：首先，商品流通网络体系是商品经济发展的必然产物。在商品经济条件下，随着社会生产力的不断发展，社会分工越来越细，产品的种类越来越多，数量越来越庞大，形成了以社会分工为基础的各种专业化生产和经营部门，经济生活十分复杂。一个消费者的需要可以从许多地方、许多生产者那里得到满足。但这种满足必须经过一定的渠道、环节和网点才能实现。其次，经济活动的多样化和复杂化，使得相互依赖性加强，各个部门、行业、企业的存在和发展，都要以对方的存在为条件，构成一个整体。而商品流通网络正是以纵横交错形态维系它们之间的联系。再次，现代经济已经突破区域与国界的限制，在世界范围内开展协作，这就要求商品流通网络向国际延伸，以构成国内市场与世界市场的沟通、结合与统一。最后，随着商品范围的扩大，特别是社会主义市场经济体系的建立，不仅劳动产品是商品，建立有形商品网络，而且服务、信息、技术等一切生产要素都要商品化，这就使得无形商品流通也会形成网络化、渠道化和系统化。

6.1.3 城乡一体化流通体系

近年来，城乡居民和农民收入水平的提高，对流通业的发展提出了更高的要求：要求加快消除制约城乡协调发展的体制性障碍，统筹城乡综合配套改革，促进公共资源在城乡之间均衡配置以及生产要素在城乡之间自由流动；要求流通业把连锁经营、电子商务、物流配送等现代流通方式向农村延伸，完善农村服务网络，健全农村市场体系，构建适应现代农业发展要求的、城乡商品双向流通的一体化流通体系。

城乡一体化商品流通的实现，不仅可以引导市场，促进消费，促进区域内商品交易市场的数量增加和规模扩大；而且可以促进就业，增加城乡尤其农村居民经济收入，带动相关产业发展，调整和优化城乡产业结构，形成对区域经济发展的"增长极"作用。城乡一体化商品流通体系的建设必须借助合理有效的流通模式和体系，实现城乡商品的双向流通，平衡城市和农村商品流通方式与服务的差距，利用城市流通体系的发展逐渐带动农村流通体系的提升与发展。因此，城乡一体化商品流通体系的构建将带来积极的效果。

(1) 促进农业产业化经营。城乡一体化商品流通体系将在"工业品下乡，农产品进城"方面发挥作用，尤其在农产品进城方面，此体系发挥更大的作用。城乡一体化商品流通体系内的流通主体，特别是加工企业或农业专业合作组织等可以根据自身经营状况和当地农村生产的实际情况，将当地丰富的农副产品纳入流通渠道销售，或者对农副产品进行加工后，将其纳入流通渠道进行销售。这样，城乡一体化商品流通体系的建立，不仅为农副土特产品打开了销路，促进了当地相关企业的发展，而且还能构建更长的产业链，推动农业产业化，促进农村经济的发展。同时，连锁超市与当地企业、合作组织、供销社以及农户之间发生的实质性交易行为，还能产生信息沟通、技术培训等溢出效应。

(2) 增加农民收入。一方面，城乡一体化商品流通体系的建立不仅为农村搭建流通渠道，加快农产品的流通，扩大农村的农产品的销售，而且还能在农产品的深加工方面提供迅捷的市场信息和加工技术等重要的信息，为延长农业产业链、增加农产品的附加值发挥作用。农产品销量的增加和农业产业链的延长会引起农产品销售收入的增加，从而带动农民收入的提高。另一方面，农产品产业链的延长，能为当地的农村增加就业岗位。当地农民可以通过培训进加工厂就业，或者进入零售企业、在农村的零售网点工作，从而增加收入。城乡一体化商品流通体系的建立，特别是以集中采购、低成本、规模化的管理优势为特征的农村连锁店的开设，以及对农产品的加工、销售，大大提高了流通效率。

(3) 增加企业收益。鼓励大型流通企业向农村延伸经营网络，增加农村商业网点，拓展网点功能，积极培育和发展农村经纪人，提升农民专业合作社物流配送能力和营销服务水平。由于工业品销售链条的加长和销售网络的拓宽以及农村农产品的产业化经营，农村商品流通系统内的各个流通主体的利益都将有所增加。随着城乡一体化商品流通体系的构建，农村市场购销日趋活跃，成为众多零售企业争夺的焦点。相关部门在采取措施加大对中小型流通企业的扶持力度的同时，鼓励消费者到连锁经营超市购买放心商品。伴随着农村连锁店的收益增加，整个连锁企业的收益也将会得到提高。

(4) 促进城乡一体化进程。城乡商品市场是城乡经济联系的桥梁和纽带，城乡经济的和谐发展在很大程度上取决于城乡商品流通的畅通和统一。因此，发展城乡商品流通业是实现城乡一体化的有效途径。国内外研究表明，商品流通业作为联系生产和消费的纽带，在引导市场、决定生产、促进消费等方面发挥着重要作用，并且在促进就业、增加城乡尤其农村居民经济收入、促进农业产业化经营、调整和优化城乡产业结构、促进城乡各方面交流与融合以及调整国民经济分配格局等方面也都具有独特的作用，其作为基础产业和先导产业的战略地位已越发得到各界的广泛认同。城乡一体化商品流通体系的构建，将实现城乡之间商品双向流通，促进农民收入提高和农村经济发展，从而带动农民消费水平的提高，同时城市流通业发展饱和的问题也得以解决。此体系很好地解决了城乡资源配置和城乡分割的问题，可以很好地推动城乡一体化进程。

6.1.4 "一带一路"与国际化流通体系

党的十八大以来，中国的对外开放进入一个新时代。我国坚持对外开放，要扩大对外开放，要更加注重推进高水平双向开放，形成全面开放新格局。2013年，习近平主席提出"一带一路"倡议，成为构建中国开放型经济新体系的顶层设计。

"一带一路"倡议的提出，源于中国对外贸易格局对东南部海路的单向依赖。鉴于"马六甲困局"的存在，"一带一路"倡议提出通过向西开放和向西发展，打通另一条走向亚欧大陆的通道，并逐步延拓"海陆空网"贸易通道网络，使我国的外经贸格局得到合理和适度的调整，促进我国东中西部经济的平衡发展。围绕"一带一路"倡议的深化和推进，助力与沿线国家贸易往来的迅猛发展，相匹配的开放有序的国际化流通体系正在逐渐形成并开始发挥重要作用。

"一带一路"倡议提出9年来，设施联通、贸易畅通的国际化流通体系逐渐形成，对沿线国家的经济产生了重要的促进作用。首先，其拉动沿线国家、地区流通基础设施建设与完善。"一带一路"聚焦"六廊六路多国多港"主骨架，一批标志性项目如中老铁路、中泰铁路、雅万高铁、匈塞铁路取得实质性进展；截至2022年9月，空中丝绸之路建设进展顺利，已与126个国家和地区签订了双边政府间航空运输协定；丝路海运航线已达94条，通达31个国家的108个港口，累计开行超9 000艘次，完成集装箱吞吐量超1 000万标箱，丝路海运联盟成员单位超过250家；截至2022年8月底，中欧班列累计开行近6万列，货值累计近3 000亿美元，共铺画了82条运输线路，通达欧洲24个国家、200个城市，运输服务网络覆盖了欧洲全境，形成了贯通欧亚大陆的国际运输大动脉。其次，其成为推动沿线国家经济高质量发展的引擎和助推器。截至2022年8月底，我国与沿线国家货物贸易额累计约12万亿美元，对沿线国家非金融类直接投资超过1 400亿美元。我国已累计与30多个共建国家和地区签署"经认证的经营者"互认协议，贸易投资自由化便利化水平持续提升。[①] 最后，为区域合作搭建平台和创造机遇。截至2022年7月，中国已经同149个国家和32个国际组织签署200余份共建"一带一路"合作文件，共建"一带一路"已先后写入联合国、亚太经合组织等多边机制成果文件。[②] 此外，"一带一路"倡议也与沿线多个国家的联合合作规划实现对接，如俄罗斯的"欧亚经济联盟"、哈萨克斯坦的"光明之路"、匈牙利的"向东开放"、蒙古国的"发展之路"等，合作基础更加扎实，合作体量不断扩大。共建"一带一路"成为当今世界范围最广、规模最大的国际合作平台。

"一带一路"倡议将极大地改变中国的流通格局。"一带一路"建设重点在国外，但根基在国内。统筹规划国内外两种资源、两个市场，特别是要重视发挥国内经济的支撑辐射和引领带动作用、优势互补、合作共赢，建设全球命运共同体。可见，"一带一路"倡议对中国流通

---

① 共建"一带一路"九周年成绩单，中国"一带一路"网(yidaiyilu.gov.cn)。
② 孙壮志，郭晓琼.高质量共建"一带一路"[N].经济日报，2022-10-13(10).

发展提出了更高的要求,也带来了新的机遇与挑战,预示着新的流通革命。就国内而言,"一带一路"建设同京津冀协同发展、长江经济带发展等国家战略对接,同西部开发、东北振兴、中部崛起、东部率先发展、沿边开发开放结合,区域流通政策、流通标准协同配合度加强,通过构建高效、畅通、有序的国内流通,带动全方位开放、东中西部联动发展的局面。就国际化而言,"一带一路"打破了过去被动适应国际经贸流通规则的桎梏,转变为主动参与和影响全球经济治理。[①] 其增强了中国流通业引领商品、资本、信息等全球流动的能力,推动形成对外开放新格局,增强参与全球流通贸易规则制定的实力和能力,在更高水平上开展国际经济和科技创新合作,在更广泛的利益共同体范围内参与全球治理,以国际化流通体系带动实现共同发展。

6.2 流通方式

社会分工是商品交换形成和发展的基础,不同经济体之间为了互通有无,在其互相接触时引起了产品的相互交换(即交易活动),进而使产品逐渐变为商品。

人们的交易活动是在一定的交易方式下进行的。交易方式是指商品实现自身价值和社会价值时所采取的手段与形态,主要包括交易途径、交易手段和结算方式等几个方面的要素,它是交易过程即商品实体依次进入消费领域的运动过程的外部表现形式。社会生产力发展水平的不断提高,社会分工程度的不断深化,以及销售、管理、运输、储存、包装、通信、信息技术等相关科学技术的进一步发展,使得交易的手段和方式不是一成不变的,也不是任意变化的,而是沿着一定的"轨迹"不断演进的。

6.2.1 简单商品流通与发达商品流通

简单商品流通是在生产者之间进行的以货币为媒介的商品交换。它是在简单商品生产的基础上所形成的商品流通,表现形式为 $W—G—W$,其中,货币是流通的前提和条件。货币的存在,使得简单商品流通在时间、空间上相对分离、独立。用货币作为媒介解决了物物交换的困难,延长商品交换的时间,拓展商品交换的空间,从而使商品流通顺畅、连续地进行。

发达商品流通是在简单商品流通的基础上发展起来的一种形式,它是指以商人或商业为媒介的商品交换,是商品交换发展的最高阶段,具体表现形式为 $G—W—G'$。在以商人为媒介的发达商品流通条件下,商人通过为生产者和消费者提供服务职能,从而实现盈利的目的。

在商品经济发展的不同阶段,简单商品流通和发达商品流通两种流通形式往往并存,分别发挥着各自的作用。但二者之间,既有相同点,又有区别。

---

① 中共中央文献研究室.习近平关于社会主义经济建设论述摘编[M].北京:中央文献出版社,2017:295.

1. 简单商品流通和发达商品流通之间的相同点

第一,无论是简单商品流通还是发达商品流通,都是以社会分工和商品交换为基础,以商品生产和商品经济为前提条件的。第二,简单商品流通和发达商品流通都离不开货币与商品这两大要素,都要以货币为媒介,都必须借助货币来实现其流通过程。第三,两种流通都包括卖(W—G)和买(G—W)这两个既相互联系又相互对立的运动阶段,如果没有买和卖的连续运动,就不存在流通活动。第四,两种流通都存在着商品和货币、买和卖的相互对立,实际上反映的是商品所有者和货币所有者的相互对立关系。第五,无论是简单商品流通,还是发达商品流通,至少都要有买者、卖者和既买又卖者这三个流通的当事人参加,其中,既买又卖者是整个循环过程的主要承担者。

2. 简单商品流通和发达商品流通之间的区别

发达商品流通是简单商品流通的发展形态,虽然在某些方面与简单商品流通有共同之处,但二者从形式到内容、从动机到目的、从表象到实质等方面都存在不同之处。

(1) 简单商品流通与发达商品流通的流通形式不同,表现为:①流通次序不同,即两种流通的两个对立的运动阶段的顺序不同。在流通的次序上,两种流通是截然相反的。简单商品流通的次序是先卖后买,由卖(W—G)开始,以买(G—W)结束。而发达商品流通的次序是先买后卖,以买(G—W)开始,以卖(W—G′)结束。②流通的两极不同,即两种流通的始极和终极不同。在简单商品流通中,始极是具有一定使用价值的商品,终极则是另一种具有不同使用价值的商品,流通过程结束,生产者得到自己所需要的商品的使用价值。而在发达商品流通中,运动的两极都是货币,始极是一定量的货币,终极则是更多的货币,流通过程结束,商人既回收了其投入的货币,又取得了货币投资的增值部分。③流通中介不同,即两种流通在两极之间起媒介作用的物质内容不同。在简单商品流通中,在两极之间发挥媒介作用的是货币(G),生产者正是借助了货币,才能用一种使用价值换得另一种使用价值。而在发达商品流通中,在两极间发挥媒介作用的是商品(W),正是通过对商品的贱买贵卖,商人才得以用一定量的货币赚取更多的货币。④换位不同,即两种流通中换位的对象不同。在简单商品流通中,存在着同一货币的两次换位,这种换位为生产者获取自己急需的使用价值所必需。两次换位分属于不同的所有者,但货币并未发生质和量的改变。而在发达商品流通中,则存在着同一商品的两次换位,这种换位为商人获取商业货币投资的增值所必需。商品经过一买一卖,两易其主,货币却仍属于同一所有者,且货币已经发生了量的改变,是一种增值了的资本。

(2) 简单商品流通与发达商品流通的货币收支不同。在简单商品流通中,生产者的每次货币支出与货币收入之间并不一定存在直接的、必然的因果联系,而在发达的商品流通条件下,货币收支之间一定存在直接的、必然的因果联系。如果没有前一次的货币支出,也就不存在商人的后一次货币收入;前一次的货币支出是后一次货币收入的前提,后一次的货币收入是前一次的货币支出的直接结果,二者之间存在强正相关态势。

(3) 简单商品流通与发达商品流通的流通内容和目的不同。在简单商品流通中,运动的两极是两种不同使用价值的商品,流通过程结束,生产者得到了自己所需要的使用价值,因而这种流通的内容可以狭义地理解为商品与商品的互换。流通的目的是取得自己在生产和生活中必需的商品的使用价值,而这种商品自己却无法生产。在发达商品流通中,运动的两极则是数量不等的货币,流通过程结束后,商品离开了流通领域,而商人却获得了更多的货币,因而发达商品流通的内容可以狭义地理解为货币与货币的互换,是用少量的货币赚取更多的货币。流通的目的是实现商业货币投资的增值,即 $G' = G + \Delta G$,其中,ΔG 为增值额。

(4) 简单商品流通与发达商品流通所体现的经济关系不同。在简单商品流通中,无论是 W—G 阶段,还是 G—W 阶段,交换的双方要么都是生产者,要么一方是生产者,一方是消费者。因此,简单商品流通只反映生产者与生产者或生产者与消费者之间的直接的经济联系。但在发达商品流通中,G—W 阶段反映的是生产者与商人之间的关系,W—G' 阶段反映的是商人与消费者之间的关系,因而商人的介入,割断了生产者与消费者之间的直接经济联系,把产销间的直接经济联系改变为产销间的间接经济联系,体现了生产者、商人、消费者之间的多重交易关系和经济联系。

6.2.2　现代流通方式

流通方式是商品由生产领域到消费领域过程中所采用的方法和形式的总和,随着经济的发展、科技的进步以及消费者需求的多样性变化,流通方式会经历一个由简单到复杂、由单一到丰富、由低层次到高层次、由传统到现代的发展历程。

现代流通方式,是指应用现代经营管理思想和管理理念,采用现代信息与数字化技术手段,对传统流通方式进行重大改革与创新,实现业务流程高效优化,盈利模式创新重构,运行效率显著提升,使流通内在机制与整体运行架构发生质的改观的流通方式。

现代流通方式是一个动态的概念,原有的现代流通方式会随时间推移和技术水平等客观条件的变化而变为传统流通方式,新的流通方式则随新技术、新模式的应用而不断出现,加入现代流通方式行列之中。历史上连锁经营、物流中心、超级市场、电子商务等都曾经是现代流通方式的主要形式。近年来,随着数字经济的发展,数字化流通方式正日益受到关注。

连锁经营是流通组织形式上的一次重大创新,是现代流通业最具活力的经营方式,被称为"现代流通革命"的标志之一。它突破了原来单个企业规模扩张所受到的地域限制,极大地拓展了企业的市场空间,并较好地协调了企业内部各组成部分之间的关系,通过总部与分店之间的分工,降低了连锁企业的管理成本,特别是经过统一采购、统一配送,大大降低了连锁企业的物流成本,提高了流通的效率,形成了整个连锁企业的竞争优势。美国的沃尔玛、法国的家乐福等都是实现规模化、网络化、连锁化经营的零售企业的典范。

物流中心是在流通革命的进程中出现的一种新型流通组织,是现代流通方式中重要的一种。物流中心既不同于原来的批发企业,也不同于原来的仓储和运输企业,它是将所有的物流功能集于一身,为企业提供专业化、集约化的物流服务的专门机构,发达畅通的物流配送体系对促进经济循环、提高流通效率、实现流通现代化具有重要作用。因此,物流业被称作 21 世纪的新的经济增长点。

在零售领域,现代流通方式主要体现在以超级市场为代表的新型零售业态的出现,超级市场将工业生产中的专业化分工的思想引入零售经营,采用先进的信息技术进行管理,简化了业务流程,提高了流通的效率。超级市场通过采取低成本、低价格、快速周转的策略,形成了自己独特的经营优势。超级市场的方便、快捷的购物方式因满足了现代消费者快节奏生活对购物的要求而深受消费者青睐。

电子商务的出现和快速发展,对流通的地位、作用和运营方式都产生了重大影响,不仅体现在交易方式的改变,而且带来了流通业内部作业流程和经营管理的一系列重大变化。电子商务促进了现代商品流通中以适应顾客需求为中心的产销之间有机结合,形成了以供应链为基础的产销一体化整合,使流通主导型经济开始形成。2004年,商务部制定的《流通业改革发展纲要》[1]明确指出,要加快推进以电子商务为代表的现代流通组织形式的发展,积极稳妥地推进电子商务发展:一是做好电子商务发展的基础性工作,加快流通企业信息化建设。二是开展电子商务应用的试点和示范工程,探索传统产业与电子商务相结合的模式,有形市场与电子商务相结合的模式,连锁经营与电子商务相结合的模式,现代物流与电子商务相结合的模式;三是研究制定电子商务管理制度,建立健全网上交易规则,规范网上交易秩序。拥有高效率的信息技术,可以使流通企业大幅减少商品库存,降低人力、物力、财力的投入,进而使流通企业的批发部门由商品流通中心变成信息中心,实现稀缺资源的有效配置。为了提高流通企业信息化水平,流通企业应该加快信息化建设,积极倡导以信息流引导商流、物流和资金流,建立社会信息资源共享机制。随着电子商务覆盖面的拓展,电子商务在连锁经营、物流配送等现代流通领域得以大力推进,同时设立网上商城,扩大网上消费,完善网络交易模式,更是成为有实力的流通企业创新流通模式,提高流通效率和效益的重要举措。

2009年,商务部发布《商务部关于加快流通领域电子商务发展的意见》[2],明确加快流通领域电子商务发展的主要目标是,以市场为导向,以企业为主体,以信息化带动流通现代化为主要手段,加快流通领域电子商务应用推广进程。扶持传统流通企业应用电子商务开拓网上市场,培育一批管理运营规范、市场前景广阔的专业网络购物企业,扶持一批影响力和凝聚力较强的网上批发交易企业。提高社会公众对电子商务的认知度和参与度,开拓适宜网上交易的居民消费领域,培育和扩大网上消费群体,力争网络购物交易额占我国社会消费品零售总额的比重明显提高。其具体措施包括:鼓励重点培育的大型流通企业整合资源,建设一体化的电子商务平台,提高规模经济效益和综合竞争实力;不断推进大型流通企业电子商务应用向纵深发展,形成技术改进、体系升级、价值创造和资本吸引的良性循环;充分发挥大型骨干流通企业和大宗商品市场的作用,开展农产品、日用工业品和生产资料的网上批发交易;培育一批知名度高、实力强、运作规范的专业网络购物企业,建设交易商品丰富、服务内容多样的新型商业网站,大力发展服装、家电、家居装潢、图书音像等适宜网上交易的商品销售,深度挖掘各类网民群体的消费需求潜力;推动实体市场交易与网上市场交易有机结合,鼓励流通企业以网上销售带动门店销售,以门店销售支撑网上销售,不断探索"线上市场"与"线下市场"互动促销的经营方式;完善流通领域电子商务发展扶持政策;健全流通领域电子商务发展环境;针对现代信息技术与传统流通方式相结合的新特点、新问题,有效维护网上交易市场秩序,防范和化解互联网虚拟性带来的各类交易风险。

---

[1] 该纲要涉及的流通业,主要指批发业、零售业、物流业、餐饮业及居民服务业。
[2] 《商务部关于加快流通领域电子商务发展的意见》(商商贸〔2009〕540号),http://www.mofcom.gov.cn/aarticle/b/d/200912/20091206652590.html。

6.2.3 数字化流通方式[①]

以互联网、大数据、云计算为代表的数字技术正掀起第四次工业革命,驱动社会经济生活进行全方面、多维度、深层次的变革。数字技术极大地提高了生产、分配、交易、消费各环节效率,重构了商业运营逻辑,催生出新兴产业,全方位推动传统产业转型升级,新一轮产业革命正加快全球产业结构变革的进程。就流通业而言,数字信息技术的应用改变了行业内企业间、买卖双方的运行关系,网络化与数字化推动了流通模式、流通主体、流通组织与流通渠道的创新与重构,加快了流通领域产业、服务和信息的集成化,有利于进一步提高全要素生产率,放大数字技术对经济发展的倍增效应。数字化流通方式应运而生,成为向全球价值链高端迈进的新引擎。

数字化流通的关键是实现与互联网的深度融合,促进各流通主体间、各产业间信息共享与分析,对流通资源进行整合优化;数字化流通的根本目的是使流通业形成核心竞争力,解决流通领域发展动力不足的问题,适应不断更新的生产技术与新的经济市场环境。数字化赋能后,流通业经营方向由销售货物向流通服务转变,流通过程由区域间分割孤立向协作发展转变;新型基础设施成为流通业发展的重要支撑,数据资源作为核心生产要素成为流通业企业发展的关键性资源。

1. 数据资源主导的新生产要素为流通业提供决策支持

首先,数据要素成为流通业发展的战略资源。近年来,互联网普及率的攀升构建了信息基础、产生了海量数据,促使数字经济的持续发展,数据作为新兴基础性生产要素与其他要素协同生产、创造价值。随着数字技术与流通业融合的加剧,流通业决策模式正由传统的"人—信息"向"人—数据"乃至"数据—数据"转变,数据成为流通业生产力提升与价值增值的战略性资源。其次,数据支撑流通业全流程科学高效化决策。数据作为承载信息交互的载体,其高度抽象特征确保信息在流通业内部及产业间完整、准确、快速、高效传递,为流通业提供高效精准的决策支持。一方面,数据为管理者提供科学有效的经营决策依据。首先,大数据技术将积累的生产经验、知识转化为数据,实时传送到管理层分析以制定生产决策,再将结论与反馈信息转化为数据传达回生产端,精准、高效地执行生产决策;其次,通过对数据的实时监测实现对流通组织的全面监督,及时发现、改善流通过程中的低效冗余环节和运营异常节点,优化流通决策;最后,将顾客浏览偏好、消费偏好、售后反馈等信息转化为数据进行模型分析,大幅提升研究结果与现实成果的匹配度,为流通产品(服务)的有效创新提供决策支持,形成流通业"生产决策—优化决策—创新决策"的高效决策体系。另一方面,数据穿透为消费者提供高效合理的购买决策依据。构建大数据中心、搭建数字平台,实现流通业全链路、各主体间的数字化连接,数据信息管理由中心化向网络化发展,各环节的消费者能实时获取海量数据,借此更好地获取商品服务的使用价值;与此同时,数据的应用打破了传统供应商(卖方)的信息优势,供需双方的市场地位趋于平衡,产品服务的使用价值与消费

[①] 赵娴,张志英.流通业变革:数字化驱动、商业逻辑重构与产业融合创新[J].海南大学学报(社会科学版),2022,41(1):184-193.

者动态需求的相符度大大提高，由此形成数据驱动下流通过程"生产决策—消费决策—生产决策"的良性循环。

2. "云＋网＋端"的新信息基础设施为流通业提供技术驱动

新基础设施是以云计算、物联网、5G 为代表，以技术创新、理念创新、融合创新为支撑的基础设施体系，基于最新数字化技术形成的新信息基础设施为流通业数字化发展提供了基础保障，可最大限度地助力数据优势转化为经济价值。数据为流通提供了决策支持，但数据本身不具有价值，对数据加工分析形成的数据资本才是价值链的重要组成部分。以数字化流通为基础，通过云计算平台分析与处理大数据中心的海量数据，据此构建时空信息云平台感知流通中人、物、环境状态的动态变化，实现"基础设施—数据—平台—决策运营"的管控服务一体化与系统化，进而建立物流、资金流、商流等综合应用的智慧物流体系。

3. 协同融合的新分工形态推动流通业各类资源高效配置

流通体系分工经历了长期演变，在此进程中，企业取得技术创新的能力、流通专业性对积累知识速度的影响，以及企业对交易机制与配送流程的更新掌握都深刻地影响流通的专业化分工，进而影响流通业的规模经济效益。数字技术的应用实现了产品所有权与使用权的分离，数据流通比信息传递具有更广泛的沟通协调能力，深化了产品拥有者和使用者的分工，强化了流通业线上线下的协同融合，降低了流通中产品服务的交易成本。使用互联网技术实现协同一体化分工，构建新型流通业体系分工，有利于流通业利益相关者间各类资源的整合共享，实现数据高效利用与优势互补。

在数字信息技术与设施支撑下，当前流通业主要存在两种分工形态：一种是以核心企业为中心，参与企业协同提供商品与服务的分工形式。为避免资源分散以及薄弱领域"木桶效应"带来规模不经济，流通业重构分工形态、聚焦主营业务，对核心企业与参与企业进行业务分离。核心企业制定流通规则、设定流通标准、统筹协调管控，参与企业围绕流通需求提供辅助服务，两类企业柔性化联通实现资源高效整合与产品改进创新。另一种是所有参与者地位平等、网络化、共享化、集群化与平台化的分工形态。在此分工形态中，各类供应商与消费者协同进行流通业价值创造，各类资源、信息以数字化形式传递，大幅降低信息不对称带来的资源浪费与低效利用。流通供应商间"分散—连接"的特征使社会"闲、散、专"资源得以开发利用，消费者的高度参与降低了生产和流通过程中不确定性风险，有助于减少无效投资、供给不足与产能过剩引发的资源配置不当。

4. 互联互通推动流通组织的质量变革、效率变革和动力提升

数据要素和数字化技术的应用突破了流通企业的地域限制，促使企业间建立数字化连接、形成虚拟化集聚，冲破了传统流通组织的边界；与此同时，产业分工的深化扩大了流通组织的规模，提高了流通组织的专业性。传统的流通组织无法满足流通业数字化发展的需要，随着技术创新，流通组织形态正发生质量、效率以及动力的变革。

当前我国流通组织主体"小、散、多"，呈现出大型流通企业垄断发展、中小型企业恶性价格竞争的两极分化局面。在个性化、体验化消费和大规模定制生产的发展模式下，互联网与流通业不断融合，流通企业连通组织上下游、开拓市场以及提高流通附加值，各流通组织间合作方式向开放化、去中间化的平台化方向转变。平台型组织削减了不同流通渠道、不同流通环节间沟通和交易的成本,促使流通渠道中各主体依托网络实现高效实时联动,以及流通资源的协同共享和价值共创,各流通主体由单一线性竞争关系逐渐朝着多元网状共赢关系转换,以更高效率地应对复杂多变的社会经济环境。为实现流通业绿色、安全、高质量、高效率发展,流通业组织体制改革的另一重点是新旧动能转换,即改变原有高耗能、高污染、低产能的流通业发展方式,形成以知识、数据为新生产要素,以云计算、互联网等信息基础设施为支撑,以新技术、新业态、新模式为结构的流通组织发展新动能。通过知识、经验、信息的数据具象化增强知识溢出,促进流通组织劳动效率的提升;通过人工智能、数据分析与区块链技术的智能穿透,实现对流通组织运营的创新与管控,推动运营成本和授信成本的降低,提高流通组织的质量。

6.3 流通业态

6.3.1 流通业态与连锁经营

1. 业态及其分类

业态是指商品流通企业(主要是零售商业企业)为满足不同的消费需求,根据经营产品的重点不同和提供服务的差异而形成的不同的经营方式。由于消费需求的多样性特征以及消费者常以群体的形式出现在市场上,不同业态的零售商店在向确定的顾客群提供相应的商品和服务时必须选择有针对性的、切实有效的售卖方式或营业形态,即进行业态的选择。

零售业态是社会化大生产持续发展、市场细分不断深化的产物。历史上,发达资本主义国家的零售业经历了四次革命。

第一次零售革命以百货商店的诞生为标志。从国际上看,在19世纪中期以前还没有业态的区别,基本上都是些小型的零售店铺,直到1852年才由法国人阿里斯蒂德创设了全球首家百货商店——"博马尔谢百货商店",这标志着零售业态从过去分散的、单一经营的商店发展为综合经营各类商品的百货商店。与此同时,西方其他国家也涌现出一批效仿者,一时间百货商店风靡全球。百货商店完全突破了小店铺的经营模式,营业面积大,不同的商品营业部将商品按不同的种类划分,经营的商品明码标价,不但品种齐全而且质量好,加上舒适的购物环境,使百货商店的市场竞争力得到了很大的提高,从而成为19世纪中期到20世纪末期最受城市广大消费者欢迎的零售商业。

第二次零售革命是继百货商店之后连锁商店的产生。1859年在美国成立的"大西洋和太平洋茶叶公司"被公认为是世界上第一家连锁商店,其后不久,连锁经营开始传入欧洲,但它在西方国家的大规模发展是在第二次世界大战以后,特别是在电子技术得到广泛应用的近二三十年,连锁经营得到了空前的发展,逐渐成为包括百货公司、超级市场在内的主要零售业态之一。连锁经营对零售业的革命性贡献可以归纳为三个方面[①]:第一,连锁经营要求

---

① 夏春玉,等.流通概论[M].大连:东北财经大学出版社,2009:48.

企业经营和营业操作高度统一化、规范化和标准化;第二,连锁经营的经营模式具有以数量为主的技术密集型产业的特点;第三,传统的零售企业要同时承担两种职能,即采购和销售,而连锁经营则使零售商业实现了这两种职能的专业化分离。

第三次零售革命发生在20世纪30年代,以超级市场的产生为标志。1930年8月由美国纽约市的迈克尔·库仑(Michael Cullen)创立的金·库仑食品商场被认为是真正意义上的现代超市。超级市场以其开架自选的购物方式、适合消费者日常消费所需的商品结构、低廉的商品价格、在出口处集中付款的结算方式以及接近广大消费者住宅区的商业网点布局,既使商家实现了薄利多销,也使消费者实现了劳务费用的节省,因而受到了广大消费者的欢迎。

在以上三次流通业态革命的基础上,又相继出现了仓储式商店、专卖店、折扣店、步行商业街、购物中心等新业态。

第四次零售革命是无店铺销售的兴起。无店铺销售是一种不经过门店而直接向顾客推销商品或由顾客自动选购商品的销售方式。现代无店铺销售,一般被认为起源于美国经济大萧条时期,但直到20世纪70年代以后,才有比较显著的发展。根据1929年美国商务部的划分标准,无店铺销售分为三种基本类型:通信销售、访问销售和自动售货机销售。

为更好地指导各地做好商业网点规划工作,引导商业投资方向,根据多年来我国零售业发展的趋势,借鉴发达国家对零售业态划分方式,2004年,商务部组织国内有关部门对原《零售业态分类》标准进行了修订,并制定了新的零售业态分类标准。新的国家标准将原来的9种业态分类扩大到17种,包括大型超市、超市、仓储会员店、百货店、食杂店、便利店、折扣店、专业店、专卖店、家具建材店、购物中心、厂家直销中心、电视购物、邮购、网上商店、自动售货亭以及电话购物,并对每种业态的经营方式、选址、商圈、规模、商品结构、店堂设施、目标顾客及服务功能等规定了相应的条件。2021年10月,新的国家标准《零售业态分类》(GB/T 18106—2021)开始实施,将零售行业主要分为有店铺零售和无店铺零售两大类,有店铺零售细分为便利店、超市、折扣店、百货店、购物中心等10类,无店铺零售细分为网络零售、邮寄零售、电话零售等7类。零售业态标准的颁布实施,为政府部门制定商业网点规划、科学引导零售业发展提供了技术基础,也为商业企业准确进行业态定位和理性投资提供了依据。

2. 流通业的连锁经营

连锁经营就是指以企业的总部、配送中心和若干数量的连锁分店组织结构为基础,采用规范化经营同类商品和服务,实行共同的经营方针,将集中采购和分散销售有机结合,实现规模化效益的销售网络体系。连锁经营的实质是把现代化工业大生产的原理运用到商业流通领域,达到提高协调运作能力和规模效益的目的。

1) 连锁经营的特征

连锁经营的基本特征是经营管理方面的标准化、专业化、现代化和规模化,这些也是连锁经营在发展中应达到的基本要求。

标准化是指连锁商店在经营管理的重要环节等方面实行统一、规范、制度化的管理。由于连锁商店是一种群体性的商业经营组织,标准化是连锁经营最基本、最明显、最本质的特征,具体表现在统一领导、统一店名、统一标识、统一进货、统一配送、统一价格、统一结算、统一服饰、统一促销等多个方面。

专业化是指连锁经营企业将采购、进货、库存、配送、销售以及收银等环节,按其工作内容的具体特点进行规范化的专业化细分,形成有专门技能、专门操作方式和专门工作内容的专业化工作岗位,不再需要"一事一议",只要按制度要求进行管理即可。

现代化是指连锁经营的物质装备电子化、管理手段现代化。零售商店是伴随着现代电子技术的发展而来的,通过"连锁总部—配送中心—连锁店铺"之间的电脑网络,建立高效灵敏的信息传输系统,加强连锁总部与连锁店铺之间的信息传递,进而实现连锁系统内商流、物流、信息流、资金流的自动化,确保进货、销货、计价、结算工作等连续、自动地完成。

规模化是指连锁经营企业依靠在不同市场区域设立众多分店以实现提高市场占有率、提高销售额的目的。相对于单体商业企业而言,连锁商店作为若干家连锁店铺组成的庞大的经济联合体,拥有完整的商流、物流、信息流以及资金流体系,靠的是集约化、规模化、社会化的经营之路。曾经有人大胆地预言过,连锁商店经营的规模化,将使之成为世界零售业中一种占主导地位的经营组织形式。

现代流通企业通过连锁经营这种企业运行的组织方式,使单一企业成为多个企业协同运行的连锁企业,使一个企业内部的多个店铺成为统一经营的连锁型组织,满足了流通渠道为实现社会化大生产所提出的大流通要求,实行重组,实现规模化经营,是连锁经营企业的本质所在。

2)连锁经营的类型[①]

连锁经营主要有直营连锁经营、特许连锁经营和自愿连锁经营三种。

(1)直营连锁经营。直营连锁是指以统一的资产所有权为纽带,在总部或总店对所属分店的人财物供销等方面的直接统一管理下,各分店按统一的经营管理模式共同经营同类商品或服务的连锁组织形式。同一资产所有者、管理权限的直接性、经营管理的全面统一性和规范性是直营连锁的三个主要特征。直营连锁既有优点,也存在着一定的不足之处。企业经营管理决策和贯彻执行的效率较高,统筹规划与利用人财物,以实现眼前利益和长远利益的兼顾,这是直营连锁经营的优点。但由于投资主体单一,企业在发展连锁分店时必须由投资者全额出资,因此所需的资金量大。另外,各分店没有经营管理自主权,导致缺乏激励各分店的经营管理者积极工作的动力机制。这些都是直营连锁经营的不足之处。

(2)特许连锁经营。特许连锁经营又称为特许加盟连锁经营,是指特许人将自己所拥有的商标(包括服务商标)、商号、产品、专利和专有技术、经营模式等以特许契约的方式授予其他企业(加盟者),受许人按特许合同规定,在特许人统一的业务模式下从事经营活动,并向特许人按期缴纳一定的费用。特许连锁经营的所有加盟店均以独立的所有者身份加入,在人事和财务上保持独立,在经营业务及经营方式上则保持高度统一,接受加盟总店的指导和控制,依靠特许合同将各加盟店与加盟总店联系起来,但系统内各加盟分店之间没有任何横向联系,只存在加盟店与加盟总店之间的纵向联系,加盟双方既是独立的事业者,但又必须在特许合同的规定下形成一个资本统一运营的外在形象,进而实现企业的联合经营效益。特许连锁经营的特许内容包括两类:一类是技术特许方式,即主导企业将其拥有的经营技术、工艺、配方、诀窍等,按特许合同条款要求授予加盟企业;另一类是管理或者信誉特许方

---

① 刘星原.流通经济学[M].北京:首都经济贸易大学出版社,2008:175.

式,即主导企业将其所拥有的先进的管理知识、知名商号、经营方式等,按特许合同要求授予加盟企业。

(3)自愿连锁经营。自愿连锁经营又称自由连锁经营,是指以一个或者少数几个企业为主导核心企业,以共同协商确定的合同为纽带,联合众多加盟企业,在各企业的法人资格独立的前提下,采取统一的商号、统一采供、统一经营、统一管理方式进行的连锁经营。自愿连锁经营的特点是既保留了单个资本所有权,又实现了联合经营。自愿连锁经营的产生,使得中小企业能够联合起来,通过组织连锁,获得规模收益,以便与大资本商业企业抗衡,争夺市场,保卫自己的利益。

直营连锁经营、特许连锁经营和自愿连锁经营各自的特点和优势比较如表6-1所示。

表6-1 直营连锁经营、特许连锁经营和自愿连锁经营的比较

项 目	直营连锁经营	特许连锁经营	自愿连锁经营
资金来源	企业总部	加盟商	加盟商
经营权	不独立	独立	独立
商品价格	完全由总部制定	主要部分由总部制定	主要部分由总部制定
各加盟店关系	均隶属于总部	独立	独立且有横向联系
合同约束力	视公司章程而定	很强	较弱

3)连锁经营的优势

连锁经营被誉为"现代流通革命"的标志之一,其实质是以标准化的服务、专业化的经营、规范化的管理来实现规模经济效益的一种经营组织形式。与传统的商业组织形式相比,连锁经营具有明显的优势。

(1)组织形式网络化。连锁经营既是一种经营方式,又是一种组织形式,它是由一个总部和众多的分店所构成的一种企业联合体,这些纳入连锁经营体系的分店如同一条锁链被连接在一起,故被称为"连锁店"。连锁经营把传统的流通体系中相互独立的各个商业职能有机地组合在一个统一的经营体系中,实现了采购、配送、批发、零售的一体化,从而形成了产销一体化或者批零一体化的流通格局,提高了流通领域的组织化程度。连锁经营所实现的稳定、整体、全方位的联合有别于传统商业组织形式的局部合作,它所形成的是以总部为中心的网络化链条。所有纳入连锁网络的连锁店,均使用统一的店名,具备统一的形象,提供标准化的商品和服务。连锁经营的网络化组织形式具有门店多、分布广的特点,有利于深入各地区进行分散销售,特别是有利于使分散的农村消费形成网络,可以有效提高农村流通领域的组织化程度。

(2)经营方式规模化。连锁经营把传统流通领域中相互独立的各种商业职能有机组合于统一的经营体系中,将供求双方连接起来,实现了采购、配送、批发、零售的一体化,提高了流通领域的组织化程度,产生了一系列的规模优势。

第一,销售网络的规模优势。一方面,连锁企业门店众多且分布广泛,可以通过设立分店或加盟店深入各地区消费腹地进行分散销售。因此,连锁企业通过连锁网络广泛的覆盖面而获得大批量销售的市场优势。另一方面,连锁企业门店的数量多、分布广、切入深,迎合了农村市场消费的分散性。与此同时,农村各村落范围较小,连锁店设在农村可以有效了解到农民的消费偏好和商品需求,有利于增强农村消费者对连锁企业的信赖,进而形成良好的

供销关系。

第二，集中采购的规模优势。连锁企业门店众多，运用的是集中采购的方式，这使得连锁企业在对外采购时因其采购额大，在与供应商谈判时具有较强的议价能力，从而获得折扣优势，降低企业进货成本。此外，集中采购批量大，可以减少分散采购的批次，减少采购和人力资源成本，从而在整体上降低企业的采购成本。显而易见，采购交易成本的减少必然会吸引农村市场的消费力量。

第三，仓储配送的规模优势。商品仓储方面，集中存放可以对商品进行有效管理。连锁门店正是采用集中存放的方式，节约仓储面积的同时有效地提高了现有仓储能力。商品配送方面，连锁企业实行集中配送的方式，这样可以将同一配送路线上的连锁门店统一起来，选择合理的配送路线，充分利用交通运输工具，在最短的时间内将商品配送到连锁门店，进而加速商品的周转，避免运输能力的浪费，降低经营成本。

第四，研发培训的规模优势。连锁经营体系是由多各连锁门店通过连锁网络有机组合而成，并由连锁总部进行统一管理。连锁总部可以在商品陈列、门店形象设计、管理、促销等方面开发出一系列创新经营内容，并利用连锁网络进行集中培训，从而降低培训成本。

第五，信息共享的规模优势。连锁企业的连锁网点分布广泛，各个连锁门店可以依据自身的经营情况反馈当地的消费情况。所有门店的反馈信息汇总起来的信息量是非常大的，这有利于连锁总部更加精准地预测未来的销售趋势情况，进而为未来的经营发展战略提供重要的依据。而且连锁总部汇总分析后的信息成果在连锁网络中是共享的，有利于提高连锁门店的经营水平。

（3）管理方式规范化。连锁经营管理方式的规范化主要表现在以下几个方面：一是作业简单化。连锁企业由于体系庞大，不论是在财务、货源控制上还是在具体操作上都需要有一套高效的运作系统，这就要求业务流程尽可能地"化繁为简"，从而达到以最少投入获得最大产出的经济目的。连锁经营以共同配送为纽带，各分店形成联合统一的经营网络，由配送中心为各分店服务，集中订货、配送，进行统一结算，从而减少了许多交易手续和费用，易于达到高效的组织配送水平，从而降低流通费用，提高业务效率和经营灵活性。二是分工专业化。连锁经营专业化分工的基础是连锁门店的运营程序及其特点。专业化分工的目的有两个：第一，合理使用人力资源，各个工作环节选取适合的专业人员，充分开发和运用员工的才干，使得人尽其才；第二，根据运营实际合理并专业化划分工作程序，明确岗位职责，使得权责得三者协调统一，最终提高运作效率。具体而言，分工专业化的优势体现在采购、销售、仓储、配送、商品陈列、促销等各环节都有专人负责。三是管理标准化。首先，管理标准化体现在作业的标准化，即由总公司负责订货、采购，再统一分配到各分店之间。其次，管理标准化体现在企业整体形象的包装设计，如各店所使用的招牌、装潢均应一致，甚至外观、标准字体、用色、标价牌、员工服装、办公用品、广告宣传、商品价格、品质等均应保持统一，这种标准化使各连锁店均有统一形象对外获取形象利益。

6.3.2 商业综合体

1. 商业综合体的定义

依据空间用途融合度、业态丰盈度、规模化密度等指标，城市商业综合体可定义为在融合社区生活、工作、市场等功能的混合建筑空间中,具备零售、餐饮、娱乐、休憩(除办公、医疗等)两项及以上的功能用途空间,是平面空间中物理渠道业态的融合。在"互联网"环境下,商业综合体更是将商务办公、医疗、公共服务等功能用途空间纳入其中,在经营中扩张辐射效应、增强服务的灵活性和供应敏捷性。因此,商业综合体更可以扩展为在立面空间中虚拟渠道上多种服务品类及业态的融合。

商业综合体的关键是综合性,主要表现在三个方面:一是功能综合性,在购物功能的基础上,增加娱乐、餐饮、办公、住宅等不同功能,各功能相互组合;随着对消费便利性要求的提高,部分购物功能甚至逐渐被消解成为其他功能的附属,或是城市功能的散点分布;二是空间综合性,功能综合性不断提高,要求新的商业场空间来对应不同功能,包含私密空间、公共空间、开放空间,对每个空间进行针对性设计;三是文化综合性,基于功能和空间的综合性,不同年龄、收入层级的消费人群有着多样的文化活动与文化需求,因此要求具有多元的文化活动展演空间,商业综合体成为社会文化交流的场所。

2. 商业综合体的发展进程

商业综合体的空间构成和体量大小对其能否顺利运营有着举足轻重的作用。体量过小有碍规模效应,体量过大则存在较大运营风险。根据《2019—2021 中国城市商业综合体运行大数据与商业决策分析报告》,当前城市商业综合体发展体量经验数值表示,二、三线城市人均商业体量为 1 平方米左右。但一线城市其核心区域的吸引客流能力高于平均水平,因此商业综合体的体量需求普遍较高。例如上海地区人均商业面积约为 2.16 平方米。随着经济发展和消费需求的持续增长,商业空间需求的增长已为既成事实,近年来,新建商业综合体类建筑体量区间较为稳定,5 万～10 万平方米、10 万～20 万平方米为主要商业面积类型。

1939 年,雷蒙德·胡德将大楼、广场、地下空间与街区有效衔接,设计出集办公、商业、娱乐等功能为一体的美国洛克菲勒中心,充分利用综合体的空间并推动了综合体的发展。为提高土地资源利用率,综合体模式逐步普及,为顾客提供更好的休闲、购物体验。1976 年,美国城市土地协会出版的《混合使用—新的土地使用方法》对混合使用(mixed-use)进行了定义。20 世纪末后,商业综合体建筑模式在世界各地得到普遍借鉴。

中国改革开放后,商业综合体的模式开始逐渐兴起。早期主要在北京、上海等一线城市进行尝试。如 20 世纪 90 年代,上海形成 CBD(中央商务区)概念,南京西路的新世界城全新落成并成为当时商业建筑的标杆项目。随着经济发展,人们对于商业综合体的需求呈现出多元化、品质化和社交化等特点,商业综合体向功能多层化、娱乐体验化和文化沉浸化发展。早期缺乏特色的商业综合体则面临着不适合当前城市发展的问题,亟须通过改造升级跃入新的生命周期。

3. 商业综合体的运行机制

(1) 以有效客流为运营核心。城市商业综合体的运营,主要依靠将附近社区潜在消费者转化为有效购买产品(服务)的实际购买者。根据区域内商业区的繁荣度实施阶段性调整,采用营销、宣传等推广方式实现引流、聚客的目的,最终实现"客流转化",即商业综合体运营的核心。"客流转化"的实质就是经营进行有效消费的有效客流。实践中,商业综合体追求"利润最大化,成本最小化"的运营目标,通过运营实现"无效客流向有效客流转化",实现客流消费力的积极释放。

(2) 以畅通渠道为运营载体。美国市场营销协会(AMA)提出,渠道是公司内部的组织单位和公司外部的代理商、批发商与零售商的结构。随着互联网的普及,渠道仅用来定义公司内部组织与外部代理之间的关系,已难以满足现代化商贸流通的需要。渠道在不同环境中的属性特征具有差异性,分为实体渠道和虚拟渠道。

实体渠道对综合体所在周边3千米~5千米半径区域内的客流具有强辐射力,一般通过客流来源的范围圈和有效辐射范围圈锁定、约束。但是否可有效经营此辐射区并培养有效客流,则要求商业综合体经营者、管理者具备较强的适应性掌控力,加强对前置的建筑标准、内部业态组合、运营模式创新等创新发展。

平台化的虚拟渠道,是利用信息通信技术(ICT)与各行各业连接融合,重构供应商、中间商及消费者之间关系,从而使得产品(服务)摆脱实体渠道限制,通过物流链实现供应商与消费者直接交易的渠道。其中,"互联网"是虚拟渠道存在的基础条件;"平台化"是虚拟渠道中公司内部组织结构的外部表现形式。

(3) 以场地及周边配套设施租赁为盈利手段。传统商业综合体的核心盈利模式是通过对场地及周边配套设施的租赁,获取租赁租金、物业管理费及其他收益的经营模式。在商业综合体经营初期,综合体有效客流转化率的高低多取决于商业综合体所在的地段;步入中后期,有效客流转化率的高低则多来自综合体形成的品牌IP(知识产权)、场景体验等;在有效客流转化率趋于稳定增长后,综合体实现最大盈利化目标则源于运营管理模式创新,可采用以下方式来实现:首先,应增加综合体内的有效可出租面积,实现店铺经营面积最优化利用;其次,在综合体内对顾客动线进行引导优化,使得客流在综合体内平衡移动和垂直移动,同时平衡经营收益的局部利益与整体利益,实现城市商业综合体租赁收益的优化;而后,可积极拓展微小面积的经营点位,开发场内外其他非营业收益;最后,在商业综合体的服务延伸线上应积极开发直配入户服务,增强邻里黏性。

6.3.3 批发市场交易中心

根据《国民经济行业分类》(GB/T 4754—2017)对批发业的定义,批发业指向其他批发或零售单位(含个体经营者)及其他企事业单位、机关团体等批量销售生活用品、生产资料的活动,以及从事进出口贸易和贸易经纪与代理的活动,包括拥有货物所有权,并以本单位(公司)的名义进行交易活动,也包括不拥有货物的所有权,收取佣金的商品代理、商品代售活动;还包括各类商品批发市场中固定摊位的批发活动,以及以销售为目的的收购活动。

1. 批发业与批发市场

与零售业相比较,批发业主要具有以下特点:一是交易额一般较大。批发业基本属于资本密集型行业,对于批发业而言,资金较劳动更为重要,资金问题往往是决定批发商经营成败的关键。二是商圈比较大。中小批发商一般集中在地方性的中小城市,经营范围会辐射到周围地区;大型批发商多位于全国性的大城市,其经营范围可以涵盖整个国内市场,甚至突破国界。三是服务项目相对较少。批发业其服务对象主要是组织购买者,服务项目较零售业少,着重于通信、储运、信息、融资等方面,表现为组织对组织的服务。

批发市场与零售市场相对应,是指向再销售者、产业用户和事业用户销售商品和服务的商业市场。其中,再销售者是指二次及其以下的批发商和零售商;产业用户是指从事生产和服务提供的营利性组织,即第一、二、三产业的企业用户;事业用户是指不以再销售为目的,而是出于业务或事业上的需要购买设备和材料的非营利性组织。

现阶段批发业的主体构成主要有生产企业的直供批发、代理商批发、经销商批发、第三方物流企业批发、配送中心的供货批发和批发市场批发等,批发市场只是批发业体系的一种构成。

2. 批发市场交易中心的形式

(1) 以传统经商习惯和经商人才优势形成的批发市场。随着改革开放政策出台,尤其是农村承包责任制的落实,有传统经商习惯的商人利用当地的集贸市场摆摊开店,形成了一定规模的批发市场。如浙江义乌的中国小商品城、台州路桥的日用品商城、山东临沂的小商品市场等都是充分发挥当地人的传统经商习惯形成的。

(2) 以旅游胜地为依托形成的批发市场。在中国有许多自然和人造的旅游资源,尤其是大城市的人造旅游胜地。例如,上海城隍庙、南京夫子庙、南昌万寿宫、洛阳关林等,都是依托旅游胜地人流相对较多的优势发展形成的批发市场。这些市场虽然起步较早,但受城市建设和交通要道限制,1992年后发展缓慢,有的已经搬迁到城郊接合部。

(3) 以产业为依托创办的批发市场。生产和流通,是密不可分的两个环节。十一届三中全会以来乡镇企业迅猛崛起,为了拓展市场、加速产品流通,兴起了一批依托地方产业作为支撑而创办的批发市场。例如,浙江永嘉桥头的纽扣市场、浙江绍兴的中国轻纺城、江苏吴江的东方丝绸市场等。

(4) 以大中城市消费者为依托在城郊接合部创办的批发市场。这类市场发展历史较短,依托相对集中的消费对象以及较强的城市辐射力,其主要是为了弥补城市大商场的不足,加快城乡商品的流通,扩大城市的辐射功能,在城郊接合部创办。如北京的金五星市场、上海的华东小商品市场等。

(5) 以传统的商业街为依托发展起来的批发市场。这是指依托大中城市繁华商业街的商业优势,在政府的培育、引导下形成的批发市场。如西安康复路、长春黑水路、贵阳市西路、天津大胡同、武汉汉正街等工业品批发市场。但这类市场由于1998年后受车流、物流、人流不畅通的制约逐步收缩,甚至由批发市场逐步变为零售市场。

(6) 以临街旧厂房为依托形成的批发市场。一些临街的、大框架式厂房的企业由于生产不景气,而利用旧厂房改建或原有的高楼大厦改造、开辟成大型批发市场,如徐州宣武市场、济南的中恒小商品市场、石家庄的南三条胜利路批发市场等。

3. 批发市场商铺的价值与批发的作用

(1) 批发市场商铺的价值主要分为三方面:一是物业价值,即依据物业所在商圈地段、项目位置、商铺楼层决定,称为定量价值。二是运营价值,通过商业运营使商铺客流量增加、交易量增大、批零渠道拓宽,商品交易机会提升,称为核心价值。三是商户价值,不同经营质量的商户利用同样的商铺所创造的商机不同,称为变量价值。批发市场的物业价值取决于开发商,运营价值和商户价值取决于市场运营商,对于商铺投资者来说,商铺运营商是决定商铺后期价值和投资回报的关键。

（2）批发市场商铺获取利润的三要素：一是供求关系。供应量大于求租量时，随行就市失去主动权；供不应求时，竞价排名占领主动权。二是客流量、交易量。客流量与交易量是呈正比的，交易量越大，利润越多，承租能力越强。三是运营质量。招商和选商最大的区别体现在运营质量，经营能力强的商户更能把握市场机会创造商机，带动客流量、提升交易额。

（3）批发对商品流通的作用主要表现为：一是对商品合理流通的集散功能和商品需求信息的传递功能尤为突出，批发企业将信息传递作为企业生存发展的关键要素，批发业对促进上游生产环节产品结构的有效调整和下游零售业经营品种结构调整的作用凸显；二是对中小零售商提供低成本、齐全商品和配送服务的支持作用十分关键；三是对生产、现代物流或配送、走新型工业化道路、吸纳就业等相关产业发展的带动作用难以替代。

6.3.4 大宗商品交易中心

大宗商品交易，特指专业从事电子买卖交易套保的大宗类商品批发市场，又被称为现货市场，大宗商品的中远期电子交易是市场经济条件下，现代批发业发展的必然产物。大宗商品中远期电子交易作为商品交易的一种手段，能迅速提高商品交易效率，降低交易成本；能增强交易的透明度，有效遏制暗箱操作，克服欺诈、回扣、三角债等交易弊端；能保证交易商品的质量，有效杜绝假冒伪劣商品；能避免商品大范围迂回运输，节约大量人力、物力和财力；供需双方通过互联网交易，扩大市场容量，有助于形成全国统一的大市场。大宗商品中远期电子交易可以实现货物的低成本流转、套期保值、套利交易、投资交易、价格发现、国家战略储备、调节物价等功能。

大宗商品的中远期交易最早萌芽于古希腊时期的欧洲，现代意义上的中远期交易产生于19世纪中期的美国芝加哥。1865年，当时的中远期市场推出了标准化合约，同时实行了保证金制度，这标志着真正意义上的大宗商品中远期交易的诞生。

20世纪90年代中期，我国各大中央直属企业、地方政府纷纷筹建大宗商品电子交易市场，大宗商品的中远期电子化交易进入快速发展轨道。1998年以后，国内相继建立了广西食糖、吉林玉米、湖南金属等"大宗商品电子交易中心批发市场"，批发市场开始从一个局域性的有形市场转向全国甚至国际性的市场，"大宗商品电子交易市场"尤其是"现货远期仓单市场"作为大宗商品流通的新模式就在新的时代背景下诞生了。2002年，国家质量监督检验检疫总局发布《大宗商品电子交易规范》，2003年，修改后的国家标准《大宗商品电子交易规范》重新发布实施，成为行业内制定市场规则的依据。2007年，商务部联合国务院发展研究中心、财政部、公安部等七部委起草《大宗商品电子交易市场管理规定》，正式确立商务部为大宗商品交易市场的主管部门。同时，国务院"十一五"经济发展规划也提出要稳固发展大宗商品交易，并经国家技术监督局发布了大宗商品电子交易规范，为中远期交易的发展与壮大奠定了坚实的基础。2011年4月12日，商务部发布《第三方电子商务交易平台服务规范》，以倡导诚信规范的经营服务理念，完善电子商务发展环境，促进电子商务健康发展。2013年8月15日，商务部、中国人民银行、中国证券监督管理委员会三部门发布，自2014年1月1日起施行《商品现货市场交易特别规定（试行）》，以达到规范商品现货市场交易活动、维护市场秩序、防范市场风险、保护交易各方的合法权益、促进商品现货市场健康发展、加快推行现代流通方式的目的。大宗商品交易标准化、制度化、规范化趋势不断增强。

由于大宗商品本身所具有的特殊属性,即价格波动大、供需量大、易于分级和标准化以及易于存储、运输,电子交易市场的出现正是符合大宗商品流通模式创新的要求。大宗商品电子交易市场突破了传统的批发市场在时间和空间上的限制;在实现了远期交易优化资源配置、价格发现的功能的同时,又以现货交易为前提条件,成功地实现了风险规避,能够更实际地给上游生产商以生产指导,给下游消费者以价格指引。这些优势使得大宗商品电子交易发展迅速。自 2000 年以来,大宗商品电子交易市场的数量、规模与分布范围不断扩大,覆盖的交易品种不断增加,市场功能也不断完善。在全球大宗商品价格先暴涨后暴跌的 2008 年,中国大宗商品电子交易市场所提供的现货远期交易为产业链中的企业提供了有效的避险工具,尽管在后期,不少电子交易市场的成交量与成交额同比出现负增长,但与传统现货市场交易普遍低迷的情况相比,大宗商品电子交易市场的发展势头与避险功能却进一步得到了印证和发挥。当前,平台化、数字化、生态化、国际化,成为大宗商品电子类交易市场发展的新亮点;促进大中小企业融通发展,推动第一、二、三产业融合发展,成为大宗商品现代流通业创新发展的核心源动力,市场专业化分工进一步加强,与传统产业融合进一步深化。

据中国物流与采购联合会大宗商品交易市场流通分会不完全统计,截至 2020 年底,我国大宗商品电子类交易市场共有 3 580 家,同比增长 21%,实物交易规模超过 20 万亿元。我国大宗商品现代流通行业继续保持高速增长的主要原因:一是各类大宗商品供应链协同平台、交易平台和综合服务平台快速发展,以居民消费升级和新零售为代表的农产品大宗市场发展迅猛,创新创业催生新兴业态;二是现代供应链推动传统产业企业向供应链服务企业加速转型,各类大宗商品供应链平台快速兴起,流通业与制造业、服务业加速融合;三是工业互联网、产业互联网、独角兽、大健康等平台经济发展模式成为社会关注焦点,各类新兴市场业态和商业模式创新竞相呈现,大中小企业融通发展趋势明显,一批具有良好产业基础、综合实力强、主体功能突出的市场主体集中涌现。

我国大宗商品电子类交易市场所涉及的行业,涵盖能源化工、金属矿产、农林牧渔、稀贵金属四大类、20 余个行业。从地域分布看,平台供应链成为各地培育新动能、形成新增长点的重要抓手,现代服务业比重不断上升,产业结构进一步优化升级。从行业分布看,以现代供应链为核心,大宗商品电子类交易市场在促进产业跨界和协同发展,以及资源整合和流程优化中的作用不断增强,平台化、数字化、生态化、国际化,成为大宗商品电子类交易市场发展的新亮点。农产品类市场数量位居首位,新零售、新消费、"互联网+"现代农业推动农产品大宗市场持续增长;金属类市场增速放缓,综合类市场大幅增长;互联网、物联网、大数据、云计算、区块链、人工智能等新一代信息技术推动第一、二、三产业融合提速,传统企业向供应链服务平台转型升级明显,林木、畜牧禽和其他行业商品市场呈现明显增长,二手车、药交所等大宗商品 B2B 电子商务发展迅猛,市场专业化分工进一步加强,与传统产业融合进一步深化。

6.4 流通模式创新

流通模式是指流通企业的内在价值创造机制,是企业盈利过程中一系列特有运作方式的集合,体现提供给客户的全部价值,以及企业与伙伴组成的创造、营销、传递价值和关系资本的网络,具有完整的体系结构。当前,以互联网为代表的数字技术正在加速驱动经济社会各领域的深度融合,互联互通融合发展成为产业发展的常态。数字化驱动下以数据资源为主导的新生产要素,一方面为流通业发展提供决策支持和技术支撑,另一方面则引领了以商业逻辑重构和产业融合创新为核心的流通业的深度变革。

6.4.1　流通新模式

在网络经济时代下,生产方式由大规模生产向个性化生产转变,信息的易获得性使得生产者和消费者的成本大幅降低,生产者和消费者之间关系随之变革,满足消费者多样化需求成为需要解决的核心问题,企业盈利所需的核心资源中加入新内容,催生了多样的新兴流通模式。

1. 自媒体时代与粉丝经济

自媒体是普通大众经由数字科技强化、与全球知识体系相连之后,一种开始理解大众如何提供与分享其自身的事实、新闻的传播途径。自媒体主要存在六种商业模式,即广告软文推广模式、会员制模式、衍生服务收费模式、版权付费＋应用分成模式、赞赏模式、平台型商业模式。自媒体商业模式的共同特征是:持续输出优质内容、受众群稳定、垂直领域影响力强、渠道价值突出、用户互动良好。自媒体的运营面临两大关键:一是内容的可持续性。持续生产出受欢迎的优质内容是所有自媒体都面临的关键问题,内容的持续性是吸引观众、用户以及投资者的基础。二是流量的变现度。自媒体以优质内容吸引粉丝后,如果没有行之有效的方法实现盈利,则粉丝与流量只是数字,无法实现自媒体的持续性运营。

吸引流量并变现需要培育忠诚消费者群体即粉丝群体。粉丝是娱乐、体育、时尚等行业中最优质、最重要的目标消费者。例如,粉丝多少决定着收视率、点击率,进而决定其赞助广告的多少,从而决定着赢利能力。有了大数据,粉丝还具有巨大的衍生商业价值,大数据抓取粉丝的信息,通过挖掘分析,为这些潜在消费者推送应有尽有的全方位消费信息,从而演变出无尽可能的新业务体系和商业模式,并催生出网络红人和主播产业。

(1) 网红营销。网红依托于网络而存在,在社交媒体上与粉丝进行互动,并凭借其强大的影响力对粉丝产生影响,特别是 2016 年以来,网红成为热门现象。网红是在线社交网络平台通过娱乐性事件吸引网民兴趣和注意,通过各种方式与粉丝互动交流的网络名人[1],但关于网红的定义尚没有统一的标准。网红以自己的爱好、品位、时尚等标签向粉丝们展示和营销商品,或者直接将社交流量出售给广告商来变现。网红的出现,标志着个人也开始成为品牌并迅速占领市场,这种品牌鲜活有趣,时时与粉丝们交流,分享生活方式、情感、时尚、情怀等,与精神与心理需求的特点高度契合。

《2016 年中国网红元年报告》指出,国内网红的发展经历了从文字 1.0 时代,到图片 2.0 时代,再到视频 3.0 时代。[2] 文字 1.0 时代(1994—2003 年)的特征是文字犀利、言语诙谐;

---

[1] TURNER G. Approaching celebrity studies[J]. Celebrity studies,2010,1(1): 11-20.
[2] 张孝荣. 2016 年中国网红元年报告[R/OL]. (2016-04-22). https://www.thepaper.cn/newsDetail_forward_1459526.

图片 2.0 时代(2004—2015 年)的特征是在网络发布个性化、独特的照片与言论吸引注意,这个阶段的网红开始获得流量红利,但缺乏粉丝流量变现能力;视频 3.0 时代(2016 年至今)的特征是依靠微博、短视频、直播等网络平台吸引粉丝关注并实现流量变现,此阶段网红群体逐渐产业化和职业化。网红知名度、专业性、庞大的粉丝数量以及个人带货能力等特性共同构成网红的影响力,进而对消费者购买意愿产生影响。网红产业的马太效应显著,头部网红拥有众多的粉丝以及更强的带货能力,因此流量和资源基本都集中在头部网红,其影响范围也最广。

(2)主播与直播。网络主播是互联网中的一档节目或活动,从策划、编辑、录制、制作到观众互动等一系列工作大多由主播负责参与,并由主播本人担当主持工作。网络主播是一个综合能力很强的职业,按照内容分为秀场主播、游戏主播、其他主播,秀场主播和游戏主播居多,其他主播形式较少。主播又分为直播形式与录播形式。录播需要提前录制节目,然后将录制好的节目视频文件上传到视频网站,视频网站对其节目进行审核发布,观众可以进入视频网站,观看主播的节目。国内以直播形式居多,绝大多数网络主播都在各大直播平台网站拥有自己的直播间,观众可以在主播所在的直播平台网站,输入主播名称或频道号以及房间号等,查找进入其直播间,也可以登录秀主播网全国网络主播资料信息库对主播信息及直播间进行查询。网络直播强调依托互联网新技术双向流通即时互动的特性,尤其是现场实时的视频播送。2016 年,直播市场再次兴起,迎来相对成熟且较为稳定的发展时期。在此阶段,国内各大平台上线直播购物功能,通过各平台资源和网红个人品牌双方的加持,网红直播带货成为一种社会级现象,并为经济发展作出巨大贡献,国家对直播行业的监管力度也在不断加强,直播电商发展逐步规范化。

《2016 年中国移动直播用户洞察报告》将直播大致分为泛娱乐类直播、游戏类直播、版权类直播和垂直类直播四类。[1] 垂直类电商直播中,直播带货通常是由各利益相关者,如商品供应链、电商型 MCN(多频道网络)机构、直播平台等组成一整条完整的产业链条,产业链上的参与者相互协作、密切配合,共同支持带货电商直播的发展。直播带货具有即时性、真实性、参与性、互动性以及其娱乐属性的优势属性,使其在网络时代吸引大量流量,影响消费者购买意愿,带动销量增长。因而,直播带货的特点可归纳为即时双向互动性和娱乐属性两方面。

2. 农村电商

广义的农村电商是一种商品交易行为,通过互联网平台为农村提供农村产品流通渠道、资源,包括农产品销往城区、工业品销往农村。和传统的电子商务相比,农村电商的核心是基于农产品销往城区的交易,是利用现代网络、通信技术,通过线下的物流配送,将农产品从卖方手中迅速送达买方手中。农村电商立足农村,以农产品或其加工品为交易对象,通过网络或者移动端对农产品进行包装、上线、销售,卖家无须承担实际店铺及场地租赁、建设的费用,大幅降低农产品的销售成本,与消费者直接对接减少中间环节,不受时空限制,农产品的销售效率提高,进而农产品供需问题得到解决,改变居民的消费方式,提升农村居民生活水平。

---

[1] 艾瑞咨询.2016 年中国移动直播用户洞察报告[R].2016.

2004年1月,我国正式启动村村通电话工程发展农村通信。2011年初,我国全面实现"村村通电话、乡乡能上网",农村通信设施得到全面改善,农村信息化水平得到整体提升,农村电商悄然兴起,引发农民网购热潮。2015年,财政部、商务部、国务院扶贫开发领导小组办公室共同推进"电子商务进农村综合示范"工程,加快了我国农村电商的发展步伐,农村电商进入新的发展阶段。农村电商提升了农产品的流通效率和农村市场的活跃度,推动农业的供给侧改革,为农村经济的飞速发展提供动力。

农村电商对工业品下乡、农产品上行、产业集群、物流配送体系、政策设施等方面资源进行整合优化,形成了以下几种较为成熟的农村电商模式:一是"综合服务商+网商+传统产业+政府扶持"模式。以服务平台为驱动的农村电商模式,多方联合带动村域、县域电子商务生态发展,从而促进地方传统产业,尤其是农业的发展。二是"原产地直销+政府背书+基地+统一品牌"模式。以农产品原产地直销的模式为主,推出了统一品牌,由政府背书,整合当地农产品的资源,统一质量标准、包装,在政府、电商企业、农户和消费者之间建立起互利共赢的价值纽带,促进村域、县域经济发展。三是"专业市场+传统产业 | 电商"模式。依托当地传统产业,打造出商品价格低、行业竞争力强的产业链,由政府负责整合资源,管理营造良好的电商生态,通过树立一批典型带动辐射效应,实现效益的叠加。四是"集散地+电商"模式。此模式依托村镇有利的区位和交通优势,建设当地发达的仓储和物流配送体系,进行更大规模的电商战略规划,关键是确保建立并维持稳定的供应体系。

3. 互联网社群与虚拟社区

互联网社群由兴趣相同或价值观相似的人聚合而成,社群的融合源自人的多样化选择,社群经济的兴起为自媒体行业发展带来全新的发展机遇。虚拟社区又称为在线社区或电子社区,作为社区在虚拟世界的对应物,虚拟社区为有着相同爱好、经历或专业相近、业务相关的网络用户提供了一个聚会的场所,方便他们相互交流和分享经验,有较高的用户黏性。虚拟社区供人们围绕特定兴趣或需求集中进行交流,通过网络在线的方式来创造社会和商业价值。[①]

虚拟社区具有超时空性、符号性、群体流动性、灌水和虚拟性这些属性。第一,超时空性是指通过网络,人们之间的交流不受地域与时间的限制,且虚拟社区中的沟通成本大大降低。第二,虚拟社区中的人际互动具有匿名性和彻底的符号性。网民自取 ID(身份识别号)标识自己,传统的性别、年龄、相貌等在虚拟社区里可以随意更改。第三,虚拟社区中人际关系松散、群体流动性高,社区活力靠"流量"和点击率。第四,灌水:虚拟社区以自由、平等、民主、自治和共享为基本准则,俗称"灌水"。第五,虚拟社区区别于以往社区的最大特点就是它的虚拟性,它是虚拟性和社会性的结合。同一虚拟社区的人通过网络彼此交流、沟通、分享信息与知识,形成了个人社区关系网络,最终形成了共同的社区意识和社区文化。

虚拟社区的商业模式,主要是通过顾客购买运营虚拟社区的企业所提供的虚拟产品而实现盈利。虚拟产品可以是一些道具,也可以是一些虚拟社区的资产,这些虚拟产品满足了虚拟社区成员在网络上的个性化需求,以及在交友和沟通过程中的某些需要。虚拟社区的收入模式以广告为主,虚拟社区聚集着庞大的企业目标顾客,广告收入直接受社区点击量的

---

① 哈格尔三世,阿姆斯特朗. 网络利益[M]. 北京:新华出版社,1998.

制约,流量越大,广告收入就越高。除此之外,虚拟社区进行会员分级并收取不同的入会费,提供不同的内容服务对网民进行收费,为网民发布和提供交易信息收取费用,或者向交易者收取佣金。工业社会的逻辑是扩大规模,而互联网社会的逻辑是提升影响力。互联网社群经济的关键不在于有多少人,而在于影响力度的大小。依托虚拟社区的社群经济正在成为未来商业社会的发展趋势。

4. 社区团购

社区团购起源于网络团购的特殊团购模式,以真实社区为中心,以互联网为信息传递交流渠道,以网站、微信等 App、小程序等社交软件为依托,分享社区居民日常所需商品的团购信息并进行集中购买的商业活动,聚集具有类似需求的消费者购买同种商品,通过强大的购买力降低物流成本、提高议价能力,是将线上社交软件和线下真实社区相互融合的新型网络购物方式。

社区团购的运营模式以城市的小区或小区组团为单位,首先在社区居民中招募团长,团长负责组建社区团购微信群并拉动社区居民入群,形成具有强大购买能力的消费群体,团长每天定时通过各类 App、微信群、小程序进行开团预售,汇总同一个社区居民的订单信息,之后通过物流集体配送将所需要的货物发送至自提点,最后由社区居民自行领取或者团长送货上门。

社区团购模式的核心是团长。团长连接上游社区团购企业和下游社区居民,支撑、维护社区团购微信群运营,其信息发布的及时性、处理问题的合理性、运营微信群的积极性、团购产品的高性价比以及售后评价都是社区团购成功的决定性因素。对此的正反馈能够帮助社区团购企业供给与实际需求匹配,增强客户黏性,进一步扩大客户群规模。

6.4.2 电子商务经济体

2013 年 5 月,阿里巴巴集团研究中心在发布的信息经济前景研究报告《增长极:从新兴市场国家到互联网经济体》中首次提出"电子商务经济体"的概念。电子商务经济体是指具有电子商务属性的经济活动的集合,包括电子商务应用、服务、相关互联网基础设施和相关互联网设备制造四个部分。电子商务在"基础设施"上进一步催生出新的商业生态和商业景观,进一步影响和加速传统产业的"电子商务化",进一步扩展其经济和社会影响,电子商务经济体开始兴起。电子商务经济体凭借高增长、高溢出、高效能和低消耗的特点,在内需增长、创业与就业、经济发展方式转变和经济结构调整、新型城镇化建设和制造业改造升级等方面起到显著的促进作用。

基于电子商务经济体的流通模式创新对于传统流通模式的变革性影响,覆盖了流通技术、流通载体、流通环节、流通渠道等方方面面,是一种综合性的创新活动,对于整个流通业来说具有一定的示范效应。

(1) 促进传统流通方式的升级完善。流通方式是流通过程中所采用的技术手段、经营方式、管理方法的总和,反映产品由生产领域向消费领域运动的客观状态和采取的形式。它体现了流通中介与生产者和消费者的适应关系,是生产方式在流通中的具体表现形式。对于流通成本的降低、流通效率的提高、利润最大化的实现的不断追求,造成了流通方式的不断演进，并成为流通产业发展进步的重要推动力。流通方式先进与否关系到流通业的发展状况，流通方式的升级与创新更是实现流通业发展的根本手段，是流通发展的内生力量。

现代的生产方式客观上要求现代的流通方式与之相适应。在流通产业发展进程中，传统流通方式向现代流通方式的升级与转变，是通过新的经营技术、经营手段和经营方式取代传统的经营技术、经营手段和经营方式，并由此引发流通组织、经营管理模式等方面的变革来实现的。现代电子商务技术的出现和快速发展，对流通的地位和作用、运行模式等都产生了巨大影响。电子商务下的流通模式，不仅改变了交易方式，也改变了流通业内部专业分工、业务流程和经营管理。电子商务不仅仅作为一种新的流通技术而应用，更是作为一种新的经营理念和流通模式成为未来流通业的发展方向。电子商务的快速发展最大限度地缩短了流通时间，拓展了交易空间，降低了流通成本，强调供应链的整体管理，而传统流通方式则相形见绌。要满足集中供货、集中配送、动态管理、跟踪服务的需求就必须通过电子商务、物流配送、连锁经营等现代流通方式彻底改造传统的流通模式，实现流通业态升级和市场服务的全面现代化。

(2) 促进资源的优化配置。商品的流通过程，实际上就是资源的优化配置过程。通过流通，实现资源向各个产业、部门、地区的分配与流动，从而最大限度地发挥资源的效用，实现资源的优化配置。电子商务作为一种新的流通方式，能够更好地衔接各部门、各企业间的经济联系，根据生产部门、流通中介、最终消费企业之间的联系和要求分配社会生产资源，保证满足主要部门的需求，抑制盲目生产和盲目需求，统一调度社会物质资源，使有限资源被合理配置到各部门，将资源闲置和浪费降到最低，最终达到资源配置合理化。

(3) 促进生产性服务业的发展。生产性服务业，是与制造业直接相关联的配套服务业，是从制造业内部生产服务部门分离和独立而发展起来的新兴产业，将成为现代工业新的发展平台和经济增长的新动力源。《中华人民共和国国民经济和社会发展第十一个五年规划纲要》将生产性服务业进一步进行了行业细分，分为金融服务业、信息服务业、交通运输业和与生产活动相关的其他服务业。现代生产性服务业是一种高智力、高集聚、高辐射、高成长、高就业的服务产业，具有国际性、知识性、创新性、协同性、信用性等特征。生产性服务业可以看成是制造业的延伸，反映了经济增长过程中人力资本和知识资本的巨大推动作用。在一定程度上，生产性服务业的发展程度将直接制约未来制造业的发展。深化制造业与服务业的专业化分工，既可以为生产性服务业的发展提供巨大的空间，也有助于提升制造业自身的竞争力。因此，应竭力推动制造业服务化的进程，促进两者的融合与互动发展，为生产性服务业发展创造出广阔的市场需求。要促进生产性服务业的发展就需要重视生产性服务业的新业态，提供支持政策；推进体制和机制改革，完善运行机制；加大对发展潜力大、市场前景好的生产性服务企业的融资支持力度；创新服务业的管理体制、组织形式，支持电子商务、服务外包、研发服务、互联网服务等新兴服务业态的发展，从而带动生产性服务业整体水平的提高。

6.4.3 流通业融合创新

数字化驱动下，现代流通领域借由业态一体化、链条一体化以及线上线下一体化实现以产业集成化、服务集成化以及信息集成化为显著特征的产业融合，协同驱动产业功能向体验性、综合性以及便捷性转变，供应链服务方式向个性化、敏捷化、全渠道方向转变，线上线下信息资源捕捉向高度互联互通转变,引领现代流通业成为促进国内大循环与国内国际双循环的重要引擎。

1. 产业集成化:基于功能一体化的业态融合

(1)商旅文功能一体化的融合模式。生产力、经济以及数字化信息技术发展水平的不断提升促使消费者更加注重体验性、综合性以及便捷性,因此能集合商业、文化以及旅游等功能为一体的新型流通业态成为流通领域发展的重要方向。传统商业百货向现代商业综合体发展,成为集购物、餐饮、娱乐、教育、医疗、健身为一体的新型商业综合体,此外许多大型互联网平台企业也开始入股传统百货,致力协同改造与升级。①

(2)社区商贸商业服务一体化的融合模式。社区商贸服务业是为居民提供便捷化、服务化生活的重要载体,数字化背景下社区商贸服务业也产生一定程度的变革,随着居民消费需求更倾向于服务性与便捷性,借助数字信息技术传统商贸服务业转化为社区商贸商业服务综合体,借助线上平台和线下布局协同形成包括15分钟便民生活服务圈、24小时药店、24小时便利店、配送等便民网点,借助标准化和集成化优势极大改善居民生活水平。

2. 服务集成化:基于链条一体化的产业融合

(1)互联网驱动的流通供应链服务集成模式。通过内嵌数字化信息技术,以流通企业为主导,融合金融、信息管理以及电商等构建跨界服务集成模式,拓展上下游产业链融合服务,集成化在线信息交流、交易、物流配送以及支付结算等环节,创新全链条服务体系。全链路流通服务模式可以沿产业链实现生产、流通、消费的跨环节、跨区域、跨市场的全方位融合,以数字化技术为基础,建立起以消费者需求为中心的具备敏捷性与个性化的全渠道供应链服务方式。如永辉超市已经建立起国际化以及区域化为主导的采购模式,构建起全渠道的供应链服务体系,上游打造特色农业,中游打通智慧化物流,下游专注实现零售业态创新,实现全球商品对接、智能仓储以及支付金融为依托的全渠道通路。

(2)将专业化第三方纳入供应链的服务模式。流通组织可以将非核心业务转包给专业化第三方供应链,利用专业性的信息、金融及物流服务商为消费者提供全方位一体化品质服务,并能够降低流通业企业自主经营多元业务的成本,促进流通效率提升。

(3)生产性服务一体化新模式,实现流通业与制造业生产过程相融合,为其精准提供生产环节中的各种原材料,与制造业联动效应进一步强化,助力工业互联网的支撑和发展。利用数字化信息技术,流通组织通过产业链各节点信息的即时共享,能够及时分析销量数据与消费者特征,同时借助在线平台对接消费者在线沟通,掌握需求状况,进而调整商品采购,同时为生产端提供反馈,提出产品生产建议及方案,推动服务结构与效率的不断提升,促进传统流通业向智慧型全渠道供应链流通业转变。

3. 信息集成化:基于线上线下一体化的跨界融合

(1)信息集成化加速了流通业线上线下融合。伴随着数字化信息技术的应用,通过线上线下信息与资源的集成化创新商业模式成为流通业发展方向。第一,传统的实体流通企

---

① 谢军梅.我国商贸流通业的跨界融合发展:必然趋势、模式导向与对策建议[J].商业经济研究,2019(6):9-13.

业主动布局线上,通过线上聚合需求加大市场开发程度。以华润万家为例,一方面,华润万家通过建设自由线上渠道"华润万家 App",实现线上布局;另一方面,华润万家通过与饿了么、京东到家及美团等第三方线上平台展开战略合作,全面推广到家业务,大幅拓展自身服务范围。第二,线上流通信息平台开始布局线下,在客流聚集处设立线下体验店,实现线上线下融合发展,如京东便利店、京东 7FRESH 七鲜以及盒马鲜生等。第三,线上流通平台除布局自身线下特色门店外,也通过和传统商贸流通企业合作实现线上线下一体化发展,如阿里巴巴与银泰合作,腾讯入股永辉,京东与沃尔玛展开合作等均是线上平台借助大型传统商贸企业进军线下的体现。

(2)信息集成化推进流通业线上线下共享与互联互通。流通领域内的线上线下共享经济模式就是以实现客户价值为核心,通过线上、线下信息与服务的集成化为消费者提供全方位消费体验,达到线上线下信息管理、客户服务、物流配送以及组织架构的全方位协同。

在共享的基础上,流通业亦能够利用数字化信息技术实现线上线下的高度互联互融,将电子商务网络流量捕捉、信息平台构建以及大数据分析优势与线下众多实体门店以及真实消费体验相协同,线上线下相互导流,有效整合资源的同时明确渠道分工与合作,以低成本、高效率为消费者提供品质化服务,实现线上线下融合共生:第一,通过线上线下支付信息的互联互通,流通商能够充分了解消费者购物渠道、支付习惯以及个人消费特征,全面收集消费者信息用于进一步精准营销;第二,通过线上线下推送商品折扣信息达到互相引流,扩大消费者覆盖面,同时通过在线与实体相结合的方式将商品及服务的信息全方位展示给消费者,增强消费者认可度与消费黏性;第三,借助大数据所收集的消费者需求信息及特点,利用数字化信息技术展开深入分析与研究,洞悉消费者未来消费选择与方向,实现流通业服务模式的转变与升级,进一步实现数字化驱动全渠道供应链精准运行。

流通业线上线下高度互联可以最大限度地集合分布在金融、生产、生活、交通、住房和知识服务等诸多领域的闲置资源,大大提升各类要素及资源的配置效率,减少重复性浪费,增进社会效益的同时亦能够带来消费者的消费能力与生活水平提升。流通业主导的全渠道协同将流通组织、生产组织和消费者纳入多维性的复杂网络结构之中,由于数字经济特有的规模经济性以及网络外部性,各流通产业链以及组织与个体之间纵横交织的关系变得越加开放和复杂,流通组织对于数字经济引领的创新生态系统的适应能力与动态变迁能力,将是其获得长期发展与卓越竞争力的关键。

关键术语:

流通体系　流通网络　城乡一体化流通体系　简单流通方式　发达流通方式　数字化流通方式　流通业态　流通模式　商业综合体　批发市场交易中心　大宗商品交易中心　电子商务经济体　网红营销　社区团购

思考题:

1. 如何理解流通体系的内涵?
2. 简述简单商品流通形式与发达商品流通形式的区别。
3. 梳理数字化流通方式的内涵逻辑。
4. 连锁经营的特征和优势是什么?为什么说连锁经营是零售业的一次革命?
5. 为什么说电子商务带来了流通方式的创新?
6. 试分析发展农村电商对于农产品流通体系会产生的影响。

7. 如何理解流通业融合创新的内涵?
8. 构建城乡一体化流通体系是否能消弭城乡差距?
9. 构建现代化国际化流通体系对于保障产业链供应链安全会有何裨益?

前沿观察

现代流通体系的内涵与特征

在社会再生产过程中,流通是联结生产和消费的纽带,也是媒介商品交换、实现商品价值和使用价值的必经过程,在国民经济中发挥着基础性和先导性的作用。在中国特色社会主义市场经济体制的探索与改革的过程中,现代流通体系建设始终是一项重要任务。在当前加快构建以国内大循环为主体、国内国际双循环相互促进的新发展格局下,现代流通体系构建对于完善统一市场体系、促进区域协调发展、推动高水平对外开放等新发展格局的形成具有重要意义。

现代流通体系是衔接商品生产与消费、实现商品价值增值、满足人们多种需求的重要媒介运行体系,其内涵是以商品交换为核心的所有权转移过程,外延则是包含商流、物流、信息流三流分离与统一的集买卖、运输、仓储、营销于一体的综合经济运转体系。商流实现商品价值,物流实现商品的位置移动,创造商品的形质效用,保障商品价值和使用价值的顺利实现。综合流通的功能与作用可以得出,现代流通体系具体包括现代综合运输体系、现代商贸流通体系、社会信用体系、应急物流体系等。第一,运输的功能是连接生产和消费,通过运力实现商品转移,这是流通的基本作用体现,也是流通体系运转的重要基础。因此,综合运输体系在现代流通体系的构建中处于基础性地位,构建现代综合运输体系有利于打破时空阻隔、强化区域协同、实现产供销高效衔接、确保产业链供应链稳定。第二,现代商贸流通体系是连接生产和消费的纽带与桥梁,是现代流通体系的核心要素和重要组成部分;同时,现代商贸流通体系也是满足居民消费需求的主要渠道,在满足人民美好生活需求、提高经济运行效率、促进经济持续稳定发展等方面发挥着重要作用。第三,社会信用体系的建设与现代流通体系息息相关。要素、商品流通的过程,实际上是不断交易的过程,如果交易双方的社会信用是完全透明可知、产品流通过程是可追溯的,那么交易效率会大大提高。因此,社会信用体系建设能够有效降低流通环节中的交易成本,是现代流通体系中有效的监管机制。第四,新冠肺炎疫情的暴发与应对凸显了在突发事件情况下,以超常规手段、在第一时间进行物资保障的应急物流体系的重要地位,应急物流在保障现代流通体系安全性方面具有尤其重要的作用。高效、畅通、有序、可调控的现代流通体系还应包括流通政策法规及行政管理制度,以使得国家使用宏观调控及微观手段对流通运行进行调控与管理。可见,现代流通体系作为"国内大循环的基础骨架"和"国内国际双循环的市场接口",应以现代综合运输体系为核心的现代物流体系先行,以建设商贸流通体系为重点,重视应急物流重要保障力量的发展,充分发挥社会信用体系以及流通政策法规的监管及调控作用,最终实现现代流通体系对于充分发挥畅通国内大循环,促进国内国外双循环的重要作用。

现代流通体系也被赋予了一系列重要特征:第一,现代流通体系对GDP增长与就业率具有较高的贡献度。在双循环新发展格局和"大流通"角度下,现代流通体系与制造业新业态相结合,满足更加多样化、个性化的需求,创新产业业态和结构,创造吸纳劳动力的岗位,提高流通产业对经济和就业的贡献度。第二,具备公平竞争、高度法治、多方参与、协同治理的流通环境。流通政策、法律及行政法规是流通体系良好运作的根本保障,随着流通政策法律体系不断健全,相关政策实施期间配套的顶层设计和措施也在纷纷出台,现代流通基础设施智能流通技术正在逐步推进数字化转型,并在此基础上发展出新技术、新业态、新模式,推动流通主体多元化发展,提高流通环节效率,促进流通企业创新竞争,营造公平竞争、高度法治、多方参与、协同治理的流通环境。第三,流通组织结构优化,大型流通企业国际化进程加快,带动中小流通企业迅速发展。京东通过对智慧供应链的发展,连接消费者、供给及场景,使线性的供应链转变成为一个以客户为中心的网状供应链网络,降低流通成本,促进供应链上下游企业降本增效。可以看出,一个顺畅的现代流通体系需要以高水平数字化、高度对外开放、竞争力强的现代化大型流通企业为主导,对中小流通企业开放渠道资源,实现产销协同、全产业链的百花齐放的发展态势。第四,数字化技术赋能现代流通体系发展。一些数字化技术,如物联网、云计算、区块链、人工智能、大数据等,在流通领域内的推广与应用,对流通产业智能化程度的提高起到了重要作用,流通产业正由劳动密集型产业向资本、技术密集型产业转变,流通效率也进一步提高。第五,现代化物流体系建设进程加快。目前我国正持续推进建设现代综合运输体系,加快形成内外联通、安全高效的物流网络。以中欧班列为先例的亚欧大陆铁路物流建设、高铁货运和国际航空货运能力建设,正在构建适应互联网经济物流要求的全新物流网络。此外,智慧物流设备技术在各流通领域的应用,大幅度提高了包括仓储运作效率、配送效率和末端收派效率等在内的物流效率,极大地提升用户满意度。而物流系统的数字化、智能化和跨界融合的现代化改造,是构建现代流通体系的重要支撑。第六,多业态、多模式共存互补。随着经济的不断发展和现代数字技术的深度应用,流通体系涉及的领域越来越宽,尤其是在"互联网+"和跨界融合的大背景下,电子商务平台、共享经济、线上与线下融合的新零售、无人购物等新业态、新商业模式和流通方式不断涌现,多元业态与模式的发展优化消费环境,促进商业繁荣,激发国内消费潜力,更好地满足消费升级背景下的新需求,加快推进着流通领域现代化进程,推动国内大循环加快升级。

资料来源:赵娴,冯宁,邢光乐.现代流通体系构建中的供应链转型与创新:内在逻辑与现实路径[J].供应链管理,2021,2(8):69-79.

即测即练

第7章 流通企业

本章要点：企业是现代社会中一种重要的经济组织形式。流通企业是一类以盈利为目的，以媒介商品或服务的流动与交易为专门职能的经济组织，具有自身特有的规定性。作为流通运行的主体，流通企业的平稳运营和健康发展不仅是承载现代流通体系建设的重要载体，更是整个流通产业繁荣有序和高质量发展的关键。随着经济全球化、产业数字化趋势逐渐强化，双循环新发展格局给商贸流通企业的经营环境和经营模式带来了深刻变化，如何有效推动商贸流通企业现代化建设，促进流通企业多元发展，提升产业链供应链水平，提高流通效率，是流通企业面临转型升级的严峻挑战。本章围绕流通企业的特性、类型、功能及其企业经营与创新等问题展开，探讨流通企业的内涵发展、多元化发展以及数字化转型的若干问题。

本章学习目标：

1. 深入理解流通企业的内涵与特征；
2. 理解流通企业的功能与作用；
3. 充分认识流通企业的增值业务与模式创新；
4. 理解电子商务赋能流通企业的表现；
5. 阐述流通企业面对新发展格局的战略。

7.1 流通企业的定义与特征

流通企业作为企业的一种形式，既具有一般企业所拥有的共性，也有其自身的特性。关于企业的定义，新古典企业理论与现代企业理论之间以及东、西方企业理论之间均存在一定的分歧。现代意义上的企业是指在商品经济中，以盈利为目的，以产品或劳务满足社会需求，从事生产、流通或服务等经济活动，实行自主经营、自负盈亏、独立核算并具有法人资格的经济组织。现代市场经济条件下，企业是社会的基本经济单位。其中，直接创造物质产品或服务的，称为生产企业；而不直接创造物质产品或服务，以媒介商品交易为专门职能的，则称为流通企业。

7.1.1 现代企业的特征

1. 企业与公司的概念[①]

企业源于英语中的"enterprise",原意为企图冒险从事某项事业,后指"应用资本赚取利润的经济组织实体"。企业的这一概念反映了两层意思:一是经营性,即根据投入产出进行经济核算,获得超出投入的资金和财物的盈余,企业经营的目的是追求营利性;二是企业是具有一定经营性质的实体。由此可见,企业基本上是一个经济概念,而不是法律概念,并没有反映出参与企业活动当事人之间的某种法律关系。

在我国,长期以来将企业看作从事产品生产、流通或服务等经济活动的营利性组织。企业是在社会化大生产条件下存在的,是商品生产和商品交换的产物;企业是从事生产、流通与服务等基本经济活动的经济组织;就企业的本质而言,它属于追求盈利的营利性组织。从法律角度看,凡是经过合法登记注册、拥有固定地址而相对稳定的经营组织,都属于企业。根据实践的需要,可以按照不同的属性对企业进行多种不同的划分。例如:按照企业组织形式的不同,可以分为个人独资企业、合伙企业、公司企业;按照企业法律属性的不同,可以分为法人企业、非法人企业;按照企业所处的生产经营领域不同,可以分为生产型企业、流通型企业、服务型企业和金融型企业等。

公司源于英语中的"company",据有关学者考证,中国从19世纪中后期把公司看作外国企业的集合名称,1903年清政府颁布《大清公司律》,"公司"一词泛指一切具有法人资格的中外企业。由于各个国家和地区公司的形式具有差异,如英美法系国家和地区使用公司的含义比较宽泛,大陆法系国家和地区的公司种类也很多,特征各异,所以要对公司下统一的定义很困难。各国一般都是把公司作为一种企业形式而加以推广,但是在美国,实际上公司并不限于作为企业的法律组织形式,医院、教堂、学校、足球俱乐部、演艺和出版单位等,也可以依法成立公司,这些公司在有的州是按照非营利公司法设立的,其在税收方面享受优惠政策,其利润只能用于慈善、教育或科学的目的,即公司还承担了一定的社会公共职能。在其他各国也都有类似的非营利性的公司。因此在国外不能简单地把公司等同于企业,在逻辑关系上,企业与公司概念的外延应该是交叉的,一部分企业属于公司,多数公司是企业;但是企业不只是公司形式的一种,相反成为公司的也未必都是企业。

我国的公司法并没有对公司下完整的定义。但是依照我国公司法,公司是指股东依照公司法的规定,以出资方式设立,股东以其认缴的出资额或认购的股份为限对公司承担责任,公司以其全部独立法人财产对公司债务承担责任的企业法人。公司包括有限责任公司和股份有限责任公司,具有企业的所有属性,因此在我国,公司是企业。当然企业与公司又不是同一概念,公司与企业是种属关系,凡公司均为企业,但企业未必都是公司,公司只是企业的一种组织形态。虽然在法律上对公司的概念有不同的表述,但是这些表述在客观上还是包含了公司的一些基本特征。公司概念中一般离不开三个基本要素:一是公司必须依法

[①] 王关义.现代企业管理[M].北京:清华大学出版社,2007;苗成栋.现代企业管理概论[M].北京:北京大学出版社,2006;单凤儒.管理学基础[M].北京:高等教育出版社,2008.

设立,即经登记后公司正式成立;二是公司以盈利为目的;三是具有独立的法人资格。

综上所述,企业的概念着重反映某一组织的经营的性质,因而较具有经济性;而公司所反映的是一个组织的民事法律地位及其成员和资本的联合性,更具有法律性。

2. 现代企业的特征

公司是现代市场经济社会中代表企业组织的最先进形式和未来发展主流趋势。建立产权明晰、权责明确、政企分开、管理科学的现代企业制度,就是建立公司制的企业组织形式。因此,现代企业的典型特征表现在以下几个方面。

(1) 依法设立。企业成立应依据专门的法律,即公司法和其他有关的特别法律、行政法规(如依公司法成立的,有有限责任公司和股份有限公司;依其他法设立,比如,经营烟草制品批发的企业,要依《中华人民共和国烟草专卖法》,取得许可证才行);企业成立应符合法律规定的实质要件;企业成立须遵循法律规定的程序,履行规定的申请和审批登记手续。

(2) 以盈利为目的。所谓盈利,就是获取经济上的利益。以盈利为目的是企业与机关、事业单位和社会团体法人的主要区别所在。也就是说,企业是一个营业实体:首先,企业拥有营业财产,即人们为营利目的而通过投资、借贷、积累等方式形成的财产;其次,企业从事营业活动,即企业以营利为目的而运用营业财产从事各种生产经营活动。

(3) 主体身份是法人。企业享有独立的权利、履行相应的义务、承担相应的责任,像自然人一样,有独立的组织机构,主体身份是法人。企业的这种法人属性使企业财产与企业成员的个人财产完全区别开来。法人是法律上拟制的人格,主体需要一定的人格才能享有民事权利能力和民事行为能力。企业的财产是企业拥有信用的基础,也是企业对外承担民事责任的基础。由于企业现代在人格上和财产上的独立性,出资者不必对公司债务承担连带责任和无限责任。

(4) 经营者与所有者分离。现代企业的所有者并不去经营企业,即企业的经营权与所有者分离,有的企业是部分股东对企业进行管理经营,有的现代企业所有股东都脱离经营而雇用职业经理人进行经营管理。这样的分配形式很合理,有的股东有资金但是并不擅长管理,把管理交给职业经理人有助于企业的发展壮大。

此外,现代企业的特征还表现为:通用性,是超越国家范围的制度模式,具有国际通用性;规模性和营利性;先进性,包括技术、管理、人才的先进性;敏捷性(快速响应)和柔性;政府调控性。

7.1.2 流通企业与生产企业

流通企业是指独立于生产领域之外,专门从事商品流通和流通服务的独立核算的经济组织,即流通企业处于流通领域中,具有经营上的独立性、组织上的完整性、要素支配上的自主性、财务盈亏上的自负性、社会地位上的合法性。当商品经济发展到生产与消费的联系必须依靠市场交换实现时,社会生产过程就分解为生产领域和流通领域。流通领域中的一切经济活动都是为了实现生产与消费、供应与需求的联系。流通企业就是处于流通领域中,以自身的投资和经营活动将生产者与供应者向社会提供的资源送到消费者及需求者手中,并凭借这些经营活动获取收益。流通企业是我国商品流通领域的主体力量,以其所具有的商品集散和经销能力强、购销渠道宽、商品吞吐量大、辐射面广、功能全、信息灵、信誉高的特点,在多渠道流通和市场竞争中居于主导地位,并发挥了重要的作用。

1. 流通企业的产生

分工与交换现实冲突构成了产生流通企业的经济根源。专业化利益(专业化提高劳动生产率)是分工产生的经济基础,但为了满足固有的、多样化的消费需要,从事专业化生产的个人就必须互通有无,进行交易和交换,支付交易成本。这种分工与交换之间的冲突主要体现在以下两个方面。

第一,分工和专业化导致个人对交易的依赖。在分工经济中,生产不再直接服务于个人消费,而是为了和他人交换不同的产品,个人消费品也不再自给自足,而是大多数来自市场交换。交换成功与否直接影响到个人专业化生产的利益能否最终实现。表面上独立的生产和消费活动的相互外部性(或依赖性)使得个人福利不仅取决于自己的选择,而且取决于他人的选择。从宏观上看,经济个体之间的交易依赖性随着社会分工和专业化水平的提高而提高;从微观上看,个人对交易的依赖程度取决于其所选择的专业化水平,越是专业化的生产者对交易的依赖性越强,反之则越低。"边干边学"(learning by doing)和"不干则忘"(forgetting by not doing)是同一事物的两个方面:如果专业化程度不高,个人可以在交易困难时选择退出,重返自给自足;但如果专业化程度很高了,个人即便在交易条件不好时也难以退出,因为"不干则忘"已使个人只持有一技之长,对其他业务非常生疏,退出交易而重返自给自足(从事多种劳动)势必大大降低劳动生产率和福利水平。在极端情况下(如现代高度分工的社会),退出交易几乎是不可能的。[①]

第二,分工和专业化直接导致产生交易成本。首先,分工越细,专业化程度越深,为了维持一定的生活水平所需的交易次数就越多。一方面是专业化程度越深(生产更少种类的产品),个人自给产品越少,交易次数必然增加;另一方面是专业化生产提高劳动生产率的同时也扩大了生产规模,总产出增加了,这些产出的价值(专业化利益)必须通过交易来最终实现,而每一笔交易量又必然受到单个消费者的消费需要和消费能力的限制,因此增加了交易次数。交易次数的增加显然是交易成本的一个重要因素。其次,分工和专业化的发展不仅要求更多的交易次数,而且要求交易范围的扩大。由于就近地区市场狭小,不足以容纳一个专业化的(大规模的)生产者,专业化生产必须依赖于市场范围的扩大。而交易范围的扩大使得个人不得不花费更多的精力用于相对价格发现、与陌生人甚至异族人谈判签约、鉴定商品质量、长途运货、处理跨地域纠纷等交易行为,这显然会大大增加交易成本。最后,人类社会的自然进步和个人消费需要的自然升级也使得人们的多样化需要越来越明显。一个专业化的粮食生产者不只是期望将他多余的粮食全部去交换衣服,而是倾向于去交换多种多样的产品(如汽车、手机、教育、理发、葡萄酒、艺术品等)。这种多样化需要的自然升级显然扩大了交易范围、增加了交易次数,从而增加了交易成本。

专业化生产导致的交易依赖性风险和交易成本无疑影响与制约了分工的发展。交易依赖性风险和交易成本越低,分工发展越快,专业化利益相对越大;而分工越细,专业化程度越高,交易依赖性越强。交易次数越多,交易形式也越复杂,交易成本越高,从而又限制了分

---

① 李陈华,柳思维. 流通企业的企业理论新析[J]. 财经理论与实践,2005(5):108-113.

工的发展。① 这一两难冲突是专业化从事交易的流通企业产生的经济根源。流通企业以集中交易替代各个生产者(消费者)之间的分散交易,以减少交易次数、程序化交易降低交易风险,实现交易"生产"上的规模经济,降低了交易成本,提高了交易效率。

2. 流通企业与生产企业的差异

现有企业理论将生产企业和流通企业统称为工商企业或企业(business enterprise 或 firm),进行理论分析时非常方便,但是这掩盖了流通企业与生产企业在经济性质上的差异。生产企业通过工业性生产活动,即利用科学技术与设备,改变原材料的形状与性能,为社会生产所需要的产品,主要从事生产,谋求生产的专业化利益。生产企业的货币流通表现为:货币资金→原材料→在制品/半成品→产成品货币资金。

流通企业通过商品实体转移或价值交换,为社会提供所需商品或服务,并不直接从事生产活动,而是专职于交易,谋求交易的专业化利益,是沟通生产者和消费者之间的一种渠道形式,是交易的专业化生产者(或提供者),它的产出直接表现为交换效率。流通企业的货币流通表现为:货币资金→库存商品→货币资金。

流通企业与生产企业的比较见表 7-1。

表 7-1 流通企业与生产企业的比较

企业类型	经济性质	技术性质	规模约束	扩张模式
流通企业	交易专业化	类似活动	本地市场容量(需求)	分店扩张
生产企业	生产专业化	互补活动	规模不经济(成本)	垂直一体化

资料来源:李陈华,柳思维.流通企业的企业理论新析[J].财经理论与实践,2005(5):108-113.

从经济意义上看,流通企业专职于交易,谋求交易的专业化利益,是交易的专业化提供者/生产者,它的产出直接表现为交换效率。生产企业主要从事生产,谋求生产的专业化利益。

从技术意义上看,流通企业从事的交易活动属于"类似活动"——需要相同能力的活动,各项交易活动之间没有明显的相互外部性,各项交易活动没有必然的先后时序联系,多项交易活动可以同时进行,而且这些交易活动之间影响较小;而生产企业从事的生产活动在技术上属于"互补活动"——需要相互协调的活动,生产领域里的各个阶段或各道工序具有一定程度的信息私有性和技术独特性,而它们之间必须在时序、节奏、数量、空间等方面保持协调,某一环节的故障可能导致整个生产过程无法继续。②

流通企业与生产企业的性质差异造成了它们不同的规模约束和不同的扩张模式。内部协调(从而组织成本)对生产企业来说是一个更为突出的问题,生产企业规模扩大会导致协调效率下降、组织成本上升。生产企业规模约束主要在于组织成本递增,其规模扩张通常与垂直一体化问题有关。

流通企业的内部协调相对容易得多,流通企业规模约束主要在于本地市场容量(如人口、地域、购买力、政府政策等)而不是大规模的成本不经济。因此,流通企业规模扩张通常

---

① 杨小凯.经济学原理[M].北京:中国社会科学出版社,1998:235-236.
② 李陈华,柳思维.流通企业的企业理论新析[J].财经理论与实践,2005(5):108-113.

表现为异地分店扩张。尽管流通企业难以通过垂直一体化进入生产领域和消费领域,但它可以通过品牌、统一经营模式和现代信息技术进行有效的分店复制和分店控制。[①]

7.1.3 流通企业的特征

流通企业的特征是相对于生产企业来说的,主要体现在以下几个方面。

1. 流通企业的职能是完成商品价值形态的变换和物质形态的补偿

生产企业的职能是将劳动力作用于劳动对象,即通过对原材料和半成品进行制造加工,改变劳动对象的物质形态、内部结构和物理化学性能等,把劳动对象加工成某种用于消费的产品,即形成某种新的使用价值。在该过程中付出的活劳动也被物化到产品中去,形成新的价值。产品一旦完成,生产的职能也就结束了。但是流通过程却并非如此,流通既然是产品向消费领域的运动,它就与生产企业有着明显的区别。商品进入流通领域,流通企业通过购进、运输、储存、销售等一系列流通活动,将产品由生产企业转移到消费者手中。流通劳动的结果不是产生新的使用价值,而只是商品的空间位移、所有权发生变化。流通企业所进行的流通过程在生产过程前完成一个阶段,在生产过程后又开始进入另一个新的阶段。它的职能是完成商品价值形态的变换和物质形态的补偿,流通企业所接触的对象是有独特利益的经济主体。生产企业所面对的劳动对象主要是物,对物的关系主要是人与自然的关系;而流通企业所面对的则主要是人,其关系主要表现为经济或社会关系。因此,尽管流通企业在物质上完全取决于生产企业,但在经济关系方面,它的地位却日益重要,流通是生产企业不可逾越的门槛,甚至会成为支配和决定生产的力量。

2. 流通企业以商品的购、运、存、销为基本业务

生产企业主要是依照自然规律决定的技术要求,借助劳动工具对劳动对象进行加工,使其成为满足社会生产和生活需要的产品。流通企业作为处于生产企业与消费者的中间环节,主要任务是对产品的购进和销售以及由此而产生的运输与储存业务,完成商品从生产领域向消费领域的转移活动。商品的购进、运输、存储、销售是流通过程的四个基本环节。它们在流通过程中处于不同的地位,起着不同的作用。其中,购进和销售作为流通环节的起始点和终止点起着主导作用,直接决定着流通环节能否顺利进行。商品从生产领域流向消费领域的运动中,必须顺次经过买和卖两个环节。通过购进,商品开始从生产领域转移到流通领域;通过销售,商品又开始从生产领域流向消费领域。购进是销售的前提,为销售提供了物质基础;销售是购进的目的,为进一步的购进提供了可能性和必要性。至于储存和运输则是因为购进而产生的并且是实现销售的必要条件。

流通企业通过购买、运输、储存、销售这样的一个过程后,会再次回到它的起点,但这已是一个新的起点。在生产企业能及时顺利地向流通企业提供流通对象的前提下,流通企业会连续不断地进行购、运、存、销这四个基本环节,以保证流通过程的顺利进行。因此,合理地组织流通的四个基本环节,是提高流通经济效益的重要途径,也是社会再生产过程能够连

---

① 李陈华,文启湘.流通企业的(规模)边界[J].财贸经济,2004(2):43-48.

续不断地进行下去的重要条件。

3. 流通企业是一种专业化于交易活动的经济组织

从整个社会再生产过程来看,流通处于生产与消费的中间环节,流通企业是一种专业化于商品或服务流动和交易活动的经济组织。

流通企业要进行两次交易,即与生产企业之间的交易和与消费者之间的交易。关于流通企业与生产企业之间的交易,无论是从理论上还是从实际上分析,流通企业向生产领域扩张的前向一体化都很难实现。因为首先生产活动一般都要求具有一定的资本规模,以求实现一定程度上的规模经济,并且许多产品的生产都涉及相对专用的技术,这种资本和技术壁垒使得流通企业不易向生产领域扩张;其次,流通企业经营的产品种类繁多,为了节省与生产企业的交易成本而选择自制是完全脱离实际的,流通企业的决策只不过在于更好地选择合适的交易商和制订合理的交易计划;最后,流通企业向生产领域扩张,实行前向一体化会削弱其自身的专业化,专门从事交易显然比同时从事交易和生产的效率要高。因此,流通企业绝不能前向一体化进入生产领域。至于流通企业与消费者之间的交易,消费者作为市场的终端,具有数量众多,偏好、能力各异的鲜明特点,流通企业也不可能对这些差异巨大的消费偏好和消费能力作出精确测度,从而不可能把消费者的经济行为"内部化"。虽然在实际中有一些流通企业出于长期利润最大化考虑而致力于同消费者建立长期关系,如"会员制"或"俱乐部"等交易形式,从表面上看似乎有一种向消费领域渗透的趋势,但这绝不意味着一体化倾向。相反,这些多样化的交易形式恰好说明了流通企业为节省交易成本所作出的种种尝试,流通企业和消费者之间交易形式的变化与组织意义上的垂直一体化有着本质区别,丰富多彩的消费者不可能被后向一体化进入流通企业内部。

4. 流通企业专业化的交易活动提高了交易效率,降低了市场中的交易风险

流通企业不直接从事实际的生产,而是专业化于交易活动,是交易的"专业化生产者"。基于交易成本的客观存在和交易的稀缺性,流通企业实质上就是把交易当作一种特殊服务或无形产品。

流通企业专业化的交易活动降低了市场中的交易依赖性风险。因为流通企业专门从事交易活动,提供商品交易服务,不同于兼职性的原始商人,兼职性的原始商人并没有放弃自己的最初职业(如没有放弃土地而进城做买卖的农民),流通企业大多拥有较大的资本规模、专用的交易技术和成熟的流通网络。这种高度专业化使流通企业自身也很难脱离整个交换系统,难以从中间交易地位上退出,解除了生产企业在选择专业化时对交易依赖型风险的顾虑。特别是那些没有实力建立自己分销网络的生产企业,向流通企业而不是向最终消费者销售产品,可以使其专业于生产,并大大节省时间、精力和财力;同时流通企业在规模、信誉等方面大大超过了单个商人,降低了市场中的交易风险,并促进了生产领域的分工。此外,流通企业以集中交易替代分散交易。在这种情况下,交易次数的增加会使交易双方熟悉程度得以增加,风险自然就可以得到有效的规避,同时流通企业出于长期发展的考虑,也有恪守诚信、建立品牌的积极性,这些都有助于降低总体上的交易风险。

5. 将集中的大批量生产与多样化的需求进行有效的衔接

现代化的生产是大批量的生产，而现代社会消费者的需求又是个性化的、多样性的、零星的需求，这种大批量生产与多样化需求的矛盾如何化解，流通企业在其中起到了至关重要的作用。由于流通企业经营的商品品种多、渠道宽、辐射面广，且能够发挥集散的功能，因此，可以满足众多消费者的多样化需求，使生产与消费得到了很好的衔接。

6. 流通企业通过一种"类似活动"来实现规模扩张

流通企业专业化的交易性质决定了其规模约束类型和规模扩张模式。从技术角度看，流通企业的规模扩张活动属于一种"类似活动"，即需要相同或相似能力的活动。流通企业内部具有相同职能的部门之间的活动在时间上没有先后联系，都是同时进行各自的交易活动，并且这些活动之间很少存在外部性的相互联系和影响（如服装卖区生意的好坏对文具卖区的业务不具有必然联系并且影响很小）。而生产企业的活动则属于一种"互补活动"，即需要各部门之间相互协调的活动。因为生产企业的各个阶段或各道工序都具有一定程度的信息私有性和技术独特性，而它们之间必须在时间和空间上保持高度一致才能保证生产的顺利进行。因此，内部协调（组织成本）对生产企业来说是一个更为突出的问题，生产厂商规模扩大会导致协调效率下降和组织成本上升。流通企业的内部协调相对容易得多，其单店规模受到的限制主要在于本地市场条件（如人口、地域、购买力、政府政策等），而不是大规模的成本不经济。不同的经济性质、技术性质和规模约束导致了不同的规模扩张模式，生产企业规模扩张往往与垂直一体化相联系，流通企业规模往往与分店的扩张相联系。

当前许多大型的国际流通企业正是通过类似增设分店的形式快速地实现了规模扩大。这其中的经济原理在于：强大的流通品牌和统一的经营模式构成流通企业分店复制的基础，而现代化的信息控制技术为流通企业分店扩张提供了非常有力的控制工具。此外，品牌对流通企业和生产企业在规模扩张方面的意义具有明显的不同，其中最重要的是流通品牌意味着一个高度统一的经营模式，它可以被复制。许多现代流通企业在世界各地的分店都保持统一的经营模式，在经营理念、经营口号、管理制度，甚至店堂设计、员工服饰、礼貌用语等许多方面都是统一的，就像复制一样。

7. 电子商务对流通企业发展的赋能作用更显著

随着我国信息技术的发展、互联网的普及，电子商务受到了越来越多的企业关注，并获得了迅速的发展。从流通企业角度看，电子商务是以信息技术为手段、以商务为核心，将流通企业传统业务活动中物流、资金流、信息流的传递方式利用网络技术进行整合，将企业的核心商务过程通过计算机网络实现，以便改善客户服务、减少流通时间、降低流通费用，从有限的资源中得到更多的利润。随着社会的发展、人们消费观念的改变，电子商务将成为21世纪流通企业网络应用的主要发展方向，具有无法预测的前景。

流通企业开展电子商务，充分利用电子商务所具有的开放性、全球性以及全新时空优势。互联网可以实现多地的连接，不受时间和空间范围的限制，从而使企业市场范围得到拓展。电子商务帮助流通企业降低交易成本，通过互联网，流通企业直接与分散在各地的客户、员工、经销商及供应商交流沟通，缩短了时间，且买卖双方通过网络进行商务活动，不需要中介的参与,减少有关环节和费用,还可以通过电子商务完成交易,这极大地精简了传统商务活动的中间环节,降低了整个交易的成本。从整体来看,网络经济的组织结构比较扁平化,也节省了企业的经济成本。同时流通企业开展电子商务,减少企业物资依赖,在互联网是全方位展示产品及服务的优势;和客户、供应商等良性互动、密切关系。但是流通企业开展电子商务也面临挑战。例如信息安全保障,电子商务一方面便于流通企业整理分析用户的数据信息,另一方面能够保证这些数据信息的安全。如果没有强大的安全保障,必将损害企业和客户等相关各方的经济利益。只有在商贸活动中创造更加安全的电子商务环境,才能增强经济交易的可靠性。[①]

7.2 流通企业的功能和类型

7.2.1 流通企业的功能

功能是指事物所具有的特定用途和现实作用。流通企业的功能,是指在社会再生产过程中,流通企业与生产企业、消费者等其他社会经济组织或机构之间相互作用时,所表现出来的特殊功效,即其所承担的特定职能。流通企业作为流通活动的主体,随着社会经济的发展,也被赋予了越来越多的经济使命,承担和完成越来越多的职能。

1. 流通企业的经济功能

流通企业的本质是交易的专业化生产者/提供者,其主要经济功能在于降低交易成本、提高交易效率,从而推动交换经济发展和社会福利提高。[②]

新古典经济理论中,流通是"不成问题的问题",它假定流通是顺畅的,商品能够顺利地从生产领域转移到消费领域,流通环节被忽略。这是因为流通职能被"先天地"内部化于制造商,即新古典企业理论中的制造商并不是专业化生产的企业,而是同时从事着生产和流通两种活动的"一体化"企业。这个多功能的"一体化"企业利用市场机制从事着与最终消费者之间的交易,并且在这个"一体化"企业与消费者交易的经济模型中,交易被认为是无摩擦和无成本的,有了供给和需求函数,市场产生价格,提供某些"看不见"的机制,市场就会达到均衡。[③]

科斯(R. Coase)注意到新古典理论的过于理想化,用交易成本这一概念说明市场运行是有成本的,所以需要通过在企业内部组织交易的方式对市场机制进行替代,从而达到降低交易成本的目的。[④] 按照这个逻辑,为了节约市场交易成本,制造商需要将消费者纳入企业内部进行管理和交易,但是制造商面对的是一个近于"原子化"状态的消费者群体,将其全部

---

① 吴学雁,张延林.电子商务对商贸流通业发展的影响分析[J].商业经济研究,2017(19):72-74.
② 李陈华,文启湘.流通企业的(规模)边界[J].财贸经济,2004(2):43-48.
③ 夏春玉,张闯.大型零售企业规模扩张的理论解读——兼论流通企业的性质、规模与边界[J].商业经济与管理,2004(11):4-9.
④ 科斯.论生产的制度结构[M].上海:上海三联书店,1994:1-24.

（或者只是该企业的目标顾客群体）纳入企业的组织成本无疑是巨大的。但是科斯也没有注意到他所分析的企业实际上已经是集生产和流通职能于一身的"一体化"企业，只关注如何安排交易制度才能降低交易成本，商品流通环节同样被忽略了。

斯普尔伯(Daniel F. Spulber)从科斯"市场交易存在成本"的假定出发，认为通过纵向一体化将交易纳入企业内部只是降低交易成本的方式之一，企业可以寻求更有效的交易方式来规避昂贵的市场交易成本[①]，即当制造商面对分散而规模巨大的消费者群体时，将交易内部化并不是一种可行的方案。制造商可以选择的方案有两个：一是继续通过市场直接与消费者交易，二是通过专业化的交易者间接与消费者进行交易。当通过专业化交易者的交易收益超过通过市场直接进行交易的收益时，作为专业化交易者的流通企业就会形成并进入交易过程。此时，制造商将内部化于其中的流通职能"外包"给专业化的交易者——流通企业，而使自身专注于生产活动。流通企业作为一个独立的企业实体出现在经济系统中，因此制造商与流通企业的交易是通过市场进行的，通过专业化的流通企业执行商品流通职能，制造商实际上是用与流通企业的少数几次市场交易替代了与消费者的无限多次的市场交易，从而实现了交易成本的节约。可见，流通企业是作为节约交易成本的工具而出现的。只不过交易成本的节约不是通过将交易内部化，而是更有效率地进行了市场交易。

流通企业完全专业化于"交易的生产"，拥有一定的资本规模、专用的交易技术和成熟的流通网络，大大降低了市场交易成本、提高了整个社会的交换效率。其具体表现为以下几个方面：首先，流通企业以集中交易替代各个生产者（消费者）之间的分散交易以减少交易次数、以程序化交易替代一次性交易以降低交易风险、以合理的网点设置以缩短交易距离，充分实现了交易"生产"上的规模经济，降低了交易成本，提高了交易效率。分工越细，专业化生产者越多，集中交易降低交易成本的经济优势就越明显。流通企业的网点设置和网络扩张一般都倾向于过往人次最多的地方，缩短了交易距离，从而节省交易成本。其次，流通企业专业化于交易活动，边干边学，其交易技能在使用中日益熟练、新的交易技术不断创生、流通网络逐步扩大并渐趋于完善，大大提高了交易效率（专业化利益）。最后，流通企业的高度专业化使得其自身也被"套牢"于高度专业化的交换经济系统中，难以从中间交易地位上退出，有利于推动整个社会的分工和交易的良性循环。流通企业专门从事交易活动，提供商品交易服务，不同于兼职性的原始商人（例如没有放弃土地而进城做买卖的农民），它们拥有较大的资本规模、专用的交易技术和成熟的流通网络。这种高度专业化使流通企业难以退出，解除了生产者在选择专业化时对交易依赖性风险的顾虑。特别是没有实力建立自己的分销网络的生产者，向流通企业而不是向最终购买者和消费者销售产品，可以大大节省时间、精力和财力，专业于生产，并且流通企业出于长期发展的考虑，也有恪守诚信、建立品牌的积极性，有助于降低总体上的交易风险。

2．流通企业的经营功能

（1）商品集散。其包含商品数量重组和商品品种组织。数量重组包括：将零散商品收购形成大批量商品，以方便进行工业加工（如农产品的收购）；为方便消费者购买和使用，把生产企业生产的（大包装）商品分解分装（分销）。商品品种组织一方面是指流通企业按照市

[①] 斯普尔伯.市场的微观结构——中间层组织与厂商理论[M].北京：中国人民大学出版社，2002：21-30.

场需求确定经营品种的多寡,另一方面是指选择每类商品的经营深度。商品流通企业要经常调整经营品种,并要把生产企业推出的新商品及时纳入经营范围。

(2) 时间转移。流通企业帮助解决商品生产与消费之间存在的时间矛盾,可以有三种方式:①预订,即流通企业接收顾客订单后,将订单转给上游生产企业组织生产;②储存,在市场需求不连续的情况下,流通企业可以通过储存商品解决生产和消费之间的时间矛盾;③赊销,在顾客暂时没有能力购买某种商品,或因为有其他需要优先采购的商品而无法购买某种商品时,流通企业可以提供销售贷款促使顾客购买该商品。

(3) 空间转移。流通企业要实现商品从生产领域到消费领域的空间转移。从短期来看,空间转移是指商品运输,实现商品的实体空间位移;从长期来看,流通企业须建立相应的物流基础设施,如仓库、配送中心等,实现商品实体在时间上的短暂停留,目的在于保证大规模生产与季节性零星消费的时间衔接。

(4) 销售组织。其包括定价、销售保证、销售执行。定价要兼顾企业和消费者双方的利益,商品价格一方面必须保证企业不至于亏本并能实现一定的盈利,另一方面又必须保证能被消费者接受。销售保证的一项主要内容是保证商品质量能满足市场的基本要求,同时流通企业可以通过各种公开或隐含的供货条件如调换、质量保证卡等保障消费者权益。对于某些复杂商品,商品流通企业还需要向顾客提供操作使用指导,如到顾客家中帮助调试新买的电视机等。销售执行是指商品流通企业的各项具体销售活动,包括收回货款。销售执行可能很简单,如把商品实物交给顾客或是收银员在扫描仪上扫描一下商品的条码就完成了具有法律效力的交易过程。

(5) 信息交流。其可分为引导和反馈。引导是指针对流通企业所提供的商品和服务,有意识地去刺激和引导消费,如在零售商业中,采用广告促销或以能刺激顾客购买欲望的方式摆放商品等。反馈是流通企业向上游生产企业反馈市场信息,包括顾客对商品的反应、提出的合理化建议,以及对商品存在问题的批评意见。通过这种信息反馈,上游生产企业可以更好地生产适销对路的商品。另外,流通企业还可以向上游企业提供市场需求量及需求结构等方面的信息。

7.2.2 流通企业的类型

随着商品经济的发展和现代社会生产的进步,生产与消费有机结合的流通活动复杂而多变,参与流通活动的流通企业种类也不断发展和变革,形成了具有不同所有制、不同专业分工、不同环节的流通企业群体。现阶段按照不同的分类标准来划分,流通企业有以下不同的类型。

1. 按照所有制不同,流通企业可分为全民所有制流通企业、集体所有制流通企业和私营流通企业

(1) 全民所有制流通企业。全民所有制流通企业又称国有流通企业,一般是指由中央或地方的一个财政主体或一个国有企事业单位设立,利用全民所有的财产从事流通经营的企业。

(2) 集体所有制流通企业。集体所有制流通企业是指流通企业财产归一定范围内的社会成员集体所有。集体所有源自合作制或合作经营,由农村社区或企事业单位投资设立的流通企业。因此,在集体所有制流通企业中又有城市集体所有制流通企业与农村集体所有制流通企业之分。

(3) 私营流通企业。私营流通企业则是企业的资本或财产属于私人所有,由私人投资经营的流通企业。其投资形式既有个人独资型的,也有合伙型和公司型的。媒体上经常出现"民营企业""非公企业"就是为了区别于以公有为特征的国有和集体所有的企业,体现的是各种私人资本的组合。

作为改革开放的产物,我国政府积极鼓励外国资本有条件地进入国内流通领域。外国资本的投资流通领域的形式有三种,即中外合资经营流通企业、中外合作经营流通企业和外商独资流通企业,有时也称为"三资"企业或外商投资企业。

2. 按照资产构成和承担的法律责任不同,流通企业可分为个人独资流通企业、合伙型流通企业和公司型流通企业

(1) 个人独资流通企业。个人独资流通企业是指由一个自然人出资兴办、完全归个人所有和控制的流通企业。个人独资流通企业的优点是:设立、转让、关闭容易,出资人拥有绝对决策权,管理灵活。其缺点是:负无限责任,风险大;受资金和个人管理能力的限制,规模有限,目前在商品流通企业中的数量相当庞大。

(2) 合伙型流通企业。合伙型流通企业是指由两个或两个以上合伙人共同出资、共同经营、共享收益和共担风险的流通企业。合伙型流通企业的优点是:由于可以由众多合伙人共同筹资,因而可以扩大规模;也由于合伙人共负偿债的无限责任,降低了贷款者的风险;比较容易成长和扩展。其缺点是:合伙企业属无限责任企业,合伙人对经营有连带责任,风险大;合伙人皆能代表公司,权力分散,多头领导,意见易产生分歧,决策缓慢,适用于小规模的服务性流通企业。

(3) 公司型流通企业。[①] 公司型流通企业是由两个或两个以上自然人或法人投资设立的,具有独立法人资格和法人财产,每个股东以其出资额为限对公司承担有限责任,公司以其全部资产对其债务承担责任的一种流通企业。无论是由出资者直接经营的个人独资流通企业,还是以家族等较为复杂的形式出现的合伙型流通企业,这些企业都无法克服本身固有的缺陷,即出资者责任的无限性、企业规模的局限性、组织的不稳定性和投资的短期性,无法满足社会化大生产对企业组织形式关于资本的集中性、企业的永续性和投资风险的分散性等基本要求,于是以公司形式为特征的股东负有限责任的流通企业就应运而生了。其优点是:容易筹资;公司具有独立寿命,不受出资人寿命影响;容易吸收人才。其缺点是:手续复杂,透明度较高,而且容易受"内部人控制"。

在我国的公司企业中出现较多的概念还有公司集团。公司集团本身不具有法人资格,不是独立主体,而仅是一种在经济上有紧密联系的组织体。公司集团是由一定数量的公司在相互保持独立性并互相持股的基础上,在融资关系、人员派遣、供应、销售、技术等方面建立紧密联系而协调行动的公司群体或联盟。这是一种具有多元化、多层次及股份化特点的

---

① 赵旭东.公司法学[M].北京:高等教育出版社,2008;蒋大兴.公司法的观念与解释[M].北京:法律出版社,2009;最高人民法院研究室.公司企业司法解释理解与适用[M].北京:法律出版社,2009.

公司组织。公司集团的领导机构主要功能在于规划和协调,而不是直接从事经营活动。这种公司集团的管理体制主要有两种模式:股权式的公司集团可采取经理会制(非常设机构),即由处于核心地位的集团公司出面召集各成员参加,由全体成员作出集团的决策;契约式的公司集团,处于核心层的企业可牵头成立管理委员会,并设立常设机构,从事信息收集与分析、联络等一般工作。其特征可以概括为:一是经济利益的一致性。每一个参加公司集团的企业,都是为了追求共同的经济利益,通过统一规划、协调行动,以求得自身业务的发展。二是以股份制为基础,成员关系平等。公司集团以股权化的资产和托管经营、长期优惠合同等为联合纽带。三是具有多层次的组织结构。由于各企业经营内容、联合的范围各不相同,公司集团可包括核心层、紧密层、半紧密层和松散层。核心层是集团内处于核心并具有独立法人地位的母公司,又可称为集团公司。紧密层可以由母公司控制的子公司构成。半紧密层是公司集团内相互参股、持股,但未达到控股的程度。松散层为公司集团的固定协作层。这些协作公司通过合同关系与核心层、紧密层和半紧密层企业在某些方面达成总体协议。

3. 按照企业专业分工不同,流通企业可分为商品经营性企业和物流企业

(1) 商品经营性企业。商品经营性企业按经营对象不同又可分为商业企业和生产资料流通企业。商业企业是专门从事消费品购销活动的经济组织,如百货商店、超级市场、食品商店等;生产资料流通企业是专门从事生产资料经营的经济组织,如金属材料公司、水泥公司、建材公司、燃料公司、机电公司、化工材料公司等。

(2) 物流企业。物流企业是专门从事物流活动的经济组织。它介于供应商、生产商、经营商、用户之间,实现商品实体从生产领域向消费(包括生产性消费)领域的转移过程,其经营活动行为主要是提供物流服务,如储存、运输、装卸、搬运、包装、配送、流通加工、货运代理等。

4. 按照在流通中所处的环节不同,流通企业可分为零售企业和批发企业

1) 零售企业

零售企业所服务的顾客是商品的最终消费者(非耐用商品)或最终使用者(耐用商品)。以商品零售为主要业务的流通企业,主要是从批发企业和生产企业购进商品,然后转售给城乡居民和企事业单位,并在销售过程中提供一定的服务性劳动。

与批发企业相比,零售企业的特点表现为:一般每次商品的交易额较小,交易次数频繁;零售企业直接面对最终消费者或最终使用者,它处于商品流通的最终阶段,是商品流通的最终环节。商品经过零售,便退出流通领域,进入消费领域。因此零售企业是商品流通领域与消费领域的临界线。从狭义上说,零售企业仅指专门从事商品零卖的纯商业;从广义上说,零售企业还包括饮食业和服务业及其他生产部门办的自销门市部等。

零售企业按照企业经营的商品范围不同可分为专业性零售企业和综合性零售企业。专业性零售企业是专门经营一种或某一类商品的零售企业,一般所经营的商品结构体现专业性,从业人员需具备丰富的专业知识;综合性零售企业是负责经营一类或几类商品的零售企业,根据我国流通行业主管部门的规定,综合性零售企业按不同的销售形式可分为百货商店、超级市场、便利店、折扣店、购物中心等形式。

2) 批发企业

批发企业是经营大宗商品买卖且买卖活动的对象是生产企业、商品流通企业或其他组织。批发企业相对于零售企业的特点表现为：一次买卖的商品数量和成交额较大；商品一般是售给其他商品流通企业进行转卖或售给生产企业用作生产资料，而不是直接销售给最终消费者。批发企业处于商品流通的起点和中间环节。作为商品流通的起点，它购进生产部门的产品使其从生产领域进入流通领域；作为商品流通的中间环节，它又将进入流通领域的商品尽可能地批发销售给远离产地的流通企业。虽然在批发企业的业务活动结束时，商品仍处于流通领域或生产领域，但批发企业在整个流通中的领导和组织作用是不可低估的。

按批发企业在流通中所处的阶段不同可分为产地批发企业、口岸批发（经营进出口）企业、中转批发企业和销地批发企业；按批发企业经营的商品不同可分为生产资料批发企业、农产品批发企业和工业产品（含小商品）批发企业，还可以进一步细分为百货、文化用品、五金交电、服装鞋帽、蔬菜、粮食、土特产品等批发企业；按批发企业的流通环节可分为一级采购供应站（简称一级站）、二级采购供应站（简称二级站）和三级批发商店（简称三级站）；批发企业还可分为批发贸易市场和专业商品批发中心等形式。

此外，按照经营规模不同，流通企业可以分为大、中、小型商品流通企业。划分标准依据流通企业的固定资产、经营收入、员工人数、市场占有率等。衡量企业规模的具体数值和内容重点随着社会经济的发展也是不断改变的。

7.2.3 流通企业的业务活动

1. 传统业务活动

流通企业通过商品购进、销售、储存、运输等业务活动实现商品流转，其中购进和销售是完成流通的关键业务，储存、运输等活动都是围绕商品购销展开。对流通企业而言，最基本的业务经营活动就是购销活动，即通过商品或服务低成本采购，然后以高于成本的价格提供给消费者，通过价格差实现盈利，而且当购销活动完成了一定的销售规模时，流通企业有时会获得不定期的销售奖励（返利），也成为流通企业的利润。传统上购销业务活动带来的利润占流通企业盈利来源的较大比例。通常生产者（供应商）与消费者不处于同一个地点，在全球化趋势下，两者之间的空间距离日益增大。直接交易，单位商品的运费很高。流通企业专业化、规模化地把商品由产地运至销地，有效降低单位产品运输费用。很多时候生产者（供应商）和消费者的交易意愿不同时发生，交易数量也往往不同，交易履约费用中包含了商品的仓储保管费用。仓储费用具有规模递减性质，仓储的货物越多（以不超出由仓储技术决定的界限为界），单位货物的仓储费用就越低。只要单个生产者一定时期提供的货物量不大，消费者一次购买量也不大，由流通企业将货物集中收购、仓储、保管，能有效降低生产者和消费者直接交易时的仓储保管费用。一般流通企业都有自己的仓储场所与运输工具，在供给和需求的时间和空间上存在距离时，流通企业通过提供仓储和运输业务以实现销售，顺利实现商品流通。购、销、运、存作为流通企业的传统业务活动是以商品的销售为目的，商品价值从生产企业（供应商）向消费者转移。

2. 新型增值业务活动

经营环境的变化,特别是消费者需求向个性化和多样化转变,依靠转移价值来获取利润已很难适应当今经营环境快速的变化要求。流通企业的经营理念应以消费者需求为主,在信息技术支持下积极与消费者形成互动,并根据消费者个性化需求来提供定制服务,以更快的速度满足消费者的需求,才能在激烈的市场竞争中占据优势地位。通过向生产企业及消费者提供更多的创造价值的增值服务已成为现代流通企业的必然选择。

现代流通企业越来越多地提供创造价值服务。这些新型增值业务活动包括:自创品牌,即根据消费者的需求向生产企业订购并冠以流通企业自有品牌,如日本最大的零售商企业大荣连锁集团有40%的商品已经冠以自有品牌进行销售;流通加工服务,为供应商提供包括对产品进行再次加工等现代物流服务与分销服务,如钢铁流通企业根据汽车制造商的不同需求进行再次剪切等流通加工服务,或为消费者提供包装服务等;售后服务,为消费者提供相应的如设备的安装、维护与更新等服务;其他服务,如汽车流通企业与金融资本相结合,为消费者提供汽车消费信贷等服务。流通企业可根据自身的优势有选择地向消费者提供这些增值服务。

3. "互联网+大数据"背景下的业务活动升级

"互联网+大数据"背景下的流通企业业务活动升级主要包括精确用户画像、精准营销、不同层次客户的同步化管理及数据信息安全保护机制建立等。随着互联网技术快速发展,流通企业可借助大数据、云计算等手段挖掘和分析客户的消费行为习惯与兴趣偏好等重要特征,进而塑造消费者精准画像,更有针对性地将不同商品和服务精准推送给有需要的消费者,以达到精准营销、个性化和差异化服务。

精确用户画像。在当前的社会,网络消费成为主流,在网络中消费的用户也在不断增加,无论是在各电商平台的购物消费,还是在实体店中进行网络移动支付,都会留下数据痕迹,这些数据信息能够为流通企业的运营提供更加真实可靠的决策依据。随着大数据时代的到来,流通企业应当运用大数据处置工具,对用户数据进行充分使用,通过多维度、多方面的数据分析与整合,对用户消费的画像进行描绘。用户数据包括静态数据和动态数据。用户静态信息数据包括用户 ID、用户名、密码、性别、年龄、学历、职业、手机号、邮箱、收货地址,还包括用户的收入状况、兴趣爱好、性格特点、社交资源等。用户动态信息数据包括用户行为数据、用户内容偏好数据和用户交易数据这三类。用户行为数据是指用户的浏览路径、用户浏览页面的时间、用户访问页面的深度、某个(些)页面浏览次数、直接跳出页面访问数、进入或离开页面数等;用户内容偏好数据是指用户登录某个电商平台的时间/频次、地理位置、浏览/收藏的内容、评论内容、互动内容、消费偏好、品牌偏好等;用户交易数据包括:用户消费的订单数、购买商品的类目、用户回头率、流失率、促销活动转化率等。[①] 利用大数据技术对这些数据进行分析、挖掘,探寻消费者的消费需求和动机,对用户及其行为特征进行精确画像。总之,大数据让流通企业更加懂得用户、懂得市场,从而引导用户进行

---

① 胡泽萍. 电子商务环境下用户画像对精准营销的影响研究[J]. 现代营销(下旬刊),2020(11):74-75.

消费。

精准营销是用户画像最直接和有价值的应用。流通企业利用大数据技术对用户进行全面的追踪及精细的划分。在准确地划分用户群体之后，总结用户的行为特征，根据不同用户群体的标签内容来判断其用户群体需求，设计差异化的产品或服务，有针对性给用户推送符合其需求的商品，同时利用企业可以融合用户倾向消费的商品进行相应的活动宣传，促使其进行消费，最后再通过营销活动的实施验证用户画像的准确性，并进一步反复修正不同层次用户的画像，修正后的用户画像体系再反过来优化营销方案。例如淘宝网的定向推广，就是依靠其庞大的数据库，构建出买家的兴趣模型，一旦买家登录手机淘宝 App 或通过台式机登录浏览过的某一产品，可以发现在重新登录后主页就会推送近期浏览过的产品广告。不同的用户登录淘宝 App，会看到不同的购物界面，这就是所谓的"千人千面"。一切以用户需求为导向，对流通企业各项业务活动进行整改，将数据的价值最大化利用，使流通企业商品服务更加具有个性化及人性化。[①]

推行不同层次客户的同步化管理。在流通企业的客户关系管理中，借助互联网信息技术手段，依托互联网大数据平台留存的数据，并分析挖掘客户信息，有侧重地针对不同层次客户审慎编制富有个性化的服务方案，特别是对于若干优质客户，经由专属服务的兜底保障，有助于保留和提升其对企业的信任感与忠实度；对于新发展的客户，为求得客户良好信任，同样要推送客户所需要的一系列产品，以便引起客户的关注，使该类客户逐步成为流通企业的忠实客户。所以说，客户关系控制软件设计的数据，需要来源于互联网用户信息，进而依照企业运营的需求完成对信息的实时更新，并深度解析更新后的各项数据信息，进而编制营销策略，达成对不同层次客户的区别性的营销，有助于按时回应客户的需求，进而增强客户的忠实度，完成对客户关系精准化管理。[②]

建立数据信息安全保护机制。流通企业在应用大数据技术时，还要加强对数据信息安全性的重视。流通企业发展电子商务，结合网络支付的创新探索，信息安全问题始终如影随形，不仅有企业内部数据信息，还有第三方支付账户的信息、用户的银行卡、联系方式等，一旦信息泄露，被不法分子利用，可能会造成严重的后果。流通企业应当提升信息安全保护意识，构建良好的信息安全保障机制，对大数据系统及企业内部的网络安全进行有效的保护，防止数据隐私泄露。流通企业需要采用合理的技术手段，建设安全信息数据网，对重要的数据信息进行加密管理，还要对相关数据信息的安全进行实时监控，提升企业数据信息安全防护的水平，使其能够取得良好的效果。流通企业应当为内部数据系统设置密码，要求内部人员通过密码登录内部数据网络系统，也可以采用密钥登录、人脸识别等安全系统相对较高的登录方式，借此保障企业内部数据网络的安全性，还可以聘请专业的技术人员，为自身的内部数据网络建立安全防护系统，并对其进行定期的更新与维护，以此加大对数据网络的防护力度。流通企业还可以借助信息技术建立监督预警系统，实现对数据信息的实时监控，通过数据网络的变化情况及进入方式，判断数据信息的安全是否受到威胁，一旦数据网络出现异常情况，相关网络监督预警系统就会发出相应的警报，与此同时，相关安全防护系统也会被

---

① 叶群辉. 大数据时代电子商务的服务模式创新[J]. 中小企业管理与科技, 2021(22): 68-69.
② 李玲. 大数据环境下电子商务企业客户关系管理研究[J]. 中国市场, 2021(10): 195-196.

瞬间启动,用以拦截入侵,借此提高数据信息的安全性。①

7.3 流通企业的经营与管理

7.3.1 流通企业的经营模式

1. 经营模式的概念

经营模式源于英语的 business model,也称为商业模式、商务模式、生意模式。经营模式或商业模式这个词最早出现在 20 世纪 70 年代的计算机科学杂志上,是被用来描写资料和流程之间关联与结构的。在电子商务兴起后,大量的新公司采用不同以往的方式经营它们的业务,为了和"传统经营"进行区别而广泛地使用"经营模式"一词。很多学者从不同的侧面阐述了经营模式的内涵。美国管理学家彼得•德鲁克(Drucker)将经营模式称为企业经营理论,指出:"企业本身并不是目的,它只是实现商业运营和商业成就的手段。"《成果管理》一书中总结为企业经营的四个基本问题:谁是我们的顾客?顾客重视的价值是什么?我们怎么从这项经营中赚钱?我们以适当的成本向顾客提供价值的内在经济逻辑是什么?② 美国北卡罗来纳州立大学教授迈克尔•拉帕(Rappa)认为:"经营模式就其最基本的意义而言,是指做生意的方法,是一个公司赖以生存的模式——一种能够为企业带来收益的模式。经营模式规定了公司在价值链中的位置,并指导其如何赚钱。"他进一步指出,经营模式明确了一个公司开展什么样的活动来创造价值、在价值链中如何选取上游和下游伙伴中的位置以及与客户达成产生收益的安排类型。③ 近年来,越来越多的学者倾向于将经营模式看作一个由若干要素构成的系统,这个系统可以为企业获取竞争优势并达成盈利目标。本质上经营模式是企业创造价值的核心逻辑。

这里我们更倾向于从经营性的角度来理解流通企业的经营模式。因此,流通企业经营模式是流通企业在经营活动中创造价值并获得可持续竞争优势而采用的业务开展方式,调度相关资源(包括自身资源和外部资源)创造价值并从中获取利润的方式。流通企业经营模式是一套确立企业生存和发展目标及运作手段和措施的高效运转的系统,企业创造价值的核心逻辑和结构。④

2. 流通企业的经营模式选择

流通企业经营模式中包含业态发展模式、空间扩张模式、资本扩张模式、获利模式、物流运作模式、电子商务运营模式等子模式,在这个动态集成体系中的每一个子模式都能够为流通企业创造价值,有助于流通企业竞争优势的塑造,而且各子模式之间相互影响。例如空间

---

① 王杰. 大数据技术在电子商务中的应用[J]. 中国高新科技,2021(1):101-102.
② 罗珉. 商业模式的理论框架述评[J]. 当代经济管理,2009(11):1-8.
③ 罗珉,曾涛,周思伟. 企业商业模式创新:基于租金理论的解释[J]. 中国工业经济,2005(7):73-81.
④ 钟耕深,孙晓静. 商业模式研究的六种视角及整合[J]. 东岳论丛,2006(2):120-124.

发展模式影响业态发展模式,不同地区的经济环境、消费环境直接决定了业态的适应性;不同的业态选择决定着流通企业选择不同的物流模式。

1) 多业态发展模式

流通企业业态发展模式一般有两种:单一业态的发展和多业态的发展。从我国流通企业的实际发展情况看,多业态发展和单一业态发展并存。例如,国美电器采取的是专业店单一业态模式,上海百联则拥有百货、标准超市、大型综合超市、便利店、购物中心、专业店、专卖店等多种业态。多业态发展虽然有助于目标顾客多元化、分散经营风险,但是多业态的协调是流通企业面对的一大难题。我国流通企业的业态模式几乎全部复制发达国家的成熟业态,一方面说明我国流通企业的模仿学习能力较强;另一方面反映出我国流通企业缺乏业态模式创新思维,具有中国特色、适应本土的业态创新模式很少出现。

2) 空间扩张模式

流通企业空间发展模式有蜘蛛式和蜜蜂式两种,蜘蛛式是像蜘蛛一样在一个地区密集织网,蜜蜂式则是像蜜蜂一样挑选好的地方开展经营。[①] 例如,物美主要采取蜘蛛式空间发展模式,集中在北京发展,少数店铺涉足河北、天津等,家乐福在中国的扩张则是以蜜蜂式模式进行,它挑选多个繁华的、居民有较高消费能力的城市开店,如上海、重庆、沈阳、武汉、北京、大连等。蜜蜂式发展模式有利于流通企业的网点快速增长、扩大经营规模,但是由于不同区域城市分店距离较远,所以供应链管理是流通企业必须重视的问题。蜘蛛式空间发展模式有助于在区域市场获取较高知名度和美誉度,并降低整体运营成本。流通企业较为理想的空间发展模式有两条路径:先蜜蜂式发展,再选择重点区域蜘蛛式发展;先蜘蛛式发展,待在某地区占有绝对优势后,再蜜蜂式跳跃发展。如果以蜜蜂式和蜘蛛式结合的复合模式扩张,面临的不确定因素会多,除非企业拥有雄厚的资本实力和资源保障,否则难以快速及时调整战略资源,在竞争中易处于被动地位。

3) 物流运作模式

物流运作模式除自营物流、第三方物流外,还有供应商配送模式。例如,家乐福由于没有采取集中采购管理体制,没有配送中心,采用的是单一供应商配送模式。对流通企业而言,在网点分布密集的地区可以考虑建立自己的物流中心,实行标准化建设、规范化管理;在网点较分散的地区,则最好选择信誉好、经验多、系统先进、权责明确的第三方物流公司签订外包合同,这样可以把建设物流系统的资金投入其他系统的运营中,获得更高的收益。

4) 资本扩张模式

流通企业的规模扩张可以采用独资、合资、并购等多种资本扩张方式。独资方式,控制程度高,成本也高,资金需求量大;合资方式,可以达到借鸡生蛋的目的,但是合资双方的协调是个难点;并购方式,扩张速度快,但需要资金支持,整合难度大。流通企业需综合考察竞争环境,科学评估自身实力,慎重选择。

5) 电子商务运营模式

"互联网+"背景下流通企业以信息技术为依托,利用互联网开展电子商务运营成为主要发展方向。流通企业是否能够依据行业形势、市场变化、电子商务发展空间及自身实际条件选取适合的电子商务运营模式是影响其发展的关键因素。例如按照电子商务经营形式的

---

① 汪旭晖.中外大型零售企业中国市场商业模式的对比分析[J].现代经济探讨,2008(8):25-30.

不同,流通企业可以建立第三方电子商务平台经营(如淘宝、京东),第三方电子商务平台经营模式不直接销售商品和服务,而是为商品、服务的买卖双方提供平台服务,制定与之相关的价格策略,极大促进买卖双方交易的同时能够获得想要收入的、具有跨网络效应的第三方经济体。也可以选择将企业自身的所有商务活动放在自建的不对外电子商务平台上运营,或者将商务活动放在第三方电子商务平台上运营。流通企业还可以选择纯互联网电子商务(如京东超市、天猫)和传统类电子商务(如苏宁易购)。纯互联网电子商务模式是无实体店铺,商务活动除有形商品的交付外均在互联网上实现,传统类电子商务则是传统大型企业在实体店铺经营的基础上自行建立电子商务网站,开拓了互联网渠道开展商务活动。

电子商务运营模式依据电子商务交易主体的不同,可分为B2B、B2C(企业对顾客)和C2C(顾客对顾客)三类:B2B模式指企业之间的电子商务活动,以互联网为基础,将产业链当中的上下游厂商及不同环节联系起来,达到完善产业供应链的目的。B2C模式指的是流通企业通过互联网与消费进行直接对接,商品推广宣传、展示和销售等环节均包含其中,当当、京东及亚马逊等均属于B2C模式。C2C是指消费者间利用互联网开展交易,如淘宝。①根据交易对象不同,可以分为基于商品交易型(例如京东商城)和基于服务型(如百度文库)。根据经营范围的不同,可以分为专业(如携程)和综合(如京东)两类。

6)获利模式

流通企业的获利模式有以下几种:购销差价、类金融、进场费、优化供应链的低成本。购销差价模式是流通企业最传统的获利模式,低价购进、高价售出,获得利润。类金融模式是流通企业与消费者之间现金交易的同时,延期支付上游供应商货款,占用供应商资金用于规模扩张或转作他用。进场费模式是一个备受争议的模式,是指流通企业,一般是大型流通企业利用其流通主导权,在商品定价外,向供货商直接收取或从应付款中扣除,或以其他方式要求供货商额外负担的各种费用,如配货费、上架费、条码费、新品上店费、商场海报费等,这种模式容易引起供应商与流通企业的冲突。流通企业还可以通过优化供应链、有效管理供应商、大规模采购从而降低成本获得利润。在百货店或购物中心这类流通企业中还存在出租场地或变相出租场地的联营方式从而获得利润。其中,进场费模式和类金融模式不利于流通企业与供应商之间关系的和谐发展,隐含供应商联合抵制、资金链条断裂的危机,所以流通企业如果仅仅以这两种模式作为主要获利模式,会缺乏可持续性。

目前,我国流通企业电子商务的获利模式主要有以下几类:①广告收入。利用电子商务平台的用户基础,在电子商务网站首页的不同位置精度标定广告位价格,吸引广告商投注广告,以广告来获得盈利。这种获利模式是多数电子商务网站的主要盈利来源。②提供收费内容。这种获利模式的典型代表是百度文库,网站主要以提供下载内容的方式来收取一定的费用。③收取交易费用。第三方平台网站不直接参与交易,给商家提供平台供交易形成,获利的方式是收取虚拟店铺出租费、加盟费及交易手续费。这种交易模式越来越受到大家的青睐,如美团网。④收取会员费。借助网络平台为其会员提供一系列便捷且具有实时性的服务:产品信息推荐、公司认证、对购买行为进行跟踪记录、对在线销售进行精确统计、提供统计资料的查询等单项服务或服务组合而收取的费用。费用在接受服务的第一年交纳,在第二年到期时需要客户续费才能进行下一年的服务,而没有续费的会员将不再享受多

---

① 王尧."互联网+"背景下企业电子商务运营模式与路径选择研究[J].商业经济,2020,532(12):99-100,126.

种服务。通过缴纳一定的费用注册成为网站的会员,才能享受某种服务,这是很多 B2B 网站采取的收费模式之一。⑤支付环节收费。阿里巴巴旗下的支付宝推动了网上在线支付业务的开展,支付宝作为中间的支付环节在保障交易安全的同时,也为支付公司收获了一定的手续费,成为盈利的来源之一。同时淘宝可以充分利用用户存款和支付时间方面存在的时间差,以其产生的巨额资金进行其他投资,从而获得盈利。①

7.3.2 流通企业的战略管理

"战略"一词是源于战争或军事的一个术语。英语中"战略"一词来源于希腊语"strategeia",其含义是"将军指挥军队的艺术",《简明不列颠百科全书》则称战略是"在战争中利用军事手段达到战争目的的科学和艺术"。我国《辞海》中对战略的解释是"军事名词,对战争全面的筹划和指导","泛指重大的,带全面性或决定全局的谋划"。由此可见,战略的概念首先来自军事领域,大都有对战争全局性的谋划的含义。

把战略思想引入企业管理领域的是美国经济学家巴纳德(Chester Barnard),他在《经理的职能》(1938)一书中认为,企业是一个由物质的、生物的、个人的和社会的多方面因素构成的综合系统,要运用战略思想对企业诸因素及其相互影响进行分析。1962 年,美国企业经营史学家小阿尔福莱德·D. 钱德勒(Chandler)出版《战略与结构——工业企业史的考证》,首次分析了环境、战略、组织结构的相互关系,提出"战略适应环境、结构追随战略"的思想。1965 年,安索夫(H. I. Ansoff)出版《企业战略》,指出战略行为是对企业环境的适应过程以及由此而导致的企业内部结构化的过程,企业高层的任务就是制订和实施战略计划。在 1976 年出版的《从战略规划到战略管理》中,安索夫提出了"企业战略管理":企业的战略管理是指将企业的日常业务决策同长期计划决策相结合而形成的一系列经营管理业务。斯坦纳在他 1982 年出版的《企业政策与战略》一书中则认为企业战略管理是确定企业使命,根据企业外部环境和内部经营要素确定企业目标,保证目标的正确落实并使企业使命最终得以实现的一个动态过程。②

1. 流通企业战略的含义

流通企业战略是在动态环境中选择企业发展方向和经营范围,并通过有效组合企业资源实现企业长远目标的计划。可以从以下两个方面理解,首先它是一种规划,即为流通企业的经营方向描绘了一幅蓝图,用于指导企业的业务经营;其次,战略涉及流通企业资源的合理配置,并确保在战略的指引下采取协调一致的行动。

流通企业战略管理是一个战略分析、制定、实施和评估的动态管理过程。这个过程包括七个步骤(图 7-1),前五个步骤是战略分析过程。

流通企业战略管理首先是在确定企业使命的基础上,对企业的战略环境进行分析、评价,预测这些环境发展的趋势,以及这些趋势可能对企业造成的影响及影响方向,适时地寻找和发现有利于流通企业发展的机会,以及对企业来说可能存在的威胁,以便在确定战略目

---

① 徐琴,白文周. 我国电子商务企业盈利模式研究——以京东商城为例[J]. 滁州学院学报,2017,19(2):51-54.
② 葛清俊,肖洪钧. 基于环境的竞争战略理论研究述评[J]. 管理评论,2008(7):42-49.

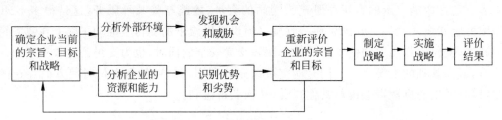

图 7-1 战略管理过程

资料来源：罗宾斯，库尔特.管理学[M].北京：中国人民大学出版社,2004：205.

标和选择战略中能够利用外部环境条件所提供的机会，同时避开环境中的威胁因素。同时，流通企业还必须了解企业自身所拥有的资源、具备的条件和能力，包括企业经营活动的各个方面，如企业成员的技巧和能力、组织的资金、开发新市场的能力、商品和服务的质量等，辨认企业自身所具备的优势和劣势，以便在确定战略目标和选择战略时能扬长避短、发挥优势，有效地利用企业的各种资源（图 7-2）。战略制定实质是在战略分析的基础上选择战略方案，战略执行和评估是根据战略计划配置资源，实施战略，在实施过程中或实施后评价战略选择和实施的效果并纠正严重的偏差。

图 7-2 识别企业的机会

资料来源：罗宾斯，库尔特.管理学[M].北京：中国人民大学出版社,2004：209.

2. 流通企业的经营战略选择

流通企业的战略决定了企业的经营活动的方向和途径，内外结合的战略分析是为了在可行的方位内选出对流通企业而言最具成功可能的战略。根据流通企业的经营范围和专一化程度，战略可以大致分为单一化经营战略、一体化经营战略和多元化经营战略。

1) 单一化经营战略

流通企业选择单一化经营战略，意味着企业把有限的资源都集中运用在某种或某类特定业务上。这种战略使企业经营方向明确、力量集中，能强化竞争能力和优势，有利于各部门制订简明、精确的发展目标；可以使企业的高层管理人员减少管理工作量，集中精力，掌握该领域的经营知识和有效经验，提高企业的经营能力。但是当单一经营所在的经营领域发生衰退、停滞或者缺乏吸引力时，企业将难以维持。不过，一般说来，客户需求的变化、技术的创新或新替代品的出现，都有一个时间过程，企业有机会采取相应的变革对策。

流通企业单一化经营可以通过单店扩大和分店复制实现企业成长。

(1) 单店扩大。通过调整企业形象、销售方法、工作效率、员工工作热情及其与消费者的关系等形成销售条件差别化，或调整企业所经营的商品种类、结构形成差别化，吸引消费者购买，也可以通过提供免费班车，扩大商圈范围，改造扩大原有营业空间，吸引并服务更多消费者，从而实现企业成长。但是单店扩大受到企业内部管理效率和企业外部城市规划、市场竞争、市场规模、政府规制等因素的限制，单一经营战略下企业成长规模有限。

(2) 分店复制。流通企业通过在不同区域、城市、地区甚至国家开设分店而实现企业成长。分店扩张又可以分为开设单体店和开设连锁店两种形式。分店扩张可以使流通企业在物流配送、信息技术、品牌投入等方面获得巨大的规模经济,但对流通企业的管理能力要求较高,其发展也受到很多因素的制约,如适合的业态发展和成熟水平、城市及城际交通网络的发展水平、物流技术与物流产业的发展水平、区域市场的政策性壁垒等。

2) 一体化经营战略

流通企业一体化经营战略包括纵向一体化和横向一体化。

(1) 纵向一体化。从流通企业在供应链中所处的位置来看,流通企业的纵向一体化包括向上游企业(即制造商的后向一体化)和向下游企业(即最终消费者的前向一体化)两个方面。

在后向一体化中,流通企业通过投资设立或购并的方式将制造业务纳入企业内部进行,可以通过资本手段实现"硬"一体化,也可以通过契约手段实现"软"一体化。现实中这种一体化并不容易实现。其原因在于:一是生产企业的资本和技术壁垒限制了流通企业向生产领域扩张;二是流通企业经营的商品种类的多样性与生产企业生产的产品种类单一性之间的差异使流通企业不可能实现所有商品生产的内部化;三是实施后向一体化会侵蚀零售企业的专业化优势,同时从事生产和交易会使零售企业的内部成本大幅上升。[①]

流通企业对消费者的前向一体化意味着将消费者纳入企业内部,使消费者不仅主动参与交易过程,还承担企业内部的一些特定职能,有学者将这种一体化行为称为"客户内部化"。流通企业通过选择特定的业态(如仓储式商场)将消费者纳入企业内部,由消费者自己承担一些过去由企业承担的职能(如组装、运输商品),可以大幅降低组织交易的成本,并将由此产生的价值部分让渡给消费者,从而形成顾客的忠诚。但由于流通企业面对的是一个近似于原子化状态的消费者群体,并且个体消费者之间的需求也是存在差异的,因此对消费者的一体化只能是局部的。

(2) 横向一体化。流通企业的横向一体化是通过与其他流通企业的购并活动,使企业的规模得以扩大。由于流通企业经营方面的特性,横向一体化的结果可能导致流通企业拥有两个或多个相互分离的店铺。在这种情况下,流通企业将面临如何整合不同店铺的资源,在企业内部获得规模经济效应,从而从整体上降低企业组织交易的成本等问题。[②] 一体化经营战略,不仅受到流通企业资本与技术的限制,同时也受到企业管理能力和管理效率的限制,这种扩张方式在一定的范围内是有效的,超过了这个临界点,将产生规模不经济。

3) 多元化经营战略

多元化经营战略是企业能力与市场机会的一种组合,指流通企业在现有经营业务外增加具有市场或行业差异性的经营领域,包括相关多元化经营战略和非相关多元化经营战略。当流通企业本身具有拓展经营项目的实力,并且企业资源包括有形和无形尚未充分利用时,流通企业运用多元化经营战略,分散风险,提高经营安全性,有利于促进企业原有业务的发展。不少行业有互相促进的作用,通过多元化经营,扩展服务项目,往往可以达到促进原业

---

① 李陈华,文启湘.流通企业的(规模)边界[J].财贸经济,2004(2):43-48.
② 夏春玉,张闯.大型零售企业规模扩张的理论解读——兼论流通企业的性质、规模与边界[J].商业经济与管理,2004(11):4-9.

务发展的作用,也会有利于企业向前景好的新兴行业转移,从而获得更多收入和利润。

对流通企业而言,相关多元化经营战略通常体现在流通职能内部化。流通活动的内涵是宽泛的,它包括产品从生产出来一直到消费者手中整个传递过程中所涉及的一系列活动,不仅包括批发和零售,还包括仓储、运输、流通加工、信息服务以及售后服务等一系列活动。[①] 流通企业对这些流通辅助职能的一体化称为流通职能的内部化。流通企业出于保证服务质量的考虑,将部分或全部流通辅助职能内部化可以减小不确定性的影响,并能实现对服务质量的保证和保持服务的弹性。这个过程可以通过购并现有的企业实现,也可以通过在企业内部设立相关部门的方式实现。但如同后向一体化一样,对流通辅助职能的内部化将稀释流通企业的交易专业化优势,有可能导致规模不经济。

7.3.3 流通企业的渠道管理

1. 渠道与渠道设计

渠道,通常称为分销渠道、营销渠道、销售渠道,是指某种产品和服务在从生产者向消费者转移过程中,取得这种产品和服务的所有权或帮助所有权转移的所有企业和个人。因此,分销渠道的主体是流通企业,此外,还包括处于渠道起点和终点的生产者与最终消费者或用户,但是不包括生产商的供应商、辅助商。在分销渠道中,与商品所有权转移直接或间接相关的,还有一系列流通辅助形式,如物流、信息流、资金流等,它们发挥着相当重要的协调和辅助作用。

1) 渠道类型

营销渠道按照中间环节(层次)的多少分为长渠道和短渠道,商品从生产者流向消费者的过程中,商品所有权至少转移一次,所有权转移的次数越多,商品的分销渠道就越长;反之,则越短。按照每一渠道层次中间商的多少分为宽渠道和窄渠道,即宽渠道意味着销售网点多,市场覆盖面广,通过很多的中间商大范围地将商品转移到消费者手中。

2) 渠道设计的影响因素

渠道的长度、宽度的确定是渠道设计的核心内容,市场变量和产品变量是影响渠道设计的关键性的影响因素。[②]

(1) 市场因素。市场因素包括:目标市场范围:市场范围宽广,适用长、宽渠道;反之,适用短、窄渠道。顾客的集中程度:顾客集中,适用短、窄渠道;顾客分散,适用长、宽渠道。顾客的购买量、购买频率:购买量小,购买频率高,适用长、宽渠道;相反,购买量大,购买频率低,适用短、窄渠道。消费的季节性:没有季节性的产品一般都均衡生产,多采用长渠道;反之,多采用短渠道。竞争状况:除非竞争特别激烈,通常,同类产品应与竞争者采取相同或相似的销售渠道。

(2) 产品因素。产品因素包括:物理化学性质:体积大、较重、易腐烂、易损耗的产品适用短渠道或采用直接渠道、专用渠道;反之,适用长、宽渠道。价格:一般地,价格高的工业

---

① 石秀和,陈阿兴,沈宏超.试论商业范畴[J].财贸研究,2002(1):26-29.
② 夏春玉.渠道建设理论的经典研究及其评价[J].管理科学,2003(3):55-60.

品、耐用消费品适用短、窄渠道；价格低的日用消费品适用长、宽渠道。时尚性：时尚性程度高的产品适宜短渠道；款式不易变化的产品，适宜长渠道。标准化程度：标准化程度高、通用性强的产品适宜长、宽渠道；非标准化产品适宜短、窄渠道。技术复杂程度：产品技术越复杂，需要的售后服务要求越高，适宜直接渠道或短渠道。

2. 渠道组织形式

渠道组织形式分为所有权型、契约型和管理型三种。

1）所有权型渠道组织形式

所有权型渠道组织形式的最大特点是流通企业对各渠道层次的经营环节（生产、批发、零售等业务）拥有所有权，实行高度集中的管理和控制，交易集中在企业内部进行，即流通企业主导，形成由若干生产单位、商业机构组成的一体化经营的组织形式。实际上，当一条分销渠道中两个或两个以上环节存在共同所有权，或者一个层次的职能被另一个层次的成员所取代时，就形成了所有权型渠道组织形式。企业控制分销渠道的若干层次甚至控制整个分销渠道的垂直渠道系统虽然需要较大的投资，但将不同所有权各类企业的松散合作变为同一所有权企业的内部分工，可以使渠道内部各种职能的协调性和管理工作得到改善，减少工商之间、批零之间的利益冲突，节约经营费用，大大提高整体运作效率和经营效益，最重要的是可以有效地增强企业的环境适应力、竞争力和控制市场的能力。

2）契约型渠道组织形式

契约型渠道组织形式的最大特点是以具有实力和号召力的某个渠道成员为核心，以其他相关渠道成员为网点，通过长期合同契约的方式，形成稳定的分销渠道网络，实行集中与分散相结合的控制，交易是在公司之间进行。[①] 其一般有三种形式：特许经营方式，即授予商品的经销特许权，投入资金少而且充分利用品牌知名度和成功模式，效率较高；自愿连锁方式，一般批发商构建零售网时使用，由批发商倡办，若干独立的中小零售商为了竞争和生存自愿加入，以合同为基础形成联营组织，联营各方仍是独立的经济实体，在共同的批发采购中心的统一管理下实行"联购分销"制；零售合作社，零售商在扩张网络时使用，参加零售店合作社的企业要缴纳一定的股金，成立联合经营的批发机构，零售店合作社将以共同名义为各零售商统一采购货物、统一进行广告宣传、统一培训职工等，一般是中小零售企业为了同大型零售企业竞争而采取的形式。

3）管理型渠道组织形式

管理型渠道组织形式的最大特点是渠道成员之间既没有所有权方面的联系，也没有长期的契约关系，只是具有实力的厂商用自己的商品和服务吸引中间商分销自己的产品，他们之间没有全方位的契约关系，只有短期的代理协议或购销合同。

3. 渠道冲突管理

渠道冲突从本质上表现为：一个渠道成员意识到另一个渠道成员正在阻挠或干扰自己实现目标或有效运作；一个渠道成员意识到另一个渠道成员正在从事某种伤害、威胁其利益，或者以损害其利益为代价获取稀缺资源的活动，包括垂直渠道冲突（同一渠道不同层次

---

① 李飞.西方分销渠道问题研究[J].南开管理评论，2003(5)：52-57.

渠道成员之间的冲突,即渠道上下游成员之间的冲突)、水平渠道冲突(渠道中同一层次成员之间的冲突,例如同是某一商品的多个经销商,距离太近,有可能导致变相的价格竞争,引发水平渠道冲突)、多渠道冲突(利用多个渠道销售商品时引起的各渠道成员的利益冲突,例如网上销售的渠道与传统渠道之间的冲突)。

虽然渠道的运行需要渠道成员的相互依赖、相互支持、共同努力,但是由于渠道中的每个成员都具有相对独立性,具有独立的行为能力,更多关注自身经济利益最大化,渠道成员具有明显的"游离性",渠道这一组织系统存在"不稳定性",当渠道成员之间在目标、预期、价值观和对各自角色的认识等方面存在差异,容易导致矛盾和冲突,差异越大,渠道成员之间的冲突就越频繁、严重。因此渠道冲突管理应从树立合作理念、加强信息沟通和交流等方面着手。

渠道企业应树立合作共赢理念。渠道合作指渠道成员为了共同及各自的目标而采取的共同且互利性的行动和意愿。渠道合作的方式很多,如联合促销、联合展示、联合贮运、信息共享、联合培训、独家代理、地区保护、销售竞赛、销售培训等。

渠道成员之间加强信息交流。双向沟通是建立忠诚的重要因素,通过渠道成员之间充分、自由地交换信息和介入对方的营销努力,彼此了解弱点和优势,坦诚地提供建议,信任和沟通相互加强;更多的沟通产生更多的信任,更多的信任巩固更多的沟通,从而有助于建立和维护渠道成员间的良好合作关系,减少冲突机会、弱化和降低冲突水平。其具体策略包括:共享信息;协会会员制度;组织间的人员交换;共同规划或合营等。[1]

一旦产生渠道成员间的冲突,从渠道关系紧张到实施报复行为,有六种管理冲突的策略可供渠道成员选择:静观策略、目标调和策略、谈判策略、组织变革策略、上述策略的整合和渠道重组策略。[2] 渠道组织存续和渠道组织瓦解是冲突的两种结果,渠道组织存续并不意味着真正化解了冲突问题,而渠道组织瓦解也并不一定总是负面和消极的,积极的渠道重组策略也会导致这一结果。解决和处理冲突策略对渠道整体绩效、渠道成员个体绩效和满意水平都会产生影响。

7.4 流通企业的改革和创新

7.4.1 创新的含义

从经济学角度研究创新这一概念,可追溯到 1912 年,美籍经济学家熊彼特(J. A. Schumpeter)在《经济发展理论》著作中提出:创新就是"建立一种新的生产函数,把一种从来没有的生产要素和生产条件的新组合引入生产体系,从而形成一种新的生产能力,以获取潜在利润",具体包括五种情况:创造一种新产品,或者是消费者不熟悉的产品,或者是已有产品具备新的特性;采用一种新的生产方法,这种新方法可以使建立在科学新发现的基础上,也可以是以新的商业方式来处理某种产品;开辟一个新的市场;获得原材料或半成品

---

[1] 陈涛.国外营销渠道冲突及其管理研究综述[J].外国经济与管理,2003(8):39-41.
[2] 杨政.营销渠道成员行为的整合模型[J].南开管理评论,2000(4):64-70.

的一种新的供应来源;实现任何一种新的产业组织方式或企业重组,如造成一种垄断地位,或者打破一种垄断地位。熊彼特的创新概念包含的范围很广,如涉及技术性变化的创新及非技术性变化的组织创新。彼得·德鲁克将创新引入管理领域,认为创新是赋予资源以新的创造财富能力的行为,包括在自然界中为某种自然物找到新的应用,并赋予新的经济价值;也包括在经济与社会中创造出一种的新的管理机构、管理方式或管理手段,从而在资源配置中取得经济价值与社会价值。

国内对创新的认识也在逐步深入。创新是"企业家用新思想、新技术、新方法对企业管理系统(或企业战略、组织、技术、文化管理的某一个方面)的方略组合进行重新设计、选择、实施与评价,以促进企业管理系统综合效能不断提高的过程"。[①] 创新就是创造新的、更有效的整合企业有限资源的范式。这种范式既可以是新的贯穿于企业经营活动全过程的系统的价值观与方法论体系,也可以是新的利用有限资源的手段及企业目标制订等方面的具体工作与程序的变更。[②]

综上所述,流通企业的创新就是运用以信息技术为代表的各种先进技术手段、管理理念和方法,对传统流通进行全面改造和提升,从而形成信息真实快捷、组织方式科学合理、服务以人为本的现代流通企业。流通企业创新不仅指创造全新的流通技术、管理理念、组织形式等,也可以是原有的技术、理念、组织形式等的改善,甚至可以是原有技术、组织形式等的重新组合,是一个具有综合性、系统性的创新体系。

7.4.2 流通企业的创新活动

1. 供应链动态联盟——流通企业管理理念创新

在企业同质化趋势下,流通企业的商品结构、营销服务、营销能力、企业形象和文化等方面的竞争优势不容易凸显。流通企业必须从整个业务流程入手,从建立合作制或战略伙伴关系的新思维出发,从产品的源头开始到最终的用户,全方位考虑产品(商品)和企业的竞争力,转变经营管理理念,从过去单打独斗要转换为相互依存、共存共赢的观念,建立协作双赢、多赢理念,从战略的层次认识供应链动态联盟。供应链动态联盟是指供应链中各自为政的实体,为满足消费者需求,使供应链整体优化,通过各种承诺、协议、契约等整合而成优势互补、资源利益共享、风险共担的松散型网络组织。在供应链动态联盟里,下游的企业通过客户关系管理系统捕捉到信息后能通过联盟的信息网络系统供上游企业实时共享,促使联盟企业同步化运作,提高市场快速敏捷反应,在市场竞争中赢得时间上的优势。供应链上的流通企业和生产企业不仅建立与生产企业的长期稳定关系,也参与到产品的设计和生产中,指导生产者的生产活动,生产商可减少订单和市场预测误差,从而降低库存水平,降低市场风险和交易成本;流通企业借助通畅的渠道亦可降低库存水平。借助各联盟企业的核心竞争力,从原材料开始至消费取得专业生产和专业经营优势,降低生产成本、物流成本和经营成本,取得成本领先优势。资源共享能提高自身企业和联盟各企业核心竞争力的发挥和强

---

① 梁镇.关于企业管理创新的思考与探索[J].管理世界,1998(6):209-210.
② 李轩.建立现代企业制度必须重视管理创新[J].管理世界,1998(6):211-212.

化,达到成本的有效控制。通过供应链动态联盟,流通企业降低成本、提高适应客户需求能力,从而具有提升客户价值的优势,而客户价值最大化是培育客户忠诚的内在驱使力,在客户争夺中赢得客户。以供应链动态联盟为核心的经营战略,是适应市场环境变化赢得竞争优势的经营战略发展的必然趋势,供应链管理战略乃是当代及未来流通企业经营战略的主流。例如,沃尔玛和宝洁公司的产销联盟已经成为供应链动态联盟中的典范。按照这种模式,沃尔玛公司同全世界大大小小的制造商建立了广泛而密切的伙伴关系,不但降低了自身的交易成本和市场风险,也为生产企业创造了订单、拓宽了销路、减少了库存、加快了周转。

2. 信息化——流通企业技术创新

随着全球信息化时代的到来,信息技术对社会发展和经济增长的作用越来越明显。信息化指信息技术飞速发展,信息装备和产品日新月异,其主要特征是数字化和网络化。现代信息技术特别是互联网在流通领域的应用,赋予了流通技术创新的新内容。信息技术创新,如全球定位系统、地理信息系统的开发,POS(point of sale,销售终端)系统、EDI、计算机辅助订货、计算机补货系统、条形码技术、电子订货系统、管理信息系统、决策支持系统、企业资源计划等信息技术在流通领域的应用,使信息收集、储存、传递和分析成本大大降低,便于流通企业在产、供、销各环节建立多极化的产销联通体系,在库存数量、存货地点、订货计划、配送运输几个方面实现最佳选择,同时流通企业对下属机构的监控范围扩大、成本降低,及时性、准确性大大提高了。电子商务技术创新,如网络导购技术、网上交互技术、网上支付技术、网上安全技术、商用服务器技术、商业智能技术、触摸输入技术以及电子商务标准化技术等信息技术将商品的需求、流通和生产有机地联系在一起,交易双方空间上的距离消失了,交易过程中所需要的商流、信息流和资金流在网上一次性完成,流通时间大大缩短,而商品实体则由专业化的物流企业以最快的速度直接送达消费者手中。流通信息化技术创新大大降低了流通企业的经营成本,提高了管理效率,同时开拓了新的销售渠道——网上销售,创新流通企业经营模式,如亚马逊、当当等纯网络型流通企业。

3. 连锁化——流通企业组织创新

连锁经营是将现代化大生产中统一管理与专业分工相结合的原理成功运用于流通领域,具有有效配置资源,提高流通效率与经济效益的优势。连锁化能使流通企业充分发挥规模优势,通过统一进货、统一定价、统一促销、统一核算,降低经营成本,提高经济效益。连锁经营以资本或长期的契约来约束交易中的机会主义,降低交易中的不确定性,进而降低交易成本。流通企业连锁系统一般拥有众多的网点,覆盖区域、全国乃至世界市场,这些网点直接面向顾客,了解顾客的需求,大量丰富的市场信息在流通企业内部主动传递,有效降低信息搜寻成本。连锁经营将采购、批发、配送、零售等传统流通体系中相互独立的商业职能有机组合成一个系统,实现产销一体化和批零一体化。通过连锁经营,零售企业具备联购批发功能,减少了交易环节,降低了采购费用;通过连锁经营,各个分店的进货不再是交易行为,而是企业内部的一种协作关系。这种将外部市场交易"内部化"的结果降低了商流过程中的交易费用。此外,通过有效运用现代信息技术,降低交易费用和企业内部组织费用,以及信息的畅通、及时,减少物流过程中的"耽搁"和"停顿",减少运输费用和储管费用。

4. 业务流程外包——流通企业业务管理创新

外包就是将一些传统由企业内部成员负责的非核心业务转让给专业的、高效的供应商，以充分利用企业外部专业资源，达到降低成本、提高效率、增加企业自身竞争能力的目的。流通企业的业务流程外包就是根据实际需要，将运输、储存、装卸、搬运、包装、流通加工、配送、信息处理等功能有机结合，将自身不具有优势的环节外包给供应链上的其他专业化厂商来运作，从而减少风险，降低运营成本，提高供应链的效率和整个流通过程的反应速度、运行质量、可靠性和消费者满意度。

5. 线上线下融合——流通企业营销创新

自电商崛起和发展以来，线上流量经济就越来越火爆，很多人都更愿意选择轻松便捷的线上选购模式，这使得以线下销售的实体店经营饱受冲击。房租价格、工资水平的上涨，客源的下跌，线下的经营仿佛进入低迷的时期。其实线上、线下经营各有优缺点，线下经营，顾客具有较强的体验性，但缺点是占用时间，需要消费者到店购买并自行带回。线上的优点是：商品展示具有多样性，渲染技术更丰富；顾客浏览不受货架限制；为顾客提供送货上门服务，购物不受时空限制。缺点是体验性差，物流配送的时效性不能保证。

随着互联网以及物联网的发展，线上和线下也不再是泾渭分明的两个领域，两者的结合发展，将催生更大的市场经济体量。随着生活水平的不断提升，消费者消费的对象已不再是单纯的产品，对他们来说，消费购买的更是一种生活方式。流通企业的线下经营应该充分发挥优势，给予消费者心理+物质上的双重感受，通过优质的产品与便利的服务，大大提升消费者的消费体验，让进场消费者产生依赖，进而形成消费黏性，产生更多的回头客。同时充分利用线上网络关系，促进彼此的交互效用。

流通企业实际运作应当线上、线下融合升级，积极引入互联网化运营机制，加快电商平台、社交平台、移动 App 等渠道的开展，形成"实体店+电商+社交+移动 App"四位一体的消费体验场景，实现企业经营的综合化、全渠道发展。[①]

一方面，企业应当根据所提供的商品服务和企业自身的特点选择并积极利用线上平台，如国内相对流量较大且用户活跃的平台包括微信、微博、抖音、小红书等，实现信息的传递及用户反馈的接受。通过文字、图片、视频等更好地将优惠的信息、店铺商家形象塑造、消费评价、新品宣传等快速地发送到消费者手中，让消费者能及时掌握一手信息，让店铺在消费者的心中更加立体，促进到店消费的成交，以实现信息传递效益的最大化。同时充分利用线上平台获得的运用大数据的算法，对消费者进行精准的分析分类，形成专业的用户画像，更有利于商家后续的优质便利的服务提供，大大提升用户的消费体验。

另一方面，随着用户数据的不断精准优化，建立线下体验店，让消费者亲身感受和体验商品、服务的品质与个性化，而且消费者间可迅速实现线下聚集，进行面对面的沟通，使线上与线下社交深度融合，实现信息及时更新与共享，使互联网社群更加现实化、生活化。同时，还可以让消费者根据自身购物体验对商品服务提出意见，让其间接参与研发和设计，提高消

---

① 汪旭晖,赵博,刘志.从多渠道到全渠道：互联网背景下传统零售企业转型升级路径[J].北京工商大学学报(社会科学版),2018,33(4)：22-32.

费者的体验感和获得感,同时根据消费者需求优化商品服务和打造个性化,形成核心竞争优势。通过线上、线下深度融合,实现信息及时更新与共享,吸引更多消费者参与互动,提升消费者的购物黏性,使其转化为企业更深层次的忠实顾客,使企业拥有最佳的运营效率。[①] 企业还能利用线下获取到的流量做更多线上的营销推广、用户裂变等,从而大大提升用户身上的商业价值。

7.4.3 创新与流通企业的核心竞争力

流通企业核心竞争力是在一定的制度框架内,企业所独具的、基于技能和知识积累的一种能力,它是使企业一项或多项业务达到竞争领域一流水平,并使企业在竞争环境中能取得可持续性竞争优势的能力,让消费者得到真正好于竞争对手的不可替代的价值、产品、服务和文化。流通企业的核心竞争力是根植于企业内部的知识、技能和经验,是企业学习的能力以及由此带来的整个企业整合资源的能力和为顾客创造价值、提高顾客忠诚度的能力。按照普拉哈德和哈默的观点,核心竞争力应该有助于流通企业进入不同的市场,成为企业扩大经营的能力基础,帮助企业实现顾客最为关注的、核心的、根本的利益,而且是难以被竞争对手所复制和模仿的。

影响流通企业核心竞争力的因素是多方面的,创新是物流企业核心竞争力的源泉。流通企业要适应经济全球化、高新技术迅猛发展、产业调整步伐加快的新形势,必须建立新型的管理方式和方法,对原有不适应发展的技术进行改进、改革和改造,即增强企业创新能力,才能形成并不断更新和活化企业在市场竞争中的核心竞争力。

1. 服务创新是流通企业核心竞争力的载体和体现

服务是流通企业创新的最终成果,是外界包括顾客、竞争对手等认识和感受流通企业核心竞争力的表现形态。在竞争激烈的市场上,流通企业应尽快将经营理念从"商品经营"真正转到"服务经营"上来,进行服务创新,其方向是商品和售后服务→关联服务→解决方案→综合体验,为消费者提供竞争对手无法提供的服务价值感知,使消费者不仅可以购买到所需的商品或者服务,而且在购买过程中获得良好的体验和某种归属感,在购买过程中和购买后,能够获得满足。增加知识性服务,采用顾问式销售,关注消费者认同的服务特性或特色,提高非顾客的认同和价值体验,淡化服务活动和促销活动的"现场热卖"色彩,引导其向合作者、现实消费者、未来消费者转化。流通企业服务创新,提高企业为消费者创造价值的能力,不仅满足市场的现有需要,而且创造和引导新的市场需要,流通企业的核心竞争力才会不断提升。

2. 技术创新是形成流通企业核心竞争力的关键

流通企业技术创新不仅包括新技术的产生和商业应用,也包括对先进技术的引进消化吸收能力即技术的模仿创新。技术创新是以市场为导向,以效益为中心,以提高企业核心竞争力为目标。在企业的经营管理中应用技术创新,如完善企业管理信息系统,充分利用电子

[①] 郝书俊,陈存霞. 基于互联网社群商业价值的企业营销创新探究[J]. 商业经济研究,2021(11):78-81.

商务手段,建立战略情报系统,通过网络发布商品信息、增加智能导购、网上投诉服务,运用网络和传统相结合的方法开展市场调研,建立消费者和供应商的动态数据库,网上公开招标采购、网上定制等,或是进行消费者信息分析和数据挖掘,为服务改善和创新提供参考。流通技术创新提高了企业管理效率,使流通企业可以更快捷高效地为顾客提供创新服务,获得忠诚的顾客,提升市场占有率。流通企业占领市场的程度体现了企业核心竞争力的强弱,是企业核心竞争力的量化形态。

3. 组织创新是形成流通企业核心竞争力的基础

组织创新是技术创新和服务创新赖以生存与发展的催化剂。建立一个不断创新、充满活力的组织系统是流通企业有效形成核心竞争力的重要保证。现代企业正在走向弹性化、网络化、资本化、虚拟化和全球化的组织形式,从传统的等级制度的组织转变为柔性的、扁平化、团队化的学习型组织,即建立适应环境变化的、富有弹性的、能迅速决策的组织。流通企业应压缩纵向层级,缩短信息沟通渠道,消除机构臃肿、反应迟钝现象,实现企业由垂直化向扁平化的转变,灵活的组织结构更容易激发创新;服务创新过程涉及众多知识,企业有必要建立学习型组织,以促进企业员工不断学习积累知识,使员工成为知识型和技能型相结合的创新人才,为创新打下坚实的基础。流通企业只有实现了这种组织创新,才能孕育、释放和强化企业的核心竞争力。

4. 制度创新是形成流通企业核心竞争力的保障

流通企业创新必须依赖于有效的企业制度结构来激励。首先,应构建创新投入、创新沟通交流、创新不成功体谅等机制,构建流通企业创新平台;其次应构建创新的绩效制度,对企业所发生的创新活动或项目进行审核与评定;此外必须建立创新的奖励机制,如酬劳支付(及署名)制度、创新培育制度等。制度决定着企业和个人选择的领域与范围,建立创新的战略决策、投资决策、利益分配和激励等方面的相关制度,为流通企业的创新活动和核心竞争力的形成提供一个良好的制度安排和环境条件。

关键术语:

流通企业　公司型流通企业　零售企业　批发企业　物流企业　流通企业经营模式　物流运作模式　流通企业创新　流通企业战略

思考题:

1. 生产企业相比,流通企业的特征表现在哪些方面?
2. 如何认识流通企业的功能?
3. 流通企业的业务活动包括哪些方面?
4. 从流通企业的业态发展模式分析其业态创新的方向。
5. 电子商务背景下流通企业的获利模式会有怎样的改变?
6. 流通企业在经营过程中如何进行战略选择?
7. 面对新发展格局的挑战,流通企业如何进行业务创新?
8. 应对产业链供应链安全,流通企业如何提升核心竞争力?

流通企业的多元化发展

以实现第一个百年奋斗目标为标志,我国开始迈入全面建设社会主义现代化强国的新发展阶段,国民经济"十四五"规划和2035年远景目标已经颁布实施,同时,经济全球化、贸易便利化趋势没有改变,信息化给商贸流通经营模式带来深刻变化,数字化进程明显加快。立足新发展阶段,有效推动商贸流通企业现代化建设,促进流通企业多元发展,提升产业链供应链水平,促进消费提档升级,提高流通效率,实现城乡布局、区域结构均衡,开辟国际市场,不断满足人民对美好生活的向往和追求,成为商贸流通企业创新发展的严峻挑战。

站在新发展阶段的起点上,我国商贸流通产业面临新的发展趋势。从需求侧来看,随着经济社会的发展,人民的美好生活需要日益增长,商贸流通消费的个性化、多样化需求不断升级;从供给侧来看,商贸流通产业要实现高质量发展,注重提升质量、品质和品牌,能够满足不同层次的消费需求,持续引领消费升级,实现更充分、更均衡的发展,在国民经济发展中发挥好基础支撑作用。要推动流通业的快速健康发展,首要问题便是关注流通企业的成长性,而成长性又与经营业务紧密相关。许多流通企业选择通过多元化经营,提升自身的成长性。

流通企业实施多元化经营策略对其成长性的影响主要体现在以下几个方面:第一,资源配置效应。从资源富余理论来看,流通企业实施多元化经营策略,合理利用自身资源,发挥自身业务优势,不仅能够确保自身业务在服务方面的同一性,也有助于充分发挥自身剩余资源的价值。第二,风险分散效应。流通企业的非系统风险能够通过实施多元化经营策略实现有效分散,这主要是由于各个行业处于不同生命周期,流通企业推进跨行业经营,有助于降低对于流通行业的过度依赖,特别是涉足一些处于上升阶段的行业,能够有效规避收益波动的风险。第三,实现产业链一体化发展。一些流通企业实施多元化经营策略的主要原因在于多元化经营能够实现产业链一体化发展。例如,零售企业为了保障产品质量与物流服务质量,选择涉足生产、物流等行业,能够有效实现产业链一体化发展,从而为消费者提供更优质的服务。

从国际大环境来看,虽然当前国内外经济形势不容乐观,但是凭借先进的信息技术,整体上国际资本流动更趋活跃,金融、商贸、流通等领域发展更为迅速,加之互联网信息技术、电子商务呈井喷新趋势,中国商贸流通业也在发生翻天覆地的变化。瞿淦博士以中国商贸流通企业与国外商贸流通企业的比较作为研究出发点,从业态发展模式、空间扩张模式、物流运作模式、盈利模式等方面进行比较,发现当前中国商贸流通企业的规模悬殊、管理水平较为落后、经营理念需优化、品牌竞争力不足等发展困境,提出中国商贸流通企业优化发展需重新进行市场定位、提高自主创新能力并创建自有品牌、经营途径和业态多元化、培养本土商贸流通企业的核心竞争力等对策。

数字经济时代,中国商贸流通业与国际商贸流通业处于同一时代背景下,中国商贸流通业快速发展,尤其中小流通企业的发展甚至超过国际同类流通企业的发展速度和质量,已经形成具有影响力的流通企业。构造现代流通体系,构建世界性枢纽,这些具有影响力的中小流通企业发挥主要作用。例如,圆通并购先达,突破了国内快递同行海外布局"循序渐进"的心理防线,引发快递境外并购风潮。但跨境并非易事,物流企业在"走出去"的过程中也要正视其中的风险。一旦我国快递物流企业进入海外市场,除了要正面迎击亚马逊、DHL、UPS等国际竞争对手,首先面临的就是整个运营模式的改变,其次快递物流企业的海外经营不但面临着业务模式的复制风险,还面临着资金、人才约束,以及社会法律、文化差异、工会劳资关系等风险。我国物流企业在"走出去"的过程中,能否真正走得好、走得快,并打造在全球的竞争力,这是一个必要的探索。目前时机已经比较成熟。我国不少建设领域或者电力领域的公司都已经纷纷在海外布局,物流企业作为全球产业链的承接"走出去"难能可贵。虽然在这个过程中也会面临一定的风险,但随着政策利好的不断释放,以及"走出去"过程中经验的不断积累,这些风险有望得到更好的化解。

总之,目前中国流通企业是构建现代化供应链以及现代流通体系的关键一环,流通企业的发展尤其是多元化发展是较好的发展方向。除此之外,流通企业还应当重视强化自身的核心竞争力和优质人才的培育,不断提高国际影响力,这样才能在构建世界性枢纽的过程中发挥主要作用。

即测即练

第8章 流通保障

本章要点：科技是第一生产力,流通领域的科技进步也同样重要。流通过程中的技术进步主要体现在对于新技术的快速应用并带来实质性的流通效率的提高,这与生产领域侧重技术发明与创新有着不同的特征。近些年流通领域科技进步的步伐不断加速,技术标准化的推进,电子技术、信息技术、智能技术、物联网以及区块链等一些新兴技术得以广泛应用,极大地提升了流通设施与设备的科技含量,促进了流通领域技术水平的实质性提升。先进技术赋能的流通装备与基础设施、流通信息系统和流通标准体系共同构成了流通发展的支撑,成为流通效率大幅提高和流通领域商业模式创新的有力保障。

本章学习目标：
1. 理解流通技术进步对于流通发展的赋能作用；
2. 充分认识流通新技术在流通装备与基础设施中的应用表现；
3. 充分认识流通信息技术给流通业带来的实质提升；
4. 理解流通标准化的内涵与作用。

8.1 流通装备与设施系统

8.1.1 流通装备的分类

流通装备是指企业在进行流通作业活动、实现流通功能过程中所使用的各种机械设备、器具等物质资料,但不包括建筑物、装卸站台等流通基础设施。它是现代流通企业实现经营目标和生产计划的技术保障和物质基础。流通活动可分为七大环节：运输、储存、装卸搬运、包装、流通加工、配送和流通信息,因此,按照流通活动的几个环节和功能可将流通装备划分为运输装备、储存装备、装卸搬运装备、包装装备、流通加工装备、集装单元化装备。

1. 运输装备

运输是流通中最重要的环节,没有运输,就不可能有"物的流通"。通过运输,货物发生场所、空间的移动,从而解决其在生产地和需要地之间的空间距离,并创造货物的空间效用,以满足社会需要。流通运输方式主要有公路运输、铁路运输、水路运输、航空运输和管道运输。因此,根据运输方式不同,运输装备主要分为公路运输装备、铁路运输装备、水路运输装备、航空运输装备和管道运输装备五种类型。

2. 储存装备

储存是流通环节中的另一重要环节,任何商品只要不是从生产领域直接进入消费领域,就必然要经过储存这一环节。储存装备是指用于物资储藏、保管的设备。常用的储存装备有货架、托盘、计量设备、通风设备、温湿度控制设备、养护设备和消防设备等。

3. 装卸搬运装备

装卸搬运是流通的又一重要环节,它贯穿于流通的全过程。装卸是在指定地点以人力或机械将物品装入运输装备或从运输装备内将其卸下的作业活动。装卸是一种以垂直方向移动为主的流通活动,包括物品装入、卸出、分拣、备货等作业行为。搬运则是指在同一场所内,对物品进行的以水平方向移动为主的流通作业。装卸搬运是指对运输、保管、包装、流通加工等流通活动进行衔接的中间环节,包括装车(船)、卸车(船)、堆垛、入库、出库及连接以上各项作业的短程搬运。它与运输的主要区别在于,运输一般是对物品的长途输送活动,而搬运则是对物品的短程输送活动。

装卸搬运装备是用来搬移、升降、装卸和短距离输送物料或货物的机械设备。装卸搬运装备是实现装卸搬运作业机械化的基础,它直接影响到流通的效率和效益。目前,装卸搬运装备的种类已有数千种,而且不断有新机种和新机型出现。装卸搬运装备的分类方法很多,如根据作业性质,可分为装卸机械、搬运机械和装卸搬运机械三大类;根据主要用途或结构特征,可分为起重装备、输送装备、装卸搬运车辆和专用装卸搬运机械等;根据物料运动方式,可分为水平运动方式、垂直运动方式、倾斜运动方式、垂直及水平运动方式、多平面运动方式等几类装卸搬运装备。常用的装卸搬运装备包括叉车、手推车、手动托盘搬运车、各种输送机、托盘收集机、自动引导机、升降机及堆垛机等。

4. 包装装备

由于物品的种类、状态和性质等方面的差异,运输要求的不同,以及消费者对产品规格、数量要求的多样化,物品必须采用合适的包装。包装装备即包装机械,是指完成全部或部分包装过程的机器设备。包装过程包括充填、裹包、封口等主要工序,以及与其相关的前后工序,如清洗、堆码和拆卸等。此外,包装还包括计量或在包装件上盖印等工序。根据不同的标准,包装可进行不同的分类,如按照包装装备功能可分为灌装机械、充填机械、裹包机械、封口机械、贴标机械、清洗机械、干燥机械、杀菌机械、捆扎机械、集装机械、多功能包装机械以及完成其他包装作业的辅助包装机械和包装生产线。

5. 流通加工装备

流通加工指的是在物品从生产领域向消费领域流动的过程中,为了促进销售、维护产品质量和提高流通效率,并使物品在物理、化学或形状等方面不发生本质变化的基础上,对物品所进行的包装、分拣、分割、计量、刷标志、栓标签、组装等活动。流通加工装备是指用于流通加工作业的专用机械设备。根据流通加工对象的不同,应采用不同的流通加工装备。流通加工装备种类繁多,按照不同的分类方法,可分成不同的种类。例如,按照流通加工形式,可分为剪切加工设备、开木下料设备、配煤加工设备、冷冻加工设备、分选加工设备、精制加工设备、分装加工设备、组装加工设备；根据加工对象的不同，可分为金属加工设备、水泥加工设备、玻璃加工设备、木材加工设备、煤炭加工机械、食品加工设备、组装产品的流通加工设备、生产延续的流通加工设备及通用加工设备等。

6. 集装单元化装备

在货物储运过程中，为便于装卸和搬运，用集装器具或采用捆扎方法将物品组成标准规格的单元货件，称为货物的集装单元化。集装单元化装备就是用集装单元化的形式进行储存、运输作业的流通装备，主要包括集装箱、托盘、滑板、集装袋、集装网络、货捆、集装装卸设备、集装运输设备、集装识别系统等。

流通装备制造业是为现代流通业的发展提供先进的装备和设备的先导性行业，既是传统机械制造业的集成，也是现代科技对传统机械制造业的改造和创新。从世界范围看，现代流通业快速发展的国家和城市，流通装备制造业起步都很早，发展也比较成熟。一些著名的流通装备企业，技术不断完善，并依靠高科技开发不断推出新型产品，使生产向系统化和信息化、经营朝全球化方向发展。从国内来看，流通装备制造业已是众多机械制造企业瞄准的重要方向，未来将逐渐形成重大技术装备、高新技术产业装备、基础装备、一般机械装备等专业化合理分工、相互促进、协调发展的产业格局。中国流通装备业正在进行从分散走向集中的结构调整，尤其表现出信息化和服务化的突出特征。

（1）信息化。当前装备制造业正向全面信息化方向发展，主要是柔性制造系统、计算机集成制造系统的开发与推广应用，并向制造智能化方向发展，进而实现产业的信息化、软件化、高附加值化。技术方面主要表现为技术的融合化；产品方面表现为高技术化，即产品的高附加值化、智能化、系统化和网络化；集成化表现为系统集成、软件集成、技术集成和接口集成。与此同时，电子商务和IT（信息技术）从根本上改变了装备制造业的生产、消费、流通方式，并在贸易领域引起了巨大变化，加速了装备制造业的全球化进程。

（2）服务化。当前制造业正在进行变革，延伸制造过程涉及产品的整个生命周期，包括市场调查、产品开发或改进、生产制造、销售、售后服务直到产品的报废、解体或回收的全过程，体现全方位地服务顾客的理念。近年来，制造业网络化和电子商务的发展表现出典型的制造业"服务业"与服务业"制造化"的两业融合趋势。随着装备制造业服务化趋势的发展，许多企业的销售额中服务的比重不断提高，对公司毛利润率、营业利润率的提高所起的作用不断增强。

8.1.2 立体化自动化仓储设施

立体化自动化仓库简称高层货架仓库（简称"高架仓库"），采用几层、十几层乃至几十层的货架来储存单元货物，由于这类仓库能充分利用空间储存货物，故常形象地将其称为"立体仓库"。自动化立体仓库系统由货架、堆垛机、出入库输送机、自动控制系统与管理信息系统等构成，采用高层货架存放货物，以巷道堆垛起重机为主，能结合入库与出库周边设备按照指令自动完成货物的存取作业，进行自动化仓储作业，并对仓库的货物进行自动化管理，使物料搬运仓储更加合理，从而提高仓库的管理水平。

立体化自动化仓储设施按照立体仓库的高度可分为三种：一是底层立体仓库,高度在 5 米以下；二是中层立体仓库,高度在 5～15 米；三是高层立体仓库,高度在 15 米以上。立体仓库的建筑高度最高的可达 50 米,常用的立体仓库高度在 7～25 米。立体化自动化仓储设施按照操作对象可分为五种,即托盘单元式自动仓库、箱盒单元式自动仓库、拣选式高层货架仓库、单元/拣选式自动仓库及高架叉车仓库,其中,采用托盘集装单元方式来保管物料的自动仓库,被国内企业较为广泛地采用。

立体化自动化仓储具有大量存储、自动存取、功能多样等特点,一个自动化立体仓库拥有货位数可以达到 30 万个,可存储 30 万个托盘,以平均每托盘存储货物 1 吨计算,则一个自动化存取系统可储存 30 万吨货物。除此之外,自动化仓库的出入库及库内搬运作业可以全部实现由计算机控制的机电一体化作业,同时立体化自动化仓库可以扩展到分类、计量、包装、分拣、配送等功能。立体化自动化仓库能较好地满足特殊仓储环境的需要,保证货品在整个仓储过程的安全运行,提高作业质量；自动化立体仓库由于采用了高层货架和自动化管理系统,大大提高了仓库的单位面积利用率,提高了劳动生产率,降低了劳动强度；自动化立体仓库减少了货物处理和信息处理过程的差错,能够合理有效地进行库存控制,其整体性运作便于实现系统的整体优化。

立体化自动化仓库功能的达成离不开仓储设施的支持,立体化自动化仓库由仓库建筑物、自动控制与管理系统、高层货架、巷道式堆垛机、出入库输送机等设备构成,还有与之配套的供电系统、空调系统、消防报警系统、称量计量系统、包装系统、网络通信系统等。立体化自动化仓库机械设备一般包括高层货架、巷道式堆垛机和高架叉车、桥式堆垛起重机及周边搬运、控制系统。

1. 高层货架

高层货架是自动化立体仓库(AS/RS)的主要组成部分,是保管物料的场所。随着单元货物重量和仓库高度的提高,要求货架立柱、横梁的强度和刚度提高,随着仓库自动化程度的提高,要求货架制造和安装精度也相应提高,高层货架的高精度是自动化仓库的主要保证之一。

(1) 按建筑形式,高层货架分为整体式货架和分离式货架。整体式货架是由货架顶部支撑建筑屋架,在货架边侧安装墙围,货架与建筑物成一个整体。这种货架建筑费用低,抗震,尤其适用于 15 米以上的大型自动仓库。分离式货架是货架与建筑无关,呈独立、分离状态。这种货架适用于车间仓库、旧库技术改造和中小型自动仓库。

(2) 按负载能力,高层货架可分为轻负载式高层货架和单元负载式高层货架。轻负载式货架高 5～10 米,以塑料篮等容器为存取单位,存取重量在 50～100 千克,一般以重量轻、体积小的货物为储存对象较为合适,如电子零件、精密机器零件、汽车零件、药品及化妆品等。单元负载式高层货架高度可达 40 米,储存量可达 10 万余个托盘单元,适用大型的仓库,普遍的高度为 6～15 米,储位数在 100～1 000 个托盘单元,随着仓储自动化技术的不断进步,存取时间越来越快,以 100 个托盘单元存取为例,平均存取时间为 70 秒/托盘。

2. 巷道式堆垛机

巷道式堆垛机又称巷道堆垛起重机,是自动化立体仓库中最重要的搬运设备,它是随着立体仓库的出现而发展起来的专用起重机,专用于高架仓库。巷道式堆垛机一般由机架、运行机构、升降机构、司机室、货架伸缩机构、电气控制设备等组成。巷道式堆垛机按用途分可分为单元型、拣选型、单元-拣选型,按控制方式可分为手动型、半自动型与全自动型,按应用巷道数量分为直道型、转弯型和转轨型,按金属结构的形式可分为单立柱和双立柱型。

巷道式堆垛机大多属于有轨巷堆垛起重机,通过运行机构、升降机构和货叉的协调工作,完成货物在货架范围内的纵向移动和横向移动,实现货物的三维立体存取。巷道式堆垛机具体工作原理是由行走电机通过驱动轴实现整体沿导轨上的水平运动,由提升电机带动载货台做垂直升降运动,由载货台上的货叉做伸缩运动。上述三维运动可将指定货位上的货物取出或将货物送到指定的货位。其定位和控制是通过认址器、光电开关的识别及通信信号的转化实现计算机控制,通过识别装置确认堆垛机的实际运行位置。货叉下面的行程开关控制货叉伸出的距离,光电开关控制货叉的回中位置。

货叉下挠度,是堆垛机的一项非常重要的性能参数,直接关系到堆垛机是否能正常工作。因结构型式、材料及加工热处理工艺的限制,同等状况下,目前国内立体堆垛机的货叉下挠度要比国外大20%~30%。改进货叉结构,合理选材,提高工艺手段,是减少货叉下挠度、保证堆垛机工作性能的重要措施。堆垛机在高速运行和升降中,特别是在同时进行时,由于车轮与轨道摩擦和提升链条或钢丝绳的振动、摩擦等,将产生较大的噪声。标准中规定,堆垛机在工作时,其噪声值不高于84分贝。目前立体仓库实际应用表明,对于行走速度不超过80米/秒的,还可以保证;超过100米/秒的,一般难以保证。但是我国立体仓库堆垛机技术在不断发展,相信未来在采用新技术、新工艺的基础上这些问题将会迎刃而解。

目前,我国的立体仓库中,应用堆垛机的行业较为广泛,如机械制造业、汽车制造业、纺织业、铁路、卷烟、医药等行业。随着我国立体仓库的发展,有的已形成系列。在国内立体仓库中,堆垛机的载重量、高度等大小不一。据了解,国内堆垛机的高度已达到36米,载重量达到4 200千克,货物宽达到4 000毫米。随着现代工业生产的发展,有轨巷道堆垛起重机技术在不断提高和完善。与此同时,国内厂家应当看到和世界先进国家的差距,总结经验,找出不足,打破传统思路,推出具有新的外形和更高性能的堆垛机。在使用堆垛机具有更高定位精度的同时,提高运行速度,以获得更短的操作周期和更大的生产能力。相信不久的将来,更加高速、安全、可靠的堆垛机将不断从国外引进消化到国内,使有轨巷道堆垛起重机发展到一个新阶段。

3. 高架叉车

高架叉车又称窄通道叉车,主要应用于高层货架物料的存取。与有轨堆垛机相比,高架叉车可多巷道共用一台,适用于巷道高度较短、入出库作业频率较低的仓库。除此之外,高架叉车可以和巷道堆垛机搭配使用,发挥各自长处,互相弥补不足,提高立体仓库进出货效率。高架叉车一般分为托盘单元型和拣选型。托盘单元型由货叉进行托盘货物的堆垛作业,司机室和货叉同升降,视野好。拣选型司机室随作业货叉升降,司机向两侧高层货架内的物料进行拣选作业。

从结构上看,高架叉车与一般叉车相比主要有下列特点:一是采用多节门架,一般采用3节或4节门架,使起升高度可达到12米;二是备有特殊的货叉机构,能在水平面内左右各转90°,又能够向左或向右做侧移,可显著减小巷道的宽度;三是设导向装置,车体下部两侧各有两个水平导向轮,货架下部设导轨进行导向。

高架叉车具有起升高度高、所需巷道宽度窄、机动性比巷道堆垛起重机好等优点,但其自重较大、充电时间长、对地面要求高、作业效率较低,比较适用于高度在12米以下、出入库不频繁的仓库,特别用一台叉车完成库内和库外作业的场合,高架叉车尤为适用。

4. 桥式堆垛起重机

桥式堆垛起重机是在桥式起重机的基础上结合叉车的特点发展起来的一种自动式堆货机械,主要由金属结构、传动机构和电控装置三大部分组成。金属结构包括桥架、横梁、走台、司机室、小车架、回转盘、货叉架和立柱等。传动机构有起升机构,大、小车运行机构和回转机构。为了能精确地对准货位,货叉架起升机构一般采用固定式电动葫芦。司机室一般设计成可随货叉架升降或独立升降机构,以使司机能清晰地看到堆取高度。电控方式除去在司机室操纵外,还有地面跟随堆垛机或固定的操纵方式和遥控方式。

桥式堆垛机在从起重小车悬垂下来的刚性立柱上有可升降的货叉,立柱可绕垂直中心线转动,因此货架间需要的巷道宽度比叉车作业时所需要的小。这种起重机支撑在两侧高架轨道上运行,除一般单元货物外还可堆运长物件。起重量和跨度较小时也可在悬挂在屋架下面的轨道上运行,这时它的起重小车可以过渡到邻边的另一台悬挂式堆垛起重机上。立柱可以是单节的或多节伸缩式的。单节立柱结构简单、较轻,但不能跨越货垛和其他障碍物,主要适用于有货架的仓库。多节伸缩式的一般有2~4节立柱,可以跨越货垛,因此也可用于使单元货物直接堆码成垛的无架仓库。起重机可以在地面控制,也可在随货叉一起升降的司机室内控制。额定起重量一般为0.5~5吨,有的可达20吨,主要用于高度在12米以下、跨度在20米以内的仓库。

在自动化立体仓库中,虽然桥式堆垛起重机在自动化程度、堆垛高度、库房利用率及运行速度等方面不及巷道堆垛起重机,但它1台即可服务于多条巷道,在一个仓库内用量少,通常使用1台和1名司机即可完成全部货物的装、运、卸。尤其对于老库房改造,使用桥式堆垛起重机可提高仓储量和库房利用率,达到减员增效,提高仓库机械化程度和劳动生产率,投资相对也少。

5. 周边搬运、控制系统

周边搬运系统的作用是配合巷道式堆垛机在巷道内进行存取作业,完成货物运输、搬运、分拣等作业,还可以临时取代其他主要搬运系统,使自动存取系统维持工作,完成货物出入库作业。周边搬运系统包括搬运输送设备、自动导引搬运车、码垛机与码垛机器人以及自动分拣设备等,其中搬运输送设备又包括穿梭车、辊筒式输送机和链式输送机。

1) 穿梭车

在自动化物流系统中,物料输送主要采用链式、辊道、带式输送机等通用设备,一般均固定在地面上。将上述设备装上行走轮,沿固定路径移动,就成了穿梭车。穿梭车具有动态移载的特点,能使物料在不同工位之间的传送及输送线布局更加紧凑、简捷,提高物料的输送效率。一般来说,沿固定轨道行走的输送设备称为穿梭车(RGV),无轨的称为自动导引车(AGV),在空中输送的称为悬挂小车(EMS)。穿梭车可分为往复式直行穿梭车和环形穿梭车,环形穿梭车能在同一轨道上运行多辆车体,可大大提高搬运能力,是穿梭车的发展趋势。

2）辊筒式输送机

辊筒式输送机主要由辊子、机架、支架、驱动部分等组成，依靠转动的辊子和物品间的摩擦使物品向前移动，适用于各类箱、包、托盘等件货的输送，散料、小件物品或不规则的物品需放在托盘上或周转箱内输送。辊筒输送机结构简单、可靠性高，使用维护方便。

辊筒式输送机能够输送单件重量很大的物料，或承受较大的冲击载荷，滚筒线之间易于衔接过渡，可用多条滚筒线及其他输送机或专机组成复杂的物流输送系统，完成多方面的工艺需要。动力辊筒输送机驱动辊子的方法多采用成组驱动，电机与减速器组合，再通过链传动、带传动来驱动辊子旋转，3~4个辊子同时支撑一件货。无动力式辊筒输送机呈一定坡度，使货物靠自身重力从高端移动到低端。

3）链式输送机

链式输送机是利用链条牵引、承载，或由链条上安装的板条、金属网带和辊道等承载物料的输送机，是成品材收集运输的重要设备。链式输送机由9根7.5米链道和装有链轮的3根传动轴加1台驱动电机减速机组成，链条绕过传动轴上的链轮和链道上的头、尾部链轮构成一个封闭环，借助链条的牵引，承载连续输送钢材，链条的驱动由传动装置完成，电动机启动经减速机将动力传给装有链轮的主轴，在链轮的带动下使链条移动达到输送货品的目的。

4）自动导引车

自动导引车是具有磁条、轨道或者激光等自动导引设备，沿规划好的路径行驶，以电池为动力，并且装备安全保护以及各种辅助机构（例如移载、装配机构）的无人驾驶的自动化车辆。功能完善的 AGV 系统通常由三大部分组成：行走机构、传感系统和控制系统。行走机构是 AGV 实现运动的基础，决定 AGV 的运动空间和自由。传感系统决定其导航方式，主流使用激光传感器、超声波传感器、光电传感器、磁传感器、红外传感器或者 GPS（全球定位系统）定位。近年来，微机技术、人工智能和传感测控技术的飞速发展使得 AGV 也更加智能化、人性化，使 AGV 朝着智能机器人的方向提升。

物流搬运 AGV 主要是应用于自动化物流仓库中，能够与自动辊筒输送线对接，实现货物自动上下架功能，并能按照一定的路径轨迹实现自动运送货物到指定位置的一种搬运机器人。AGV 通用性很强，并非某个行业的专用设备，而是几乎可用于任何行业的搬运作业，根据行业特征对 AGV 车体进行个性化设计，便能符合使用需求。

5）码垛机与码垛机器人

自动化立体仓库系统中大量使用码垛机或机器人来完成码垛、拆垛的工作。机器人自动装箱、码垛工作站是一种集成化的系统，它配置自动称重、贴标签和检测及通信系统，并与生产控制系统相连接，以形成一个完整的集成化包装生产线。码垛机是码垛设备的统称，它有高位码垛机、码垛机器人等，它们都是包装设备的后续设备，它是将已装入容器的纸箱、袋装物料按一定排列码放在托盘、栈板（木质、塑胶）上，进行自动堆码，可堆码多层，然后推出，便于叉车运至仓库储存。

在目前的码垛设备中，使用最多、最广的就是高位码垛机与码垛机器人。普通的码垛机主要采取托盘侧推等一些方式进行码垛输送等一系列的动作，机器人码机主要靠设备上的机械手进行码垛。不同的厂家会有不同的码垛机需求，需要合理地选择相应的码垛机。码垛机器人与高位码垛机有着很大的配置不同。高位码垛机器人可以应用在很多行业，如水泥、化肥等袋装行业,同样也可以用于箱装行业,具有占地面积小、码垛精准、操作灵活、可无限回转、重复定位可达到精度 0.5 毫米等特点。高位码垛机器人还可以减少工厂恶劣环境下工人劳动强度,将工人从高强度的体力搬运中解放出来,缓解工厂体力工人需求的矛盾。普通高位码垛机主要用在包装袋的码垛生产线上,可以同时码放几个规格品种的成品包装袋,满足 3 条输送线传输来的成品。

6) 自动分拣机设备

自动分拣系统一般由控制装置、分类装置、输送装置和分拣道口组成,四部分装置通过计算机网络联结在一起,配合人工控制及相应的人工处理环节构成一个完整的自动分拣系统。自动分拣机设备是先进配送中心所必需的设施条件之一,具有很高的分拣效率,通常每小时可分拣商品 6 000~12 000 箱,是提高物流配送效率的一项关键因素。自动分拣机是第二次世界大战后在美国、日本的物流中心中广泛采用的一种自动分拣系统,该系统目前已经成为发达国家大中型物流中心不可缺少的一部分。

控制装置的作用是识别、接收和处理分拣信号,根据分拣信号的要求指示分类装置,按商品品种、按商品送达地点或按货主的类别对商品进行自动分类。这些分拣需求可以通过不同方式,如可通过条形码扫描、色码扫描、键盘输入、重量检测、语音识别、高度检测及形状识别等方式,输入分拣控制系统中去,根据对这些分拣信号判断,来决定某一种商品该进入哪一个分拣道口。

分类装置的作用是根据控制装置发出的分拣指示,当具有相同分拣信号的商品经过该装置时,该装置动作使改变在输送装置上的运行方向进入其他输送机或进入分拣道口。分类装置的种类很多,一般有推出式、浮出式、倾斜式和分支式几种,不同的装置对分拣货物的包装材料、包装重量、包装物底面的平滑程度等有不完全相同的要求。

输送装置的主要组成部分是传送带或输送机,其主要作用是使待分拣商品通过控制装置、分类装置,并输送装置的两侧,一般要连接若干分拣道口,使分好类的商品滑下主输送机(或主传送带),以便进行后续作业。

分拣道口是已分拣商品脱离主输送机(或主传送带)进入集货区域的通道,一般由钢带、皮带、滚筒等组成滑道,使商品从主输送装置滑向集货站台,在那里由工作人员将该道口的所有商品集中后或是入库储存,或是组配装车并进行配送作业。

8.1.3 "无人化"设施

1. 智能仓储环节的"无人化"设施

1) 硬件设施:自动化机器人

自动化机器人主要处理货物的分拣、包装和存取,包含分拣机器人(AGV 分拣、机械臂分拣)、分拨机器人、六轴码垛机器人、自动打包机、自动贴标机、自动称重机、AGV(潜伏式 AGV 小车、AGV 叉车等)、穿梭式立库,以及近期吸人眼球的微存储机器人等。自动化机器人承担了大部分的仓储工作,有效地提高了仓储作业效率,同时也是智慧物流设备中种类最繁杂的硬件部分,生产厂家也集中,在布局机器人的时候,一般需要通过集成商进行系统化的集成,才能保证设备在流程、效率上的同步性。

2) 软件设施：货物识别与仓库管理系统

在配备了射频识别扫描仪的仓库中，货物条形码可以被快速读取，通过无线电波将数据传输到数字标签和自动扫描系统之间，记录货物信息，最大程度上保证了货物库存信息的始终准确。仓库管理系统（WMS）是智慧物流的基础，可以与 ERP、MES（制造执行系统）、SRM（频谱资源管理）等信息化系统无缝集成，合理规划仓库分工，优化作业流程，自动更新库存数据，为管理决策提供支持。

3) 可穿戴设备

传统的人工作业中，数据依赖人工记录，过程耗时、易错，经常发生物料不足、打印单据繁杂、动态物料配送应变力下降的情况，此时可穿戴设备便有了用武之地。可穿戴设备包括数据采集用的终端装置（如智能手表、智能手机、平板灯等），用于室内定位的 GPS 装置，用于物品识别用的条码移动打印装置。可穿戴设备可实现人员与系统互联，使人工作业可追踪，提升移动作业效率、减轻人员工作强度。

2. 干线运输环节的"无人化"设施

干线运输环节与无人驾驶技术息息相关，依然处于实验打磨阶段，如苏宁 2019 年推出的"无人重卡"。无人驾驶技术经过了 2015 年以来的"投资热"及 2018 年以来的"寒冬"，在乘用车方面的应用迟迟不能落地，一方面是由于基于深度学习的无人机驾驶技术在智能化程度上尚未取得突破，另一方面则是法律及伦理方面的限制。

3. 终端配送环节的"无人化"设施

1) 无人配送车

配送无人车所需的无人驾驶技术与乘用车的差别主要体现在场景中。在配送环节，无人车一般从分拨点出发，运行场景多为办公楼、校园、小区等半封闭低速驾驶场景，因此在保障安全方面比较容易达到既定标准。

无人配送车需要至少具备四种技术：一是智能感知和避让技术。由于无人配送车需要在无人化的情况下实现短途配送，因此这类机器人必须具备智能感知和避让的能力。它们通常可以通过摄像头、距离传感器甚至雷达等模块，收集外界环境的信息，通过内置的智能算法对这些信息进行建模和加工，形成一个对外部世界的抽象理解，构建地图，并根据自身的运行轨迹进行实时规划和避让。例如京东的无人配送车就配备了一个 16 线激光雷达、3 个单线雷达和双目摄像头等，可以通过生成视差图等方式构建外部环境的三维环境，检测障碍物的大小和距离等，并对路线进行规划。二是智能路线规划技术。作为短途自主配送机器人，路线规划自然是一项必备技能。除了由操作人员预先设定的简单方式之外，现在越来越多的机器人可以参照精准的卫星定位和地图测算，根据行驶过程中景物的变化，实时地智能改变既定路线。例如阿里菜鸟的小 G 就可以根据景物识别结果和地图定位情况，根据内置算法变更已有路线。此外，小 G 还能根据目标配送点的分布情况，灵活调整配送顺序，以达到最高效迅捷的配送。三是智能配送物品，实时报警技术。因为无人分配小车是在无人配送的情况下配送货物，所以一定要有智能配货货物的功能，以防乱拿、错拿。在发生货物被盗、自身故障的情况下，要能实时发出报警信号。比如，京东的无人配送车就可以通过总控台的实时监控和位置查询保证安全。四是其他方面。作为新一代的智能配送手段，这些机器人通常还具有一些额外技能。例如,云迹科技和美国 Savioke 的服务机器人都可以通过无线信号连接与建筑物内部的电梯控制器通信,加上智能感知的技能,它们可以完全自主地乘坐电梯到目标楼层。更厉害的是,菜鸟小 G 还可以根据电梯里的拥挤情况主动放弃乘坐。

2) 无人机

近年来,无人机行业发展迅速,一方面是农用、军用、民用无人机的蓬勃兴起,另一方面是商用无人机的逐步放宽。无人机运输(一般指货运)是无人机物流的重要组成部分,是通过自备的程序控制装置或无线电遥控设备,操纵无人机进行货物运送的过程,依据运输距离、运载重量及续航时间区分为支线无人机运输、终端无人机配送等类型。

(1) 大载重、中远距离的支线无人机运输。送货的直线距离一般在 100~1 000 千米,吨级载重,续航时间达数小时,主要应用在跨地区的货运(采取固定航线、固定班次、标准化运营管理)、边防哨所、海岛等物资运输及物流中心之间的货运分拨等。

(2) 短距的无人机配送。空中直线距离一般在 10 千米以内(对应地面路程可能达到 20~30 千米,受具体地形地貌的影响),载重在 5~20 千克,单程飞行时间在 15~20 分钟(受天气等因素影响),主要应用在派送急救物资和医疗用品、派送果蔬等农土特产物品等方面。

(3) 无人机仓储管理。无人机主要应用于大型高架仓库、高架储区的检视和货物盘点;集装箱堆场、散货堆场(比如煤堆场、矿石堆场和垃圾堆场)等货栈堆场的物资盘点或检查巡视。

另外,在紧急救援和运输应急物资等方面,无人机能发挥常规运输工具无法比拟的优势,并能把现场信息第一时间传至指挥中心。无论是哪一种类型的无人机,其应用必须以准确的市场定位为前提,精准把握用户需求,在实用性、经济性和可靠性等方面力争做到最优。

3) 智能快递柜

智能快递柜是一个基于物联网,能够对物品(快件)进行识别、暂存、监控和管理的设备,与 PC(个人计算机)服务器一起构成智能快递终端系统。PC 服务器能够对本系统的各个快递终端进行统一化管理(如快递终端的信息、快件的信息、用户的信息等),并对各种信息进行整合分析处理。快递员将快件送达指定地点后,只需将其存入快递终端,系统便自动为用户发送一条短信,包括取件地址和验证码,用户在方便的时间到达该终端前输入验证码即可取出快件。智能快递柜技术门槛低、布局简单、操作便捷,近年来发展迅速,邮政、丰巢、菜鸟三大物流巨头占据了几乎全部的市场份额。

智能快递终端系统集云计算、物联网这两大核心技术于一体,包括前台站点快件存取和后台中心数据处理两部分。整个智能快递系统的运行有赖于智能快递终端和 PC 服务端。物联网就是通过射频识别、红外感应器、全球定位系统、激光扫描器等信息传感设备,按约定的协议,把任何物品与互联网相连接,进行信息交换和通信,以实现对物品的智能化识别、定位、跟踪、监控和管理的一种网络。

总的来说,智能快递终端是基于嵌入式技术,通过 RFID、摄像头等各种传感器进行数据采集,然后将采集到的数据传送至控制器进行处理,处理完再通过各类传感器实现整个终端的运行,包括 GSM(全球移动通信系统)短信提醒、RFID 身份识别、摄像头监控等。PC 服务端主要是对智能快递终端采集到的快件信息进行整理,实时在网络上更新数据,分别供网购用户、快递人员、系统管理员进行快件查询、调配快件、维护终端等操作。

8.2 流通信息系统

现代信息技术以计算机与智能技术、微电子技术和通信技术为特征,用于流通管理中的信息收集、传递、存储、加工分析与整理、决策、反馈等。流通领域管理中用以提高效率和效益的各种自动化、智能化、信息化应用软件和设备等就属于应用层次的信息技术。信息技术具有高速化、网络化、数字化、个人化和智能化的特点,这些技术特点凸显了信息技术的协同、增效和先导功能,推动了流通领域的技术基础改造,支撑和引领着流通领域的技术创新和变革。

8.2.1 流通信息技术

1. 射频识别技术

射频识别技术是利用发射接收无线电射频信号,对物体进行近距离无接触方式和跟踪的一种高新技术。射频识别技术的基本原理是电磁理论,它的最主要特点是它的非接触式识别。一个典型的射频识别系统由电子标签(tag)、读写器或阅读器(reader)组成。阅读器用以产生发射无线电射频信号并接收由电子标签反射回来的无线电射频信号,经过处理后获得标签的数据信息。电子标签用以存储数字字母编码,当受无线电信号照射时,能反射回携带数字字母编码信息的无线电射频信号,供阅读器处理识别。

射频识别的优点突出体现在如下几个方面:无接触识别阅读距离远。射频识别技术的传送距离由许多因素决定,如传送频率、天线设计等。识别速度快(输入12位数据速度只有0.3~0.5秒)。适应物体的高速移动,可以识别高速移动中的物体。可穿过布、皮、木等材料阅读。由于采用非接触式设计,所以不必直接接触电子标签,可以隔着非金属物体进行识别。抗恶劣环境工作能力强,可全天候工作。

射频识别技术应用于流通领域,一是智能仓库货物管理,实现入库、盘点、出库管理,不仅可以增加单位时间内处理货物的数量,而且能监测这些货物的一切信息,实现仓库与货物流动有关信息的智能化管理。二是射频识别技术应用于超级市场,能迅速查询、调用各商品的信息,能对商品的信息实时改写,能对商品进行远距离的群识别,达到宏观管理、信息共享、提高工作效率的目的。此外,射频识别技术还能加快顾客支付速度,提高顾客的满意度和忠诚度。

2. 条码技术

条码是由一组规则排列的条、空及对应的字符组成的标记,"条"指对光线反射率较低的部分,"空"指对光线反射率较高的部分,这些条和空组成的数据表达一定的信息,并能够用特定的设备识读,转换成与计算机兼容的二进制和十进制信息。通常对于每一种物品,它的编码是唯一的,对于普通的一维条码来说,还要通过数据库建立条码与商品信息的对应关系,当条码的数据传到计算机上时,由计算机上的应用程序对数据进行操作和处理。

一个完整的条码的组成次序依次为静区(前)、起始符、数据符、(中间分割符,主要用于EAN码)、(校验符)、终止符、静区(后)。常用的二维码包括以下几个。

(1) 线性堆叠式二维码。这是在一维条码编码原理的基础上,将多个一维码在纵向堆叠而产生的。典型的码制如 Code 16K、Code 49、PDF417 等。

(2) 矩阵式二维码。这是在一个矩形空间通过黑、白像素在矩阵中的不同分布进行编码。典型的码制如 Aztec、Maxi Code、QR Code、Data Matrix 等。

(3) 邮政码。通过不同长度的条进行编码,主要用于邮件编码,如 Postnet、BPO 4-State。

在许多种类的二维条码中,常用的码制有 Data Matrix、Maxi Code、Aztec、QR Code、Vericode、PDF417、Ultracode、Code 49、Code 16K 等。其中,PDF417 由美国 Symbol(讯宝)公司研制,是中国现行唯一通过国家标准认证的二维条码。

3. 电子数据交换技术

电子数据交换技术是指按照统一规定的一套通用标准格式,将标准的经济信息通过通信网络传输,在贸易伙伴的电子计算机系统之间进行数据交换和自动处理。由于使用电子数据交换能有效减少直到最终消除贸易过程中的纸面单证,因而电子数据交换也被俗称为"无纸交易"。电子数据交换是一种利用计算机进行商务处理的新方法。电子数据交换必须用统一的标准编制各种商业资料。商业资料包括订单、发票、货运单、收货通知单和提单等。这些商业资料形成的电子数据,在计算机系统之间进行传输。在电子数据交换系统中,数据不仅在贸易伙伴之间进行电子化流通,而且在每一个贸易伙伴内部进行电子化流通,这样可以节约成本、减少差错率、提高效率。

4. 流通信息安全技术

确定信息安全技术时要注意以下几点:①信息的保密性,指信息在传输过程和存储中不被他人窃取;②信息的完整性,包括信息传输和存储两个方面,存储时要防止系统中的信息被非法篡改和破坏,传输过程中接收端收到的信息与发送的信息应完全一致,否则就说明信息在传输过程中遭到破坏;③信息的不可否认性,是使信息的发送方不能否认已发送信息,接收方不能否认已收到信息;④交易者身份的真实性,指交易双方确实是存在的,交易者互相提供的资料是真实的;⑤系统的可靠性,是指防止计算机失效、程序错误、传输错误、自然灾害等引起的计算机信息失误或失效。

流通信息系统安全主要采用以下技术。

(1) 用户认证管理:采用口令认证等验证方式,对所有用户的访问权限进行集中的管理,每个使用系统的用户必须经过严格认证;网络认证技术是网络安全技术的重要组成部分之一。认证指的是通过验证被认证对象的属性来达到确认被认证对象是否真实有效的过程。

(2) 安全传输层协议:安全传输层协议可以对整个会话过程的所有数据进行加密,从而保证数据和信息的安全性。

(3) 采用防火墙技术或设备控制外部对于系统内部的存取,在连接局域网和外部网络的路由器上建立包过滤机制,防止非法操作对系统内部造成危害。同时建立入侵检测子系统,对系统信息定期进行统计分析,判断网络中是否有违反安全策略的行为和遭到袭击的迹象,从而降低内部攻击、外部攻击和误操作对系统的危害。数据库安全:采用中间件技术,隔离外界对数据库服务器的管理。一个最常用的网络安全技术就是用防火墙。建造一个防火墙就是在连接局域网和外部网络的路由器上建立包过滤。只有那些符合规定的包才能从防火墙里边传到防火墙外边。入侵检测是防火墙的合理补充,帮助系统对付网络攻击,扩展了系统管理员的安全管理能力,包括安全审计、监视、进攻识别和响应能力,提高了信息安全基础结构的完整性。

5. 电子商务与大数据技术

电子商务技术是指利用计算机技术、网络技术和远程通信技术,实现整个商务(买卖)过程的电子化、数字化和网络化。电子商务环境下,人们不再需要面对面看着实实在在的货物通过纸质介质单据进行买卖交易,而是可以通过网上浏览商品信息和方便安全的资金结算系统进行网上买卖交易。电子商务涉及的技术包括网络技术、Web 浏览技术、安全技术、数据库技术和电子支付技术。网络技术是电子商务的基础和关键技术;Web 浏览技术主要包括 HTML(超文本标记语言)、Java Applets、脚本程序、CSS(层叠样式表)、DHTML(动态HTML)、插件技术以及 VRML(虚拟现实建模语言)技术,主要任务是展现信息内容;安全技术是电子商务的保障技术,其核心是身份认证以及其他网上数据的有效性认证,目前普遍使用的身份认证方式是证书认证,最流行的证书格式是由 ITU-T(国际电信联盟电信标准分局)建议 X.509 版本 3 中所规定的;数据库技术用于电子商务中,其功能主要包括数据的收集、存储和组织及决策支持;电子支付技术主要是在支付过程中涉及的相关技术,如电子货币的表现形式、发放和管理技术以及电子支付模式,电子货币主要是制定电子支票和电子现金的形式,电子支付模式一般使用 SSL/TLS(安全套接层/传输层安全协议)技术和 SET(安全电子交易)两种技术。[①]

8.2.2 流通信息系统的组成与功能

1. 流通信息系统的组成

流通信息系统主要包括多媒体实时监控系统、计算机模拟仿真系统及计算机集成管理系统等。它可使各种物料最合理、经济、有效地流动,并使流通、信息流、商流在计算机的集成控制管理下,实现流通的自动化、智能化、快捷化、网络化、信息化。涉及的领域有巷道堆垛机技术、条码技术、无线标识、模拟仿真、图像识别、网络通信、数据库系统、数据采集、实时监控、无线通信、红外通信、激光定位、激光导引、电磁导引、惯性导航、机器人技术等。

(1)订单管理子系统。其包括从客户通过互联网或其他方式,将托运或托管货物清单发送给物流企业到物流企业对其进行处理的全过程。

(2)运输管理子系统。这是对驾驶员等工作人员,以及车辆等运输工具资料的管理。运输方式、运输路线的选择,即根据货主的要求、货物的性质、货物量及一些综合信息如距

---

① 刘红军.电子商务技术[M].2版.北京:机械工业出版社,2011.

离、路况、过路过桥费等因素,提供最优的运输方式、选择最佳的运输路线。

(3) 仓库管理子系统。对仓库、货架和仓位进行统一编码;进货时根据货物的性质和利用分配算法给货物分配仓位,出货时根据货物的编号进行选货并释放资源;对需要在库进行加工处理的货物根据其性质、加工时间、工期等因素,利用调度算法选择合理的加工顺序,生成加工指令;根据货主的要求、货物的性质,如运货时间、到货时间等,确定合理的出货时间;提供在库货物查询功能;提供在库货物监测功能,若发现异常,立刻通知客户。

(4) 跟踪子系统。从供应商到客户的货品跟踪:负责跟踪制造商、供应商的名称、货物、订单号、客户名等并存储产品质量数据;在库状态跟踪:将货物在仓库的状态实时反映给用户,如货物在仓库发生变质系统应自动通知客户;运输过程中的实时跟踪:通过 GPS 跟踪车辆的运营情况,即时反映车辆的地理位置,减少空车的返回率,并将货物在途情况实时反映给客户,为客户提供详细的货物跟踪记录。

(5) 接口。负责系统与相关信息采集设备的数据交换以及与其他系统的信息交流,包括与 Internet 网络连接,实现信息发布和业务合作,与客户建立沟通渠道;与条码、RFID 等自动识别系统的接口;用于货物的进、出仓管理,集装箱管理等与其他管理信息系统的接口,如企业资源计划、电子报关与卫星定位系统、地理信息系统(GIS)的数据接口。

2. 流通信息系统的种类与功能

流通信息化的主要表现就是建立了广泛的流通信息系统,目前比较普及的流通信息系统包括 POS 系统、EOS(Enterprise Operation System,商用分布式设计区块链操作系统)、VAN(value added network,增值网络)系统、共同配送系统和顾客管理系统。共同配送是指多家零售商共同利用一家配送中心的库存设施、运输能力,该系统是配送中心与零售商之间建立的,利用该系统可以使配送中心掌握货主的发货要求,将不同货主的货物集约在一起运输,可以提高运输设备的利用率,该系统特别适合多品种小批量的发货要求。顾客管理系统是流通企业为了掌握顾客资料,利用电子卡和 POS 系统随时记录顾客信息的数据库系统。

1) POS 系统

POS 系统是指销售时点信息系统,即以把握商品品种、销售、库存等方面的时点信息为主要特征的信息系统,该系统对营业管理、库存管理发挥着重要作用,是主要的信息系统。POS 系统在 1974 年提出,随着商品条形码的普及,1977 年出现了几家实验性的商店,20 年后 POS 系统已经成为信息系统的代表。到 1996 年,日本导入 POS 系统的商店数达到 23 万家。现在不仅超市、百货商店等大型零售商广泛使用 POS 系统,连服装店、食品店、宝石和手表等专门店也导入 POS 系统,在连锁店广泛采用 POS 系统的同时,独立店(无分店)也开始使用 POS 系统。POS 系统有两大类型:一是食品杂货型,由食品超市和便利商店采用,读取商品条形码获得信息;二是服装类,使用光文字读取装置,百货商店、家具和专门店采用这一类型。

POS 系统具有三大特点:第一,信息的自动收集和传达。该系统在营业现场安装有自动读取装置的终端,通过扫描商品条形码将商品品名、厂家、价格、购买时间、数量等信息收集起来,然后通过网络输送到需要的地方。第二,在发生时点收集信息。POS 系统的信息采集主要依靠置于销售现场的光电子读取终端,实现了商品销售、支付货款和信息收集的同步化,而传统的方法是顾客购买后再通过内部资料整理获得需要的信息。POS 在阅读有关资料后,订货、库存等部门可以同步了解商品销售情况。第三,按照信息使用者的层次和目的输出信息。POS 系统对信息的分类、处理能力很大,它可以根据不同的对象发布不同的信息,即使相同的信息也可以使经营者、店长、业务员等所获得的内容有所差异。

POS 系统是在商品销售时点管理个别销售信息的系统,它通过计算机关联机器,能够提高每一种商品的管理水平,正确地把握销售动向。POS 系统的个别信息管理能力对于商品品种日益增多的流通企业而言提供了重要手段。该系统能够实现销售现场作业的效率化和商品管理与库存管理的效率化,能够及时掌握哪些是畅销的、哪些是滞销的。通过信用卡等可以解决货款支付、结算的简洁化和快速化,可以掌握顾客资料,是顾客管理的基础。

2) EOS、VAN 和 EDI 系统

在流通信息系统的发展高级阶段出现了企业间信息的网络化,早期主要是批发商与大型零售商之间建立以订发货数据为核心的商用分布式设计区块链操作系统,即通过生产商、批发商、流通商、零售商之间建立信息连接建立起来的电子自动订货、发货热线系统,其应用日益增加。20 世纪 80 年代后随着通信管制的放松和网络技术的进步,中小企业间的地区 VAN 系统得到了迅速发展,VAN 系统随后发展到批发商与制造商之间,流通信息的联机化进入更高的层次。

EOS 作业的简单流程如图 8-1 所示。

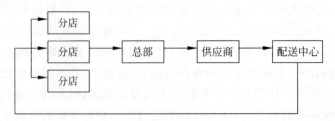

图 8-1　EOS 作业的简单流程

相对于 EOS 系统只限于订发货一种数据传输而言,一种以多种流通信息交换的电子信息交换系统近年来显著增加。制造商、流通企业及零售商加入 KDI(knowledge and distributed intelligence,知识与分布式智能)系统后对商流、流通进行一揽子处理,信息处理能力大大加强。

EDI 作业的简单流程如图 8-2 所示。

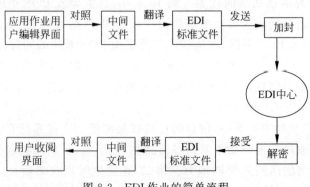

图 8-2　EDI 作业的简单流程

增值网络,是将制造业、批发业、物流业、零售业等之间的信息,通过计算机服务网络来相互交换的信息系统。VAN 是流通企业以网络技术为基础建立的内部信息网络系统,目的是实现信息在跨地区或连锁店之间的交换,是大型流通组织经营运作的主要手段,目前该系统出现由内部系统向开放系统发展的趋势。VAN 最大的特点是通过计算机服务网络使不同企业、不同的网络系统可以相互连接,从而使不同形式的数据交换成为可能。由于 VAN 实现了不同系统的对接和不同格式的变换,为无数的使用者提供了交换数据的服务,创造了附加价值,因而被称为增值网络(图 8-3)。

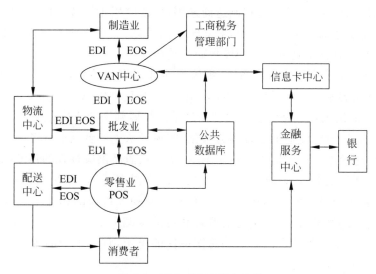

图 8-3 商业 VAN 基本结构

VAN 在流通过程中的功能主要有以下几个方面:第一,信息处理功能,包括交易信息的交换(订货、商品信息等)、物流信息(发货、储运、库存、配送等)、结算业务(银行转账、支付查询、信用卡结算等);第二,信息供给功能,包括数据库、图像资料、调查服务等;第三,通信功能,包括电子邮件、声像传递等。

3) 电子卡

除了建立流通信息系统之外,各种各样的电子卡也是实现流通信息化的重要手段,电子卡的发行和使用使流通业掌握了新的工具、拓展了流通功能,也为提高流通效率奠定了基础。电子卡的形式很多,包括会员卡、购物卡、积分卡、服务卡等,其中典型和普遍的是信用卡。信用卡的特征是持卡人在购买商品或服务消费时,流通企业可以确认其身份并完成交易、结算工作。社会上流行很多卡,如电话卡、礼品卡、乘车卡等由于不具有身份确认功能,因此与真正意义上的信用卡有本质区别,这些卡只不过是传统票据的电子化而已。

8.2.3 流通信息系统的新发展——ECR 系统

1. ECR 系统的含义与产生背景

20 世纪 90 年代以来,流通信息化已经超越了企业范围,在企业之间构建信息网络和信息系统的趋势十分明显,作为跨企业的流通信息系统最典型的代表就是 ECR(efficient

consumer response,有效客户响应)系统。

ECR 的产生可归结于商业竞争的加剧和信息技术的发展。20 世纪 90 年代以后,美国日杂百货业零售商和生产厂家的交易关系由生产厂家占据支配地位,转换为零售商占主导地位,在供应链内部,零售商和生产厂家为取得供应链主导权,为商家品牌和厂家品牌占据零售店铺货架空间的份额展开激烈的竞争,使得供应链各个环节间的成本不断转移,供应链整体成本上升。为此,美国食品市场营销协会(Food Marketing Institute)联合 COCA-COLA,P&G,KSA 公司对供应链进行调查、总结、分析,得到改进供应链管理的详细报告,提出了 ECR 的概念体系,被零售商和制造商采用,广泛应用于实践。ECR 是真正实现以消费者为核心,转变制造商与零售商买卖,对立统一的关系,实现供应与需求一整套流程转变方法的有效途径,正日益得到制造商和零售商的重视。

ECR 系统是指消费者快速反应系统,即流通企业以满足消费需求、为消费者提供更大的价值和提高商品流通效率为目标,在生产厂家、批发商、零售商之间建立的快速反应信息系统。ECR 系统的最大特点是将企业内部信息系统扩展到企业之间,实现了更大范围的分工和合作,它以商品生产、流通的全过程为对象,实现了从生产者到消费者的全程管理,因此极大地提高了流通效率和应变能力。由于 ERC 系统从商品供应过程的角度,利用信息网络手段,将生产商、批发商和零售商组织在一个统一的联盟内,因此可以说是一种连锁供应系统。很显然,连锁供应系统的基础在于生产商、批发商和零售商的相互合作,因此各个企业不能单纯考虑自身的利益,而是在满足消费者利益的基础上实现整个流通系统的最优。正是由于 ECR 系统立足于消费者的观点和总体最佳的思想,它比单一的企业系统更有优势,加盟企业能够达到共存共荣。

ECR 系统的主要目标是按照消费者利益最大化的原则,将跨越商品流通不同环节的企业组织起来,借助商业与制造业的合作体制(产销同盟),更有效地满足顾客的需要,同时有效地减少流通成本。ECR 系统在具体实施时,针对每个流通过程和流通活动,一一考察是否对消费者有益、如何排除无效的成分、能否变革满足顾客需求的方法等基本问题,在明确上述问题后按照全新的观点修正原来的流通路线和流通过程,建立新的商品流通系统。图 8-4 反映的是传统流通系统与 ECR 系统的主要区别。

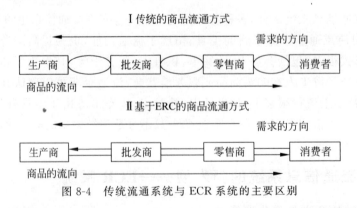

图 8-4 传统流通系统与 ECR 系统的主要区别

2. ECR 系统的特点

(1) ECR 系统重视采用新的技术、新方法。首先,ECR 系统采用了先进的信息技术,在生产企业与流通企业之间开发了一种利用计算机技术的自动订货系统(CAO)。CAO系统通常与电子收款系统结合使用,利用POS系统提供的商品销售信息把有关订货要求自动传向配送中心,由该中心自动发货,这样就可能使零售企业的库存降至零状态,并缩短了从订货至交货的周期、提高了商品鲜度、降低了商品破损率,还可使生产商以最快捷的方式得到自己的商品在市场是否适销对路的信息。其次,ECR系统还采用了两种新的管理技术和方法,即种类管理和空间管理。种类管理的基本思想是不从特定品种的商品出发,而是从某一种类的总体上考虑收益率最大化。就软饮料而言,不考虑其品牌,而是从软饮料这一大类上考虑库存、柜台面积等要素,按照投资收益率最大化原则去安排品种结构。其中有些品种能赢得购买力,另一些品种能保证商品收益,通过相互组合,既满足了顾客需要,又提升了店铺的经营效益。空间管理指促使商品布局,柜台设置最优化。过去许多零售商也注意了此类问题,不同点在于ECR系统的空间管理是与种类管理相结合的,通过两者的结合实现单位销售面积的销售额和毛利额的提高,因而可以取得更大的效果。

(2) ECR系统建立了稳定的伙伴关系。在传统的商品供应体制上,生产者、批发商、零售商联系不紧密或相互间较为紧密,发生的每一次订货都有很大的随机性,这就造成生产与销售之间商品流动的极不稳定性,增加了商品的供应成本。而ECR系统恰恰克服了这些缺点,在生产者、批发商、零售商之间建立了一个连续的、闭合式的供应体系,改变了相互敌视的心理,使他们结成了相对稳定的伙伴关系,克服了商业交易中的钩心斗角,实现了共存共荣,是一种新型的产销同盟和产销合作形式。

(3) ECR系统实现了非文书化。ECR系统充分利用了信息处理技术,使产购销各环节的信息传递实现了非文书化。无论是企业内部的传票处理,还是企业之间的订货单、价格变更、出产通知等文书都通过计算机间的数字交换进行自动处理。由于利用了电子数据交换,生产企业在出产的同时,就可以把出产的内容电传给进货方,作为进货方的零售企业只要在货物运到后扫描集运架或商品上的电码就可以完成入库验收等处理工作。由于全面采用了电子数据交换,可以根据出产明细自动地处理入库,从而使处理时间近似为0,这对于迅速补充商品、提高预测精度、大幅度降低成本起了很大作用。

3. 实施原则

要实施ECR,首先应联合整个供应链所涉及的供应商、分销商及零售商,改善供应链中的业务流程,使其最合理有效;然后,再以较低的成本,使这些业务流程自动化,以进一步降低供应链的成本和时间。这样,才能满足客户对产品和信息的需求,即给客户提供最优质的产品和适时准确的信息。ECR的实施原则包括如下五个方面。

(1) 以较少的成本,不断致力于向食品杂货供应链客户提供产品性能更优、质量更好、花色品种更多、现货服务更好及更加便利的服务。

(2) ECR必须有相关的商业巨头的带动。该商业巨头决心通过互利双赢的经营联盟来代替传统的输赢关系,达到获利的目的。

(3) 必须利用准确、适时的信息以支持有效的市场、生产及后勤决策。这些信息将以EDI的方式在贸易伙伴间自由流动,它将影响以计算机信息为基础的系统信息的有效利用。

(4) 产品必须随其不断增值的过程,从生产至包装,直至流动至最终客户的购物篮中,以确保客户能随时获得所需产品。

(5) 必须采用共同、一致的工作业绩考核和奖励机制，它着眼于系统整体的效益（即通过减少开支、降低库存以及更好的资产利用来创造更高的价值），明确地确定可能的收益（例如，增加收入和利润）并且公平地分配这些收益。

由于在流通环节中缩减了不必要的成本，零售商和批发商之间的价格差异也随之降低，这些节约了的成本最终将体现在消费者身上，各贸易商也将在激烈的市场竞争中赢得一定的市场份额。

8.2.4 数字化流通新技术

1. 大数据

2015年，国务院发布的《促进大数据发展行动纲要》对大数据进行了全新界定，即"大数据是以容量大、类型多、存取速度快、应用价值高为主要特征的数据集合，正快速发展为对数量巨大、来源分散、格式多样的数据进行采集、存储和关联分析，从中发现新知识、创造新价值、提升新能力的新一代信息技术和服务业态"。2017年1月，《大数据产业发展规划（2016—2020年）》发布，全面制订了"十三五"期间的大数据产业发展计划。此外，国际数据公司（IDC）的观点最为权威，得到了研究者的广泛认同，该公司提出大数据具有四个特征：第一，数据容量巨大，从TB级别跃升到PB乃至EB级别，各方研究者虽然对大数据量的统计和预测结果并不完全相同，但一致认为数据量将急剧增长。第二，数据类型繁多，数据被分为结构化数据和非结构化数据。相对于以往便于存储的以文本为主的结构化数据，越来越多的非结构化数据的产生给所有厂商都提出了挑战。这些不断增长的数据，主要来自如图片、声音和视频及地理位置信息等多种类型的数据，对数据的处理能力提出了更高的要求。第三，商业价值高，大数据的价值是通过强大的机器算法迅速地完成数据的价值"提纯"，对非标准化数据共享、交叉复用后获取最大的数据商业价值，IBM大数据中心总监王晓梅指出与传统IT业相比，大数据是一个充满商业价值的命题。第四，处理速度快，数据创建、处理和分析的速度持续加快，其原因是数据创建的实时性属性，以及需要将数据流结合到业务流程和决策过程中的要求。企业不仅要了解如何快速创建实时数据流，还必须知道如何快速处理、分析并返回给用户，以满足他们的实时需求，对业务产生实际价值。

2. 云计算

自2006年亚马逊推出云计算服务以来，云计算正经历一个逐渐成熟的过程。云计算服务是分布式计算、效用计算、负载均衡、并行计算、网络存储、热备份冗杂和虚拟化等计算机技术发展相结合的计算处理服务，同时也是这些计算机科学概念的商业实现。美国国家标准与技术学院明确地定义了云计算，认为它是一种按用户实际需求使用量计费的商业模式，用户无须投入过多的管理工作或与服务供应商进行过多的交互，为用户提供了既便捷又廉价的按需网络访问。在目前大数据环境下，云计算并不是某种具体的计算，而是一种全新、高效、实用的数据传输与储存处理模式。云计算服务方式有以下三种。

(1) SaaS（软件即服务），指通过互联网提供软件服务的模式，用户无须购买软件，只需向提供商租用软件，以此管理企业的经营运作，且软件的管理和维护由服务提供商全权负责,如 Microsoft 和 Google 在实际应用中提供数百个 SaaS 软件服务产品。

(2) PaaS(平台即服务),指将软件研发的服务器平台或者开发环境作为一种服务,以软件服务的模式提交给用户。因而,PaaS 也加快了 SaaS 应用的开发速度,PaaS 对于 SaaS 运营商来说,还能帮助其实现产品多元化和产品定制化。

(3) IaaS(基础设施即服务),指用户通过互联网获取完备的计算机基础设施服务模式,如服务器、网络、存储系统等基础设施的租用。另外,云计算在部署方式上可分成私有云、社区云、公有云和混合云。为此,云计算将逐渐覆盖过去传统的 IT 工作,网络将依托云平台运行。因此云计算实质上是为了整合与优化各种信息技术,并利用网络以服务的商业运作模式,最终将廉价的服务提供给用户。

3. 物联网

物联网是指"物-物相连的互联网",在万物互联时代,物联网的概念早已突破物-物相连,人与物、物与物、人-识别设备-物之间的连接方式统称为万物互联。物联网之所以能够高效工作,与其基本架构是分不开的。从技术层面,物联网架构可分为感知层、传输层及应用服务层。感知层是物联网中产生数据的主要层次,这一层主要由各种感应器等探测设备组成,负责测量收集相关数据信息;传输层负责对感知层产生的数据和内容进行可靠传递;应用服务层负责对感知层的基础信息数据进行智能处理和分析。2005 年,国际电信联盟在年度报告中指出,物联网是通过智能传感器、射频识别、激光扫描仪、全球定位系统、气体感应器等信息传感设备及系统,按照约定的协议,把任何物品与互联网联系起来,进行信息交换和通信,以实现智能化识别、定位、跟踪、监控和管理的一种智能网络。而物联网发展至今,与其说它是网络,不如说它是互联网业务和应用的拓展。因此,应用创新是物联网发展的核心,用户的体验就是物联网的发展灵魂。2008 年,IBM 提出了"智慧地球"的概念,建议加大在网络基础设施方面的投入,以此增加就业岗位,提升美国的整体竞争优势。2009 年,时任国务院总理的温家宝在中国科学院研发中心考察时提出了要建立中国传感信息中心,并在之后的重要讲话中提到将联网定义为中国第五大新兴战略性产业。

云计算应用为大数据技术的发展提供了一定的数据处理平台和技术支持,大数据为云计算应用提供了数据环境;云计算平台为物联网的不断发展提供海量数据存储保障,同时物联网为云计算应用平台提供了无限的应用空间;物联网作为大数据的重要来源,将推动大数据技术的更广泛应用。大数据核心技术的发展也为物联网上产生的数据提供了强大的分析能力。从目前的物流技术发展来看,最有利于促进我国物流技术变革的技术包括大数据、云计算、物联网,这些技术有望于未来 5~10 年内发展成熟,并且广泛应用于我国智慧物流发展之中。重点突破并掌握相关技术,有利于我国物流行业制定国际标准,增强国际竞争力。

4. 区块链技术

区块链从科技层面来看,涉及数学、密码学、互联网和计算机编程等很多科学技术问题;从应用视角来看,是一个分布式的共享账本和数据库,具有去中心化、不可篡改、全程留痕、可以追溯、集体维护、公开透明等特点。作为一种数据载体,区块链由不同区块组成,构成商品交易数据的全过程。其作用机理类似于会计上的分类账簿,并通过密码学原理确保交易数据不会被更改。

区块链技术的特征主要体现在信息共享、数据安全、可追溯及智能合约。①信息共享。作为一种去中心化的数据存储机制,区块链上各个节点的数据彼此交互,可以实现实时的共享,因此区块链上的每一条数据都是可靠、透明的。②数据安全。基于分布式节点,区块链可以存储海量的数据,并借助密码学原理进行有效保护,当且仅有 51% 以上的节点在同一时间达成共识,才能更改节点数据。因此,对于整个区块链而言,可以有效地保障数据的安全,不会因为某个节点出现故障而被破坏。③可追溯。区块链是由多个单独的区块个体组成,每一个区块都会存在独特的哈希值,因此区块上的每一条数据都具有尤其独特的哈希属性。基于区块链实现的数据存储都可以根据数据的哈希属性来准确追踪到其起源点。④智能合约。区块链技术使得智能合约的应用成为现实,通过开源代码的形式将以太网客户端上传到区块链网络,使得区块链上包含了所有的潜在交易信息。当某一节点完成了某一任务,就将会驱动另一方执行不可逆转的交易。

区块链技术是流通数字化的重要补充,有利于推动现代流通体系高质量发展。在传统商贸流通体系下,整个商品流通的过程伴随着商流、物流、信息流和资金流。然而由于技术受限,在整个商贸流通过程中,这些信息无法得到有效融合。其造成的结果就是商贸流通体系下各个节点较为分散、运行效率较低,影响了整个商贸流通行业的高质量发展。区块链技术的应用有利于充分开发商品流通过程中的各项信息,基于区块链技术,结合大数据、云计算、物联网及人工智能等数字技术在商贸流通行业中的应用,可以有效实现商贸流通过程中的"四流"合一。其带来的结果就是确保交易安全、过程可控、物流信息通畅、产品信息可溯源、供应链融资更为便利,同时也带来了监管的便利性。

8.3 流通标准系统

8.3.1 流通标准与流通标准化

根据国际标准化组织(ISO)的标准化原理研究常设委员会(STACO)的定义,"标准是由一个公认机构制定和批准的文件,它对活动或活动的结果规定了规则、导则和特殊值,供共同和反复使用,以实现在预定领域内最佳秩序的效果"。国标指导性文件(GB/T 39351—83)对于标准的定义是:"标准是对重复性事物和概念所作的统一规定,它以科学、技术和实践经验的综合为基础,经过有关方面协商一致,由主管机构批准,以特定形式发布,作为共同遵守的准则和依据。"简单地说,标准是指可以被生产者广泛接受,或者通过策略性或者以正式协议或者由权威机构正式颁布的一系列技术规定(David and Greenstein,1990)。

我国国家标准对标准做如下定义:标准是指为在一定的范围内获得最佳秩序,对活动或其结果规定共同的和重复使用的规则、导则或特性的文件。该文件经协商一致制订,并须经一个公认机构的批准。标准应以科学、技术和经验的综合成果为基础,以促进最佳社会效益为目的。标准化是指为在一定的范围内获得最佳秩序,对实际的或潜在的问题制订共同的和重复使用的规则的活动,包括制定、发布及实施标准的活动过程。标准化是国民经济中的一项重要技术基础工作,它对于改进产品、过程和服务的适用性,防止技术性贸易壁垒,促进技术合作,建立正常的社会生活秩序,提高社会效益等都具有重要的意义。

流通标准一般是指在流通领域内由权威机构正式颁布的,被流通企业广泛接受并共同遵守的,对于流通业务活动或活动的结果规定的规制、导则和特殊值等一系列技术规定,以获得流通运行的最佳秩序和效益。由于流通本身是一个大系统,所涉及的要素极其广泛,例如,从活动范围来看,既有区域性流通,又有全国性流通以及国际流通;从流通环节和功能来看,有包装、装卸搬运、运输、储存、配送、流通加工、信息等各个功能环节;从流通作业活动运作过程来看,完成流通活动,要使用各种各样的机械设备和器具等,所以流通标准所包含的内容极其丰富,涉及范围也极其广泛。

流通标准化是指以流通系统为对象,围绕包装、装卸搬运、运输、储存、配送、流通加工及流通信息处理等流通活动制定、发布和实施相关统一的流通标准,并按有关流通标准的配合性要求,统一整个流通系统标准的活动过程。实施流通标准化的好处,一可以降低交易成本,促进技术贸易;二可以降低风险和不确定性;三可以增加消费者价值。降低交易成本,促进技术贸易,是指当网络经济中市场上的产品和服务都遵循唯一的标准时,企业遵循统一标准带来产品的兼容性,会降低交易成本;贸易中采用的技术标准相同或相近时,贸易变得可行且便利;消费者选购或更换同类产品的配件时就降低了转换成本,过程也会更加便利。降低风险和不确定性,是指当市场上存在多个差异较大彼此不兼容且相互竞争的标准时,对厂商和消费者而言都增加了多种标准选择的风险;相反,如果技术标准之间是兼容的或采用统一标准,厂商和消费者的选择风险就会降低。增加消费者价值,是指由于网络外部性和边际收益递增,应用同一标准的用户越多,该标准的价值也越大。网络经济中某一行业或某一具体产品推行统一的标准,网络外部性也会带来使用者价值增加。

流通标准化的主要特点表现在以下几个方面:一是广泛性。与一般的标准化系统不同,流通系统标准化涉及面更为广泛,其对象更为复杂,包含机电、建筑、工具、作业方法等许多种类。虽然这些种类的标准处于一个大系统中,但缺乏共性,从而造成标准种类繁多、标准内容复杂,给标准的统一和相互配合带来困难。二是起点高。由于流通管理思想与流通诞生较晚,组成流通大系统的各个分系统,在没有归入流通大系统之前,就已分别实现了本系统的标准化。在推行流通标准化时,必须在各个分系统标准化基础上从适应及协调的角度来建立新的流通标准化系统。三是科学性、民主性和经济性。科学性是指流通标准化能体现现代科技的综合成果,能与流通现代化、流通大系统相适应。民主性是指流通标准的制定,采用协商的办法,广泛考虑各种现实条件,广泛征求有关部门的意见,使各个分系统都能采纳接受,从而使标准更具权威性,更便于贯彻执行。经济性是决定流通标准生命力的关键因素。由于流通过程必须大量投入消耗,如不注重标准的经济性,片面强调反映现代科技水平,过分顺从流通习惯及现状,就可能引起流通成本的增加,自然会使标准失去生命力。四是国际性。由于全球经济一体化进程的加快,国际交往大幅度地增加,而所有的国际贸易又最终靠国际流通来完成。因此,各个国家都很重视本国流通标准与国际流通标准体系的一致,否则,将会加大国际交往的技术难度、增加国际贸易的成本。可见,国际性是流通标准化的重要特点之一。五是安全性与可靠性。流通在保证生产经营活动顺利进行及提供高效、快捷、方便的服务的同时,也带来了不安全因素,如交通事故的伤害;货物对人的碰撞伤害;危险品的爆炸、腐蚀、毒害的伤害;流通机械设备由于本身的机械能作用,可能产生倾倒、跌落、砸伤、夹挤、剪切、缠绕、坠落、触电等伤害。所以,在流通标准化活动中,非常重视制定安全性、可靠性方面流通标准,以保证流通安全和质量。

流通标准不同于流通制度,二者的主要区别有三点:一是流通标准有明确的目标值,有量、质、期的要求,而流通制度一般没有明确的目标值,只提定性、定向的要求;二是流通标准是流通活动的法规,具有一定的强制性,并有严密的审批颁布程序,而流通制度不一定具有强制性;三是流通标准有具体考核的条件和办法,有实践性和约束性,语言简练、准确,而流通制度一般没有很具体的考核内容和办法。总之,流通标准是在流通制度基础上形成的,是流通制度的升华和发展,流通制度是流通标准的初级形式。

8.3.2 流通标准的要素与分类

1. 流通标准的构成要素

流通标准是流通活动的基本依据,是流通能力的综合反映,是获得最佳流通秩序与效益的重要条件。要制定、贯彻执行流通标准,必须正确理解流通标准的要素。流通标准的要素是构成流通标准内容的必要因素,它能完全体现流通标准的本质。根据流通标准的定义,构成流通标准的要素主要有以下几个。

(1) 适用范围。任何流通标准都有自己的适用范围,超出适用范围,流通标准的效力就不存在。这是流通标准存在的空间要求。

(2) 有效时间。有效时间又称作有效期或标龄。这是流通标准存在的时间要素,表明流通标准在什么时间开始生效、什么时候终止。任何一个流通标准都不可能是永远适用的,都有终止时间。

(3) 规定内容。规定内容是流通标准规定的具体内容,规定了应该如何、不允许如何等,体现了流通标准的约束性,流通标准的效力也是通过此要素发挥作用的。

(4) 确认形式。确认形式是标准区别于其他规范的特有的要素。流通标准生效的关键之处就在于有关部门的批准和发布。

流通标准的要素不仅有助于对流通标准结构的全面认识和深刻理解,而且对流通标准的制定有着积极的意义。要使流通标准很好地实施,必须在流通标准的内容和形式上体现其要素。

2. 流通标准的分类

流通标准化工作是一项复杂的系统工程,为了实现流通标准化的基本任务,做好流通标准化管理工作,必须掌握流通标准的分类。按流通标准的性质和应用范围分类,可分为流通技术标准、流通管理标准和流通工作标准三大类。

1) 流通技术标准

流通技术标准是指对流通标准化领域中需要协调统一的技术事项所制定的标准。它是从事流通活动的一种共同遵守的技术依据。流通技术标准的种类很多,按其标准化对象的特征和作用,主要分为以下几种。

(1) 流通基础标准。流通基础标准是指在一定范围内作为其他流通标准的基础并普遍使用,具有广泛指导意义的标准,主要包括以下几个。

流通专业计量单位标准。流通专业计量单位标准是指对流通系统中独特的专业计量单位所制定的标准,它是对国家发布的统一计量标准的补充,更具有专业性。它的制定要在国家统一计量标准的基础上,考虑到许多专业的计量问题和与国际计量标准的接轨问题。流通专业计量单位的标准化,是流通作业定量化的基础。

流通基础模数尺寸标准。模数是指某系统的设计、计算和布局中普遍重复地应用的一种基准尺寸。流通基础模数尺寸是指流通标准化的共同单位尺寸或流通系统各标准尺寸的最小公约数尺寸。在基础模数尺寸确定之后,各个具体的尺寸标准都要以基础模数为依据,选取其整数倍数为规定的尺寸标准。流通基础模数尺寸标准是流通系统中各种设施建设和设备制造的尺寸依据,在此基础上可以确定集装基础模数尺寸,进而确定流通的模数体系。

集装基础模数尺寸标准。集装基础模数尺寸是最小的集装尺寸,它是在流通基础模数尺寸的基础上,按倍数推导出来的各种集装设备的基础尺寸。在流通系统中,由于集装尺寸必须与各环节流通设施、设备、机具相配合,因此,整个流通系统设计往往以集装尺寸为核心,然后在满足其他要求前提下决定各设计尺寸。所以,集装基础模数决定和影响着其他流通环节的标准化。

流通建筑模数尺寸标准。流通建筑模数尺寸是指流通系统中各种建筑物所使用的基础模数尺寸。该尺寸是设计建筑物长、宽、高等尺寸及门窗尺寸、建筑物柱间距、跨度、深度等尺寸的依据。

流通专业名词术语标准。它是指对流通专业名词的统一化、专业名词定义的统一解释所做的规定。它是实现信息快速准确传递、避免流通工作混乱的基础条件。

流通标志、图示与识别基础标准。它是指为便于识别和区分流通中的物品、工具、机具而做的统一规定。如识别标记、储运标记、危险货物标记等。

流通基础编码标准。它是指对流通对象物进行编码,并按流通过程的要求,转化成条形码,实现流通大系统有效衔接、配合的最基本的标准。它是采用信息技术对流通进行组织、控制的基础标准,主要是流通实体的编码(即标识代码)技术标准及这些编码的数据库结构标准,如物品分类编码标准、储运单元条码标准、流通单元条码标准、托盘编码技术标准、集装箱编码技术标准及其数据库结构标准等。

流通单据、票据标准。它是指对流通活动中的所有单据、票据所做的规定。如 EDI 单证标准,是指利用计算机和通信网络进行数据交换与传递的基础标准。

(2)流通分系统技术标准。流通分系统技术标准是针对流通分系统的各环节所制定的技术标准,对流通分系统的规范发展具有很强的指导意义。流通分系统技术标准主要有以下几个。

运输车船标准。它主要是对火车、卡车、货舱、拖挂车等运输设备制定的车厢尺寸、船舱尺寸、载重能力、运输环境条件等标准。

仓库技术标准。它主要是指对仓库形式、规格、尺寸、性能、建筑面积、设计通用规则、建设设计要求、防震防火及安全等事项所制定的技术标准。

包装标准。它主要是对包装尺寸、包装材料、质量要求、包装标志及包装的技术要求所制定的技术标准。

装卸搬运标准。它主要是指对装卸搬运设备、装卸搬运车辆、传输机具、装卸搬运质量要求、装卸搬运的技术要求等所制定的标准。

站台技术标准。它主要是指对站台高度、站台设计要求等事项所制定的标准。

集装箱、托盘标准。它主要是指对托盘系列尺寸、集装箱系列尺寸、托盘技术要求和标记、集装箱技术要求和标记、荷重、集装箱材料等所制定的标准。

货架、储罐标准。它主要是指对货架与储罐的技术要求、货架结构形式与净空间、货架载重能力、储罐的技术要求、储罐结构形式、储罐的容积尺寸等所制定的标准。

(3) 流通作业标准。流通作业标准是指为保证流通活动顺利进行,对流通作业中的作业工艺要素、作业程序和方法等所制定的标准。其内容主要包括作业工艺文件格式、作业工艺要素、作业工艺程序、一般流通作业要求、典型流通作业工艺等。流通作业标准是流通技术标准的主要内容之一,是实现流通作业规范化、效率化及保证流通作业质量的重要基础。

(4) 流通信息应用标准。流通信息应用标准主要是指自动识别与分拣跟踪技术标准和电子数据交换标准。

自动识别与分拣跟踪技术主要有条码技术、扫描技术和射频技术。条码技术标准主要包括码制标准和条码标识标准。其中,码制标准主要有 128 码制、交叉二五码制、三九码制等;条码标识标准主要有商品条码标准、128 条码标准、贸易单元 128 条码标准、交叉二五条码标准、三九条码标准、库德巴条码标准等一维条码标准及 PDN17 条码、QR 矩阵码等二维条码标准。在流通管理中与射频相关的标准或规范有流通射频标签技术规范、流通射频识别读写器应用规范和射频识别过程通信规范等。

电子数据交换标准主要包括电子数据交换语法标准和电子数据交换报文标准。国际上电子数据交换的语法标准由联合国欧洲经济委员会第四工作组制定。商业流通领域电子数据交换规范(EANCOM)是由全球商业流通领域国际标准化组织(GSI)开发的,可以使用户清晰、简化、准确地编写业务报文。EANCOM 报文分为主数据类、商业交易类、报告和计划类、运输类、财务类以及通用报文类六大类。

(5) 能源、环保、安全和卫生标准。能源、环保、安全和卫生标准是指为保护流通环境、有利于生态平衡、保证人和货物的健康与安全,对流通系统及流通活动涉及的能源、环保、安全和卫生要求所制定的标准。

2) 流通管理标准

流通管理标准是指对流通标准化领域中需要协调统一的流通管理事项所制定的标准。制定流通管理标准的目的是为合理组织流通工作,科学地行使计划、监督、指挥、调整、控制等流通管理职能。

流通管理标准的一般内容主要有:流通管理工作应达到的质量要求;流通管理程序与方法;流通统计和核算方法;流通管理有关资料、报表和原始记录的要求;流通工作任务完成情况的凭证编制要求等。

随着流通管理逐步向科学化、现代化发展,流通管理标准将越来越多地在流通管理中发挥有效的作用。为便于制定、贯彻、实施流通管理标准,常按管理对象把流通管理标准划分为流通技术管理标准、流通组织管理标准、流通经济管理标准、流通质量管理标准、流通设备管理标准、流通劳动组织管理标准、流通行政管理标准七大类。

3) 流通工作标准

流通工作标准是指对流通工作的内容、方法、程序和质量要求所制定的标准。它是对各项流通工作制定的统一要求,其内容主要包括:各岗位的职责和任务;每项任务的数量、质量要求及完成期限；完成各项任务的程序和方法；与相关岗位的协调、信息传递方式；工作人员的考核与奖励方法等。

此外，根据《中华人民共和国标准化法》的规定，我国标准分为国家标准、行业标准、地方标准、企业标准四类。这四类标准主要是适用范围不同，而不是标准技术水平的分级，它同样也适合流通标准的分类。

8.3.3 我国流通标准化工作的进展

流通标准化对于提高流通作业效率、加快流通速度、保证流通质量、减少流通环节、提高流通管理效率、降低流通成本、推动流通技术的发展都具有巨大的促进作用。我国流通标准化工作是在不同行业标准化的基础上发展起来的。相关流通部门都建有相应的流通标准化研究机构，在相应的领域进行标准化方面的研究与推进。1978年，我国制定了第一个集装箱规格尺寸的国家标准。随后全国集装箱标准化技术委员会有计划地开展了标准化工作，规定了适于我国国内和国际联运的集装箱外部尺寸与重要系列，统一了我国集装箱的规格尺寸。1985年，成立了全国包装标准化技术委员会，下设4个分技术委员会：袋分技术委员会、包装机械分技术委员会、金属容器分技术委员会和玻璃容器分技术委员会，从各方面开展包装标准化的研究，标准的制定、修订及标准化的学术活动，包括综合基础标准、包装专业技术标准、产品包装标准在内的我国包装标准体系已逐步得到完善。2022年8月，交通运输部印发《绿色交通标准体系（2022年）》，包括国家标准和交通运输行业标准，分为基础通用、节能降碳、污染防治、生态环境保护修复、资源节约集约利用五个部分。2022年12月，交通运输部印发《交通运输安全应急标准体系（2022年）》，包括基础通用标准、工程建设与运营安全标准、旅客运输安全标准、货物运输安全标准、应急管理标准、设施设备标准六个部分，共收录383项交通运输安全应急国家标准和行业标准，包括：基础通用标准11项，工程建设与运营安全标准79项，旅客运输安全标准31项，货物运输安全标准105项，应急管理标准90项，设施设备标准67项。

随着信息技术和电子商务、电子数据、供应链的快速发展，国际流通业已进入快速发展阶段，而流通系统的标准化和规范化已成为先进国家提高流通运作效率与效益的必备手段。许多国际组织都致力于流通标准化研究工作。目前国际标准化组织已制定了200多项与流通设施、运作模式与管理、基础模数、流通标识、数据信息交换相关的标准，许多发达国家在此基础上也相继制定了与国际标准相兼容的系列标准。

近年来，作为现代商贸流通体系建设的重要内容和商务工作的重要基础，流通标准化建设得到党中央、国务院高度重视。2016年12月22日，商务部、国家标准委印发了《国内贸易流通标准化建设"十三五"规划》。2020年9月9日，习近平总书记在中央财经委员会第八次会议时指出要加强商贸流通标准化建设。2021年3月，十三届全国人大四次会议通过的《中华人民共和国国民经济和社会发展第十四个五年规划和2035年远景目标纲要》指出，要加强商贸流通标准化建设，促进内外贸质量标准等相衔接。从商务领域标准化的发展现状来看，标准体系仍不完善，标准有效供给不足，部分领域标准缺口较大，标准制修订进度难以适应市场变化和新兴行业发展需要。同时，企业自主开展标准化工作的意识与能力有待提高，商务领域标准的普及应用仍有欠缺。因此，亟须通过完善商务领域标准化法治建设来规范引导商务领域各类主体的标准化行为,保障商务领域标准化工作的有序推进。

第一,提升商务流通领域标准化技术委员会参与程序的中立性。商务流通领域标准化技术委员会(以下简称"标技委")是商务流通领域标准化工作的主要技术支撑组织,这些标技委由各行业领域的头部企业、社会团体、教育科研机构、消费者等专家代表组成,主要承担流通领域的国家标准和行业标准的起草与技术审查工作,并为相应标准的归口管理提供技术支撑。标技委对标准化工作的参与程序应保持高度的中立性,既要防止标技委被有的大企业控制而产生滥用垄断优势的风险,也要防止标技委成为有的部门的附庸而丧失独立性。一是要明确标技委与起草单位之间的中立关系;明确参与评估、征求意见、技术审查等工作的标技委专家不得承担相应标准的起草工作,以防止出现"自写自评"的现象。二是要明确标技委与标准制定主体之间的中立关系。例如,标准实施一般遵循"谁制定、谁宣贯"的原则,商务流通领域行业标准的法定制定主体为商务部,因此,组织商务流通领域标准宣传贯彻的责任主体应为商务部,相应的标技委可以为宣传贯彻责任主体提供技术支撑,但不宜作为法定责任主体。

第二,提升流通领域标准制定特殊程序的可操作性。传统标准制定程序需广泛征求意见、保障不同领域专家代表意见的充分表达,制定程序、时间较长。但是,经济社会发展会面临各类突发性标准需求,传统的标准制定程序在应对这些突发性标准需求上会产生滞后性的问题。因此,有必要在标准制定程序中赋予特定条件下的简化标准制定流程,从而及时为突发性事件提供标准化的公共利益保障途径。例如,《中华人民共和国标准化法》第十四条明确了强制性标准优先立项的适用条件,《强制性国家标准管理办法》第十条、第十五条、第二十三条分别规定了优先立项条件下标准立项和标准文本征求意见的特定时限,第二十二条、第四十条对应急条件下的立项计划和制定时限进行了规定,但是并未明确可以适用特殊制定程序的条件和具体程序要求,这会使实际操作中相应执法人员的自由裁量权限过大,可能产生行业标准特殊制定程序滥用风险。因此,有必要进一步细化特殊制定程序的适用条件和具体程序要求,通过提升特殊制定程序的可操作性实现对标准制定权力的规范引导。

第三,优化流通标准的内容和结构。[①] 首先,建立一套完整的流通标准体系,使流通的各个工作环节都有据可依,实现效率最高化。应研究和编制完整、合理和科学的流通标准体系表,有计划、积极稳妥地制定流通系统全套标准,加强对流通系统标准化总体规范、流通各分系统作业标准、流通标识系统标准、流通设施标准规范以及流通管理标准的制定,完善流通配套标准,逐步形成齐全配套的流通标准体系。其次,完善商贸流通业基础术语、分类、符号标志及通用规范等标准,使各行业标准数量和标准化发展水平达到均衡。目前批发零售、食品流通、生产资料、电商物流和餐饮住宿类标准占据了55%以上,其他居民生活类服务、拍卖、租赁等领域标准较少。最后,通过标准化引导新业态均良性发展。随着"互联网+"不断地发展,商贸流通业也出现了许多新业态,"共享经济"浪潮下的"共享汽车""共享办公""民宿短租"等,对传统业态提出了新的挑战。此外,在疫情影响下,"盒马鲜生""叮咚买菜"等国内各大新零售生鲜O2O(线上到线下)平台的用户量和订单量剧增,在食材加工、配送服务、质量控制、用户体验等环节上急需引入相关标准进行科学规范的管理。因此,需及时

---

① 茅海军,魏君聪,陈媚媚,等.商贸流通标准化发展现状及对策研究[J].标准科学,2020(11):20-25.

研究新的标准化对象,通过制定标准填补空白,通过标准引领新业态新模式的规范发展。

第四,技术和标准融合,打造数字化供应链。在网络科技发达的今天,企业以互联网为依托,通过运用大数据、人工智能等先进技术手段,对商品的生产、流通与销售过程进行升级改造,重塑了业态结构和生态圈。新零售是线上服务、线下体验及现代商贸物流三者深度融合的产物,信息技术和大数据贯穿于生产、交换、分配、消费的每个环节。商业模式的改变,使得消费者的消费需求成为一切价值活动的起点,来自客户的订单更为多样化,品种增加,批量缩小,周期变短,能否快速响应市场需求,给用户带来极致体验已成为未来竞争的关键。充分利用信息化技术,将信息化和智能化融入标准,增强上下游企业之间的协同,由生产端供给和消费端需求向中间流通环节反馈信息,以数据量化的方式对供需双方进行精准匹配,并在控制成本和保证效率的前提下实现物流的快速组合与转换,满足个性化的物流服务需求。通过"技术赋能+标准协同"的方式持续推动流通业中的商流、物流、信息流、资金流等环节进行重构和整合,以适应技术进步给产业带来的巨大变革,增强产业的核心竞争力和可持续发展能力。

第五,多方共治,提升流通标准生命力。以国家标准、行业标准为基础,积极培育发展团体标准和企业标准。标准化管理部门和行业主管部门作为指导商贸流通标准化发展方向与政策制定的主体,鼓励社会团体和流通业企业共同参与标准化工作。充分利用团体标准"反映市场需求、制定周期短,工作机制灵活"等优势,引导各类商贸业联合会、商业协会等社会团体联合企业开展产业上下游急需共性标准的制修订。针对出现的流通业新业态,选取具有代表性的企业,开展相应的标准化试点,总结经验并进行推广。其次,标准的生命力在于"与技俱进",及时对现有标准进行复审和修订,重点关注农产品、食品等直接关系到消费者的生命健康,或者对储存和运输有严格和特殊要求的商品,保障消费者利益,将技术发展的成果及时融入加工、存储和运输等环节的标准中。通过建立流通评价体系,鼓励企业参与流通服务品牌认证,提升行业的无形资产价值和用户对行业的认同度。同时要加强对标准实施的监督力度,发挥标准化的实际作用,对产业的高质量发展起到真正的催化作用。

关键术语:

流通信息技术　区块链技术　流通装备　流通加工设备　高层货架　自动分拣机设备　无人配送车　智能快递柜　条码技术　流通信息　流通信息系统　ECR系统　流通基础模数　流通标准　流通技术标准　流通基础标准　流通管理标准　流通标准化

思考题:

1. 流通装备是如何进行分类的?
2. 如何理解流通装备信息化和服务化特征?
3. 自动化立体化仓储设施如何提高了仓储管理效率?
4. 阐述大数据、云计算以及区块链技术的典型特征。
5. 流通信息系统的组成与功能是什么?
6. 流通标准化的特点及构成要素有哪些?
7. 分析流通基础标准的内容。
8. 现代信息数字技术如何能带来流通业的实质提升?

 前沿观察

流通业发展对构建国际消费中心城市的作用

2021年7月19日,经国务院批准,北京、上海、广州、天津、重庆5个城市列入首批国际消费中心城市培育建设名单。建设国际消费中心城市,是推动经济高质量发展和新一轮高水平对外开放的重要举措,对促进形成强大的国内市场、增强消费对经济发展的基础性作用具有重要意义。早在2019年,经国务院同意,商务部等14部门就联合印发了《关于培育建设国际消费中心城市的指导意见》,指导推进国际消费中心城市培育建设工作。建设国际消费中心城市的工作目标是,利用5年左右时间,指导基础条件好、消费潜力大、国际化水平较高、地方意愿强的城市开展培育建设,基本形成若干立足国内、辐射周边、面向世界的具有全球影响力、吸引力的综合性国际消费中心城市,带动形成一批专业化、特色化、区域性国际消费中心城市,使其成为扩大引领消费、促进产业结构升级、拉动经济增长的新载体和新引擎。流通业作为连接生产与消费的桥梁,对于消费具有决定性作用,流通的主要目的就是消费。所以,在构建国际消费中心城市的过程中,流通业如何作用于国际消费中心城市是一个值得研究的问题。

流通业作为国际消费中心城市的基础性产业,对构建国际消费中心城市具有决定性作用。在商品经济条件下,为了实现生产性消费和生活性消费,必须借助交换(流通)这个环节,流通与消费之间是辩证关系,流通是消费实现的必要前提,流通对扩大消费规模有巨大促进作用;而消费对流通也有积极的反作用,它对流通的规模、结构和速度均起着影响与制约作用。流通业对消费的促进作用主要表现为两个方面:第一,流通是消费实现的必要前提。消费实现是整个社会再生产运行的一个最终目标,社会分工者要想使其多样化的消费需求得到满足,唯一的途径只能是经过交换而形成的商品流通,依靠流通的媒介作用。第二,流通能扩大消费的规模。流通可以促进生产者的产品向商品生产转化,因而能给社会分工者带来更多的货币收入,提高其购买力,从而扩大消费的规模。

流通业对于构建国际消费者中心城市的重要作用主要通过五个方面来体现,第一,流通产业效率的提升促进消费结构优化。流通成本的降低扩大流通规模,同时流通速度的加快提升流通效率,从而促使消费者消费结构向发展型和康乐型方向转变,推动消费结构优化。第二,流通产业空间布局提升消费潜力。在不同区域和不同行业中产业布局合理化水平有着显著差异,流通产业空间布局在不断的动态演化过程中,消费潜力不断被挖掘,以消费中心城市为核心,带动周围消费经济快速发展。第三,流通产业创新能力驱动消费升级。当今,流通组织形式、流通运营模式及流通技术手段不断创新,由流通创新导致流通效率提升、成本下降时,人们购买商品的便利性提高,整体消费成本呈现下降趋势。第四,流通产业与其他产业的协同发展加强消费能力。充分发挥产业影响力及产业协同发展优势,坚持区域经济一体化和市场一体化导向,从而提高区域消费能力。例如以产业链为脉络,积极优化流通业与制造业的分工,可推动制造业生产性服务的外包,夯实流通业发展基础,加强区域消费能力。第五,数字化+流通产业打造消费新引擎。数字经济时代,我国数字流通体系不断完善,带动了居民消费场景的多元化发展,同时也促进了消费和生产的"双升级",提供及时有效的信息和数据支持。在数字化技术支撑下,流通产业对于国际消费者中心城市的消费

偏好敏锐捕捉,深化需求侧改革,提高国内消费市场的弹性。

国际消费中心城市应该具备以下特征:一是消费是城市经济增长的主引擎。二是消费人口众多,人均可支配收入高,消费结构偏向健康娱乐型消费。三是社会消费品零售规模不断攀升,服务性消费占市场总消费额的比重稳定上升。四是具有影响全球消费,带动区域经济发展的能力。五是具有完善的基础设施和消费管理政策体系。在构建国际消费中心城市的过程中,关注流通业的发展,研究流通业对国际消费中心城市的作用路径,从而进一步推动北京、上海建设成全球引领型顶级国际消费中心城市。充分发挥超大城市规模效应和创新资源集聚优势,突出消费创新和引领功能,增强消费领域话语权,成为全球消费规则、标准的制定者和全球消费发展风向标。

即测即练

第9章 商品流通宏观调控

本章要点：流通运行是国民经济稳定运行的关键环节，流通领域也是多方经济利益和各种经济矛盾集中体现的场所，需要在市场调节发挥基础性作用的同时，加强政府对流通运行的有效调控，这是流通运行过程不可缺少的重要调节机制，是实现资源配置的重要途径。商品流通宏观调控是国民经济宏观调控体系的有机组成部分，是政府依据商品流通规律，通过经济、法律、行政手段对流通运行过程施行的主动干预，目的在于保持商品供需总量平衡、结构平衡和地区平衡，保持商品价格总水平基本稳定，实现生产与消费的统一和经济运行的稳定。本章主要阐述商品流通宏观调控体系、调控的目标和原则、主要调控方式、宏观调控监管体系以及相关的宏观调控支持系统和财政金融宏观调控的作用。

本章学习目标：
1. 理解商品流通宏观调控的内涵；
2. 理解"市场失灵"与流通宏观调控的必要性；
3. 掌握商品流通宏观调控的目标；
4. 如何把握流通宏观调控的力度？
5. 分析流通宏观监管的要点。

9.1 商品流通宏观调控体系

在市场经济条件下，流通运行调控的内涵有广义和狭义之分。广义的流通运行调控是指国家采取各种手段和政策对商品市场运行状态实施间接调控，主要指向调控"运行状态"，如商品市场的供求状况（总量和结构）、流量流向、价格水平、交易规模（商品销售量和销售额）等；狭义的流通运行调控是指国家授权有关政府机关依法采取必要手段对商品交易主体及其行为实行规范、控制、监督等的直接管理，主要指向调控参与商品交易的当事人，通过制定交易人（法人）的入市规则、入市资格、交易规则、交易范围等，规范当事人的交易行为，维护商品市场的正常秩序。

9.1.1 商品流通宏观的目标和原则

商品交换领域是市场经济中最活跃的领域，也是市场经济特征最显著的领域。市场经济的一般特征或一般原则,在商品交换领域表现得最直接、最充分;而逃避规则的商业欺诈等违法犯罪行为也表现得最为集中、最为突出。生产者行为最终都要转化为市场交易行为或商业行为,生产领域的各种问题通常也是在市场交易中表现或暴露出来的。因此,必须实行严格的流通运行宏观调控。

1. 商品流通宏观调控的必要性

人类社会发展的历史证明,无论是在社会生产还是在社会生活中,每一个企业、每一个人,都需要政府的帮助。政府对社会生产和生活是必不可少的。我国发展社会主义市场经济,应当明确政府的经济职能,市场经济条件下的政府除了为社会提供"公共物品"外,还要对经济总量平衡和结构优化进行干预,维持国民经济的平稳运行。

1) 实现政府经济职能的需要

从理论的角度看,政府在流通经济运行和调节中发挥作用,首先并不是基于"政府的优越"的考虑,而是基于"市场的缺陷"的考虑。在经过几百年市场经济的发展后,人们发现,市场也会越表现出自身无法克服的缺陷,有些事务,特别是属于宏观范畴的事务,只靠市场是没有办法解决的。

首先,宏观经济难以自发地实现总量平衡。市场商品价格,虽然可以在一定程度上调节供求关系,缓解供求非均衡程度,但由于信息不对称、信息传输既有时滞又有漏损,以及消费者的偏好不断变化,各个单个的商品市场总会存在或多或少的非均衡。这些单个市场的非均衡集合起来,会在国民经济总量中产生不平衡,出现有效需求不足或过剩,产生经济周期性波动,制约国民经济持续稳定地发展。对这些表现在宏观层面上的"总量失衡"现象,靠市场本身无法解决,只有借助政府的宏观调控,靠政府运用财政、货币等经济政策来缓解。

其次,流通领域中的一些不合理现象需要进行必要的干预,主要表现在两个方面:第一,低水平无序竞争和商业欺诈行为比较普遍。规模经济不足,外延粗放经营,技术、管理水平低,质量意识差和急功近利,是流通企业普遍存在的问题。低水平重复、相互复制、从众模仿,以次充好以及产品安全上的信用缺失,导致消费者对一些企业的产品失去信心。在这种市场氛围中,消费者的权益和安全感失去了有效的保障。由此可见,强化流通运行调控尤其紧迫。第二,垄断势力侵入市场,从深层次扰乱了市场流通秩序,使商品市场状态发生了变异,即市场交易中被不断营造、复制和异化出某种非市场的因素,市场本应具有的资源配置效率和公平竞争环境受到损害。

与市场经济发展的要求相适应,政府作为宏观经济的管理者,作为社会经济生活的调节者,有如下经济职能:第一,保持总量平衡,保持币值稳定,保持物价总水平基本稳定,促进重大经济结构优化,不断提高人民生活水平,推进国民经济持续、快速、健康发展。第二,制定经济长期发展规划和产业政策,引导生产力的合理布局和经济结构调整,促进产业结构优化和产业升级。第三,提供公共服务,包括对内、对外两个方面。对内主要包括从事道路、公共公用设施等方面的建设,保障国内社会治安,创造安定的社会环境;对外主要是维护领土完整与国家主权,从事外交活动,努力维持一个有利于国内经济建设的和平国际环境。第四,进行管理和监督,维护市场秩序。政府通过经济立法和司法规范各类经济主体的行为,限制各种不正当的经济行为,创造公开、公平、公正的竞争环境。第五,直接参与某些重大经济活动。政府通过直接投资方式创建个人无力创办或不愿创办而又是国民经济必需的大型项目,如投资于基础设施、原材料、能源、交通等产业,以消除制约经济发展的"瓶颈"。第六,制定收入政策,调节收入分配。政府通过征收累进所得税、财产税和遗产税等措施,抑制高收入阶层收入过分膨胀;通过直接的转移支付及对商品和劳务的再分配政策,增加贫困阶层的收入,改善他们的生活,限制两极分化的扩大。因此,政府必须发挥对经济运行的调节职能。

2)克服"市场失灵"的需要

市场经济制度是一种灵活富有效率的经济制度,在资源配置中发挥基础性的调节作用。市场机制在微观层次上能极大地调动生产者的积极性,具有自动性、平等性、高效率的特点,且能较好地适应经济活动瞬息万变的需要,市场机制还能让生产者和消费者拥有较大的自主权,驱动着市场经济活动不停地运转。但市场机制也有其内在的缺陷,这种内在缺陷主要表现在以下几个方面。

(1)市场功能有缺陷。如在经济生活中,有些当事人不付成本便可得到来自外部的好处;有的当事人的活动会造成外部主体的经济损失,像工厂排放污染物对附近居民的损害、对环境的污染。这类外部影响一般不可能通过市场价格表现出来,当然也就难以通过市场机制的自发作用得到补偿和纠正。市场机制也不能调节公共产品的供给,如国防产品、警察服务、消防、城市卫生、文化体育设施等。此外,有些产品个体效益和社会效益互相冲突,如麻醉品、武器、黄色书刊等,经营者可大获其利,但危害公民健康、社会安全和社会风尚。

(2)市场竞争也会失灵。市场机制是一种竞争机制,竞争的结果,一方面保持市场的繁荣,促进部分企业壮大;另一方面却又会导致垄断的形成,生产集中发展到一定阶段,就自然而然地走到垄断,而垄断反过来又会破坏市场机制、排斥竞争,从而导致效率的损失。市场竞争导致市场垄断,这是市场机制自身无法避免的,只有通过其他手段才能校正市场运行中的这种畸变现象。

(3)市场不能完全实现公正的收入分配。市场机制在原则上是平等和等价交换的,但由于人们的资源禀赋不同,收入水平就会有差距。而且实际上由于市场价格随着供求的波动而上升或下降,市场的自发调节容易引起收入差距的扩大,从而偏离社会的最基本原则即社会公正,引发社会矛盾。

(4)市场调节本身具有一定的盲目性。因为市场调节是一种事后的调节,从价格形成、信号反馈到产品生产,有一定的时间差。加之企业和个人掌握的经济信息不全,微观决策带有一定的被动性和盲目性。这对于那些生产周期较长的部门,如粮食生产、畜牧养殖等部门表现得尤为明显。因此,单靠市场本身并不能保持国民经济总量的综合平衡和经济稳定增长。

和其他任何事物一样,市场机制有它积极的一面,也有它消极的一面,我们要充分利用市场机制的积极作用,同时尽可能克服其消极作用。市场本身的这些弱点和消极方面,是导致实行市场经济的国家出现周期性经济衰退及其他经济社会矛盾的一个重要原因,也是这些国家逐渐实行和完善政府对经济的间接干预的重要原因。

2. 商品流通宏观调控目标

商品流通宏观调控是根据一定的目标进行,并为实现一定目标服务的。从总体上讲,商品流通宏观调控目标与国民经济宏观调控目标是一致的,即保持社会总供给与总需求的基本平衡,促进国民经济可持续、快速、健康发展。对流通运行进行调控,必须有一个合理的定位,这就是要正确制订流通运行调控的目标。目标定准了,调控才能有的放矢。流通运行调控与整个国民经济的宏观调控是有所差别的。流通运行调控的基本目标主要涉及以下方面。

（1）保持商品供给总量与需求总量平衡。商品流通宏观调控的首要目标是要保持社会商品供需总量、结构基本平衡,优化商品资源配置,促进国民经济协调发展。这里的商品供给总量与需求总量平衡有三点含义：其一,商品供给总量和需求总量不是指全社会的总供给和总需求,而是某种商品市场的总供给和总需求；其二,商品供给总量与需求总量的平衡是指所有不同种类的商品市场的供给总量与需求总量分别都平衡,因此,这里的平衡实际上还具有结构平衡的含义；其三,总量平衡是有时间和空间上的要求的,必须适时适地实现商品供给总量与需求总量平衡,这一点不能忽视。

（2）保持市场物价基本稳定。市场物价的稳定有赖于社会总需求与社会总供给的相对平衡,更直接有赖于某种商品市场的供给总量与需求总量的平衡。因此,在商品流通领域,运用商品流通手段积极加强市场调控,保持市场物价相对稳定是商品流通运行调控的一个重要目标。要保持商品市场价格基本稳定,促进和保护市场形成价格的机制,避免市场物价大起大落,防止过高的通货膨胀与长时间的通货紧缩,保护消费者和生产者的利益。

（3）促进市场发展,为生产和人民生活服务。商品流通的运行调控除调节商品供求总量平衡和维护市场物价稳定以外,还应该促进商品市场的不断完善和发展,以更好地为工农业生产和人民生活服务。这一点对于处于转型期的我国商品市场来说尤为重要。因为我国的商品市场还很不完善,市场经济还处在建立初期,新旧体制转轨中还有许多方面需要磨合。因此,在现阶段促进商品市场的完善和发展应成为流通运行调控的一项重要任务。要协调国内外商品流通,充分利用国内、国际两个市场、两种资源,促进商品流通的社会化、现代化、产业化与国际化。

（4）建立正常的市场流通秩序。简单说,市场秩序就是指按照法律规定的原则、规范和惯例所进行的市场交易和商业行为总和。换句话说,如果工商企业都能依法进行商务活动,市场流通运行就可以进入有序化状态。这种有序化,需要国家建立市场流通法制体系,市场流通法制体系是国家规范商品交易和商业行为的立法、司法和行政执法系统的总称。其中,市场流通管理体制是指国家授权机关依照法律法规建立的对商品交易和商业行为的规范、控制、监督和引导的组织体系；市场管理方式是国家采取经济的、法律的和行政的手段对商品交易与商业行为进行调节和规范的具体形式。所有这一切,都是为了建立以法制为中心的市场流通活动新秩序和新规范。

（5）培育有影响力的骨干商品流通企业,同时支持中小流通企业发展。

以上五个目标是根据国民经济宏观调控目标,结合商品流通领域改革开放以来的实际情况总结的主要方面,随着商品流通产业的发展和整个宏观经济运行的变化,这些调控目标有的很快实现了,也有新的目标被纳入调控体系,这就要求宏观经济管理部门从动态上把握商品流通宏观调控的目标。

3. 商品流通宏观调控的基本原则

按照市场经济的运行规律,结合我国实商品流通宏观调控的实践,政府对商品市场的宏观调控要遵循的原则包括宏观间接调控原则、计划指导原则、市场机制与政府调控有机统一原则、分类调控原则。

1) 宏观间接调控原则

政府调控市场要实现三个转变：一是要由过去的直接管理为主转向间接管理为主。在传统的集中计划经济体制下，政府通过指令性计划形式，对企业的购、销、调、存、人、财、物实行直接管理，规定企业的活动范围，把企业当作政府的加工车间。在社会主义市场经济体制下，按照现代企业制度的要求，企业是自主经营、自负盈亏、享有民事权利、承担民事责任的法人实体，政府对企业直接管理和干预失去法律依据，应当主要采取间接管理方法，即运用经济手段，通过市场机制引导企业，使企业的活动基本上符合宏观经济发展目标。这条原则的实质是，只要市场机构能够调整解决的问题，政府不再进行干预。只有这样，政府才有更多的精力去研究和解决战略性、宏观性的大问题，才能真正管好宏观，又放开搞活微观，充分发挥企业的创新能力。二是要由过去的微观管理为主转向宏观管理为主。在传统计划经济体制下，政府既是直接投资者，又是管理者；既要管理宏观经济的总量和结构，又要负责微观的投入和产出，还要任免企业管理人员，政府对企业统得过多、管得过死，由此造成政企不分，企业没有经营自主权。在市场经济条件下，市场成为经济活动的基础，企业的经济活动以市场为中心，企业的成败兴衰由市场决定。政府对市场的调控主要在于把握总量平衡和结构平衡。微观经济决策只能由企业根据市场需求决定，包括经营什么、怎样经营，都是企业自身的事情。三是要由过去主要管项目审批、拨款、分物资转向主要搞规划、协调、监督和服务。在过去的计划体制下，政府按行政权力"分条""分块"进行管理，根据计划审批项目，调拨资金，调拨物资，大部分精力用在微观事务管理上。在社会主义市场经济条件下，政府主要利用经济手段和法律手段制定与实施发展规划，协调市场主体之间的利益关系，完善市场机制，对市场运行状况进行监控，并为市场提供必要的服务。

2) 计划指导原则

必须从根本上改变原有的集中计划经济体制，并相应转变计划的功能。进行商品流通宏观调控，国家计划要以市场为基础，采取粗线条的、弹性的、指导性的计划。计划指导的任务是抓好社会经济发展的预测，确定国民经济发展方向和重大战略，及时为微观经济决策和政府制定政策提供信息。计划指导的方法，主要是通过计划制订过程中的信息交流、计划发布和计划执行情况通报来发挥计划的指导作用。计划应当是按照科学的计划决策程序，以定性、定量分析为依据，通过咨询、比较、论证而制订的。只有保持计划的宏观性、战略性、政策性，政府的计划才能有效地指导经济发展。

3) 市场机制与政府调控有机统一原则

在商品流通中把市场机制与政府调控结合起来，一是要充分发挥市场机制的作用，要让市场机制发挥对资源配置的基础性作用，因为没有市场机制的这种调节作用，企业就不活，市场就不活，这一点丝毫不用怀疑；二是宏观调控要以间接调控为主，亦即以法制化市场经济环境下的经济利益诱导为主，而不是以行政性集中管理为主，要通过创造公平的市场竞争环境，规范企业的市场行为，力求使个体目标与社会总目标在方向上大体一致。我们知道，市场经济中的个体目标是自身利益的最大化，而这种利益最大化可以通过正当的手段，如开拓市场、加强企业管理、提高服务水平来实现，也可以通过不正当竞争来实现。政府宏观调控的基本功能就是抑制市场机制的消极作用，诱导其积极作用，让市场机制作用的目标导向与宏观调控作用的目标导向趋于一致。

4) 分类调控原则

我国幅员辽阔、人口众多,资源分布不均衡,商品生产和流通情况复杂,各地经济水平存在较大差异,因此,在进行商品流通的宏观调控时,必须根据不同情况采取不同政策,即实行分类调控。首先,要针对不同商品采取不同的调控政策:对于一般性商品,特别是大量竞争性商品,主要是让市场机制调节,国家进行一定的间接调控,如公布产业鼓励政策或产业限制政策,发布市场供求信息及其前景预测等,以此诱导商品的生产和流通,达到国家调控目的;对于少数关系国计民生的重要商品,则要实行间接调控和一定程度的直接控制相结合,建立政府的储备调控制度、风险基金制度、国家订购制度等,以此控制该类商品的流通,达到稳定市场、稳定社会的目的。其次,要针对不同的市场主体采取不同的调控政策。在社会主义初级阶段,多种经济成分并存是我国的一项长期政策,公有制经济与私有制经济的共存和竞争不可避免。在这一格局下,那些关系国计民生的重要商品在当前情况下只能交给公有制经济控制,这不仅是社会主义国家性质决定的,而且是广大公众的共同利益决定的。当然,公有制企业必须进行彻底的改革,必须使自己有足够的活力和实力来担当起公众共同利益的重任。在商品流通领域,少数关系国计民生的重要商品,在关键环节上只能由公有制经济承担其流通任务,这要作为一项重要原则甚至法律固定下来,不能轻易动摇。最后,要针对不同种类的价格采取不同的调控政策。价格是商品流通运行机制中最敏感、最重要的部分,必须根据不同种类的价格采取不同的政策。

9.1.2 流通运行宏观调控手段

流通运行调控的基本手段大致可分为三类,即经济手段、行政手段和法律手段,在社会主义市场经济体制下,经济手段和法律手段使用越来越广泛,因为它与市场经济体制具有内在统一性,行政手段在一定条件下仍不可或缺,但现在越来越多地纳入法制体系当中,并以依法行政为表现形式。商品流通宏观调控的手段是一个体系,要区别不同的发展阶段,区别不同的经济运行状况,交替使用或配合使用调控手段。

1. 经济手段

通过经济手段实现流通运行调控,主要是指政府部门以经济杠杆、经济参数、经济实物等对商品市场平稳运行进行平抑和调控,从而达到市场稳定、秩序良好的目标。经济手段是指国家通过调节经济变量影响微观经济单位的行为,并使之符合宏观经济发展目标的一切政策措施的总和。用经济手段调控商品市场,主要是依靠政策导向和经济杠杆的作用。经济政策是整个宏观调控体系的主干。从改革开放以来我们采取的调控政策来看,主要是产业政策、财政政策、货币政策、收入政策、区域政策、价格政策、进出口政策等。它们从不同的侧面发挥作用,相互配合,形成合力。商品流通宏观调控较多地采用了财政政策中的补贴政策,产业政策中的投资扶持政策和价格政策中的定价、限价政策等。

经济杠杆是国家依据价值规律,综合运用价格、信贷、利率、税率、工资、汇率等多种经济参数,按照宏观经济调节的方向发展。经济杠杆中最主要的是价格杠杆、税收杠杆和信贷杠杆。各种经济杠杆有其特定的调整范围和力度,在实际工作中,通常需要综合运用经济杠杆,形成合力,才能实现预期的调控目标。

2. 行政手段

行政手段是指政府凭借国家政权的力量,通过发布命令、指示、决定、政策等手段,直接管理和干预社会经济活动。行政手段具有直接性、强制性的特点。

商品流通宏观调控是一个系统工程,往往需要同时运用经济手段、法律手段、计划手段、行政手段。有时这些调控手段之间会有碰撞,这就要求执行调控职能的部门审时度势,灵活运用各种手段。

在市场经济条件下,对经济运行的调控,主要依靠经济手段和法律手段,这是市场经济的内在要求。流通运行调控需要一定的行政手段,这是我国经济转型期,特别是在社会主义市场经济条件下,不可缺少的手段。不过行政手段的运用要符合市场经济运行的基本规则,这既是一种内在的逻辑要求,又是已有实践经验的总结。

行政手段一般具有以下特性:第一,权威性。国家赋予有关行政部门法定权力,在职权范围内,行政部门的命令、指令、要求等具有强制性,有关组织和个人必须执行。第二,社会性。行政手段的运用是为社会公众利益服务的,并面对社会公众一视同仁。第三,政策性。行政手段的运用常常是通过制定有关政策来实施的。

3. 法律手段

法律手段是指依靠立法和执法机关,通过各种经济法律、法规、条例、部门规章管理经济的手段,具有普遍的约束性、严格的强制性、相对的稳定性和明确的规定性等特点。

运用法律手段调节商品流通主要有两方面的内容:一是经济立法,国家立法机关按照经济法律的要求,制定调整经济关系的法律、法规,确定国家机关、团体法人及公民在经济活动中的规范,使全社会的经济行为在法律规定的范围内进行。二是经济司法。国家各级司法机关依据经济法律、法规,审理经济案件,保护合法经营,惩治违法活动。

要保证市场运行效率和规范市场交易秩序,必须加强市场流通方面的法制建设。商业法制是国家规范商品交易和商业行为的立法、司法和行政执法的制度总和。在依法治国的今天,必须加快商业法制建设步伐,更多地依靠法律手段进行流通运行调控,提高经济效率,规范市场秩序。

(1)保证市场运行效率的核心是建立系统完整的竞争政策法律体系。市场运行的核心是市场竞争。在现代市场经济条件下,实行明确无误的竞争政策是保证市场效率、优化资源配置的根本和头等任务,竞争政策通常被视为可对一国经济产生深刻和深远影响的基本国策,是市场经济的根本特性。因此,在实行市场经济的诸多发达国家,历来高度看重竞争政策的法律地位和作用,对竞争政策法律的研究、制定和实施,积累了一套符合自己需要的研究方法、理论解释和操作经验。

(2)维护市场交易秩序的关键是建立系统完善的规范交易当事人行为的商业法律体系,这也是运用法律手段进行调控的擅长之处。由于市场经济的固有特点和改革开放以来的特定环境,我国自20世纪80年代掀起了经商热潮。"经商热"一方面推动了市场经济的迅速发展,另一方面也加剧了市场混乱和商业行为的失范。

自20世纪80年代积极推进以"放"为主(放权、放价等)的市场化改革以来,中国的市场秩序混乱问题就已经有所表现。到20世纪90年代,特别是21世纪初,市场秩序混乱的问题仍然没有得到明显解决,而且这一现象越来越扰乱了正常的经济秩序和社会生活秩序,引起了社会各界越来越多的关注。工商企业利润最大化和个人收入最大化,在企业改革、价格改革和分配体制改革过程中,急剧上升为社会追求的核心目标,以货币财富为代表的经济利益角逐便迅速在全社会范围内展开。从积极方面来看,这种多元化的利益驱动,极大地刺激了人们勤劳致富的积极性和创造性,带来了国民经济的空前繁荣和整体实力的迅速增强。但与之俱来的还有另一面的东西,这就是人们对追逐自身的物质利益的强烈欲望。当前,在依法治国的大好形势下,必须全力加大商业立法和执法的力度,同时,大力提高民众、企业、行业的自身素质、法制意识和自我负责精神,对正当权益培养自我保护能力,对市场交易行为和商业竞争培养自我约束能力,增强对经济事务和社会事务的参与意识,改变"事前规范不足,事后惩处不力"的被动局面。

9.1.3 流通宏观调控信息与决策系统

商品流通是国民经济运行的一个重要环节,按照社会再生产理论的论述,社会再生产过程包括生产、交换、分配、消费四个基本环节,作为从总体上看的交换,商品流通过程是其中的一个重要环节,且生产过程已经完全建立在流通的基础上。马克思的论断深刻指出了商品流通在社会再生产过程中的特殊重要地位。我们分析流通运行调控必须以此为着眼点,并把它放在整个国民经济运行的大背景中去考虑。事实上,每一次商品流通领域出现较大的波动,其主要原因往往不是流通过程本身,而是由于生产领域、分配领域或消费领域出现了异常情况。因此,不能孤立地就流通领域来看流通问题,要有全局观和发展观。

为了确保商品流通宏观调控手段的实施,必须建立和完善商品流通宏观调控的支持系统,主要有经济信息系统、经济决策系统、经济调节系统和经济监督系统。

(1) 建立和完善经济信息系统。经济信息系统是政府宏观调控职能部门以经济信息的形式把各项政策、指令、任务、调控目标传递给市场主体,市场主体的经济活动形成市场经济信息,并反馈给宏观调控机构的一种体系,包括社会统计系统、金融信息系统、科技情报系统、对外经济情报系统,以及各专业部门和综合部门的信息系统。

经济信息是宏观、微观决策的依据,是对经济活动进行监督和控制的依据,是沟通各个管理层次、各个经济环节的网络和纽带。因此,无论是宏观调控政策的制定,还是宏观调控手段的选择,以及对宏观调控效果的检验,都必须以经济信息的充分占有和迅速处理为条件。

(2) 建立和完善经济决策系统。经济决策系统是政府的决策机构根据占有的经济信息,对未来活动的目标、方向、方针、原则、方法和手段作出选择和决定,并用以指导实践活动的体系。经济决策系统的根本任务,就是根据各方面提供的信息,对社会发展目标、发展规划、行动方案、政策策略和重大措施等作出选择和决定,规定和描绘整个经济活动的准则。经济决策的核心问题是择优,即寻求能够获得最大经济效益的行动方案和实施步骤。

(3) 建立和完善经济调节系统。经济调节系统是指执行决策机构发出的各种政策指令,为微观主体提供信息服务的综合性调节系统。它既包括中央和地方多层次的经济调节机构,也包括实施经济调节的方式和方法。经济调节系统的主要任务和功能就是通过计划的、经济的、法律的、行政的调节手段,组织经济决策的实施,及时调整经济活动中偏离调控目标的行为,修正决策误差,以保证调控目标的实现。

(4) 建立和完善经济监督系统。经济监督系统是指国家及其管理机构,依据法令、计划、指令、政策及制度中规定的各项标准和限额,通过各种监督手段,对社会再生产过程的各个环节进行全面监察和督导的体系。经济监督的根本任务在于,维护国家所确定的经济发展方针、政策、计划和法规,发现并纠正一切违背有关法规制度的市场行为。

总之,形成灵敏的经济信息系统、科学的经济决策系统、有效的经济调节系统和强大的经济监督系统,是实施商品流通宏观调控必不可少的支持系统。

9.1.4 商品流通的财政金融调控

在国民经济调控体系中,财政政策、金融政策、收入政策、产业政策、区域政策等都对商品流通宏观调控产生直接影响,其中最突出的是财政宏观调控和金融宏观调控。

1. 财政宏观调控

财政宏观调控是通过调整财政收支政策,抑制社会总需求的过分扩张或收缩,实现经济稳定的目的。财政政策包括财政支出政策和财政收入政策。财政支出主要用于政府购买、公共工程建设和转移支付(转移支付是指政府对某些地区、阶层及个人实行的津贴和补助等)。财政收入主要来源于税收。根据财政政策对于经济运行的不同影响,可以把财政政策区分为扩张性财政政策和紧缩性财政政策。在不同的时期,采用不同的财政政策。财政宏观调控的内容包括三个方面,一是总量调节政策,二是结构调节政策,三是利益调节政策。

1) 总量调节政策

财政收支总量对总供给与总需求的影响主要体现在两方面。一方面,从财政支出总量来看,财政支出无论是作为消费支出还是作为投资支出,都会直接转化为社会购买活动,形成社会总需求的一部分。财政支出总量的扩张会立即增加社会总需求,财政支出总量的收缩会减少社会总需求。同时,由于财政支出所形成的社会需求会带动供给,而且财政支出中的投资部分会直接形成供给,成为社会总供给的重要组成部分,因此,财政支出对社会总供给的变动也会产生重要影响。另一方面,从财政收入总量来看,财政收入总量的调整,即对税种增减、税率的升降,是通过改变企业用于消费支出的收入和企业用于投资支出的收入,间接地对社会总需求产生作用。只有当财政收入总量影响到企业的消费成本和投资成本的情况下,才能对社会总需求产生影响。如果减少的财政收入总额,企业用于扩大再生产,那么财政收入总量的减少就增加了总供给,如果减少的财政收入总额部分,企业用于公共消费和职工奖金,那么财政收入总量的减少对社会总供给的影响就不大。因此,财政收入总量的增减对总供给的影响,主要看增减部分的流向。

根据国家财政收支的不同的数量对比关系,财政政策的总量调节可分为赤字性财政政策、盈余性财政政策、平衡性财政政策。赤字性财政政策主要用于刺激社会总需求的增长,盈余性财政政策主要用于抑制社会总需求的增长,平衡性财政政策主要运用于总需求与总供给同步增长,应根据国民经济运行的实际情况选择适当的总量调节政策,以强化政策效果。

2）结构调节政策

结构调节政策的内容包括财政收入结构调节政策和财政支出结构调节政策，其调节对象，一是消费与投资的比例，二是社会生产比例。

（1）对消费与投资比例的调节。国家财政收入结构既包括消费收入部分，也包括投资收入部分。国家财政支出同样也包括这两部分。国家财政通过调节财政收入和支出中投资与消费的比例，可以抑制投资或消费的盲目增长，以保证投资和消费按合理的比例协调发展。

（2）对社会生产比例的调节。这也就是通过调整财政收入结构和财政支出结构，抑制长线部门的扩张，加强短线部门的扩张，保护社会生产的均衡发展。

3）利益调节政策

利益调节政策主要是通过财政收支的变动来调节社会成员间的收入差距和各经济单位的非劳动性收入。

在社会成员收入差距控制上，一要体现效率优先、按劳分配的原则，调动劳动者积极性，适当拉开收入差距；二要兼职公平，防止收入差距过大，产生贫富两极分化，以实现共同富裕的目标。这种利益调节政策，主要是通过调整累进所得税和转移支付来实现，对非劳动性收入的调节，主要是对因资源、地理位置等非主观努力造成的级差收益进行调节，使企业等利益集团通过自身努力来开展平等竞争。

2. 金融宏观调控

金融宏观调控是国家通过调控金融领域里的经济活动，进而影响整个国民经济的运行，实现社会总供给与总需求的基本平衡。金融宏观调控的职能机构是国家的中央银行，即中国人民银行，调控的中心任务是控制货币供应量。实行金融宏观调控的政策手段主要是三种，即法定准备金率、贴现率、公开市场业务。

1）法定准备金率

它是市场经济国家以法律形式规定的商业银行存款准备金的最低比率。商业银行在吸收存款后，必须按照法定准备金率保留准备金，其余部分才可以作为贷款放出。按照现代货币理论的解说，在市场货币供应量中，一部分称作基础货币，包括居民持有现金、商业银行自己保有的存款准备金及其在中央银行的准备金存款；另一部分称作商业银行的派生存款所创造的货币。按照货币流通规律，银行创造货币的多少与法定准备金率成反比，即在法定准备金率较高时，银行派生的货币存款较少；在法定准备金率较低时，银行派生的货币存款较多。而且，法定准备金率的微小变动，都会带来派生存款数量和货币供应量的很大变动。中央银行就可以通过变更法定准备金率来影响货币供应量和利息率。其具体操作方法如下：在经济高涨时期，中央银行提高法定准备金率。这样就要求商业银行在吸收的存款中必须保留更大规模的准备金，能够作为贷款放出的货币量减少，银行所能创造出来的货币也就随之下降。结果是流通货币供应量减少，货币供求关系变化，利息率上升，因为利率上升又会抑制投资需求，社会总需求进一步膨胀的势头就会得到抑制。在经济衰退时期，中央银行则降低法定准备金率，其结果与提高法定准备金率相反。

2）贴现率

中央银行的贴现率是指商业银行向中央银行借款时支付的利息率，也称再贴现率。中央银行是商业银行的银行,它通过调整贴现率,直接影响商业银行从中央银行借入资金的成本。如果中央银行提高贴现率,商业银行的资金成本增大,就迫使商业银行提高贷款利率,从而紧缩企业的借款需求,减少贷款量和货币供应量;反之,则会刺激贷款需求和货币供应规模。贴现率政策可以根据经济运行情况灵活地、经常地使用。我国的中央银行也曾多次通过调整存贷款利率来调节经济运行。

3) 公开市场业务

公开市场业务是指中央银行在市场上公开买卖各种政府证券及银行机构发行的证券,以调节货币供应量的活动。当中央银行要放松银根时,就可以在市场上公开买进有价证券,以增加货币供应量;当中央银行要紧缩银根时,则可以在市场上卖出有价证券,以减少货币供应量。

公开市场业务作为调节货币供应量的重要手段,比前两项更具优越性。一是公开市场业务每天都在进行,国家、金融机构甚至个人都在参与,对货币供应量的调节迅速、灵活、有效。二是公开市场业务可以避免由于调整法定存款准备金率和贴现率引起的震荡,有效运用这一手段的前提条件是金融市场较为发达。

国民经济宏观调控体系中的收入政策、产业政策、区域政策、国家计划、经济监督、法律手段、社会保障等调控手段,都如同财政、金融调控手段,对商品流通宏观调控产生直接与间接的影响,这些都是进行商品流通宏观调控的重要组成部分,也是必要的条件。

9.2 商品流通宏观调控的主要方式

商品流通宏观调控的方式包括直接调控方式和间接调控方式。目前我国对流通领域的调控,主要是采用间接调控方式。直接调控方式主要指国家计划调控,包括指令性计划和指导性计划;间接调控的两大基本手段是储备调控和进出口调控,特点是针对市场,而不针对某个具体经济单位,由政府有关部门组织实施。间接调控还有两个重要手段,即市场风险基金制度和价格调控制度。市场风险基金制度有利于保护一些敏感性商品的产量和价格稳定。如日本为保证消费品市场价格相对稳定和保护农民利益,对14种主要消费品,如蔬菜、果品和鸡蛋等实行风险基金制度,由政府、批发商、生产者共同筹措资金,用于在特定时期补贴有关农产品的销售。这些经验我们可以借鉴,风险基金制度各级政府都要建立,并且早建早主动。价格调控制度包括限价制度和保护价制度,限价制度是当市场价格短期内涨势过猛时国家可以实行最高限价,而保护价制度是对少数敏感商品设立的支持价格制度,其主要目的是避免市场的过大波动和保护消费者利益。总之,价格调控制度有利于保护商品市场的正常进行。

9.2.1 国家订货与国家计划

1. 国家订货

国家订货是由国家委托有关部门、单位,或组织用户直接向生产企业进行采购取得重要物资的一种订货方式,主要用于满足国家储备调控市场、国防军工、重点建设及救灾等其他特殊需要。国家订货的产品目录、数量由有关政府职能部门提出。国家拥有优先订货权。接受国家订货是每个生产企业应尽的义务。国家订货产品的价格,除国家另有规定外,均由双方自行协商。国家订货产品的生产条件由企业自行解决。根据具体情况,国家有关部门帮助协调某些必要的条件。

国家订货合同具有法律效力。合同签订后,供求双方必须严格遵守。不按合同执行的,要根据《中华人民共和国民法典》和有关条例进行处理。国家订货合同的变更或解除,必须由供求双方协商一致,并报主管部门或有关部门备案。如供求双方对变更国家订货合同有异议,由下达国家订货任务的机关会同合同管理部门做好协调或仲裁。铁路、交通部门根据国家订货合同,应优先安排运输计划;市场监督管理部门和生产主管部门要经常检查与监督合同执行情况。

为满足军工、救灾、重点工程等特殊需要,负责国家订货的部门可直接向企业提出产品导向销售任务。其产品价格由产需双方协商确定,生产条件由企业自行解决。根据国外的做法,指令性计划要逐步转向国家订货。目前生产资料中实行国家订货的有汽车、轮胎、橡胶、生铁、重油等品种。

2. 国家计划

(1) 指导性计划。指导性计划是政府按照国民经济和社会发展计划的要求,根据对市场的预测分析,提出建议性的生产经营计划,并通过经济杠杆引导市场主体实施指导性计划,它是国家实行计划管理的一种形式。指导性计划不具有强制性,但它是企业编制计划的重要依据。计划执行单位在计划制定过程中,结合社会需要和本单位的实际情况,参与上级下达的指导性计划指标,拟定本单位的具体计划方案,可以对国家指导性计划指标进行调整,但必须上报主管部门备案。指导性计划比指令性计划具有较大的灵活性,因而能发挥企业的积极性、主动性。今后国家计划管理将逐步缩小指令性计划范围,扩大指导性计划范围。

(2) 指令性计划。指令性计划是一种必须执行的直接计划管理形式。国家根据国民经济和社会发展的需求,对极少数重要产品实施指令性计划管理。指令性计划任务由国家综合计划部门确定或调整。编制指令性计划时,要进行综合平衡,协调平衡好应当由国家计划保证的能源、主要物资和运输条件,合理确定指令性计划的产品价格,并组织供需双方签订经济合同。政府有关部门不按规定下达指令性计划,企业可以拒绝执行;在应当由国家计划保证的主要生产条件不能落实时,企业可以根据自身的承受能力和市场变化,要求调整指令性计划,计划下达部门不予调整的,企业有权拒绝。企业无正当理由不执行国家指令性计划或不履行合同的,计划下达部门应责令其改正;情节严重的,给予经济处罚和行政处罚。

在社会主义市场经济条件下,市场作为资源配置的基础性手段,在调节经济运行中发挥着重要作用。但计划作为一种配置资源的手段,仍然有其存在的客观必然性,特别是在由传统计划经济体制向社会主义市场经济体制转变的过渡时期,由于市场的不发达和市场机制本身的缺陷,指令性计划仍然是政府实行宏观调控的重要手段。不同的是,指令性计划的范围大大缩小了,计划的实现形式改变了,由原来的无偿调拨改为现在的等价交换。

9.2.2 重要商品国家储备与地方储备

重要商品国家储备与地方储备是由国家和地方掌握的后备物质力量,是商品流通宏观调控最直接、最有效的手段之一。重要商品储备是在社会主义市场经济体制下,政府保证人民生活基本需要和生产建设顺利进行,平抑物价,稳定市场,应付自然灾害和突发事件的物质基础。

根据我国的实际情况,重要商品的储备实行国家和地方两级储备制度,在中央与地方储备中,又分为战略储备与市场调节储备。重要商品储备决策和组织实施工作由政府及商品流通主管部门负责,具体实施经营主要委托国有流通企业进行。宏观调控的费用由同级财政部门承担,企业暂时垫付的,政府要及时予以补足。

目前,我国的国家储备和地方储备主要分两大类:一类是重要消费品,主要有粮食、食油、肉类、食糖等;另一类是生产资料,主要是化肥、农药、塑料薄膜、成品油、有色金属、化工原料、纸张等。国家储备的品种和规模由国务院确定,地方储备的品种和规模由地方政府根据国务院要求与各地的具体情况及客观条件,随市场形势变化而定。

1. 国家储备

国家储备主要用于应付重大自然灾害和突发事件的需要。国家储备制度的演变有较长的历史,它在国民经济和社会事业发展中发挥了积极的历史性作用。国家储备体系注重物资储备,主要包括粮食储备和应急物资储备。这种物资储备意识在第二次世界大战后上升为国家意识。新中国成立之后,党和政府十分重视建立和完善以物资为主的国家储备体系,发展至今,无论是针对我国国家储备体系的研究还是我国储备体系的实践模式,都逐渐成熟。

1)粮食储备

1990年,国务院决定建立国家专项粮食储备制度,经过几年的完善和改革,已经初步形成了比较有效的储备体系。一是建设与改造了一批重要粮库;二是建立了一定规模的专项储备;三是完善了储备管理制度和管理机构。国家储备粮食在平抑历次粮价波动和保证城镇居民供应方面发挥了不可替代的作用。如1994年为平抑粮价、保证供应,国家动用专项储备粮250亿斤,市场调节粮30亿斤供应市场;1995年为平抑饲料价格,动用200万吨专储玉米等。另外,储备与收购、调剂、轮换、进口相衔接,为保证国家掌握70%~80%的商品粮粮源发挥了重要作用。为进一步深化粮食储备体制,国务院于1999年形成了国家粮食储备局、中国储备粮管理总公司和委托单位组成的垂直管理体系,使国家宏观调控更加有力。十八大以来,以习近平同志为核心的党中央把粮食安全作为治国理政的头等大事,提出了确保"谷物基本自给、口粮绝对安全"的新粮食安全观,并在2018年组建国家粮食和物资储备局,在近几年出现的突发事件中,如南方雨雪冰冻灾害、突发的新冠肺炎疫情,与国家有关部门、有关地区协同联动、多措并举、精准调控,较好地保障了粮食市场平稳运行。

2)应急物资储备

根据中华人民共和国应急管理部的定义,应急物资储备是为应对各种紧急情况而提前准备的用品。这些用品能够帮助人们在紧急情况发生时,应对或降低灾害对我们造成的伤害,及时提供基础救援。1997年,在完善应急物资储备方面,国家建立了中央和地方两级医药储备制度,并于2018年组建了中华人民共和国应急管理部,与国家粮食和物资储备局一起,具体组织实施国家战略和应急储备物资的收储、轮换、管理。历史证明,我国的应急储备体系在应对各种突发自然灾害和公共事件、保障国家安全上发挥着极其重要的作用。2003年的"非典"疫情、2008年的汶川地震及2020年的新冠肺炎疫情表明,现代国家储备体系不仅需要完善的物资储备,还需要允足的应急救灾人员储备和应急救灾点储备,即完备的集应急救灾人员、物资和安置点于一体的应急储备体系,保证在面对重大自然灾害和突发公共事件时,能够迅速调动应急储备,保护人民群众的生命和财产安全。

为了提高对突发事件的应急救援能力,保障和稳定社会秩序,应急储备要按照高效、安全、节约、科学的原则,建立在生产、储备、调运等环节的快速联动机制。应急储备管理应依照"预防为主、防患未然"的原则进行采购和储备,依照"统一指挥、分工负责"的原则进行储备管理,依照"快速反应、措施到位"的原则进行使用、调拨,依照"及时补充、合理调整"的原则进行管理维护。总之,要构建结构科学合理、高效率、可持续的现代国家应急储备体系,充分发挥国家应急储备在应对突发事件中的关键作用,切实提高国家治理能力,提高国家防范和应对各种风险的综合能力。

2. 地方储备

地方储备是地方政府为应付一般自然灾害与市场波动设立的重要商品储备。由于各地情况差别大,储备制度的内容也有较大差别。下面通过介绍上海市市级重要商品储备制度,说明地方储备与国家储备的互补作用。

上海市于1993年9月制定了市级重要商品储备制度,确定粮食、食油、肉、鲜蛋、食糖五种主要食品储备全市人口2~3个月的供应量;化肥、薄膜、农药、成品油等生产资料以及食盐、火柴、肥皂、洗衣粉等10多种人民生活必需品,还有一些抗灾救灾产品也建立了一定的储备量。市政府规定,储备商品需要的贷款资金和费用,由金融部门安排优惠利率专项资金,所需直接费用和利息支出,一是财政专项补贴,二是通过经营内部消化。

储备商品的动用权归市政府,市政府综合设立领导小组,确定市级重要商品储备商品目录、数量、期限、价格、费用等,市计划部门负责储备商品的总量平衡,金融部门落实储备资金来源,财政部门负责费用专项补贴,商品流通主管部门负责具体商品的动用,以及对日常储备工作的管理。

3. 储备调控

储备有多种类型,既有工业企业为生产和销售顺利进行所保证的企业储备,也有国家为防止意外情况发生而保证的战略储备。但这里所讲的储备主要是国家委托有关政府部门为防止市场出现较大波动而设立的调节储备。调节储备对缓冲市场供求矛盾具有重要意义,其操作如下:国家对某些重要商品有计划地组织收购和储备,当市场上该商品供不应求、出现异常紧张时,国家指令有关部门有组织地进行投放,缓和市场供求矛盾,平抑物价波动。当然,运用储备调控手段必须慎重,因为一个成功的商品储备计划需要科学地规划,否则会让政府背上沉重的包袱。

9.2.3 进出口调节

进出口调节,指通过政府通过鼓励或限制商品的进出口来实现国内商品市场的供求平衡。当国内某种商品供不应求时,通过降低关税或某些进口限制措施,鼓励该商品的进口;反之,则限制进口。进出口调节是商品流通宏观调控的重要手段。随着我国市场化程度的提高,外贸依存迅速扩大。进出口调节包括进口调节和出口调节,在进、出口两个变量中,出口是基础。只有出口增加了,才能获得更多的外汇,才能使进口有支付能力,才能换回进行宏观调控所需要的生产资料和消费资料。

1. 进口调节

进口调节一般包括鼓励或限制进口种类和国别的结构政策、关税政策、效益政策。国家对过量进口会严重损害国内相关工业发展的机电产品,对进口影响产业结构调整的机电产品,以及危及国家外汇收支地位的机电产品,列入配额产品目录,实行配额管理。国家对进口配额管理以外的其他机电产品实行非配额管理。其中对国内已开发或引进生产技术,尚处于工业生产起步阶段,国家需要加速发展的机电产品,列入特定产品目录,主要实行公开招标。对其他非配额管理的机电产品,实行自动登记制。当某种机电产品进口急剧增多,国内相关产业或生产者利益受到严重损害时,政府有关部门将采取必要措施消除或减轻其损害程度。中国加入WTO以后,进口调节将更多地通过市场机制来进行,但政府的干预仍将存在。

2. 出口调节

从商品流通宏观调控的角度,出口调节的原则,一是鼓励出口国内的长线产品,限制短线产品出口,二是鼓励出口制成品,限制资源性产品、初级产品出口,三是鼓励出口国际竞争性商品,限制非竞争性产品出口。从外汇收支管理角度看,进出口贸易管理要解决的主要问题是如何扩大出口,以增加外汇收入。扩大出口,增加外汇收入的方法,首先是要注意出口商品结构的调整,也就是要根据国内商品市场供求情况和国际市场行情来适时调整品种构成。根据一些新兴工业化国家的经验,结合我国的实际情况,调整我国的出口商品构成,必须实现三个转变:一是初级原料产品向制成品转变;二是精加工产品向精细加工制品转变;三是贴牌产品向自主知识产权产品转变。

3. 保持进出口商品总量平衡

每个国家、每个民族,不可能什么资源都有、什么产品都生产、什么技术都研究,必须用自己剩余的产品、有特色的产品去换取自己短缺的产品、高于国内水平的产品,所以每个国家都有一个既进出又出口的问题。对我们国家来讲,进出口主要是总量的平衡,有的总量已平衡但结构不平衡,需要通过进出口调整品种结构。但进口与出口在外汇上要大体平衡,或争取出口略大于进口,即顺差,但这不是绝对的,要看每年度的具体情况。所以,既不是出口越多越好,也不是进口越多越好,正确的指导思想是以进出口的大体平衡促进宏观经济总量的平衡,并使交易国得到共赢。

9.2.4 风险基金调节

按照市场经济条件下商品流通宏观调控的要求,重要商品特别是农副产品都应当建立市场风险基金。由于我国整个宏观调控体系正处于完善之中,多数商品的风险调节基金尚未建立起来,已经建立的,确实发挥了积极作用。从长远看,市场风险基金在商品市场调控中的作用,将越来越突出。关于基金的设立、来源、使用,将逐步形成制度。目前已经设立风险基金的重要商品有粮食、副食品、食油、"菜篮子"产品。下面以现行副食品风险基金管理制度为例,说明重要商品风险基金管理的一般原则。

1. 资金来源

中央副食品风险基金由中央财政预算安排,省级副食品风险基金规模由省人民政府确定,资金由省级财政预算和其他渠道筹集。国务院要求,副食品价格放开后,地方财政对副食品企业减少的亏损补贴要全部转为地方生猪、蔬菜等副食品风险基金,已收回或挪用的必须恢复。副食品风险基金的资金来源必须保证及时到位。

2. 使用范围

中央副食品风险基金的使用由财政部门负责具体安排。省级副食品风险基金以省级财政为主,由商品流通主管部门提出初步分配方案,报省级人民政府批准后实施。有偿使用的基金由用款单位向同级财政提出项目申请,经财政部门审核批准后实施,收取的资金占用费用不得高于中国人民银行规定的同期农副产品收购优惠贷款利率,占用费转增本金,不得挪作他用。中央和省级副食品风险基金必须严格按有关文件规定的用途使用,不得扩大使用范围,也不得挪作他用。

中央副食品风险基金的具体使用范围包括:国家储备猪肉、食糖、蔬菜等食品的费用支出;在特殊情况下,国务院临时采取动用国家储备和组织调拨猪肉、食糖、蔬菜等措施平抑市场物价时,所发生的价差和费用支出;扶持副食品生产发展的支出。

省级副食品风险基金的具体使用范围包括:地方政府专项储备猪肉、食糖、蔬菜等副食品发生的费用支出;地方政府为平抑副食品销售价格,以低于成本价抛售副食品发生的价差和费用支出;扶持副食品生产发展的支出。

3. 监督管理

中央副食品风险基金的拨付按规定程序执行,即在特殊情况下,需抛售国家储备副食品和组织调拨副食品平抑市场物价时,由国家财政部门和商品流通管理部门制订计划,核实销售价格。发生的价差和费用支出,由财政部门拨给商品流通管理部门,再由流通部门逐级拨付给应补贴的商业企业。

地方副食品风险基金拨付办法由地方根据当地实际情况确定。副食品风险基金的年度结余,全额转入下一年度滚动使用。每年应列的副食品风险基金,中央和地方在编制预算时,应优先、足额安排,不得因上年度转来副食品风险基金结余而相应减少当年安排的资金来源。中央副食品风险基金由财政部设专户管理。

年度预算执行中,根据中央副食品风险基金使用情况,保证及时足额地拨付。省级副食品风险基金由地方财政实行专户管理。

9.3 流通宏观监管体系

9.3.1 规范流通主体

流通主体,即广泛意义上的流通机构,是指所有参与商品流通活动的组织机构,除了包括批发商、零售商、物流服务商和消费合作社等专业化流通机构,还包括生产者和消费者。流通领域的经济形势主要是以民营资本为主体,并且由于消费领域与消费结构的多层次与多样化,这就要求参与商品流通活动的主体是多元化的。从强化主体意识、规范主体行为的角度来看,规范流通主体是构建和完善流通宏观监管体系中不可或缺的一部分。2011年,国家工商行政管理总局发布了一系列有关完善和规范流通环节市场主体准入有关工作的通知,使各地各级监管机构充分认识到规范流通环节市场主体准入工作的重要性和紧迫性。强化流通主体的责任意识、规范流通主体的行为,能够有效地促进流通监管与规制体系的协调,提高流通效率,为构建全国统一的大市场铺垫基础。

1. 严把流通主体准入关,依法规范流通许可和注册登记行为

首先,对于商品流通许可项目中的主体进行分类单项审核和管理,对涉及相关经营项目的,应由申请者依照相关法律提出申请,由其核发机关按照条件审核,并依法核发流通许可证;其次,对于已经从事某类商品流通经营的,若想更改或增加相关经营范围,应提前主动到工商行政管理部门申请变更许可项目和经营范围;最后,各地市场监督管理部门应加大宣传力度,在企业年检、个体工商户验照等环节,督促各类流通主体主动办理相关许可项目和经营范围事项的变更。

2. 严格流通主体管理,积极推进流通主体信息数据库建设

流通主体信息数据库的建设能够有效地解决数据共享交换、交易流通不畅、标准不明、数据质量参差不齐等问题,是推动基于数据互联的数字经济发展的重要一环。建设流通主体信息库首先要对流通企业、互联网企业、电信运营商及相应的政府部门采取原始数据,进行规范后形成集政府、企业和个体行为于一体的信息资源支撑服务系统,接着再围绕各类流通主体,形成多主体、多维度、多层次相互关联的数据系统。其次,对于已经取得流通主体资格的经营者,要结合其审核工作和依据市场主体信息库信息进行互查落实,通过网络实现登记册信息互联互通。要确保流通主体市场准入情况全面、真实、有效。最后,监管机构要与登记注册机构、信息化管理机构密切合作,切实做到流通主体信息数据库和登记管理信息的有效衔接与共享。

3. 加强流通主体行为监督,积极构建流通主体信用分类监管体系

首先,各级市场监督管理部门要切实加强市场监督检查,依法查处流通企业经营违法行为,要将监督检查任务切实落实到基层,划分责任区,强化流通主体意识,督促流通主体自觉主动地加强行为规范;其次,各级市场监督管理部门要积极建立健全流通主体信用分类监管体系和"黑名单"制度,有针对性地强化市场监察,激励守信者,惩戒失信者,引导和监督流通主体不断提高自律水平,切实对消费者负责。

9.3.2 优化市场环境

完善和提升市场环境质量是治理能力现代化的必然要求,优化市场环境在流通宏观监管体系中发挥着举足轻重的作用,能够激发流通市场内生活力、规范流通主体行为秩序,构建有利于要素自由流动的干净、统一的大市场。优化市场环境就是要更好地发挥市场配置资源的决定性作用,而方法则是不断地改进营商环境、政务服务、市场主体保护、市场监管和法治保障等方面,通过一系列创新监管、高效服务等方面的改革,为各类市场主体创造良好的市场环境,推动中国经济实现高质量发展。

首先要大力破除影响交易便利性和交易成本的障碍,激发市场活力。激发市场活力是我国经济稳增长的关键,其最重要的就是将市场主体的活跃度提上去、保持好,打造良好的营商环境,降低企业制度性交易成本和生产要素成本,最大限度地减少对资源的直接配置,让企业轻装上阵。其次要持续增强市场监管和政府服务的水平,规范市场秩序。公平竞争是市场经济的灵魂,公平竞争有赖于政府的公正监管。加强公正监管,要加快清理妨碍统一市场和公平竞争的各种规定与做法,要明规矩于前,划出红线、底线,让市场主体知晓行为边界;寓严管于中,依法当好"裁判",维护好市场竞争秩序;施重惩于后,对严重违法违规、影响恶劣的市场主体要坚决清出市场,以儆效尤。不同层级政府职责不同,在市场监管方面要有明确分工。国家层面主要是制定统一的监管规则和标准,并加强对地方政府执法行为的监督。在大量减少审批和行政许可后,地方政府要把主要力量放在公正监管上,创新监管模式,强化监管手段,提升监管效能。

9.3.3 稳定流通秩序

流通秩序,是指商品流通经营主体、商品流通管理和调控的监管主体在商品交换活动中所形成的组织状态和行为状态。商品流通秩序包含以下几方面的含义:一是指商品流通运行的状况是否有序,决定着商品是否能够顺利地到达消费者手中;二是指商品流通经营主体之间经济活动的状况是否有序,决定着商品经营者是否顺利地实现应有的合理经济利益;三是指商品流通管理和调控主体的组织状况和管理调控状况是否有序,决定着商品流通管理和调控的监管主体所采取的管理和调控行为是否促进商品顺利进入消费领域,是否促进企业顺利实现合理的经济利益。稳定的流通秩序就是要构建"公平、开放、安全、有序"的流通市场秩序,营造公平竞争、市场开放、经营合法、秩序规范的经济发展环境。

稳定流通秩序要做到:一是规范执法。良好的流通秩序依赖市场规则来维护,国家要加强宏观调控,建立良好的市场规则,综合运用经济、法律、行政手段,建立健全各项法律法规。二是健全社会信用建设。形成以道德为支撑、法律为保障的社会信用制度,是稳定流通秩序的治本之策。为此,要加强社会信用建设,健全社会信用体系,加快建立社会信用体系和失信惩戒制度。三是突出规范领域。在重要的流通领域,如农副产品批发市场、农贸市场和生活资料市场等,要不断进行整治,打击制假售假行为和商业欺诈行为,优化流通环境,稳定流通秩序。

9.3.4　流通宏观调控的国际比较与借鉴

世界上市场经济体制有着许多共同的规律与做法,受主流经济学派的影响也是共同的,但在具体运作上又不尽相同,美国、英国、加拿大等国家实行自由市场经济模式,德国、北欧等一些国家实行社会市场经济,日本、韩国等国家则实行政府主导型市场经济模式。这也使这几个模式的国家,在对流通的管理模式与宏观调控有所不同,其不同点在于政府对流通的管制与调控力度有所不同。其共同点如下。

首先,建立完备的流通法律法规体系,运用法律法规手段管理流通,建立流通的正常秩序。具体做法如下。

(1) 保护市场的自由竞争,禁止私人垄断。美国早在1890年就颁布了《谢尔曼反托拉斯法》,反托拉斯法与贸易法规是美国保护竞争,限制垄断,保证市场健康运行的最重要立法,被称为美国的经济宪法。第二次世界大战后,日本实施贸易立国。1947年4月14日日本制定了《禁止垄断法》,规定除烟、盐专卖和政府米的销售外,任何商品的生产与流通禁止以各种形式实行私人垄断;禁止设立价格同盟等不正当贸易;禁止不公正贸易。英国1973年颁布了《公平交易法》,成立了公平交易局。

(2) 规范交易行为,维护市场秩序。如美国1896年的《统一流通票据法》,1906年的《统一买卖法》《统一仓库收据法》等,1952年颁发的《统一商法典》成为美国建立市场竞争秩序的根本大法。日本先后颁发《商法》《进出口交易法》《批发市场法》《大店法》《粮食管理法》等。

(3) 保护消费者权益,保障公共产品的供给。美国颁发了《产品责任法》《消费信用保护法》等,保护消费者的隐私权,消费者有获得公平信用报告的权利,保护消费者的合法权利。在美国,三大需求中,消费需求对GDP的推动占80%以上,在消费需求中居民消费又占80%以上。而居民消费政府鼓励使用消费信贷和分期付款,即使支付现金,一般也采用信用卡的形式。消费者的消费行为和自己的信用资格的关联度越来越大,如果消费者的信用等级不可信,就会直接影响借贷和购物的便利。日本有《保护消费者基本法》《食品卫生法》等。

(4) 保护和支持中小流通企业的发展,创造更多就业机会。美国小企业有2 200多万家,70%没有雇员,流通企业也是一样,所以美国早就有《小企业法》。日本有《中小零售业振兴法》支持中小流通企业的发展。

其次,通过政府规制,加强对流通的宏观调控,防止市场失灵或管制失灵。根据美国行政管理预算办公室对规制的定义:规制是指政府行政机构根据法律制定并执行的法规和规章的行为,这些规章或是一些标准,或是一些命令,关系到个人、企业和其他组织能做什么和不能做什么。政府对流通的服务重点是五项,一是提供法律服务;二是强化信息服务,发挥市场调节机制;三是突出为中小企业服务;四是注重为公民提供就业与创业机会;五是网点设置管理,防止无序竞争。

最后,培育各种市场中介组织,建立政府与企业双向对话的桥梁。如美国的美国商会、全国制造商协会、企业国家会议、全国独立企业联盟等都有很大影响力,直接参与政府对话,政府出台的法律、法令都要预先征求这些中介机构的意见,日本和德国也一样。

关键术语:

商品流通宏观调控　政府经济职能　市场失灵　总量平衡　间接调控　财政政策的"相机抉择"　金融政策　国家储备　地方储备　应急储备　风险调节基金　调控主体

思考题:

1. 如何理解流通运行宏观调控的必要性?
2. 商品流通宏观调控的目标和原则是什么?
3. 财政金融政策对商品流通的调控作用体现在哪些方面?
4. 商品流通宏观调控三种手段的区别与不同是什么?
5. 试分析新形势下国家储备制度的必要性。
6. 如何理解商品流通宏观调控主体与调控载体之间的关系?

前沿观察

关于应急流通体系建设的思考

应急流通体系是现代流通体系的重要组成部分。建设应急流通体系是应对突发事件、保障产业链供应链安全的重要举措,对保障人民群众生命财产安全、维护社会和谐稳定、推动经济建设高质量发展具有十分重要的作用。

应急流通往往是跨地区甚至跨国界的特殊流通活动,应急流通的有效组织涉及多级、多地区、多个管理部门,不仅要保障救治确诊患者和疫情防控的需要,还要保障社会生活物资的供给。同时,流通应急体系涉及应急物资的生产、筹措、储备、运输、中转、分发、配送等多个环节,且作为上下游企业的复工和产能恢复的中间一环,对于促进突发事件时期的经济复苏也具有重要作用。因此要高度重视应急物流的建设,着眼应急情况下物资的有效、快速、精准保障,运用系统思想,合理规划物资保障全环节,打通各环节的壁垒,实现物资保障全链条一体化的组织运作。应急流通体系建设属于流通体系和应急管理体系的交叉部分,大规模的应急物资联动调研需要流畅、高效的流通应急体系作为保障,才能及时地使应急救援设备到达应急点,保证救灾群众的基本生活以及应急处置方案的准确实施。因而对应急流通体系建设也提出了更高的要求。

首先,降低应急物流成本,提高流通应急体系效率。处理重大公共卫生事件时应急物流成本过高,不仅反映应急物流发展水平偏低,也会影响应急救援效率。因此必须重视应急物流成本过高问题,降低应急物流成本。运输成本在应急物流成本中占比较大,所以首先可以从优化运输路径的角度出发,对运输路线、运输方式进行优化选择,降低应急物流成本。此外,还可以根据受灾严重程度合理分配应急物资和人员调度,做到资源合理利用和人员不浪费。国家还可以展开应急物流指挥中心与物流企业的分工合作,各司其职,利用物流企业的物流资源优势降低国家应急物流成本开支。

其次,建立统一的应急信息平台,促进应急各方协同合作。建立统一的应急信息平台可以提高应急流通运作效率。建立统一的应急信息平台,不仅可以识别真实可靠的灾情消息,还可以进行远程监控,实时分析和调度应急物资的物流方案与资源分配,作出应急方案的实施调整。通过应急信息化平台实现必要的信息交互,政府统一发布公共卫生事件动态可以帮助应急流通过滤不实消息,作为应急物流指挥机构和救援部门可实时沟通指挥方案和救援实施情况与物资到达情况,利用先进的技术手段实现远程跟踪和优化计算,实时关注运输车辆、救援物资的运送状态和定位,优化应急物资配送路线,避免出现物资供大于求的情况,造成不必要的浪费,通过信息化平台协同各方资源共同参与,如进行志愿组织和志愿者的招募,参与应急物资的清点和分发,提高物资利用效率。

再次,完善应急物资储备体系建设,保障应急战略物资供应。应急物资储备是流通应急体系中的关键一环,加强和完善应急物资储备系统建设是保障流通应急体系高效运转的重要措施。完善我国应急物资储备系统建设,不仅需要加强中央级救援物资储备中心建设,还应重视地方级救援物资储备中心建设,形成中央地方上下联动,垂直管理的战略性应急物资储备仓库,形成辐射全国的物资储备保障体系。另外要加装物资储备量预警机制,全程监控物资储备量,保证物资储备量随时处于充足状态。还可以尝试与企业签订物资的补给保障协议,保障应急战略物资的充足供应,减轻国家财政负担和管理压力的同时,实现应急物资储备体系的专业化管理。

最后,加强应急流通法律体系建设,规范流通应急行为。健全的应急流通法律体系是流通应急体系健康有序发展的前提条件。一要加强应急流通体系建设,要形成明确的各部门权责和义务规范,规范流通应急体系中各部门机构行为,既保证责任主体能够行使一定的独立决策权,对重大公共卫生事件迅速作出反应,保证应急物流的执行速度;又明确处罚机制,规范权责部门的责任和义务。二要建立储备物资管理规章,规范物资管理流程,保障应急物资流向和使用信息公开、透明,杜绝物资丢失、缺少的情况发生,如果物资丢失、缺少的情况成为常态,会严重危害到应急物流的实施效果。因此加强应急流通法律体系建设刻不容缓。

流通应急体系是重大公共突发事件发生后,通过多方协调配合的进行灾情防控的特殊流通活动,应急流通的有效开展是降低生命财产损失和维护社会秩序的重要保证。目前我国流通应急体系建设尚未健全,只有不断完善应急流通法律体系、建立统一信息化平台、物资储备系统等管理措施,才能提高应急流通的质量和效率。相信随着经济和社会的发展,我国流通应急体系将会逐渐完善和成熟。

即测即练

第10章 流通产业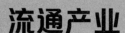

本章要点:产业是指由提供相近产品或服务,在相同或相关价值链上活动的企业所共同构成的企业集合。产业是社会分工的产物,也是社会生产力发展的必然结果。产业形成是多层次的。随着生产力水平的不断提高,产业的内涵会不断充实,外延也将不断拓展。流通产业是由专门从事商品流通交易和服务的多种组织构成的集合体,具有丰富的组织形态和产业内涵。流通产业中的所有企业在经营中具有类似的经营技术、业务流程和组织功能,具有其他产业所无法替代的媒介商品交换、提供流通服务的功能。流通产业属于服务业,是第三产业的重要组成部分,本身不创造产品,却在连接生产和消费中创造价值。作为整个产业体系中的重要产业,流通产业既有一般产业的共同规律,也有其自身运行的独特规律。现代流通产业已发展成为一个门类齐全、功能完善的复合性产业体系,正逐渐成为国民经济的主导产业,日益发挥着稳定经济运行、促进经济发展的重要作用。

本章学习目标:
1. 掌握流通产业的内涵与作用;
2. 理解流通产业结构合理化的内涵要求;
3. 理解流通产业政策的功能与作用;
4. 分析流通产业标准化与专业化发展的动因;
5. 深入分析流通产业的数字化、绿色化发展趋势。

10.1 流通产业的内涵与作用

流通是指以货币为媒介的连续不断的商品交换,是社会再生产的重要组成部分,是社会再生产得以实现的条件。马克思认为,"流通本身只是交换的一定要素,或者也是从整体上看的交换"。从历史演进的过程可以看出,流通的产生缘于几方面原因:一是人类生产劳动的社会分工和专业化的出现;二是人们对自己所生产的劳动产品的产权意识以及私有制度的产生;三是商品交换的产生和发展。流通是属于商品交换范畴的经济现象,是商品交换的发展形态,是商品交换发展到一定程度的必然产物。正确认识流通在社会经济发展中的地位和作用,有助于正确理解流通产业的内涵及其作用。

10.1.1 流通产业的内涵

1. 产业及其分类

1) 产业的概念

产业是指由提供相近产品或服务,在相同或相关价值链上活动的企业所共同构成的企业集合。产业是社会分工的产物,也是社会生产力发展的必然结果。产业是由从事同类产品生产或服务的经济组织所构成的企业群体,是与社会生产力发展水平相适应的社会分工形式的表现。产业与产业之间存在着直接或间接的经济技术联系,形成产业结构,产业结构优化带来的结构效应与经济增长之间形成密切关联,促进社会经济系统稳定发展。

产业形成是多层次的。随着生产力水平的不断提高,产业的内涵会不断充实,外延也将不断拓展。在不同的历史时期和理论研究中,产业的含义是不相同的。在重农学派流行时期,产业主要指农业,这时手工业依附于农业,尚未形成独立的经济组织群体。在资本主义工业产生以后,工业发展对整个社会经济发展具有举足轻重的作用,产业也曾被用来专指工业,这是由资本主义早期服务业尚不发达,物质资料生产部门居于绝对统治地位的历史背景所决定的。到了近现代,社会生产力有了巨大的发展,社会分工越来越细,工业、农业、建筑业、商业、运输业等均达到相当规模,特别是服务业得到了空前的发展,出现了"经济服务化"。由此,产业一词的经济学含义便扩展为包括所有有投入产出活动的行为和事业,不仅包括生产领域的活动,还包括流通及服务领域的活动;它既包括物质生产部门,也包括流通部门、服务部门,以及文化教育及公共行政事务部门等。

产业作为经济单位,介于宏观经济与微观经济之间,属于中观经济。它既是国民经济的组成部分,又是同类企业的集合。产业所包含的内容十分复杂,在理解和应用这一概念时,应注意把握以下几点:第一,产业是一个历史范畴。产业是伴随着生产力的发展及社会分工的深化而产生和扩展的。第二,分工和社会经济关系的复杂性决定了产业的多层次性。第三,产业作为一个经济单位,并不是孤立存在的。产业与产业之间存在着极其复杂的直接和间接的经济关系。各种产业相互联系、相互作用,形成一个有机的社会经济整体。一个产业的存在,会成为其他产业出现和发展的条件,某一产业内部结构的变化会直接或间接地引起其他产业的变化。

2) 产业分类

(1) 三次产业分类法。国际上通用的产业分类方法是三次产业分类法。我国国民经济管理中也采用了这种三分法。三次产业的概念是 20 世纪 30 年代由澳大利亚经济学家阿·费希尔(A. Fisher)首先提出的。费希尔将人类社会生产活动的发展分成三个阶段:第一阶段为初级生产阶段,生产活动以农业和畜牧业为主;第二阶段开始于英国工业革命,以大规模机械化工业生产为标志,纺织、钢铁和其他制造业的迅速崛起和发展,为就业和投资提供了广泛的机会;第三阶段开始于 20 世纪初,大量的劳动力和资本流入旅游、娱乐服务、文化艺术、保健、教育、科学和政府等活动中。与之相对应,三个阶段的经济活动可以划分为三次产业,即第一产业、第二产业和第三产业。其中,第一产业是从自然界直接获取物质资料的产业,即广义的农业,其中包括畜牧业;第二产业是以对取自于自然界的生产物进行加工并提供物质资料的制造业为主,其中包括了矿业;第二产业是指以非物质产品为主要特征的,包括商业在内的服务业。三次产业的划分主要是根据产业产品的性质和生产过程的特征进行的。

根据国家统计局2013年印发的《三次产业划分规定》[①],我国对三次产业的划分为:

第一产业,指农、林、牧、渔业(不含农、林、牧、渔服务业)。

第二产业,指采矿业(不含开采辅助活动),制造业(不含金属制品、机械和设备修理业),电力、热力、燃气及水生产和供应业,建筑业。

第三产业即服务业,指除第一产业、第二产业以外的其他行业。第三产业包括:批发和零售业,交通运输、仓储和邮政业,住宿和餐饮业,信息传输、软件和信息技术服务业,金融业,房地产业,租赁和商务服务业,科学研究和技术服务业,水利、环境和公共设施管理业,居民服务、修理和其他服务业,教育,卫生和社会工作,文化、体育和娱乐业,公共管理、社会保障和社会组织,国际组织,以及农、林、牧、渔业中的农、林、牧、渔服务业,采矿业中的开采辅助活动,制造业中的金属制品、机械和设备修理业。

值得一提的是,与2003年印发的《三次产业划分规定》相比,依据《国民经济行业分类》(GB/T 4754—2011)再次修订的《三次产业划分规定》,主要在两个方面作出了调整:一是调整3个大类,将A门类"农、林、牧、渔业"中的"05农、林、牧、渔服务业",B门类"采矿业"中的"11开采辅助活动",C门类"制造业"中的"43金属制品、机械和设备修理业"三个大类一并调入第三产业。调整后,第一产业为4个大类;第二产业为4个门类和43个大类;第三产业为18个门类和49个大类。二是明确第三产业即为服务业,进一步规范三次产业、服务业的口径与范围,有利于服务业统计和服务业核算。

(2)标准产业分类法。标准产业分类法是指为统一国民经济统计口径而由权威部门制定和颁布的一种产业分类方法。联合国经济和社会事务统计局于1948年颁布了《所有经济活动的国际标准行业分类》(International Standard Industrial Classification of All Economic Activities),简称《国际标准行业分类》,建议各国采用。2008年8月11日发布了最新的第四版。它将全部经济活动划分为十大类,在大类之下又分若干中类和小类。这十大类是:农业、狩猎业、林业和渔业;矿业和采石业;制造业;电力、煤气、供水业;建筑业;批发与零售业、餐馆与旅店业;运输业、仓储业和邮电业;金融业、不动产业、保险业及商业性服务业;社会团体、社会及个人的服务;不能分类的其他活动。

参照联合国《国际标准行业分类》,我国于1984年首次发布《国民经济行业分类》,之后分别于1994年、2002年、2011年进行修订,《国民经济行业分类》(GB/T 4754—2011)从2011年11月1日起实施。根据国民经济行业分类(GB/T 4754—2011),国民经济行业分类共有20个门类、96个大类、432个中类、1 094个小类。2017年,中华人民共和国国家质量监督检验检疫总局、中国国家标准化管理委员会联合发布了《国民经济行业分类(GB/T 4754—2017)》,代替《国民经济行业分类(GB/T 4754—2011)》,于2017年10月1日起实施。第四次修订的标准(GB/T 4754—2017)新行业分类共有20个门类、97个大类、473个中类、1 380个小类。与2011年版比较,门类没有变化,大类增加了1个,中类增加了41个,

---

① 国家统计局. 三次产业划分规定[EB/OL]. (2013-01-14). http://www.stats.gov.cn/tjsj/tjbz/201301/t20130114_8675.html.

小类增加了 286 个。

2. 流通产业的概念

流通产业是由专门从事商品流通的所有组织组合而成的集合体,流通产业中的所有企业在经营中具有类似的经营技术、活动过程、业务流程和组织功能。流通是商品生产和社会分工的产物,是媒介生产和消费的中间环节,它是随着社会生产的发展、货币关系的出现而产生的。随着商品经济的进一步发展,流通(商业)不断发展壮大,形成了专门从事商品流通活动的组织群体或部门,这就是流通产业。因此,流通产业是指从事商品流通活动的经济组织群体或部门的集合,是以商流为主体,由物流、资金流、信息流作为支撑的产业形态。流通产业的职能表现在三个方面:一是连接供求职能,即流通中的衔接商品购销、商品调整与信息沟通;二是物流职能,即为了实现商品价值而进行商品运输与商品储存;三是辅助职能,包括流通中的资金融通和风险承担。

流通产业的形成与交换和分工密不可分。最初的交换活动是以实现商品流通为主要功能,流通的对象为有形物。随着交换内容日益丰富,交换规模不断扩大,商品供给与需求间专业化的中间组织逐步出现,从而形成商业。商业作为一个独立的中间组织,其产生与运行有两个前提条件:一是随着人类社会的第三次社会大分工,专门从事商品流通的商人出现;二是商业资本从产业资本中独立出来,专门担当商品流通的职能,并要求与产业资本同等获益。只有这两个条件同时具备,专门从事商品交换的商业才能独立出现,专门从事商业活动的经济组织才得以产生和发展。因此,商业活动有自身的运动形式,为卖而买,先买后卖,是买卖活动在时间上的连续和空间上的继起;商业活动也是一种复杂劳动,包含丰富的经济内容和复杂的流通过程,交换多层次、多角度、多方位,运动过程多环节,构成多要素。随着商品交换内涵和外延范围的不断扩大,现代商业已经发展成为一个庞大的产业系统,商业流通产业的发达程度已经成为一国市场经济发达程度的重要标志。

现代商业流通体系作为国民经济的重要组成部分,其内涵不断深化,外延也不断拓展。内涵深化主要表现为:一是商业部门自身已经发展成为社会经济有机体中的独立部门,成为商业产业系统中的重要组成部分;二是生产部门纷纷设立相对独立的购销组织,开展商业活动,购销业务与生产相对独立已经成为现代生产企业的基本组织制度;三是在原有商业部门中不断演化出新的产业部门,如物流、信息咨询、投资融资、保险、经纪商代理商与信托商、广告、租赁等。现代商业流通体系的外延拓展,主要是指在商业流通发展过程中产业或企业的边界趋于日益深入的相互交叉与融合,而随着互联网的发展更进一步加强了这种融合与渗透的趋势,如商业综合体的出现,批发市场功能的强化,网络市场的迅猛发展以及平台型商业组织引领的商业模式创新。可以这样认为,这里所说的商业与流通业正日益融合为有着相同的内涵与外延,也是随着现代市场体系深化与数字经济发展而不断演进融合的结果。

早在 20 世纪 90 年代,张绪昌等学者就对流通产业进行了清晰的界定:"现代流通产业是一个技、工、贸相结合的综合体系,包容了贸易、仓储、运输、加工、信息、资金、技术、服务等多项功能,其作用的领域已不仅限于商业、物资业的流通中转及其消费,而且已渗透到生产的决策和操作过程,更涉及金融、外贸、信息咨询、技术服务、保险等其他相关领域。我国的流通产业包括:流通加工业、流通配送业、流通批发业、流通零售业、流通运输业、流通包装业、流通信息业、流通仓储业、流通科技业以及其他相关的行业。"[1]由此引出关于流通产业分类的探讨。

3. 流通产业的分类与构成

流通产业是第三产业中最重要的产业。我国早期的三次产业划分,将第三产业界定为除第一、第二产业之外的其他各业,进而将第三产业再分为两大部分和四个层次。两大部分是指流通部门和服务部门;四个层次包括:①流通业,包括交通运输业、邮电通信业、商业、饮食业、物资供销和仓储业;②为生产和生活服务的部门,包括金融业、保险业、地质普查业、房地产业、公用事业、居民服务业、旅游业、咨询业、信息服务业和各类技术服务业;③为提高科学文化水平和居民素质服务的各个行业部门,包括教育、文化、广播电视、科学研究、卫生、体育和社会福利;④为社会公共需要服务的行业部门,如国家机关、政党机关、社会团体和军队警察等。

国家标准《国民经济行业分类》(GB/T 4754—2017)中,并没有明确流通产业的具体内容,若是从流通的内涵出发,流通产业包括:①批发与零售业;②交通运输、仓储和邮政业;③住宿与餐饮业;④租赁与商业服务业。

从商品流通的内涵、职能和发展历史的不同角度出发,流通产业可以有多种分类方法,按照商品流通的客体划分,由于我国原有管理模式是将全部商品分为生产资料和生活资料,因而有生产资料流通业与生活资料流通业;按照商品流通管理部门的责权划分,一是可分为商业、物资供销业、粮食流通业和供销合作社系统,二是可以分为内贸行业与外贸行业;按商品经营业态划分,有百货店、超级市场、仓储式商店、专卖店、专业店、便利店、特许经营、商业综合体、批发市场、大宗商品交易中心、无店铺销售和电子商务等;按商品所处的流通环节划分,有批发业、零售业、兼具批发和零售功能的贸易中心等;按照商品的经销方式划分,有直营、代理(包括商品销售代理和货运代理)、经销、代销、租赁、典当、拍卖等,从提供商品流通专业服务角度划分,有货物运输业、仓储业(包括配送中心)、物流业(包括供应链集成商、物流地产商和物流骨干网络);等等。在现实经济中,较为常见的是按照我国原有的部门管理模式将流通产业分为:专门从事商品买卖活动的商业、物资供销业、粮食流通业、外贸业和专门负责农村商品购销的供销社系统;专门从事物流活动的运输业和仓储业,以及从事信息传输活动的邮电通信业等。其中,物资供销业已经转型为现代物流业,按照国务院印发的《物流业调整和振兴规划》中的表述,物流业是指融合运输业、仓储业、货代业和信息业等的复合型服务产业。高效、安全、通畅的商贸物流服务体系,有利于降低物流成本,提高流通效率和效益;有利于促进商贸服务业转型升级,提升流通产业竞争力;促进经济发展方式转变,更好地为建设小康社会、构建和谐社会服务。

综上可见,流通产业所含的企业群具有较大的伸缩性,其分类既可以是较大的概念,也可以是较小的概念。因此,现实中我们看到的是,处于转型期的流通产业有着多种不同的划分,既有沿袭历史因素的传统划分,又融合了不断涌现的新业态和新行业,需要在具体的管理过程中不断更新和完善。

---

[1] 张绪昌,丁俊发.流通经济学[M].北京:人民出版社,1995:327-330.

10.1.2 流通产业的特征

随着商品经济的不断发展,流通在国民经济中的先导和基础性作用越来越突出。但流通产业并不参与社会产品的生产,而是在衔接商品流通中创造价值。流通产业既有一般产业的共性特征,又有自身特有的特征,主要表现在以下四个方面。

1. 流通产业对劳动力的吸纳性强

首先,与制造业相比,流通产业属于劳动密集型产业,对于从业者来说,进入门槛较低,无论是批发还是零售环节,或者是超市等各种业态,一般都不需要特殊的专业技能和体力,只要经过相应的培训即可胜任,因而会有更多的劳动力比较容易在流通部门就业。

其次,流通产业由于其自身不同于工业和农业的特点,在同等规模条件下能够容纳更多的劳动力,这主要是由流通产业的劳动生产率的增长低于其他产业所造成的。我们知道,流通产业的劳动大多以手工劳动为主,这样,流通产业的劳动生产率就会低于其他产业,生产过程中投入的劳动力要素就会高于其他产业,相应提供的就业岗位自然也就会多于其他产业。因此,流通产业要扩大经营规模就必须扩大劳动力规模。

最后,根据配第—克拉克定律,随着全社会人均国民收入水平的提高,就业人口首先由第一产业向第二产业转移;当人均国民收入水平有了进一步提高时,就业人口便大量向第三产业转移。由于流通产业作为第三产业,是介于生产和消费之间的过程,流通在分离的生产与消费之间架起桥梁。随着经济的不断发展,消费者的收入水平不断提高,消费者就会要求通过"桥梁"(流通部门)获得内容更加丰富的商品和服务以满足自己的消费需求,这就迫使流通部门投入更多的人力、物力和财力,以扩大自己的经营规模。而流通产业规模越大,所需要的劳动力就越多,为劳动者提供的就业岗位也就越大,这也符合产业结构的演变规律。

2. 流通产业进入退出壁垒低,竞争激烈

流通过程既是生产过程的延伸,也是生产过程的前提。与制造业相比,流通产业的经营资本与技术约束较低,它不需要苛刻的资本与技术条件,对场地、人员以及技术设备等方面的要求都较低,如果没有国家政策的特殊要求,流通产业几乎就不存在进入与退出的壁垒。因此,流通产业的进入与退出壁垒也相对较低,这就意味着流通产业的竞争主体较多,行业竞争激烈。对于从业者而言,进入流通产业不需要制造业那样特殊的技能和体力,由于流通产业的组织结构的多层次性,即大型流通企业、购物中心、便利店、杂货店和小商贩并存,因此进入流通产业具有别的产业没有的广泛性,对从业者的要求也具有层次性,可以解决不同层次劳动者的就业需要。从我国的情况看,近几年,流通产业不仅吸纳了大量的新就业人员,而且相当数量的其他产业的下岗职工也在流通产业实现了再就业。流通产业为我国实现产业结构调整,劳动力逐渐由第一产业向第二、三产业转移的实现作出了贡献。2021年10月29日,中国连锁经营协会联合国家信息中心发布《零售业对我国经济社会的影响评估》报告。报告显示,"十三五"时期,零售业广泛吸纳社会就业的基础性作用显著。2020年,我国零售业增加值超过4万亿元人民币,在44个行业中位列第八;吸纳全职就业5 761万人,是吸纳就业第三多(除农业和批发业)的行业;零售业拉动劳动者报酬10 878亿元,行业人均劳动者报酬由2018年35 050元上升至2020年41 972元。

流通产业的这一特征,也决定了流通产业的组织结构和经营特点:一是流通产业比较容易吸纳大量的个体经营者,因此,容易导致流通产业中的经营组织(企业)规模较小;二是流通产业技术含量较低,容易导致商品和服务同质化,进而加剧流通企业之间的竞争。

3. 流通产业对技术创新需求的积极性逐步升高

早期,生产领域对技术创新的需求往往要强于流通领域,这主要是由于流通产业经营组织规模较小,无力进行研发和技术创新。同时,由于技术对流通产业的影响要弱于生产领域,流通产业也没有自发组织人力和物力进行技术创新的动力。因此,许多重大的技术创新以及扩散通常是在生产过程中迅速实现,然后才逐渐影响到流通领域。但随着新的技术、设备以及经营管理手段的运用大大提升了流通业的运营效率,并催生出更加先进的流通业态,助推流通产业升级,流通产业对技术创新需求的积极性也呈现出逐步升高的态势。

4. 流通产业集中度较低,规模经济效果不明显

规模经济理论是现代企业理论研究的重要范畴。规模经济是指在一特定时期内,企业产品绝对量增加时,其单位成本下降,即扩大经营规模可以降低平均成本,从而提高利润水平。对于任何企业来说,都存在着固定成本与可变成本,随着企业经营规模的扩大,平均固定成本是降低的,这就会导致生产经营总成本的降低,进而提高经济效益。但是规模经济的效果对流通产业来说却不明显,这主要是由于流通产业的企业结构以小型流通企业为主,企业的平均规模远小于其他产业,尤其是制造业的企业平均规模。这类企业不仅平均规模小,而且比较分散,行业集中度相对较低,这就导致了流通行业的组织化程度低,规模经济不显著。

10.1.3 流通产业的作用

流通产业主要的作用是促进商品交换。为实现更加高效的商品交换,流通产业在交换之外又衍生出采购、销售、储存、运输、加工、信息处理、资金融通、风险承担等多功能。流通产业的这些功能在微观层面形成了对产业系统内所有企业经营活动的有效支撑,在宏观层面则向各个经济领域渗透,成为推动国民经济运营的重要力量。

从微观层面来看,不同学者对流通产业的作用认识不一,具有代表性的表述主要有:从产业职能出发,认为流通产业主要具有风险承担、商品运输、金融运营、商品销售、商品的收集、拣选和整理作用;而从流通过程中流通职能与流通机构之间的关系角度出发,流通产业主要有购买、保管、风险承担、金融、商品调整、销售、运输等功能。[①] 如从流通产业的连带价值出发,流通业的存在产生了直接销售无法实现的市场功能,具有适销商品形成机能、信息传达机能、融资供给机能、风险负担机能、商品运输机能等。借助这些机能的实现,不仅能够使流通产业成本降低,还能使生产体系中所有从业者成本降低、效益提升。

---

① WELD L D H. Marketing function and mercantile organization [J]. The American economic review,1917,7(2).

流通产业在物流、商流、信息流及其他辅助服务方面的微观职能的宏观集合又对宏观经济产生影响。流通产业是社会分工的产物,其发展又带动社会分工的深化,从而进一步提高劳动生产率,增加社会财富。具体来说,流通产业的存在增加了生产企业对专业化生产有利可图的预期,使生产企业在选择专业化生产时不需要了解最终需求者的信息,产品生产出来后也不需要和众多的最终消费者进行讨价还价,只需要从供应链上的流通从业者那里获悉市场行情并实现交易。从更宏观的角度看,生产的专业化趋势与消费的多样化趋势是一对看似不可调和的矛盾体,而作为交易专业化代表的流通产业,恰恰能够解决专业化生产和多样化消费之间的矛盾。所以,分工越细化,生产者生产的产品越专业、越单一,就越需要流通产业发挥商业功能;分工越细化,生产企业相互之间的依赖性越强,就越需要流通产业发挥信息传递作用。①

流通产业在市场机制运行中扮演重要角色。市场的运行是有成本的,交易实现要以交易成本作为代价。流通产业作为专业化集中交易的一种经济制度安排,还具有降低交易成本的作用。首先,流通产业通过集中交易能够降低交易次数。随着专业化生产者和消费者数量增多,集中交易减少的交易次数更多,交易费用降低的幅度也就越大。其次,流通产业能够缩短交易距离而减少交易费用。在集中交易的同时,流通产业往往将交易场所设置在客流密集区域,契合了交易距离最短的网络规划原则,从而实现节约交易成本。再次,流通产业通过集中交易降低交易风险,相对节省交易费用。集中交易之下,专业化的生产者不需要和众多消费者一一交易,只需要和有限的中间商交易,随着交易次数增加,交易双方信息不对称性逐步降低,机会主义的干扰将得以下降。市场不确定性的减少必然也会减少因为信息收集而带来的交易费用。最后,流通产业在发展过程中的技术创新、制度创新,以及在网点、渠道、设施、经验等方面具有任何其他产业无法比拟的交易优势,这都决定了流通产业组织商品交易过程中可以大大降低市场交易成本,使得更多的资源从交易活动中释放出来投入生产活动中。从而,推动整个社会资源的合理配置和优化利用,增加社会财富,促进全社会范围内经济效益的提高。

10.2 流通产业结构

产业结构理论是研究产业之间的相互关系及其演化的规律。对于产业结构的研究,基本上是按照两个层次来进行的:

一是从广义的产业概念出发研究产业之间的关系,主要是三次产业之间的关系。在费希尔三次产业分类的基础上,英国统计学家克拉克(G. G. Clark)运用许多国家大量的经济统计资料,对经济发展和产业结构变化之间的关系进行了实证研究,进一步揭示了经济发展中劳动力在三次产业之间的分布、转移的规律,后被称为"克拉克定理"。三次产业分类方法的流行,使人们对三次产业分类有了一个统一的认识,根据产业的划分标准,直接从自然界获取产品的物质生产部门属于第一产业,加工取自自然界物质的物质生产部门属于第二产业,把第一、第二产业以外的所有其他经济活动通称为第三产业。三次产业分类法深层次

---

① 马龙龙.流通产业经济理论研究[M].北京:中国经济出版社,2010:8.

地反映了社会分工深化与产业结构演进的关系,是目前研究产业结构理论的一个最主要的分类方法,并得到了广泛的应用。由于费希尔和克拉克在研究三次产业分类法中所作出的巨大贡献,因此这两人也被公认为三次产业分类法的创始人。

二是从狭义的产业概念出发来研究产业之间的关系,主要是工业内部各产业之间的关系。关于工业内部各产业之间关系的研究,是由德国经济学家霍夫曼(W. G. Hoffman)在1931年出版的《工业化的阶段和类型》一书中开启的。霍夫曼在对工业化过程进行考察和分析时,把工业部门分成了消费资料工业、资本资料工业和其他工业三类,论证了消费资料工业的净产值与资本资料工业的净产值的比例是随着工业化的过程而不断下降的,并且将工业化进程划分为四个阶段,进行大量分析后,得出了"霍夫曼定理",即消费资料产业的比重不断下降,而资本资料产业的比重不断上升。

流通产业结构是流通产业与相关产业以及流通产业内各细分产业间数量比例关系与经济技术联系的总和。流通产业结构取决于生产结构,服务于消费结构,是国民经济整体产业结构的重要组成部分,对国民经济的持续发展起着非常重要的作用。

10.2.1 流通产业组织结构

根据产业组织理论,流通产业组织就是商品流通企业市场关系的集合体。流通产业组织结构,既是流通产业内部的资源配置结构及其关联性,也是流通产业内大中小企业间的相互关系格局。基于哈佛学派的 SCP(结构-行为-绩效)分析框架,流通产业组织结构主要探讨流通业市场结构、企业行为和市场绩效之间关系的变化发展规律。随着生产社会化程度的提高,特别是市场经济的快速发展,研究和探讨流通产业组织的运行规律,对流通产业的发展具有特别重要的意义。

1. 流通业的市场结构

市场结构是指厂商之间市场关系的表现和形式,包括卖方之间、买方之间、卖方和买方之间以及卖方、买方和潜在的卖方、买方之间在交易、利益分配等方面存在的竞争关系。根据市场上卖方的数量多少、力量大小对比以及市场竞争和垄断程度,一般把产业市场结构划分为完全竞争、垄断竞争、寡头垄断和垄断四种类型。市场结构受多种因素影响,其中市场集中度、产品差异度、进入与退出壁垒是主要影响因素。

流通产业的市场结构是指流通产业中构成市场的卖者即大量的流通组织者相互之间、买者相互之间以及买卖双方之间等诸多关系的特征总结。流通产业的市场结构是决定流通产业组织竞争性的基本因素。流通产业市场结构受到许多因素的影响,其中规模经济水平、市场进入和退出壁垒、产品差异化程度、流通产业政策以及法律法规是影响流通产业市场结构的主要因素。一般而言,垄断性行业的组织规模偏大,市场相对集中;而竞争性行业的组织规模偏小,市场相对分散。流通产业属于竞争性行业,中小企业居多,进入或退出行业相对比较容易,因此市场组织结构比较分散。经济发展程度不同,流通业的市场组织结构也会呈现出较大差别。

1) 市场集中度

流通产业市场集中度,是排名在前位的几家大企业的产值或资本等的总和占整个流通产业总产值或总资本的比例,也可以理解为所占的市场份额的高低,它能反映流通产业的规模结构以及流通产业内销售集中的情况,通过衡量产业内流通企业之间的市场份额分布情况及相对应的规模结构来反映流通产业市场垄断或竞争程度的高低。

根据 2020 年 6 月中国连锁经营协会公布的中国连锁百强名单前四强的相关数据(表 10-1),可以测算 2020 年我国连锁超市产业的产业集中度 $CR_4=31.97\%$,$CR_8=46.57\%$。根据贝恩的市场结构分类和植草益的市场结构分类进行判断,我国的连锁超市产业属于中等偏下型寡占结构。近年来我国连锁超市产业的市场集中度总体趋于平稳。

表 10-1 2020 年中国连锁百强前四强

序号	企业名称	销售规模/万元	门店总数
1	苏宁易购集团股份有限公司	41 631 500	9 786
2	国美零售控股有限公司	14 075 200	3 421
3	红星美凯龙家居集团股份有限公司	10 801 876	476
4	永辉超市股份有限公司	10 453 915	1 172

资料来源:中国连锁经营协会 2020 年 6 月 7 日发布《2020 年中国连锁百强》。

2) 产品差异化

产品差异化是指在市场竞争中,企业在向消费者提供产品时,通过采用各种策略满足消费者的不同偏好,使得消费者将其与市场上其他同类产品区分开来,从而使客户形成对该种产品的偏好,提高自身竞争力,占据市场的有利地位。产品差异化是行业内企业在经营上对抗竞争的一种主要手段,也是一种非价格壁垒。实现产品差异化的策略主要有:性能特点差异、专有技术差异、顾客服务差异、品牌差异等。小规模企业可以利用产品的差异化增加市场占有率,大规模企业可以用差异化策略巩固自身的经营优势和集中度水平,新兴企业运用差异化战略更能够快速进入目标市场。

流通企业产品差异化是指通过提高服务水平、定制个性化产品等手段使自己的产品不同于其他企业,培育偏好自己的忠诚顾客群,从而顾客在决策时能接受该企业,使该企业在一定的价格区间内获得一定程度的利润,而这个价格区间取决于差异化程度。产品差异化应用在物流产业中,也可称为服务差异化,它主要表现在服务范围差异化、增值服务差异化和信息技术差异化等。物流企业通过实行服务差异化,找寻稳定的目标市场,降低自己提供物流服务的被替代性,增强"垄断"意识,一定程度地影响整个物流市场结构。物流市场细分程度高,各细分市场专业性强。因此,受细分市场专业性高的影响,物流服务产品的差异化程度也比较高。所以正确地选择业务领域、准确地定位经营目标、在细分市场内向顾客提供高质量的专业服务才能满足客户需求、提升企业价值,这也成为物流行业内不同规模和类型企业得以生存、发展的重要要求之一。产品差异化降低了流通产业内不同企业经营的产品之间的可替代性,从而使企业在与流通产业内其他企业的竞争中保持较大的市场份额,并处于有利的竞争地位。因此,产品差异化是企业参与市场竞争的一种有效手段,也是影响产业结构的一个重要因素。

我国物流企业的产品差异化特征表现在以下方面:①以干道运输为主要服务内容的细分市场的产品差异。依靠大规模或快速运输的技术优势,为其他物流公司提供流通领域干道运输环节服务,是以设备和技术为主要特征的细分市场,存在资金和技术方面的进入和退出壁垒。由于交通技术的差异产生两个极端优势面:航空运输速度快但成本高;沿海和内河水运成本低、速度慢。铁路和公路运输介于两者之间。②以跨地区全流通过程为服务内容的细分市场。依靠先进的管理提供门到门的服务,这些综合型物流企业一般自己购置可移动交通设备作集货、市内配送和中短距离运输之用。中长途运输和快速运输这两个专业环节可能外包。信誉度、服务网络覆盖范围和管理决策是这个细分市场的壁垒,大公司获得网络范围经济性与密度经济性,但是当网络的需求密度与网络范围常常不能同比例增长,而固定费用阶梯式增长,存在一个利润率下降的拐点,满足顾客更多的需求与公司的利益之间会产生矛盾。

从我国物流企业所提供的具体服务产品来看,其差异化程度普遍较低,主要表现在物流服务范围单一、内容有限,多数物流企业依然以运输、仓储、配送等基本功能为主,类似加工、定制、物流金融等的增值服务仍处于初步发展阶段。目前,我国能够提供全面综合集成化物流服务的企业很少,大部分企业仅在传统的仓储、货运、库存等方面提供服务。根据中国物资储运协会对200多家物流公司的统计调查,目前我国能够提供综合性集成化物流服务的企业不足市场需求的5%。物流企业不能提供有针对性的差异化服务来迎合不同客户的需求,难以获得稳定的客户群和市场。

3)进入与退出壁垒

进入壁垒的定义由贝恩较早提出,他认为进入壁垒是和潜在的进入者相比,市场中现有企业所享有的优势,这些优势是通过现有企业可以持久地维持高于竞争水平的价格而没有导致新企业的进入反映出来的。① 换言之,行业进入壁垒是指限制或妨碍潜在进入者变为竞争者的因素,常见的进入壁垒有资本、技术、产品差别和政策法规四类。这些进入障碍性因素的存在,要么使某些潜在进入者根本不能进入,要么大大增加了新进入者的行业进入成本,从而使之处于不利竞争地位,业内竞争不充分,加强了业内企业的垄断地位,使之获得高于正常利润的垄断利润。行业退出壁垒是指当企业退出某个市场时,所面临的各种限制条件。物流产业进入和退出壁垒分析如表10-2所示。

表10-2 物流产业进入和退出壁垒分析

项　目	高端物流市场	低端物流市场
服务	综合化、专业化	单一
资金	投入量大	投入量小
人才	信息化、现代化	基本技能
客户网	紧密	松散
市场	空间广阔	过度拥挤
进入壁垒	高	低
退出壁垒	高	低

资料来源:赵娴.中国物流市场体系研究[M].北京:经济科学出版社,2021.

我国流通产业的进入壁垒表现出几个特点:首先,由于流通产业形态的多样性,对于进入企业的规模要求弹性很大,新企业比较容易筹集到启动资金,而且,只要选址合理、经营定位明确、营销策略适当,企业就能生存。因此,流通产业的规模经济壁垒较低。其次,流通产业内部的企业所经营的产品均来自生产企业,一般流通企业都能采购到不同质量、档次、性

---

① 施蒂格勒.产业组织和政府管制[M].上海:上海人民出版社,1996:69-71.

能和款式的商品,因此,我国流通产业的产品差异壁垒也较低。再次,我国的流通产业中,新进入的企业组织货源比较容易,寻找供应商、签约、履约的费用较低,在位企业很难筑起高的进入壁垒。但随着企业的发展,新企业想要提升品牌形象,进行供应链优化等技术含量高的操作时,付出的成本就要比原有的企业高得多了。最后,由于信息技术和互联网的发展,数字化赋能流通企业已经是大势所趋,流通企业在进行数字化转型时会遇到较高的资本与技术壁垒,这是许多中小流通企业面临的挑战;大型流通企业借由数字化转型实现流通模式创新,极大地提升了效率和效益水平,目前出现的头部平台型流通组织就是例证。

流通产业退出壁垒是指在位厂商由于亏损而决定退出时所负担的成本。高退出壁垒会导致产业内的过度竞争,导致整个流通产业的效益滑坡,同时,也会导致产业的低效率,不利于资源配置效率的提高,也不利于流通产业的持续发展。在传统计划经济体制下,流通产业退出壁垒主要以较高的政策性壁垒为主,但随着市场化程度的提高和流通产业现代化的发展,流通产业的退出壁垒正越来越多地表现为经济壁垒。对于大型流通企业来说,沉淀成本等经济因素会产生很大的阻止退出效应,因为大型流通企业资产专用性更强,固定成本更高。对大多数中小流通企业来说,退出时主要面临的是资产专用性与固定成本壁垒,包括仓库、运输设备的转让、库存商品折价销售或转让、合同违约赔偿、人员遣散费用以及租金等方面的损失。与进入壁垒相似,这些因素造成的退出壁垒相对较低。

2. 流通业的市场行为

企业的市场行为是指企业在市场上为实现利润最大化而采取的战略性行为或行动,即厂商作出决策的行为和如何实施决策的行为。企业的市场行为主要表现在三个方面:第一,以控制和影响价格为基本特征的价格策略,常见的有独立定价、与其他厂商串谋定价、限制性定价、掠夺性定价、驱除竞争对手定价等方式;第二,以增强企业自身竞争力为基本内容的产品策略,包括产品组合、品类规划、广告宣传和售后服务等策略;第三,企业排挤竞争对手的策略,又可以分为合理的排挤行为和不合理的排挤行为两种性质不同的策略,其中,合理的排挤行为是指通过正常的竞争手段,将另外一些企业排挤出市场或者兼并,不合理的排挤行为是指通过限制竞争和不公平的手段来排挤、打击或控制竞争对手。

流通企业市场行为主要包括三方面的内容:一是流通方式,如特许经营、无店铺销售、电子商务、典当、拍卖等;二是专业化服务,包括物流、商事代理、佣金代理等,针对相应的专业化要求制定调整规范;三是附着于传统流通方式的销售方法,以及各种商事促销行为、分期付款销售等。[①] 流通企业的市场行为受到市场结构状况和市场特点的制约。

1)产品策略与营销策略的选择

流通企业在产品策略的选择方面,首先要注重新技术的开发与应用,进而实现经营成本的降低,提供更加优质的产品和市场服务。目前物流行业大力推广的数据共享技术、产品跟踪技术以及仓储、运输、装卸等环节的标准化、规范化作业,提高了物流行业的整体服务效率以及服务质量。少数物流企业依靠差异化策略得到迅速发展,顺丰速运在服务差异化上推出一系列特色业务,如"即日达""次晨达""次日达"和"顺丰门到门"等高附加值服务,所提供的方便快捷的网络自助服务和灵活的支付结算方式是其取得当前市场地位及发展成果的关

[①] 商务部:我国流通领域市场行为法律规定。

键要素。其次,许多物流企业已经开始越来越多地选用媒体和网站等宣传方式,建立门户网站、微信公众号以及实名制微博,在提升品牌形象的基础上拉近与用户间的距离,为挖掘潜在客户提供了新的途径。同时物流企业开始重视客户关系管理与维护,通过提高售前、售后服务质量,更多地提供补充服务,如信息追踪、自动补货等,充分展开关系营销,提供更多的附加产品和更加优质的服务质量,物流作为一项服务的理念正在被更多的群众接受。[①]

2) 定价行为与价格竞争策略的选择

流通企业主要采用成本加成定价法,这是由我国物流市场的发展现状所决定的。由于物流产业的集中度比较低,低端物流市场的企业规模较小,竞争过于激烈,基本上处于供大于求的局面,因此企业的经营利润非常小,能够对市场服务价格产生重大影响的大型垄断企业较少,再加上行业信息不对称、市场信息很难把握等因素的影响,物流企业只能根据经验,在成本数据的基础上加成利润进行市场定价。由于物流低端市场竞争激烈,价格竞争使得成本加成中的利润不断减少,很多中小型的物流企业不断降低服务价格,一方面难以保证物流企业的服务质量,另一方面导致非理性定价或违规操作等不正当的市场竞争行为,造成市场的无序与混乱,给物流产业的发展带来了严重影响。在高端物流市场,由于企业的价格领导性相对较强,也能够开展更大范围的高附加值的产品和服务,因此可以使用价格领导定价的方法,这不但能够保证企业的利润空间,而且物流市场上的价格竞争程度也相对较低,从而可以促使企业实现预期的经营发展目标。

3) 流通企业的组织调整行为

随着流通产业的不断发展,为了降低经营管理成本、减少市场风险、增强市场竞争力、拓宽业务范围或清算资产,流通企业之间会发生兼并、联合、收购或退出等一系列的市场调整行为。我国流通企业组织调整行为主要包括并购重组和建立战略联盟。流通企业出于降低单位成本和经营风险、扩宽业务范围、增强核心竞争力等多方面的考虑,进行横向(流通企业之间)或纵向(价值链上下游企业之间)的兼并、收购、联合等重组行为,优势企业可以扩大市场份额,在优化产业资源配置的同时,对市场结构也会产生深远影响。战略联盟是两个或两个以上流通企业通过资源共享、风险共担的合作安排,实现优势互补,发展规模效应,摆脱"小规模、大数量、经营分散、竞争力低"等的形态,是一种可行的组织合作方式。

流通企业通过并购重组,产生的协同效应能实现"1+1>2"的效果。对于流通企业自身而言,在扩大企业规模、获得相对规模经济效应的同时,更是对自身市场竞争力的一种夯实,增强对市场的支配作用;对于整个流通产业而言,是对市场结构的重新调整,提高集中度,优化社会资源,促进流通服务的高效率以及提升社会总福利。以物流市场为例,随着国际化程度的提高,一方面,我国物流市场放开了对国外物流企业在本国的持股比例和业务范围的限制,外资物流企业为了更好地进军中国市场,通常会选择并购或入股国内已有物流企业的方式,展开其在中国市场的角逐。例如,荷兰天地快运(TNT)全资收购国内著名的公路货运企业华宇物流,收购更名后的"天地华宇"在运输网络、团队管理、业务结构等方面都有了新的突破,"定日达"高端物流业务的推广,更是明确了向全国定日公路快运服务供应商的转型[②]。另一方面,由于市场竞争的加剧与外资物流企业进驻的冲击,国内物流企业也全面展

---

① 陈希颖.基于SCP范式的上海物流产业研究[D].上海:华东政法大学,2013.
② 刘江洁,姜晖.整合华宇——TNT发力中国公路运输[N].中国交通报,2007-08-02.

开并购重组,2015年,中远集团发起大规模并购,中国远洋控股股份有限公司、中海发展股份有限公司和中海集装箱运输股份有限公司三家企业同时发布公告,将进行一系列的资产重组,总市值将超过2 000亿元人民币,此次并购重组成为我国"交易结构最复杂的重组并购",重组后更名为"中国远洋海运集团有限公司"(以下简称"中远海运")。中远海运能源油轮船队规模将位居全球第一,充分实现规模经济,国企通过优质资源整合,增强企业抗风险力,若再加以良好的运行,产生的协同效应定会促进各自发展。① 由于物流服务环节的复杂性和资源的有限性,物流企业可以通过与产业链供应链上相关企业之间的战略联盟,快速有效地整合资源,扩展物流网络,扩大服务范围,为客户提供"一站式"的服务,在市场竞争中获益。如宝供物流与世界500强中近1/10的企业以及国内多家大中型制造业企业保持了战略合作伙伴关系;捷利物流有限公司与深圳用友软件有限公司签约,全面启用ERP-NC物流管理系统,并缔结长期战略合作伙伴关系;中外运集团收购申通快递弥补物流供应链中最薄弱—国内快递业务,致力于打造贯穿产业链上下游的快递王国;阿里巴巴斥资22亿投资海尔集团,与其旗下日日顺物流达成战略协议。综上可以看出,物流产业的发展离不开企业间兼并重组和战略联盟,通过与国外大型物流企业的联合,利用国内物流企业稳定的客户群体,共同开拓市场,做到优势互补与资源共享,实现国际化发展。

3. 流通业的市场绩效

1) 物流市场资源配置效率

根据物流行业报告,物流行业的主营业务收入有所增加,但利润率水平变化不大,低端物流市场的利润率大多在5%左右,高端物流市场的利润率较高。现代物流业对社会经济运行质量的提升效果正在逐步实现,物流产业开始由粗放式经营阶段向集约式发展。从中国物流与采购联合会发布的中国物流企业50强排名公告可以发现,近年来物流企业前50强的主营业务收入处于不断上升状态。此外,企业分布较为多元化,运输类物流企业占22%,综合类物流企业为74%,且前50强物流企业在东中西部均有分布。1991年深圳市蛇口安达实业股份有限公司的上市,拉开了我国物流行业企业上市的序幕。依据新浪财经行业分类,截至2021年,我国物流上市公司共有133家,其中,仓储业9家,铁路运输6家,道路运输38家,水上运输33家,航空运输15家,装卸搬运和运输代理业10家,快递业5家,贸易与供应链14家,物流地产2家,物流设备1家。②

2) 流通产业规模结构效率

由于企业的整体规模较小,整体流通产业的规模效益并未显现。尽管流通企业数量和规模也在不断壮大,但是能够实现规模效益的企业还非常少,相比国外大型流通企业,我国的流通企业在规模效益等方面还存在一些差距。从资源配置效率和营业收入状况来看,我国物流企业的主营业务收入正处于上升的趋势,总体资产状况也有所改善,但是在利润率水平方面的改进却不明显。随着我国现代物流产业的进一步发展,将逐步实现由粗放式经营向集约化经营管理模式的转变,其在促进社会经济运行质量方面的作用将更加明显。区域物流能力方面,影响区域物流能力的因素有很多,其中最主要的影响因素有区域流通作业能

---

① 熊晓辉.规模全球第一 中远中海合并大而能强?[N].中国经营报,2016-02-29.
② 赵娴.中国物流市场体系研究[M].北京:经济科学出版社,2021.

力、区域贸易能力和区域内部的生产能力，由于东西部经济发展不均衡，我国流通产业的区域集中度比较高，主要集中在珠三角、长三角、环渤海等经济比较发达的区域，这对中西部地区流通业的市场绩效造成了很大的影响。

3）流通产业技术进步效率

以计算机为代表的现代信息数字技术的发展，极大地提高了流通产业的信息化程度。①数字化技术助力供给体系高效优化。流通企业通过对关键生产要素数据的应用，可创新优化全链条，构建高效智能的供给体系。②实现以消费者需求为导向。通过数字化赋能营造智能高效的消费环境，建立数据中心，加速AI（人工智能）落地，使消费者能够拥有更加极致的体验；提高服务品质和体验质量，解决消费痛点，打造消费热点；数字产业掀起了直播、短视频、知识付费等浪潮，其既是消费品也具有财富积累功能，促进信息传播和文化创意产业发展。③降低交易成本。数字技术的应用降低了交易成本，加深了企业间的全渠道交流合作，利于企业从组织外部获得要素资源。通过数字技术加强对闲置资产的盘活和应用，实现闲置要素的流动共享；减少市场中信息不对称情况，实现畅通企业间合作交流，减少企业经营管理中所面临的市场不确定性。④提高全要素生产率。大数据算法分析结果引领下，传统生产要素（包括土地、资本和劳动）将汇集到可有效创造用户价值的领域，同时计算机根据积累的实时数据对分析结果不断进行优化并立即反馈，随后及时优化调整对原有生产要素的配置使用。以数据为核心建立的人工智能替代了单纯流程性业务中的人力资源，促使人力资源向非单纯流程性业务领域配置，这也利于主观意识作用的更好发挥。数据作为核心生产要素，在驱动产业效率提升的同时，对传统生产要素的流动配置进行优化，从而提高全要素生产率。

10.2.2 流通产业布局结构

产业布局是指产业在一个国家或地区范围内的空间分布和组合，它主要研究在一定的生产力发展水平和一定的社会条件下，怎样在空间布局诸生产要素，使产业活动取得预期的经济效果。合理的产业布局有利于发挥地区优势、提高资源的利用效率，也有利于取得良好的经济效益、社会效益和生态效益。

流通产业布局结构是指商品流通过程中渠道、环节、网点所形成的网络空间体系、分布状态及其比例关系。它所涉及的问题主要是流通产业要素与资源的区域分布及空间配置问题，其核心是处理流通资源的有效配置与区域平衡发展，以及在流通领域中，区域市场如何发育成为统一市场的问题。从宏观经济运行角度看来，流通产业的布局结构是整个国民经济产业结构中的一个重要方面，它决定着流通生产力的地区分布和流通网络的构造。

1. 商品流通布局结构的特点

商品经济的运行要求形成全国统一的开放市场，但在我们这样一个大国，统一市场必然是多样化、分层次的。层次性从一定意义上说，就是网络性，而不同品种的生产资料和消费资料的需求和供给，以及供产销的衔接，生产的专业化协作和联系，生产力布局等，都是在一定空间内进行的，因此，必然存在区域性问题，特别是在商品经济由不发达向发达阶段发展过程中，这种多层次性就更加明显和突出，为了适应商品经济运行的层次性，客观上要求形成一个全国性的、多层次的商品流通网络体系。其特点表现在以下几个方面。

(1) 多层次性。我国的商品流通网络一般划分为四个层次：一是大中城市内部的商品流通网络；二是大中城市与周围地区或毗邻地区(经济区内)的商品流通网络；三是大中城市与国内其他城市之间、地区之间的商品流通网络；四是某些城市与国外一些城市或地区的商品流通网络。在这四个层次中，网络的疏密都是由内到外递减的，"网眼"依次加大，然而经济联系的重要性则不会降低。与此相适应，形成了四个层次的市场，即城市市场、地区市场、国内市场和国际市场。上述四个层次缺少了任何一个，网络都是不完善的。

(2) 多中心性。我国大中城市众多，因此，商品流通网络以大中城市为中心，形成多个商品集散中心。不仅大城市是全国的商品流通网络中心，甚至某些中小城市有可能成为全国某种商品的流通网络中心，乃至某些集镇也有可能成为该地区某种商品的流通网络中心。我国全国性专业市场形成和发展就是这种中心的典型，市场是区域性的，网络是全国性的。就城市而言，城市可区分为全国商品流通网络中心、经济区商品流通网络中心、毗邻地区商品流通网络中心等。当然，某一个网络的中心城市有可能不止一个，可以有两个或者多个。

(3) 整体性。以城市为中心，以农村为基础，城乡结合，相互依存，成为一个统一的整体。我国是一个拥有大量农村人口的国家，农村地域辽阔，农村市场在国内市场中占有举足轻重的地位。商品流通网络以城市为中心，依托广大农村，连接许多小城镇，促进城乡物资交流，乃至劳务、技术、人才、资金的流动，使得城乡共同繁荣和发展，这是中国商品市场的最大特点，也是中国国情的一种具体体现。

2. 构建以城市为中心的流通产业布局

在流通产业网络结构中，一个核心的问题就是要以城市为中心构建流通产业的布局。在计划经济体制下，按行政区划分配商品，条块分割，流通产业被肢解，流通产业的布局无从谈起。随着市场经济体制改革的不断深化，流通产业的布局以及网络结构问题被提上了议事日程。20 世纪 80 年代中期，开始研究包括北京、天津、上海、广州、武汉、重庆、西安、沈阳八大中心城市的商业地位和作用问题，力图发挥中心城市在商品流通中的枢纽作用，当时所组建的贸易中心与批发市场就是解决流通产业布局问题的有益尝试。

一个中心城市，尤其是大型中心城市，往往集工业生产中心、交通运输中心、商品流通中心、经济信息中心和经济服务中心于一体，具有多种经济功能，商品流通功能是中心城市的重要经济功能之一。以城市为中心的流通产业布局就是：以经济发达的城市为中心，根据流通产业发展的需要和商品流通的内在规律，把城市以及所在区域的流通企业和商品市场组织起来，在构建区域市场的基础上，形成全国统一市场，进而接通国际市场，实现国内、国际市场一体化。

构建以城市为中心的流通网络结构能促进经济的协调发展。城市是流通和工业的中心，与此相适应，城市还是交通运输中心，即由于城市中的生产是为交换而进行的商品生产，城市工业需要不断地购进原材料和半成品，销售生产出来的产品，每天都会有成千上万笔买卖需要成交，大量的商品需要运进和运出，城市必然成为拥有铁路、公路、水运、航空等各种运输手段，保证生产和交换顺利进行的交通运输中心。城市还是服务中心，即由于商品流通的发展会带来与其密切相关的广告、咨询、租赁等服务部门的繁荣，城市人口的增加会带来理发、旅店、餐饮等与人民生活密切相关的服务部门的繁荣，城市必然成为服务中心。另外，城市还是信息中心,即由于流通过程中的各种经济数据需要及时进行加工处理,形成对流通和生产有用的信息资源,城市必然成为信息中心。城市还是金融中心,即由于流通和生产需要大量的资金支持,为其筹集、运用资金提供方便,帮助并监督企业资金有效运转的金融机构定会在城市应运而生。此外,城市还会成为拥有众多大专院校、为流通和生产培训与提供专业人才的人才中心,成为拥有技术开发和创新能力、为流通和生产提供新技术、新材料、新工艺的科技中心。城市商品流通是整个城市经济的枢纽,流通的发展促进了其他经济的发展,而其他经济的发展,又必然带动流通业的发展。构建以城市为中心的流通产业布局,充分发挥城市流通中心功能对其他经济发展的促进作用,是促进国民经济各部门协调发展的有效措施。

构建以城市为中心的流通产业网络结构能够有效提升城市向外辐射的能力。城市,特别是经济比较发达的中心城市,是集中的强大的工业生产基地、现代服务业集聚区。这些城市拥有的骨干企业多,产品门类齐全,工业物质技术雄厚,消费需求旺盛。以这些城市为中心组织流通产业布局,可以充分发挥其优势,通过大购大销和深购远销的经营活动,输出技术、设备、资金、人才,输入原材料、劳动力,促使以中心城市为依托的经济区内城乡之间、地区之间、部门之间、企业之间的专业化分工与协作逐渐趋于细化、趋于稳定,构成一个有机的商品市场体系,从而带动周边地区、中小城市和农村的繁荣发展。同时,中心城市也可享受到市场容量不断增大的好处。

10.2.3 流通产业结构合理化

产业结构合理化是指产业与产业之间协调能力的加强和关联水平的提高,它是一个动态的过程。产业结构合理化要求在一定的经济发展阶段,根据消费需求和资源条件,对初始不理想的产业结构进行有关变量的调整,理顺结构,使资源在产业间合理配置,有效利用。从流通产业发展的历史轨迹来看,流通产业的合理化过程主要发生在经济体制改革之后,由于流通领域进入壁垒较低,在国家政策的引导下,集体、个体资金大量进入,流通产业迅速完成了改革初期的超常规增量增足任务,步入与宏观经济协调、正常发展的轨道,在规模和结构上都有了较大的改善。

1. 流通产业结构合理化的内涵

流通产业结构合理化是指流通产业相关要素之间具有较高的聚合质量。合理化具体表现在以下三方面。

(1) 流通产业与整个社会经济活动结构比例保持一致。首先,流通产业内部结构比例和谐,包括:批发、零售结构合理;城市、农村网点分布合理;商品经营、储存、运输等比例合理;大、中、小型商业网点(固定、流动网点)比例合理等。其次,流通产业与国民经济整体发展水平、各行业与消费的规模和趋势相协调,包括:流通网点数、从业人员与社会总人口及构成保持适当比例;商品流通企业增加与社会购买力的增加保持适当比例;社会消费品零售总额与工农业品增长速度大体一致等。

(2) 流通产业与地区、部门内部结构比例合理化。其表现为平均每个商业企业服务的人口大致合理;每个流通企业流转额适当;每个流通企业服务范围恰当。

(3) 流通产业内部企业规模结构合理化。其指单个企业的人员、利润、流转额、营业面积、固定资产等结构合理;由边际成本与边际收益决定的流通的经济规模合理;流通中的客流量与规模合理;流通活动中产品品种、不同流通业态与规模均大致合理。

衡量流通产业结构是否合理,应该看流通是否发挥了其应有的作用,能否保证社会在一定时期内生产出来的商品能以较高比例、较快速度实现其价值和使用价值,消费者利用手中的货币能否顺利地购买到与需求相适应的商品,真正起到引导生产和满足消费的作用。流通产业规模和结构要与生产和消费的规模和结构相适应,保证社会再生产的过程能够顺利进行。

流通产业是第三产业的重要组成部分,是带动国民经济增长的重要动力。流通产业结构的合理与否决定了流通产业对资源的合理利用水平,影响着生产与消费的实现。因此,流通产业结构是否合理既关系流通产业本身的发展,又对整个国民经济产生影响,它的合理与否意义重大。

(1) 有利于国民经济有计划、按比例发展和人民生活水平的提高。长期以来,农业产业结构和工业产业结构备受关注,而对流通业产业结构关注不足,这使得该产业从内到外出现了一定的结构失衡。流通产业结构是国民经济的重要组成部分,这种结构的失衡不利于国民经济有计划、按比例发展。因此,流通产业结构的合理化至关重要。此外,流通产业结构合理有利于流通业内部结构合理和有序发展,如商业服务业的发展,有利于满足城乡居民生活水平的提高,促进城乡居民消费水平的升级与流通业分工的细化,有利于满足多层次消费者的多层次消费需求。

(2) 有利于分工的合理化和专业化发展。流通产业结构合理有利于流通业内部的产业分工,如批发与零售业、餐饮与住宿业、租赁与商业服务业、物流与配送业、电子商务业、拍卖业、旧货业、会展业等合理发展,各种有店铺业态、无店铺业态等合理发展;流通产业结构合理有利于流通业内专业化分工,如第三方物流、第四方物流的发展,发挥物流业的先导作用。

(3) 有利于流通经济效益的提高,从而发挥流通产业的影响力。流通产业结构合理有利于提高流通业经济效益,避免流通业内部畸形发展,避免其流通网络的供过于求和供不应求,导致资源的浪费。流通产业结构合理有利于流通业内部的和谐有序发展,这有利于流通产业结构升级,从而提高流通业经济效益。

在市场经济条件下,流通产业结构的调整有利于流通业的市场化、产业化和社会化,也有利于提高流通产业对于上下游产业的影响作用。一方面,对于流通产业的上游生产企业来说,流通企业通过掌握市场的信息、渠道、品牌等能够直接影响生产的发展趋势;另一方面,生产企业或流通企业通过自身组织结构、规模等的调整,不断向生产或流通领域发展而形成产销一体化组织,这会对很多相关行业产生联动效应,从而优化整个产业的结构。

2. 流通产业结构合理化的调控措施

在我国的社会主义市场经济条件下,一个产业投入资源主要是通过市场机制来进行的。但国家还必须在发挥市场机制主要作用的前提下,对流通产业进行必要的宏观调控。

(1) 控制投入流通产业的社会劳动量。在社会主义市场经济条件下,社会劳动投入流通产业的市场化过程,是由投资回报率决定的。但是,市场机制充分而积极地发挥作用是以社会范围内平均利润率的存在为前提的。在我国经济体制改革的进程中,平均利润率的形成机制还没有较好地建立起来,行业间的收益水平存在着或大或小的差异,甚至存在收益悬殊的情况。这种状况引导着社会劳动以极大的速率流向流通产业。虽然部分观点会认为,社会劳动流入流通产业比计划经济时期流通产业规模萎缩的状况要好,但是,过量的社会劳动流入流通产业会造成资源不必要的浪费。因此,在深化经济体制改革的过程中,在平均利润率尚未形成的情况下,国家有必要对流入流通产业的社会劳动总量及增量进行宏观调控。

(2) 提高流通产业的运行效率。作为控制投入流通产业社会劳动量的配套手段,国家还必须采取各种措施来提高流通产业的运行效率。一般说来,国家应该对投入各个行业的社会劳动量都给予同样的关注,以提高社会总体的运行效率。但是,在流通产业规模相对扩大和结构日益复杂化的趋势下,更多地关注流通产业的运行效率,对提高整个社会经济运行效率具有突出重要的现实意义,因为单位流通资本是服务于数倍生产资本的。因此,对流通产业给予特别的关注是非常必要的。

(3) 推进流通产业结构的内部调整。一是补足短板。首先是流通业内部结构中,物流业的发展曾长期滞后于生产与生活需求规模与水平的要求,随着生产与生活需求的不断扩张,物流业的发展面临专业化、智能化、现代化的调整,专业化的物流服务体系、高水平的流转效率、智能化的运营模式、现代化的管理手段成为物流业亟待补足的短板。其次,批发业也存在基础设施、经营模式、质量监管等方面的不足,成为行业发展的短板。最后,流通产业的发展仍以城镇为主,城乡流通的协同发展尚有较大提升空间。二是推进新型行业的发展。随着电子商务的不断发展,新兴商业业态,如电商直播、垂直电商等快速发展,传统商业与现代商业在经营中不断碰撞、融合,助力了大量的新兴业态的发展。

10.3 流通产业政策

产业政策是指国家根据国民经济发展的内在要求,对以市场机制为基础的产业结构、产业技术、产业组织和产业布局进行定向调控,以实现某种经济和社会目标的一系列政策的总和,产业政策是国家对经济进行宏观调控的重要机制。产业政策的作用主要在于弥补"市场失灵"、促进超常规发展、增强本国产业的国际竞争力以及实现资源优化配置。产业政策的目标是要实现产业间和产业部门间的相互促进、协调发展,促进产业技术进步,实现经济总体赶超目标。

10.3.1 流通产业政策与产业规制

1. 流通产业政策

流通产业政策是国民经济产业政策的一个重要组成部分,它以流通产业作为直接对象,是根据国民经济整体发展要求以及流通产业的实际情况,直接或间接干预产业活动,从而实现产业发展等特定经济和社会目标的各种政策的总称。流通产业政策具有系统性、协调性、统一性、复杂性等特点。

流通产业政策是经济政策的重要组成部分,流通经济体系是流通产业政策制定的基础,流通产业政策必须与一国经济水平与流通的发展特点相符,否则便会阻碍流通产业进步。因此,一个国家流通产业政策的制定与实施应以本国流通经济体系为基础。

流通产业政策是产业政策的一个重要组成部分,是政府为了纠正市场失灵、协调流通活动、促进流通业发展所制定的方针、原则和采取的干预行为,包括立法、司法及行政机构等对社会商品流通的公开介入或干预。其具体表现为流通领域的各项法律、法规、计划、方案、项目等。它是政府对流通产业的发展采取的公共性介入,表明了政府在一定时期内对流通产业发展的基本态度和总体意向。流通产业政策是立法、司法以及行政机构等对流通产业各项具体业务的公开介入或干预,它区别于流通政策,是流通政策中的一部分。

流通产业政策包括流通产业结构政策、流通产业组织政策、流通产业技术政策和流通产业布局政策。流通产业结构政策是指通过确定流通产业的构成比例、相互关系和流通产业发展序列,为实现流通产业结构合理化和高级化而实施的政策;流通产业组织政策是指政府为实现产业内部、企业之间资源合理配置而制定的政策的总和;流通产业技术政策是指国家对流通产业技术和经济发展进行宏观指导的政策规定;流通产业布局政策是政府根据国民经济与区域经济发展的要求,制定和实施的有关社会生产力空间分布以及区域内部、区际经济协调发展的政策总和。

2. 流通产业规制[①]

流通产业规制是指政府管制机构为弥补市场缺陷、提高流通经济效率,依据相关法规或政策对流通领域微观经济主体的经济活动所实施的干预行为。流通产业规制有五要素。

(1) 规制目标。流通产业规制主要是为了减少流通领域的交易成本、提高流通经济运行效率;抑制垄断,维护公平交易与公平竞争,规范流通市场秩序;解决流通企业产生的外部性问题。

(2) 规制主体。主导流通产业规制的政府机构体系包括行政机构、立法机构和司法机构,除中央机构外,还包括地方各级政府的相关管制机构。

(3) 规制客体。受管制的对象是所有从事流通经营活动的经济个体和组织。

(4) 规制手段和方式。其包括行政手段和法律手段,以及部分经济手段,具有强制性。规制方式主要是指政府机构对流通领域微观经济主体的经济行为进行直接限制或干预。

(5) 规制依据。其主要是指流通产业规制执行时参照的法律规章制度,如《中华人民共和国反不正当竞争法》《中华人民共和国反垄断法》《中华人民共和国消费者权益保护法》等。

3. 流通产业实施产业规制的理由

为什么要对产业进行规制,不同的理论给出的解释也不相同。政府规制的部门利益理论认为,政府规制是为产业利益而设计和实施的。政府规制的俘虏理论认为,立法者和规制者都容易被产业集团所俘虏。而政府规制的公共利益理论认为,政府规制是对市场失灵的回应。因此,流通产业作为一种产业,同样存在着规制的必要性。

(1) 流通领域存在垄断。市场机制只有在竞争状态下才能有效地发挥其作用,流通领域中的垄断会抑制竞争、导致资源无法有效配置,造成消费者乃至整个社会福利的损失。因

---

① 田旭. 流通产业政府规制研究[M]. 北京:经济科学出版社,2007.

此,有必要对流通领域的垄断进行规制。

(2) 对外部效应的内部化。企业的流通经济活动在给自身带来经济利益的同时,也会产生一定的负外部性,如环境污染、社会危害和治安等问题,这种负外部性的成本并不能在企业的内部成本中表现出来,仅仅依靠市场机制是无法将这种外部成本转化为企业的内部成本的。因此,由政府对产生外部性效应的流通企业实施规制,通过某种制度安排,制定法规政策以实现流通企业外部效应的内部化,既是必要的,也是合理的。

(3) 流通交易中存在信息不对称。流通领域中,作为市场交易主体的厂商、销售商和消费者之间都存在着信息不对称,而信息不对称的存在,使得市场机制难以有效发挥作用,导致交易成本上升,使社会福利损失增加。因此,对流通产业进行规制,由政府提供公共信息或要求经营者公开相关信息,建立或实施有关产品质量、价格等信息的标准和公示制度,能够减少交易成本,降低社会福利损失。

(4) 经济运行中不确定性因素的存在会引致经济风险。由于流通是连接生产和消费的重要环节,流通领域中的许多不确定性变量和风险会导致市场机制运行中的不确定性,而这些因不确定性因素所导致的风险和损失仅靠市场力量可能无法完全规避。因此,必须通过政府规制的力量来防范和降低经济风险,以实现流通产业的正常运行。

4. 流通产业规制的特殊性

流通产业与其他产业(如自然垄断产业)相比较,在市场结构特征方面完全不同,不同的市场结构特征决定了流通产业规制的特殊性。

(1) 规制的具体目标不同。任何产业的政府管制所追求的基本目标都是一致的,即维护经济运行秩序,增强市场对资源配置的能力,提高经济运行效率,但是具体目标可能会有所不同。在我国,流通产业的规制目标是完善和加强社会性规制,去除行政性垄断,抑制市场垄断,维护公平竞争,提高流通效率,而与此相反的垄断产业的规制目标则可能会是引入竞争、放松规制。

(2) 规制领域不同。流通产业的政府规制主要针对流通领域中的垄断、过度竞争、信息不对称以及产品安全和服务质量等问题展开。垄断产业的规制主要是放松进入和退出规制、价格规制、投资规制、申请执照等方面的规制。

(3) 规制主体不同。流通产业的规制主体是各级政府行政机构。我国垄断产业的规制机构长期由对口的行政部门领导,既是规制政策的制定者与执行者,又是具体业务的经营者,这种政企合一的规制体制造成经营效率十分低下,直到20世纪90年代末才有所改变。以反垄断为例,目前我国反垄断执法机构已经实现市场监管总局(负责非价格垄断协议、非价格滥用市场支配地位、滥用行政权力排除限制竞争行为的反垄断法)、国家发改委(价格)、商务部"三合一"。

(4) 规制客体不同。流通产业政府规制的客体是流通领域中从事经济活动的经济主体,包括企业和消费者,主要是流通企业。垄断产业规制的客体主要是企业,一般不涉及消费者个人。

(5) 规制方式不同。流通产业的规制方式主要是行为规制,主要包括:价格规制,防止占市场支配地位的企业反竞争行为的方法,针对广告和其他对竞争活动的限制的规制。垄断产业的规制方式主要是结构规制,主要包括:进入的限制;垄断状态;单一能力规制(不允许从事多种经营);个体未经认证不能进行专业服务。

10.3.2 我国现行流通产业政策

流通产业政策是经济政策的重要组成部分,由于流通经济体系是流通产业政策制定的基础,故一个国家在制定流通产业政策时必须考虑该国的经济水平与流通业的发展特点,只有这样,制定出来的产业政策才能促进流通产业的发展。

我国流通产业政策的发展主要经历了三个大的时期[①]:一是恢复国民经济和建立社会主义计划经济体制时期的流通产业政策(1949—1957年);二是社会主义计划经济体制时期的流通产业政策(1958—1978年);三是改革开放与建立社会主义市场经济体制时期的流通产业政策(1979年至今)。

党的十一届三中全会确立了改革开放的路线,对经济的发展起到了至关重要的作用,为建立新的商品流通开辟了广阔的前景。我国的流通产业在这一时期得到了充分的发展,这一时期的流通产业政策主要是围绕建设社会主义市场经济的流通体制展开的,又大致可以划分为三个阶段。[②]

第一阶段为1979—1992年。这一阶段流通政策的重点是调整流通领域的所有制结构,转换国有流通企业的经营机制以及实现流通现代化。流通体制改革的主要任务就是破除计划经济体制给中国的经济发展带来的种种束缚,扫清建立社会主义市场经济体制的障碍。这一阶段流通产业政策的目标就在于调整流通领域的所有制结构,搞活流通,转换国有流通企业的经营机制,鼓励多种所有制和流通形式的发展,促进流通现代化。

这一阶段的主要流通产业政策有:《国务院关于城镇集体所有制经济若干政策问题的暂行规定》(1983年)、《中共中央关于经济体制改革的决定》(1984年)、《城乡个体工商户管理暂行条例》(1987年)、《投机倒把行政处罚暂行条例》(1987年)、《中华人民共和国价格管理条例》(1987年)、《中华人民共和国私营企业暂行条例》(1988年)、《国务院关于建立国家专项粮食储备制度的决定》(1990年)、《城市商业网点建设管理暂行规定》(1991年)、《中华人民共和国城镇集体所有制企业条例》(1991年)、《中华人民共和国烟草专卖法》(1991年)、《国家储备糖管理试行办法》(1991年)、《关于加强物流科技工作的意见》(1992年)、《国务院关于商业零售领域利用外资问题的批复》(1992年)等。

第二阶段为1992—2001年。1992年,以邓小平南方谈话为契机,明确了建立社会主义市场经济体制的目标。这一阶段,我国流通体制改革的任务就是在国家宏观调控下,建立起充分发挥市场机制,并且能对资源配置起基础性作用的商品流通体制。流通产业政策的重点在于规范流通市场秩序,扩大流通领域的对外开放,促进流通现代化的发展,从而形成一种市场协调发展、竞争有序、高效畅通的流通格局。

为了保持正当竞争,维护生产者、经营者和消费者三者的利益,国家在这一阶段颁布了一系列的流通政策,以整顿流通产业的流通市场秩序,包括反不正当竞争和维护消费者利益的有关政策,如1993年9月第八届全国人民代表大会常务委员会第三次会议通过了《中华

---

① 徐从才.流通经济学:过程、组织、政策[M].北京:中国人民大学出版社,2006.
② 李薇晖,邱训诚.流通经济理论与政策[M].上海:华东理工大学出版社,2008.

人民共和国反不正当竞争法》，1993年10月通过了《中华人民共和国消费者权益保护法》。此外，还制定了与流通产业有关的法规政策，包括由1993年2月22日第七届全国人民代表大会常务委员会第三十次会议通过的《中华人民共和国产品质量法》，其根据2000年7月8日第九届全国人民代表大会常务委员会第十六次会议《关于修改〈中华人民共和国产品质量法〉的决定》进行第一次修正；中华人民共和国第九届全国人民代表大会常务委员会第二十四次会议于2001年10月27日通过《关于修改〈中华人民共和国商标法〉的决定》等。

第三阶段为2002年至今。这一时期流通产业政策的重点是针对入世后流通领域即将全面开放而制定的一系列对外开放和促进流通产业发展的政策。

这一阶段的流通产业政策主要包括《外商投资产业指导目录》《全国连锁经营"十五"发展规划》《"十五"商品流通行业结构调整规划纲要》《国家经贸委关于进一步做好大中城市商业网点规划工作的通知》《国家经贸委关于加强城市商业网点规划工作的通知》《全国商品市场体系建设纲要》《关于促进我国现代物流业发展的意见》《城市商业网点规划编制规范》《粮食流通管理条例》《酒类流通管理办法》《外商投资商业领域管理办法补充规定》《零售商供应商公平交易管理办法》《中国企业境外商务投诉服务暂行办法》《中华人民共和国反垄断法》《物流业调整和振兴规划》《物流业发展中长期规划（2014—2020年）》《国内贸易流通"十三五"发展规划》《电子商务"十三五"发展规划》《商贸物流发展"十三五"规划》《快递业发展"十三五"规划》等。

10.3.3 我国物流产业政策内容分析[①]

物流业是集运输、仓储、加工、配送、市场交易乃至信息化为一体的复合型服务业。20世纪90年代，我国掀起了经济建设的大浪潮，落后的物流发展水平对经济发展的掣肘日益凸显，为改变这一现状，我国开始积极借鉴发达国家先进经验，推动物流业在国内的迅速发展。经过多年的发展，我国物流业成绩卓然：物流业基础设施建设日益完善，综合物流运输体系逐步形成，物流服务的内容与手段不断创新。纵观中国物流业发展实践，在物流业逐步发展壮大的过程中，作为这一新兴产业发展的重要导引与保障主体，各级政府与时俱进，积极探索政府在物流业发展中的定位与作用，借助各项政策支持与保障措施为物流业的发展保驾护航，成效显著。

从现行政策的制定来看，国务院2009年发布的《物流业调整和振兴规划》、2014年9月发布的《物流业发展中长期规划（2014—2020年）》等形成了各级政府编制物流业发展政策的核心上位规划。当前物流业相关支持政策主要分布于各项物流业发展政策文件之中，归纳起来大致可以分为三类：第一类为各级政府发布的针对物流业发展的具体政策，如各地物流发展专项规划等；第二类为各级政府发布的为落实物流业发展相关规划所明确的发展意见；第三类为各地发布的、涉及物流业发展政策支持的现代服务业发展规划。为真实、全面地反映当前物流业政策支持的现实情况，本书充分采纳"十三五"时期发布的政策，选定了现行的8项国家级物流政策文件、27个省区市共46项省级政策文件，以及21个国家级物

[①] 赵娴，潘建伟，杨静.改革开放40年中国物流业政策支持的回顾与展望[J].河北经贸大学学报，2019，40(5)：52-59.

流节点城市和17个区域级物流节点城市共65项市级政策文件作为本书研究的基础。

从现行政策制定时间来看,国家级政策以"十三五"前为主,省级政策中近50%为"十三五"时期新制定的发展规划,市级政策中"十三五"时期新制定的发展规划占26%。通过对现行物流政策内容的梳理,不难发现,物流政策已经开始从土地、资金、税收等一般性的产业支撑政策向更突显物流业发展特性的方面延伸,如通关效率、车辆通行权等通行政策,水电气价格与工业同步、过路费清理/减免等行政费用清理政策,以及技术创新与标准推进、统计分析与信息平台建设等政策。表10-3是按照8大主题22个分支对现行119项政策文件进行深度梳理后所完成的统计分析结果。

表10-3 各级政府关于物流业发展的8大主题22个分支的政策统计①

政策主题和分支	国家级 排名	国家级 比例/%	省级 排名	省级 比例/%	市级 排名	市级 比例/%
土地政策	3		3		1	
土地保障		71.43		73.91		58.46
土地优惠		0		0		33.85
土地使用监管		28.57		6.52		9.23
税收政策	7		5		3	
税收优惠		14.29		56.52		52.31
生产性企业主辅分离税收优惠		0		0		21.54
资金政策	3		1		2	
资金支持		28.57		43.48		50.77
融资支持		71.43		84.78		40.00
行政费用清理	5		3		5	
水电气价格与工业同步		14.29		34.78		26.15
过路费清理/减免		14.29		23.91		18.46
其他行政收费目录清理		0		21.74		13.85
通行政策	4		7		7	
通关效率		14.29		6.52		20.00
车辆通行权		57.14		15.22		27.69
物流通道开通奖励/补贴		0		0		6.15
培育重点	2		4		6	
重大项目		28.57		23.91		7.69
技术创新与标准推进		85.71		15.22		12.31
统计分析与信息平台		57.14		36.96		35.38
人才政策	6		6		8	
人才引进与培育		28.57		39.13		24.62
市场监管	1		2		4	
放宽准入		28.57		21.74		15.38
简化审验		57.14		23.91		21.54
制度规范		42.86		8.70		9.23

① 此表展现了各级政府政策支持主题的排名以及政策主题与分支的政策文件数量占总政策文件的比例,由于一项政策中所涉主题往往不止一个,因此各主题所占比例之和大于100%。

续表

政策主题和分支	国家级		省级		市级	
	排名	比例/%	排名	比例/%	排名	比例/%
信用体系		42.86		30.43		10.77
多方协同		14.29		23.91		13.85

1. 物流政策主题结构比较分析

从统计结果来看,各级政府物流政策支持的主题方面基本一致,都着力于土地政策、税收政策、资金政策、行政费用清理、通行政策、培育重点、人才政策、市场监管八个方面。在具体的政策主题上,国家级政策、省级政策和市级政策均在市场监管、资金支持、土地政策上有较大的倾斜力度,但人才政策的关注度则相对较低。这一方面表明,从物流业发展的要素支撑来看,各级政府已经充分认识到了物流业的发展需要园区、货运站场、铁路专用线等基础设施建设的支撑,相关基础设施占地面积大,建设成本高,需要资金和土地相关政策予以保障。而与土地、资本要素相比,当前物流业发展的人才要素制约相对小一些。另一方面也表明,从物流业发展的主要模式来看,各级政府也充分认可物流业应以市场化运营为主,政府以市场引导和市场监管为己任,力图打造良好的物流市场环境与竞争秩序。同时,各级政府政策支持又各有侧重:国家层面力求以点带面破冰物流业发展长期滞后的僵局,突出培育重点;省级政府从降低物流运营成本角度出发,强调行政费用清理;市级政府作为地方税收主体,则力图充分运用税收政策加以扶持。这与各级政策的职能安排具有较大的联系:土地规划掌握在各市级政府手中,行政收费主要由各省制定,税收执行主要由地方税务部门构成。因此,物流业政策体系中,土地支持上需要有效发挥地方政府的主观能动性,行政费用清理上需要省级政府政策的完善与有效落地,税收优惠上则需要进行合理安排。此外,比较各政策主题可以发现,在市场监管、培育重点两大政策主题上,自上而下的政策倾向度呈下降趋势;而在土地政策、税收政策两大主题上,自上而下的政策倾斜度呈上升趋势。从当前中国物流业发展现实来看,上级政府所培育的重点项目与工程都得到了下级政府在土地和资本上的有力保障,下级政府的物流设施建设、物流运营乃至物流市场监管均在上级政府相关监管之下开展,因此,可基本认为国家级政策、省级政策及市级政策不同的倾斜度与当前物流业的发展有着较高的契合度。

2. 物流政策分支结构比较分析

(1)土地政策。从当前政策来看,土地保障是各级政策支持的重点。同时,针对"十二五"时期出现的"圈地"与"捂地"现象,"十三五"时期,国家层面仍未放松对物流用地的监管。同时,土地资源主要以各地市政府规划利用为主,土地优惠政策集中于市级政策之中。随着土地稀缺性和土地价值的提高,加之物流项目开发日益市场化,融资手段日益多元,近年来,土地优惠政策支持力度有所下降。

(2)税收政策。税收政策主要集中于税收优惠,但从目前国家级政策支持力度来看,国税优惠力度并不大,地方税收优惠是物流业税收优惠政策的主要构成。利用"营改增"的推进鼓励生产性企业剥离物流业务成立物流企业获得税收减免,以降低企业税收支出。其目的在于鼓励生产性企业剥离物流业务。这与当前我国专业的第三方物流严重不足，大量生产性企业自建物流有很大的关系。导入这一政策，将有助于生产与物流的专业分工，推动原本内生于生产性企业的物流功能面向市场提供物流服务，形成一批具有一定物流服务水平的第三方物流企业。目前，江苏、四川、哈尔滨、南昌等省市均已明确对生产性企业剥离出物流业务独立成立物流企业的税收优惠政策，这为各地推动第三方物流的发展具有重要的借鉴意义。

(3) 资金政策。资金政策在各级物流政策中均处于重要支持地位。与"十二五"时期一样，国家级和省级物流政策对融资支持具有相对较高的政策支持倾向，市级物流政策则在资金支持上具有较高的政策支持倾向。这与当前我国金融市场相对较为统一，国家级的金融支持政策在全国具有较高的普适性有关。同时，各级政府资金支持在现实操作中可叠加，即物流项目在达到各级政府政策要求的情况下可申请多个级别的政府资金支持。因此，政府资金支持与融资支持在现实中并无较为明确的政策倾斜度差异。二者的差异主要在于政府资金支持较为明确、直接且基本无成本，各地在进行物流项目开发与建设时都具有争取政府资金支持的积极性。而融资支持上虽然政府也会适度给予一定的贴息、信贷等方面的支持，但资金获取仍会有一定的成本，物流企业往往依据实际需要酌情考虑是否争取融资支持。政策支持的重点是政府资金切实为物流项目所用，融资支持切实满足物流企业发展需要。

(4) 行政费用清理。行政费用清理主要包含水电气价格与工业同步、过路费清理/减免和其他行政收费目录清理三个分支，其目的都在于降低物流成本。从各分支在各级政策文件中的分布来看，国家级政策集中于推进水电气价格与工业同步，加强过路费清理/减免，省级和市级物流政策则覆盖行政费用清理的三个分支，且倾斜度自高至低的排序均为：水电气价格与工业同步、过路费清理/减免、其他行政收费目录清理。这表明，在实践中部分省市在贯彻国家关于行政费用清理政策的同时，也在不断探索新的降低物流成本的政策与措施，所形成的行政费用清理政策支持的相关经验可以在全国范围内加以借鉴。同时，也应注意到，省级物流政策关于行政费用清理的描述比市级物流政策更为充分，表明省级政府切实着力履行其在行政费用清理中的主体作用。

(5) 通行政策。通行政策主要包括通关效率、车辆通行权和物流通道开通三个方面，其目的在于提升物流联通水平与效率。国家级和省级物流政策仅涉及通关效率和车辆通行权两个方面，仅大连、武汉、乌鲁木齐、成都、昆明、贵阳6个城市确立了对物流通道建设的支持性政策条款，主要通过奖励、补贴等方式对航线开通等地区间物流通道建设给予支持。而物流业的发展依赖于地区间物流通道的有效建立，地方政府基于当地物流发展需要自发进行的物流通道建设支持并不能从根本上解决我国物流通道，尤其是西部地区各省市之间，以及各省市与外部省市之间物流通道建设不足的问题。与此同时，从地市到省乃至全国，都在积极进行交通网络体系的建设，以提升各级地市内外的联通水平。从国家到省市的交通规划应充分兼顾物流通道建设的必要性。因此，国家级、省级政策对物流通道建设的引导与支持对于有效改善物流服务的基础环境、促进地区间建立更为密切的物流联系、提升物流服务的广度与深度具有重要的现实意义。在此基础上，完善车辆通行权和通关效率将进一步提升物流运行效率，提升各级物流体系服务能力。

(6) 培育重点。与"十二五"时期培育物流品牌、小微企业不同，当前物流政策的培育重点是重大项目、技术创新与标准推进、统计分析与信息平台。"十二五"时期，中国物流企业虽然发展迅速，但大部分地区物流企业以小型货代、运输企业为主，物流服务功能不健全，物流服务方式粗放，服务水平低下，为推动物流业快速发展，多省市提出了培育小微企业、打造物流品牌的相关支持政策。但小微企业在大型物流项目开发方面能力有限，组织化程度低，"小、散、乱"现象突出，有效的资金等相关资源支持并未带来地区物流业的快速发展，也未能形成相应的物流品牌。"十三五"时期，各级政府均着力于以重大项目与工程的建设支持为抓手，集中有限的政府资源推动重大物流基础设施的建成与物流升级改造工程的实现。与此同时，为优化物流服务能力，提升物流服务效率，推动物流业向集约化方向发展，各级政府均着力于推动物流技术创新与标准推进和统计分析与信息平台构建。从政策支持力度来看，当前在重大项目、技术创新与标准推进、统计分析与信息平台三个分支上，国家级政策支持力度最大，省级政策次之，市级政策最小。这与物流重大项目多自上而下分项目级别规划建设有关，同时也与物流技术创新与标准推进和统计分析与信息平台的强外部性之下需要更高级别政府推动有关。

（7）人才政策。虽然人才政策在8个政策主题中的排名比较靠后，但是相较于"十二五"时期，各级政府对人才要素的关注度有了较大提升，这与我国物流业逐步从粗放式发展向集约化方向发展有着较大的联系。国家级物流政策明确了人才在物流业发展中的重要地位，省级政府正积极探索物流业专业人才的引进与培育，市级政府虽提出了人才的引进与培育，但对此的政策倾斜度较低，目前大部分城市相关政策描述较为宽泛，并无较为详细可行的物流人才引进与培育办法。

（8）市场监管。市场监管政策主要包括放宽准入、简化审验、多方协同、制度规范、信用体系建设五个方面。市场监管政策旨在建立良好的市场环境、规范的竞争环境，以放宽市场准入条件引导更多企业参与物流经营，推动物流主体多元化；以简化审验程序提高物流企业登记成立与日常审验效率；以多方协同实现对物流业发展的全方位引导与监管；以制度规范约束物流主体行为；以信用体系建设实现对物流主体的长效监督。从国家到省市，市场监管政策的倾斜力度都较大，相比而言，国家级政策倾斜度最高，省级政策次之，市级政策最低。其中，国家级政策突出简化审验、制度规范和信用体系建设，以规范物流主体为主要政策着力点；省级政策强调信用体系建设、简化审验和多方协同；市级政策则主要向简化审验倾斜。其中较为突出的差异在于制度规范，省级与市级政策的倾斜度远低于国家级政策，这一方面与下属省市对物流制度规范的关注不足有关，另一方面也与国家级政策在物流规范制定上的特殊地位有关。物流业涉及多省市的对接联通，各省市需要在国家级政策的一致指引下进行制度规范的建立。

产业政策的本质是一种政府行为，是一种非市场性质的经济调控手段，是政府管理经济的基本工具。制定和推行产业政策是政府经济职能的重要实现形式。就促进产业发展的目标而言，产业政策并非对任何产业都具有同等的作用，产业政策本身也并非万能的魔杖，片面夸大产业政策的作用是不可取的。因此，基于中国物流业的发展现状与发展目标，中国的物流产业政策应着力于三个方面：其一，主体培育。支持资源整合，鼓励物流企业做大规模。其二，市场环境营造。加快物流管理、技术和服务标准的建设和推广，进一步完善物流标准体系。其三，协同发展。打破部门和地区间的分割与封锁，促进物流市场的一体化建设，保障物流服务的社会化和资源利用的市场化，促进物流业的空间合理布局，以增强其空间利用能力。

10.4　流通产业发展

伴随着数字经济、智慧经济、绿色经济和经济全球化等新经济形态的不断涌现与发展，我国经济发展进入从规模增长到质量提升的重要窗口期。流通作为联结生产和消费的纽带，在经济生活中的角色和发挥的作用也在不断发生转变。流通产业未来的发展方向和发展趋势主要表现在流通数字化、流通智能化、流通绿色化和流通国际化。

10.4.1　流通数字化

数字驱动是商贸流通企业快速成长的重要创新模式。数字化有利于带动流通效率提升、流通渠道畅通、流通规模扩大和流通结构优化，继而对流通业创新发展起到良好的助力作用。流通数字化，顾名思义就是数字技术与流通业的融合，将商贸流通全过程进行数字化赋能。流通数字化会使生产、流通、分配和消费更加高效，实现商品流通全过程的有效衔接。在数字经济时代，数字技术被认为是大流通、大循环和大消费的重要抓手。

流通数字化最明显的特点是大数据算法准确破译市场需求。随着大型零售商和电商平台成为消费与交易信息的集结地，以及网络通信和信息技术的深度运用，采用大数据分析选择货品成为解决流通数字化痛点难点的技术利器，精准化的营销推送更是加快了"货找对人"的过程，并且提升了库存周转次数和商品经营效率。

1. 流通数字化的作用与表现

（1）为中小城市商贸流通业注入发展新动能。从马克思流通理论视角看，商贸零售业的本质是要素的交换，通过媒介供需作用实现生产和消费之间的联动，互联网数字化有利于社会生产关系的改善和生产力的提高，社会再生产基本规律实现突破，形成高度适应需求的动态柔性生产，进而形成经济增长的新动能。

（2）大幅提升零售业连锁扩张速率。数字化信息系统的广泛连接性，将显著增强连锁加盟制的扩张优势，通过电子价签、远程监控、数据和会员共享及总部大数据赋能等方式，有望彻底消除传统加盟店难以步调一致的弊端，从而突破直营制通常资产负担偏重、托管制又难以调动投资人积极性的扩张局限性。

（3）推动社会生产与生活方式的优化重构。借助数字化技术，流通业可以更加轻松精准地助力制造业"量体裁衣"，引领柔性生产和智能制造，支持全要素生产率的提高。同时，在促进消费升级和形成强大国内市场的大背景下，流通过程还将成为匹配消费需要、培育消费增长点、引导健康生活方式和明确消费者责任的重要一环。然而有专家也指出，数字化的流通变革，在就业和分配层面的深远影响犹如一把双刃剑。一方面，数字化将颠覆流通业作为劳动密集型行业大量吸纳就业的优点，带来就业岗位的减少和大批裁员，必须警惕这一过程通过收入传导而影响居民消费的连带效应，作出妥善的政策安排。另一方面，数字化也在互联网贸易、数字管理、物流和供应链、农业和农村电商等领域催生了大量新兴岗位和创业机会，对此，应在政策上加以引导和鼓励。

2. 流通数字化发展的着力点

（1）以电子商务为抓手，增加现代流通"新模式"供给。通过全国性总部、结算中心、物流配送中心和信息中心的组建，规划、管理、控制和促进各地区与各行业电子商务的发展。大力支持实体店"上网"、互联网销售，拓展销售渠道，同时提升线下体验、配送和售后服务。进而积极推动制造业与电商企业、物流企业、金融企业的产业跨界融合，拓宽广大中小制造企业产品的网络零售渠道，提高销售额，扩大制造业发展规模。

（2）政府提供平台，技术支持数字化转型。"十四五"规划中提到，要加快数字化发展，加强数字社会、数字政府建设，提升公共服务、社会治理等数字化、智能化水平。因此，要建立数据资源产权、交易流通、跨境传输和安全保护等基础制度和标准规范，推动数据资源开发利用，从而推动基础公共信息数据有序开放，建设国家数据统一共享开放平台。

（3）以商业模式创新促进传统商贸转型升级。鼓励传统商贸流通企业把数字化贯穿于市场分析、客户分析、产品分析、供应链分析、经营分析等整个过程，全面提升商贸流通业的服务水平和服务效率；要以数字化推进为突破，创新发展商业模式，鼓励传统商贸流通业大力发展电子商务和跨境电商及新型数字化商业，鼓励电子商务和跨境电商企业创新业务模式，搞活中小城市流通市场活力，促进中小城市商贸流通实体经济的转型升级。

（4）制定数字化保障方案，建立有序信息安全保障机制。要将信息安全摆在中小城市商贸流通业数字化转型建设的重要位置，按照国家、省、市信息安全技术标准，制定《中小城市商贸流通数字化转型建设与运营安全保障方案》，积极配合国安、公安、通信管理等部门加强信息安全管理；加大力度打击非法利用他人数据、非法窃取商业机密、非法收集政务机密的不法行为，建立有序的信息安全保障机制，确保中小城市商贸流通业数字化转型和建设中的商业机密与信息数据安全。

10.4.2 流通智能化

流通智能化是指流通组织通过广泛应用人工智能、大数据、云计算、区块链等新型数字信息技术，强化与互联网的深度融合，坚持包容性创新导向，构筑智能学习、推理、决策系统，流通媒介机制升级、组织节点高速响应、消费者满意度提升、数据信息充分传递、物流通达能力增强、资源利用更加高效、商品产销精准对接、市场供需动态平衡，建立高效畅通且具有持续竞争优势的智能流通体系。2016年，国务院办公厅出台了《国务院办公厅关于深入实施"互联网＋流通"行动计划的意见》，明确了要从流通模式创新发展、加强智慧流通基础设施建设、拓展智能消费新领域、绿色流通和消费、农村电子商务发展等方面加快流通业发展，事实上也对流通业的智能化发展提出了方向和要求。

流通智能化转型强调智能流通平台的搭建，借助新型数字技术促进各流通主体与政府、市场信息的对接和共享，弥合商品市场信息鸿沟，并基于智能化决策系统及其对海量商品信息的试错、筛选，整合优化流通资源，完成对供需两端的精准和高效匹配。

1. 流通智能化的特点及作用

（1）消费便利性。线上线下流通渠道的高效协同为消费者在指定的时间和地点获取所购买的商品提供了便利条件。此外,基于区块链技术的电子支付手段能够以更加低廉的成本提供安全、便捷的线上支付体验。

(2) 服务增值化。智能流通体系能够通过对商品状态与流通运行过程的实时监控,深入挖掘消费者衍生需求,并据此提供定制化配套服务,实现商品与流通服务的创新性结合,改善消费者购物体验,提高其持续消费意愿。与此同时,智能流通体系基于对消费者购物体验的重视,可将顾客个性化创意适时融入产品设计与流通过程,这种逆向化服务性生产既能通过差异化定制服务满足当前顾客消费意愿,又能通过网络口碑效应吸引更多消费群体,激发潜在市场需求,还能为厂商提供产品与配套增值服务创新的思路。服务增值化特征不仅能促使流通智能化转型获得商品市场的价值溢价,推动流通主体持续赢利,而且能将消费者即兴消费转换为具有情感依赖属性的持续消费,实现对市场潜力的深度挖掘。

(3) 科技密集型。智能流通从海量数据中筛选有效信息,运用智能决策系统推理得到最优流通解决方案,并基于高效响应机制开展对各环节流通资源的优化整合。与此同时,随着商品市场数据容量的持续递增,流通系统不断丰富自身知识储备,并通过深度学习、智慧推理有效降低商品资源错配发生率,规避信息不对称所导致的逆向选择和机会主义交易行为,进一步完善智能流通信息平台。大数据、云计算等先进技术有助于对顾客全流程消费数据进行跟踪与积累,并通过与顾客的实时互动掌握其消费偏好。第五代移动通信技术(5G)的普及将优化智能流通系统施效的空间,进一步释放大数据潜在的商业价值。人工智能技术的全面开发能够降低现代流通体系中人工投入的比重,可在极大提高流通运行效率的同时有效缩减流通成本。

2. 流通智能化发展的着力点

(1) 充分利用现代信息技术提高流通信息化水平。在"互联网+"背景下,流通业态已经发生了很大的变化,将来会发生更大的变化。可以说现代信息技术的广泛应用是"互联网+流通"的主要创新来源,正是在互联网技术的引领渗透和带动下,流通领域才呈现出大范围、宽领域、多渠道、全链条、深层次流通创新的总体特征和趋势。而流通业态的智能化、需求的个性化、移动互联网化以及基于这种移动终端消费需求决定的消费市场的集成,将成为消费的主流方式。基于此,流通企业必须审时度势,积极开发和引进新技术,及时在商品流通过程中运用新技术成果。

(2) 加大流通行业人力资本的引进和培育。智能化的流通,意味着传统流通行业不断向知识密集型的新型流通行业转型,这就必然要有一支强大的流通人才队伍进行智力支持。但是,目前我国流通行业的发展模式较为粗放,企业对人才引入方面没有形成充分的意识,也没有足够的投入。所以必须加大流通行业人力资本的引进和培育。一方面,应加大开放程度,大力引进流通方面的专业人才队伍,夯实本土流通行业的智力基础;另一方面,应加大教育投入,政府应联合流通企业、高等院校等机构,加大对流通人才的培训力度,并鼓励企业自主开展内部员工培训。此外,政府也要积极加强公共设施投入,在居住、生活、教育、医疗、文体等方面全方位做好服务,进一步确保流通人才引得进、留得住。

(3) 持续推动流通智能化基础设施建设。要发展智能化的流通业,促进流通业价值链提升,就要在大的区域范围内完善与流通业发展相关的基础设施体系,进一步夯实流通智能化发展的配套基础。首先,应加强物流基地的建设力度,科学谋划和布局建设规模化、集约化、智能化的区域性仓储基地、物流配送中心,完善智能化的物流基础设施。其次,应鼓励在城镇建设智慧街区、智慧商场等智慧商业点,为流通智能化各业态的发展提供更大的载体空间。再次,积极提高互联网的全域覆盖率,特别是加大农村地区的宽带建设,消除城乡的"信息鸿沟",助推智能化流通价值链向农村延伸。最后,持续发展电子商务,进一步开拓线上商业渠道,并进一步促进线上线下互联互通,为流通业智能化的发展和价值链的提升提供更加坚实的后台支撑。

10.4.3 流通绿色化

"十四五"规划明确指出,要强化绿色发展的法律和政策保障,发展绿色金融,支持绿色技术创新,推进清洁生产,发展环保产业,推进重点行业和重要领域绿色化改造。流通作为连接生产与消费的中间环节,其过程能否实现绿色化,关乎经济能否实现绿色发展。在经济新常态和供给侧结构性改革背景下,绿色发展也成为流通企业转型升级的重要方向和应对市场竞争的主动选择,这些都促使流通过程趋向绿色化。

1. 流通绿色化的特点及作用

(1) 效率是流通绿色化的本质要求。在经济整体运行层面,提高资源回收利用效率,在资源节约条件下实现最大产出,是流通绿色化效率的重要体现。目前,我国对工业生产、城市生活产生的各类废弃物主要通过填埋、焚烧等方式处理,资源化率并不高。对于旧家具、旧电器、二手车等旧货流通,市场发展还不规范,旧货行业还没有很好地发挥扩大内需、增加就业、保护环境等方面的作用。流通绿色化的重要一环将建立在资源回收和再利用领域,通过对人类活动弃置物的回收与利用,鼓励旧货市场发展,使资源二次甚至多次进入商品生产与流通环节,在整体上降低对自然资源的初次利用率,降低人类活动对自然环境的不利影响,从而在宏观上实现资源的高效运用。

(2) 和谐是流通绿色化的重要内涵。企业之间存在竞争、分工、合作等多种关系。在流通内涵不断扩大、消费升级趋势明显、新商业模式不断涌现的市场环境中,流通企业之间构建新型、和谐的竞争或合作关系,是流通绿色化的必然要求。绿色流通作为连接人类活动与自然界物质与能量交换的重要一环,更要承担起促进人与自然和谐相处的生态责任,在促进潜在价值转化、减少人类活动对自然界资源的攫取、降低污染物对生态环境的影响等方面将大有所为。

(3) 循环是流通绿色化的运转基础。流通绿色化能够促进物质能量资源在人类社会与自然界之间的循环。自然资源和环境是人类生存的基础,但人类对自然生态的破坏和人类活动弃置物的不断增加,已经超过资源自然增长和环境自我恢复的速度。对此,流通绿色化发展应着重对人类活动弃置物中潜在价值的发掘和转化问题进行研究,不同于传统商品流通理论聚焦于"生产-消费"链条的"前端",研究价值和使用价值的转化问题,绿色流通理论应将重点放在"消费-再生产"链条的"后端",研究潜在价值的转化问题,在资源分类、回收、循环再利用等领域有所突破,形成对流通理论的补充和完善。

(4) 低耗是流通绿色化的实践特征。在城市污染治理和经济社会发展中仅仅强调生产领域的清洁生产和节能减排是远远不够的,"绿色生产、绿色流通、绿色消费"才能构成一个完整的绿色经济体系。流通过程迫切需要低耗发展,通过资源、信息等要素整合,减少无效率、重复的流通活动,以降低能源损耗、减少资源浪费,在同等产出下消耗更少资源,进而增加效益。因此,低碳流通应运而生。绿色流通是经济发展的必然产物,而低碳流通是在绿色流通的基础上升级而成的。所谓低碳流通,就是指在商品流通的过程中,贯彻科学发展观和环保理念,利用各种具有节能功效的科学技术,实现低污染、低能耗目的的一种流通形式。低碳流通包含商流、物流和信息流、资金流等各个环节,它是这几个环节间的互相转换和传递较为完善的过程和体系。

(5)可持续是流通绿色化的动态追求。流通业联结着生产市场与消费市场、要素市场与产品市场、国内市场与国际市场,是推进社会化大生产的"润滑剂",是国民经济正常运转的保障,其可持续发展是经济社会可持续发展的重要组成。流通绿色化中的可持续主要是指流通企业在商业模式、竞争策略、领域协同方面形成可持续发展,进而带动相关产业的持续发展,最终促进人类社会发展模式与自然生态的可持续发展。

2. 流通绿色化的着力点

(1)不断完善流通绿色化发展体系。国家层面可以通过绿色流通相关法规,完善绿色商品采购、商品包装空位及预留容量、废弃物处理、能源消耗、运输车辆车型及燃油使用、节能、购物袋使用等流通活动过程的相关法规条例。倡导消费者进行绿色消费,为废弃物的回收负担一定的费用,并承担一些垃圾分类的责任,从源头上促进流通企业绿色化。在流通绿色化法规策略的实施当中,要注重系统性管理物流主管部门的科学设置,为物流业发展统筹安排,制定全国性绿色物流发展规划,将部门以及地区和行业限制积极突破。除此之外,在政策法规的策略实施方面,要能制定绿色化物流发展综合性法律体系,运用经济杠杆方式激励以及引导物流企业的行为,通过绿色税收以及绿色补贴等策略的落实,对流通绿色化发展起到积极作用。

(2)建立流通业绿色环保基金。对自主研发节能环保技术、开展环保活动、达到绿色标准和购置节能环保技术设备的流通企业,给予重大项目立项、资金、贷款等方面的补助和支持,并减轻流通企业税费负担。积极发展绿色信贷产品、绿色融资租赁、碳金融等金融产品,解决绿色产业发展融资难的问题,促进绿色产业健康发展。

(3)开发应用绿色流通服务技术。大力推进店面节能、环保改造。在流通企业中推广应用能源管理体系,保证能源、资源的有效利用。企业实施绿色物流,是一项系统工程。这需要整个供应链企业加强合作。尤其是来自成本方面的压力,通过与供应链上企业合作,共同分摊成本,共享收益。

(4)加强绿色流通人才培养培训。推动流通业绿色研究组织机构建设,促进其扩大规模、提高素质,推出一批水平较高、能够真正指导实践的流通业绿色发展理论成果。改进教育模式,加强高校绿色流通前沿管理方法与技术的开发。与流通企业紧密合作,注重实际操作能力训练,培养一批流通业绿色领导人才、绿色企业经营管理人才、绿色专业人才。要注重结合物流管理以及环境科学,促进专业物流人才培训以及认证工作良好推进,保障物流人才能够成为运作技能和环保意识强的复合人才,保障物流管理工作软环境的积极优化。此外,要注重将绿色知识创新和当前知识经济时代发展的要求紧密结合起来,积极促进动态化知识创新战略转变,使之能够和当前流通绿色化发展目标相契合。

10.4.4 流通国际化

流通国际化是流通要素跨国界的流动,其基本表现形式为资本的国际化、管理的国际化和商品经营的国际化。流通国际化是一个双向过程,可以将其概括为外向国际化和内向国际化,前者是一国的流通企业通过各种形式参与国际市场竞争,使企业经营具有国际化特征;后者是外国流通企业进入国内市场,使国内市场竞争呈现出国际化特征。流通国际化特征的形成使得世界流通产业形成了"大企业主导的格局",国际性超大流通企业在世界流通产业中产生着越来越重要的影响。

1. 经济全球化与流通国际化

(1) 流通产业转型升级是应对经济全球化的客观需要。随着全球经济一体化发展进程,产品、劳动资源与资金等在世界范围内得到了流通与重新分配。2004年我国流通产业完全向外开放,为我国流通产业发展带来了全新的发展机遇与挑战。一方面,外资的流入为我国流通产业发展提供了源源动力,在资金、技术与运营管理模式引进方面发挥积极作用,有效驱使了流通业态与交易模式的多样化发展,从而推动了我国流通产业的现代化发展进程,促使我国流通产业快速发展;另一方面,国际市场的形成使得市场竞争日益激烈,外商进入我国流通产业占据一部分市场份额,对部分流通途径进行了控制。经济全球化的发展要求对我国流通产业提出了更严格的标准,在"十四五"发展的大背景下,基于互联网、大数据、信息技术等对传统流通设备与运营流程进行优化升级,在很大程度上将减少物流运营资金、提升物流运输效率、优化流通产业结构等,只有基于流通产业升级才能保证其在国际市场中的重要地位与竞争优势。

(2) 全球一体化商贸流通产业发展格局正在逐步形成。在进一步加大改革开放力度、大力推进"一带一路"建设的背景下,国家各部委陆续出台一系列政策措施,鼓励我国企业加快对外投资,推动中国企业、中国商品、中国产品"走出去"。国家发改委印发了《关于发布〈民营企业境外投资经营行为规范〉的通知》(发改外资〔2017〕2050号),支持规范民营企业对外投资;国务院国有资产监督管理委员会印发了《中央企业境外投资监督管理办法》,引导中央企业规范对外投资行为;财政部、税务总局出台了《财政部 税务总局关于完善企业境外所得税收抵免政策问题的通知》,进一步减免企业境外收入所得税。这一系列政策措施的实施,激发了中国企业对外投资的热情,对外投资连年保持增长。在商贸物流基础设施方面,特别是在亚洲、非洲、欧洲一些国家和地区,投资力度不断加大,随着境外经贸合作区、特殊经济区等的建立,全球贸易方式不断延伸。商贸网络全球布局加速优化,全球一体化商贸物流体系正在形成。比如,中欧班列连通亚欧大陆11个国家、28座城市,充分激发了贸易活力,有效降低了全球商品流通成本,提升了全球商贸流通效率,成为国际物流陆路运输的骨干力量。随着对外投资的增长,我国一些跨国企业也逐步形成面向全球的贸易、投融资、生产、服务网络,国际竞争优势和能力稳步提升。

2. 双循环发展格局与流通国际化

(1) 双循环背景下流通国际化程度提升。适应新的对外开放经济形势,商贸流通向国际、国内两个市场持续深入发展。一方面,加快推动了国际物流园区、跨境电商等的发展,通过新建、并购、参股、增资等方式建立了海外分销中心、展示中心等,并且与跨境电商平台进行线上线下融合,更好地推进流通企业走出去。同时,也快速发展了一批连接国际、国内市场的跨境贸易电子商务综合服务平台,畅通内外流通网络。另一方面,随着内贸流通领域外资准入限制日渐放开,更多外资投向共同配送、连锁配送以及鲜活农产品配送等物流服务领域。跨国公司也纷纷设立采购、营销等功能性区域中心,更好地与国内市场有效对接。

(2) 流通国际化面临新挑战。当前,外商投资企业进入自我调整和局部收缩阶段,进一步完善外商投资商贸物流领域的法律法规,放开外资准入限制,落实第三方物流、专业批发市场、物流配送中心、仓储设施等领域的对外开放,推进国内外流通企业深入合作,成为双循环体系中推动商贸流通企业发展的重要任务。

3. 流通国际化的着力点

(1) 积极适应经济全球化大趋势,不断改进对外投资方式和渠道。尽管逆全球化潮流涌动,但经济全球化大势不可逆转。要顺应这个大背景,积极推进区域贸易投资合作机制建设,基于互利共赢、自主自愿原则,整合升级现有的贸易投资协定,共同探索新的合作机制,有效解决发生的贸易争端。中国企业要积极建设境外工业园区、境外仓储中心等重点项目,顺应产业转移趋势,发挥我国的经验优势,主动实施产业布局,既可拓展市场,提升我国产业分工地位,又可与相关国家深化经贸合作,促进经济发展,实现互利共赢。要不断改进投资方式,拓展投资渠道,结合相关国家市场的实际需要,积极采取投资、并购、参股控股等多种方式,加强海外业务布局,打造本土化企业,融入本土化发展,切实履行好企业社会责任,带动东道国经济贸易繁荣。要创新战略联盟方式,加强与有关发达国家企业的合作,充分借助发达国家企业在某些方面的优势,弥补中国企业进入某些国家市场的劣势。共同开发第三方国家市场,实现合作双方的互利共赢和共同发展。加强企业品牌的培育和传播,充分利用国际展览、展会、论坛和对外交流活动等契机,加强品牌宣传,大力培育全球知名品牌,彰显品牌力量,不断增加相关国家的信任感、信赖感,从而赢得竞争主动权。

(2) 发展现代供应链,畅通供需循环机制。一是充分利用物联网、云计算、大数据、人工智能等新兴技术深入挖掘消费者需求,提高企业快速反应能力,采用定制化生产方式,为消费者提供个性化、多样化商品。二是大力推进供应链结构升级与创新,将消费需求贯穿产品设计、采购、生产、销售、服务等全过程,推动生产型供应链向消费型转变,并与互联网、物联网深度融合,升级为高效协同的智慧供应链,推进我国由供给大国向供给强国演进。三是加快供应链及其产业组织方式、商业模式和政府治理机制创新,在整合上游生产资源的同时,对供应链各个环节加以优化,以信息共享推进有效对接,降低交易成本,提高运营效率,从而加速推进产业升级,保障产业链供应链安全,提升全球竞争力。

(3) 以目标客户为导向,创新商品流通业态。我国商品流通业态创新发展已经取得一定成效,但是普遍性不高,可以从以下几个方面提升全产业组织创新积极性:首先要向国际流通产业组织看齐,在对外开放不断深化的前提下,通过技术引进、学习等方式实现产业组织创新;其次要在国家倡导集约化的情况下实现以大带小,小组织集聚形成合力推动创新水平的提升和创新范围的扩大;最后流通产业组织机构要通过产业链优化来实现组织机构优化,并以产业链终端需求为导向,创新商品流通业态,不断满足目标客户的个性化和差异化需求,实现战略与经营的差异化,形成核心竞争优势。

(4) 建立相关配套体系,完善各项法律法规。针对我国电子商务蓬勃发展的现状,我国亟待建立一套完善的双向社会信用体系,尤其是要将信用体系与商品流通产业对接,将该体系作为商品流通产业组织结构优化的基石。这样,一方面能够让流通产业组织接受消费市场的考验,实现优胜劣汰,不断提升自身的信誉度、发展水平、管理水平,另一方面也能够让产业组织及时地了解消费者的消费动向,对消费者进行评估,创造良好的消费氛围,增强产业组织改革优化的积极性。针对当前我国商品流通产业以及经济发展的实际情况,在法律层面的建设可以从以下几个方面入手:一方面需要不断完善相关的法律法规,制定并建立起易操作的标准和准则,坚决打破行业垄断和地区封锁,实行规模化、集约化经营和管理,形成全国统一市场,孵化出一批跨行业、跨地区、跨国界的具有较高竞争水平的商品流通企业集团,这样不仅降低运营成本,还可以在激烈的市场竞争中站稳脚跟,最终达到规模扩张的目的。另一方面需要制定适度产业竞争政策,提高国外企业进入我国市场的壁垒,提高对外商实行准入数量和质量的控制,以保证国内市场的有序竞争。

关键术语:

流通产业　流通产业结构　流通组织结构　市场集中度　流通市场绩效　流通布局结构　流通产业规制　流通数字化　流通智能化　流通绿色化　流通国际化

思考题:

1. 如何理解流通产业的内涵和外延?
2. 作为第三产业的重要组成部分,流通产业表现出怎样的特征?
3. 流通业的市场集中度如何衡量?
4. 如何评价流通业的市场行为与市场绩效?
5. 分析产业政策在流通产业发展过程中发挥的作用。
6. 我国物流产业发展的政策支持力度如何评价?
7. 综合分析流通产业数字化发展的着力点及其关键技术。
8. 综合论述双碳目标下流通产业绿色化发展的对策。
9. 综合分析双循环格局下流通产业国际化发展的动因。

前沿观察

数字化驱动的流通业商业逻辑重构

数字化驱动下,流通业正在实现包括流通模式、流通主体、流通组织和流通渠道在内的全局性商业逻辑重构。

1. 流通模式重构:主导供应链逆向整合

(1) 数字化驱动流通业流程再造。作为引导、沟通、调节供需的桥梁和纽带,数字经济不会改变流通业之于社会再生产的交换功能本质,但数字信息技术的深入应用使得流通领域整体循环流程与作用机制呈现出全新转机。流通领域的数字化变革加速驱动供应链发展逻辑由原先先产后销的"推式"生产流程转变为按需定产、定制生产的"拉式"生产流程。

(2) 数字化重塑流通业产销模式。随着数字化信息技术在流通业的深入应用,企业间壁垒、技术间壁垒、市场空间壁垒以及合作壁垒均得到不同程度的打破,产销合一、批零一体、C2M(用户直连制造)、共创型产销模式出现。参与商品流通的组织及个体均融入数字化流通机制参与产品研发与设计,构建起更为灵活的产销供应模式,大大缩短产品更新换代周期,实现商业价值创造。重塑的新型产销模式下,商品研发设计理念、研发制造技术、流通渠道功效、消费者体验能够在低时滞条件下实现共享,极大地提升消费者需求响应速度以及产品附加价值。

(3) 数字化赋能流通业的业态创新。数字经济强化了包括范围经济、规模经济、网络经济在内的多种流通活动经济效应的发挥,驱动信息流、物流、资金流、商流四大关键流通要素不断以更高效率的方式流转,使得人与货能够经由场以更优良的方式匹配,在这一过程中体现出新旧动能的不断转换,当转换发生的量变积累到一定程度后质变随之产生,这种质变在现实中呈现为旧业态更新以及新业态的层出不穷。

2. 流通主体重构:关注力与需求聚合

数字化背景下,消费者需求在生产领域以及流通领域的重要程度与日俱增,流通主体借由数字信息化赋能实现资源与信息的广泛重组以及消费者关注力与需求的深度聚合,通过捕捉消费者关注要素把握"千人千面"的异质性消费需求,强化整体需求聚合水平,驱动流通主体定位、主体关系以及主体体量发生重要转变,协同推进流通主体数字化重构。

(1) 流通主体定位转变:商品交易提供者转变成商品服务集成商。数字化信息技术下,经过模块化的流通各环节和区域都将链接在网络之中,大中小企业均可在开放性的平台与交易过程中参与竞争。大中小流通主体均可通过模块化运营方式实现思想众智、资金众筹以及业务众包,流通主体业务开展模式由交易提供者转变成为商品服务集成商,将不同领域的企业、个人纳入产品及服务的研发设计、创新、销售过程中,降低交易成本,提升专业化服务水平,产生大规模的协同效应,快速响应市场需求,实现产品创新及服务创新,实现社会财富创造。

(2) 流通主体关系转变:由竞争走向竞合,汇聚数据实现价值创造。流通业竞合机制下的联盟经济具有明显的规模经济、范围经济和速度经济等正向效应,联盟各主体形成的合作优势,主要表现为:一是减少交易成本,基于数字信息技术开展的联盟合作能够消除各联盟企业间不必要的增值性环节,减少库存周转与分销,调整业务运作流程,缩短产品更新换代周期。二是加快响应速度,每个企业均享有一个信息节点,联盟经济形成一张涵盖无数企业信息节点的资源价值网,基于此各企业间能够随时实现信息交流与信息资源共享,迅速响应市场变动,研发设计、生产以及销售端均能够以最快速度集结资源,疏通阻碍,利用合作伙伴的资源能力为自身业务实现加成,无形中扩大企业获利空间与市场规模界限。三是提升企业管理的规范程度。联盟企业可以通过信息网与价值网借助联盟内企业优良的信息化管理方式,同时输出先进管理思想协助联盟成员企业确立管理规范,以此促进整个联盟的管理水平提升。

(3) 流通主体体量转化:以规模化强化需求感知力。在数字化信息时代,企业可以跳出自身能力圈,借助外部信息、能力与资源,实现连接与共生,在不受限于自身的基础上达到更高的企业战略。经由开放的信息、技术、供需交流平台,大中小流通商均可最大范围地凝聚一切可利用的资源以及产品,同时对需求感知的时滞性降低,精确程度得到有效保证,流通主体借由数字资源以最佳的组合方式和最快的流通速度壮大自身,实现规模化提升。

3. 流通组织重构：破界、跨界到无边界发展

在流通业经营层面，流通组织实现产品无边界、时间无边界、空间无边界以及运营无边界，产品功能逐渐扩展，从单一功能产品转化为开放式平台化产品，产品流转周期实现有限时空到无限时空的全时全球运营。流通业数字化过程中，企业利用大数据技术建立信息共享平台，可以集合在线信息，对整个供应链上各参与主体的信息进行智能化分析，并针对供应链体系内各节点企业推出针对性服务。线上方式不受时间、地域的限制，大大降低了运营成本，真正实现了实时服务。另外，供应链服务模式也转向以顾客体验为核心的全渠道服务模式。通过数字技术深度挖掘和洞察用户需求，进行消费者精准画像，不仅能进一步把握潜在消费需求、实现与消费者的持续互动，还可以引导消费者参与到产品设计环节，形成从消费者到制造商的全渠道贯通。此外，以智能终端为核心的全渠道服务，能加快推进服务功能的整合和售后服务的快速响应，终端服务能够最大限度下沉到市场末端的网点，更进一步缩短了与消费者的距离。

流通组织管理层面的无边界发展通过打破企业内部的垂直边界、水平边界以及企业间边界加以实现。企业内部纵向边界打破，建立扁平化管理机制，使得企业全体成员能够围绕共同的企业目标、愿景及使命协同发力。企业通过流程再造打破内部横向边界，破除不同部门及个体间的利益分化，共同致力创造企业及市场利益。此外，流通组织通过打破企业间边界，实现商流、物流、信息流以及资金流的无缝衔接，实现合作共赢。

借助数字化技术，流通组织能够实现研发设计、制造、销售及物流配送环节的虚拟化运作，打破操作层面的边界限制，整合社会范围内的信息、技术、资源以及能力为流通业所用，操作层面的无边界实现了流通业企业识别需求、引导生产流程的顺畅化。

4. 流通渠道重构：全产业链聚合

流通业发展经历了去中间化阶段、再中间化阶段以及融合化阶段，核心在于提升流通效率，减少交易成本。数字化信息技术的应用使得产业链上下游关系趋于柔性化，构筑起全渠道的流通机制。一是去中间化阶段，生产商企业边界拓展，将流通渠道内部化。去中间化的生产流通机制使得生产商能够更为快速敏捷地对接需求变动，但同时无形中对生产制造企业整体运营体系的协调性和有效性提出挑战。二是再中间化，信息不对称的存在与消费需求转变需要专业性流通商参与并组织产品交易与流转。数字化背景下，消费者长尾需求逐渐显露，需求呈现出个性化、服务性与品质化等特征，数字经济带来的整体产销流程中的分工深化产生了以提高效率和服务品质为宗旨的新型互联网流通商角色，最大限度把握消费者"千人千面"的个性化长尾需求，对接、调整并引导多元上游供应商开展生产，及时满足消费者需求，提升企业盈利与市场价值创造。三是融合化，流通组织与生产组织、传统流通组织与现代流通组织走向融通。数字化信息技术创造性地改造了传统流通组织，使其焕发新的生机。传统的以单一批发或分销业务为主导的流通组织转型成为集数字平台、对接生产供应、商品销售以及服务提供为一体的新型流通组织模式，达到生产端、流通端与消费端的有机互动与融合，调整线上线下布局模式，带动产品销售，达到库存压力最小化的同时全渠道接触用户，大大改善消费者体验，全面开展营销、服务及产品规划，促进产品附加价值大幅提升。

即测即练

参考文献

[1] 赵娴.中国物流市场体系研究:演进与创新[M].北京:经济科学出版社,2021.
[2] 丁俊发,赵娴.流通经济学概论[M].北京:中国人民大学出版社,2012.
[3] 夏春玉,等.流通概论[M].大连:东北财经大学出版社,2009.
[4] 赵娴.流通经济学[M].北京:中国物资出版社,2008.
[5] 张绪昌,丁俊发.流通经济学[M].北京:人民出版社,1995.
[6] 丁俊发,张绪昌.跨世纪的中国流通发展战略[M].北京:中国人民大学出版社,1998.
[7] 丁俊发.商品流通热点探索[M].北京:中国物资出版社,1998.
[8] 科斯.社会成本问题[M]//科斯,等.财产权利与制度变迁.上海:上海三联书店,1994.
[9] 邓小平.邓小平文选:第3卷[M].北京:人民出版社,1993.
[10] 中共中央文献研究室.习近平关于社会主义经济建设论述摘编[M].北京:中央文献出版社,2017.
[11] 中华人民共和国国家质量监督检验检疫总局,中国国家标准化管理委员会.国民经济行业分类:GB/T 4754—2017[S].2017.
[12] 王晓东,谢莉娟.社会再生产中的流通职能与劳动价值论[J].中国社会科学,2020(6):72-93.
[13] 赵娴,潘建伟,杨静.改革开放40年中国物流业政策支持的回顾与展望[J].河北经贸大学学报,2019,40(5):52-59.
[14] 赵娴,冯宁,邢光乐.现代流通体系构建中的供应链转型与创新:内在逻辑与现实路径[J].供应链管理,2021(8):69-79.
[15] 赵娴,陈曦,周航.中国流通业发展:历史轨迹、现实问题与未来方向——"十三五"回顾与"十四五"展望[J].商业经济研究,2021(22):5-8.
[16] 赵娴,张志英.流通业变革:数字化驱动、商业逻辑重构与产业融合创新[J].海南大学学报(人文社会科学版),2023,41(1):184-193.
[17] 许贵阳,依绍华.区块链技术与现代流通业融合发展路径研究——基于对"十四五"规划的建议[J].价格理论与实践,2020(7):21-26.
[18] 丁俊发.加快建设高效的现代流通体系[N].经济日报,2020-09-30.

教师服务

感谢您选用清华大学出版社的教材！为了更好地服务教学，我们为授课教师提供本书的教学辅助资源，以及本学科重点教材信息。请您扫码获取。

▶ 教辅获取

本书教辅资源（课件、大纲、答案、试卷、思政表等），
授课教师扫码获取

▶ 样书赠送

物流与供应链管理类重点教材，教师扫码获取样书

 清华大学出版社

E-mail: tupfuwu@163.com
电话: 010-83470332 / 83470142
地址: 北京市海淀区双清路学研大厦 B 座 509

网址: http://www.tup.com.cn/
传真: 8610-83470107
邮编: 100084